2024

나유리
조은혜
이종서
윤승재
김현세
김민경
지음

2024

프로야구
가이드북

이제 프로야구 관전을 위한 ——
—— 새로운 준비를 해야 할 때

CONTENTS

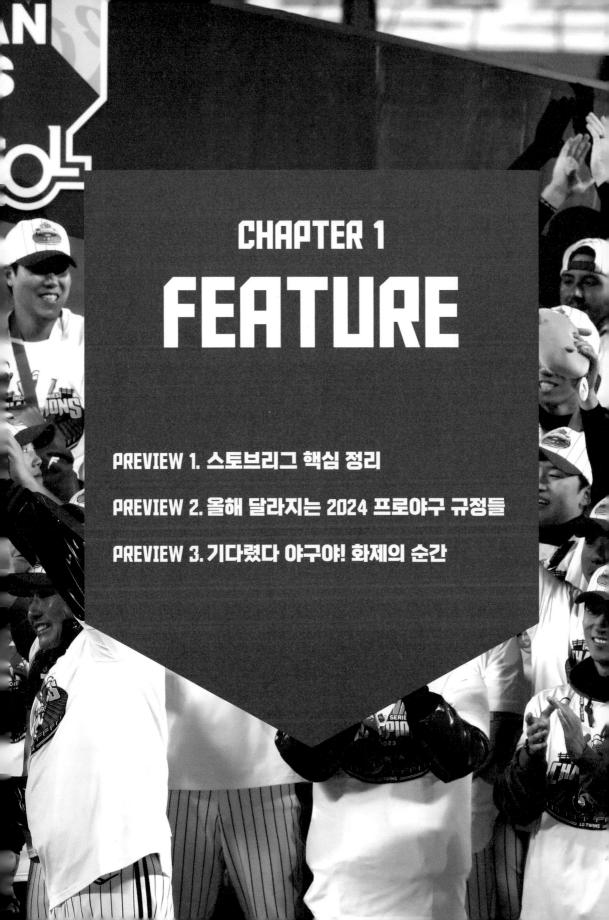

CHAPTER 1
FEATURE

스토브리그 핵심 정리

한눈에 보는 선수 이적 현황

⚾ FA

선수명	FA 등급	원소속 구단	계약 구단	계약 내용	보상
전준우	B	롯데	롯데	4년 47억 원 (총 연봉 40억·옵션 7억 원)	
안치홍	B	롯데	한화	4+2년 72억 원 (총 연봉 47억·옵션 8억 원) 4년 후 +2 실행 시 추가 연봉 13억·옵션 4억 원	보상금 10억 원
고종욱	C	KIA	KIA	2년 5억 원 (계약금 1억·총 연봉 3억 ·옵션 1억 원)	
김재윤	B	KT	삼성	4년 58억 원 (계약금 20억·총 연봉 28억 ·옵션 10억 원)	보상선수 문용익 보상금 3억 6천만 원
양석환	A	두산	두산	4+2년 78억 원 (계약금 20억·총 연봉 39억 ·옵션 6억 원) 4년 후 +2 옵션 실행 시 13억 원 추가 지급	
임찬규	B	LG	LG	4년 50억 원 (계약금 6억·총 연봉 20억 ·옵션 24억 원)	
장민재	C	한화	한화	2+1년 8억 원 (총 연봉 6억·옵션 2억 원)	
오지환	B	LG	LG	6년 124억 원 (계약금 50억·총 연봉 50억 ·옵션 24억 원)	
함덕주	B	LG	LG	4년 38억 원 (계약금 6억·총 연봉 14억 ·옵션 18억 원)	
김선빈	B	KIA	KIA	3년 30억 원 (계약금 6억·총 연봉 18억 ·옵션 6억 원)	
임창민	C	키움	삼성	2년 8억 원 (계약금 3억·총 연봉 4억 ·옵션 1억 원)	보상금 1억 5천만 원
김대우	C	삼성	삼성	2년 4억 원 (계약금 1억·총 연봉 2억 ·옵션 1억 원)	
이지영	B	키움	키움	2년 4억 원 (총 연봉 3억 5천 ·옵션 5천만 원)	
김민식	C	SSG	SSG	2년 5억 원 (총 연봉 4억·옵션 1억 원)	
오승환	C	삼성	삼성	2년 22억 원 (계약금 10억·총 연봉 12억 원)	
강한울	C	삼성	삼성	1+1년 3억원 (총 연봉 2억 5천 ·옵션 5천만 원)	
홍건희	A	두산	두산	2+2년 24억 5천만 원 (계약금 3억·총 연봉 21억 5천 ·옵션 2억 원)	
김민성	B	LG	LG	2+1년 9억 원 (계약금 2억·총 연봉 5억 ·옵션 2억 원)	
주권	A	KT	KT	2+2년 16억 원 (계약금 2억·총 연봉 12억 ·옵션 2억 원)	

'최대어'는 양석환과 안치홍이었다. 안치홍이 먼저 롯데 자이언츠에서 한화 이글스로 이적하면서 4+2년 최대 72억 원 '잭팟'을 터뜨렸다. 양석환은 두산 베어스에 잔류하면서 4+2년 최대 78억 원에 사인했다. 1호 계약은 전준우였다. 전준우는 4년 최대 47억 원에 계약하면서 '종신 롯데'를 선언했다. 깜짝 이적의 주인공은 베테랑 포수 이지영이었다. FA 등급제 기준 B등급으로 타팀 이적이 쉽지 않아 보였던 이지영은 키움 히어로즈 구단과의 협의하에 '사인 앤드 트레이드'를 통해 2년 최대 4억 원 계약 후 SSG 랜더스로 트레이드됐다. 베테랑 내야수 김민성 역시 LG 트윈스와 2+1년 최대 9억 원 계약 직후 롯데로 트레이드됐다. 올해는 'FA 미아' 없이 스프링캠프 시작 전에 모든 FA 계약이 마무리됐다.

⚾ 2차 드래프트

	1라운드	2라운드	3라운드	4라운드
키움	최주환 (SSG 내야수)	오석주 (LG 투수)	PASS	조성훈 (SSG 투수)
한화	이상규 (LG 투수)	PASS	배민서 (NC 투수)	김강민 (SSG 외야수)
삼성	최성훈 (LG 투수)	양현 (키움 투수)	전병우 (키움 내야수)	PASS
롯데	PASS	오선진 (한화 내야수)	최항 (SSG 내야수)	PASS
KIA	PASS	이형범 (두산 투수)	고명성 (KT 내야수)	PASS
두산	김기연 (LG 포수)	PASS	PASS	PASS
NC	PASS	송승환 (두산 외야수)	김재열 (KIA 투수)	PASS
SSG	박대온 (NC 포수)	PASS	신범수 (KIA 포수)	PASS
KT	우규민 (삼성 투수)	이태규 (KIA 투수)	김철호 (NC 내야수)	PASS
LG	PASS	PASS	이종준 (NC 투수)	PASS

2차 드래프트가 부활했다. 퓨처스 FA 제도 실패 인정 후 부활한 2차 드래프트는 2020년 이후 4년 만에 실시됐다. 드래프트가 시작되기도 전부터 보호 선수 명단에서 제외됐다는 소문이 돌았던 내야수 최주환이 전체 1순위로 키움 히어로즈의 지명을 받았고, 삼성 라이온즈 필승조 불펜 투수 우규민도 1라운드에서 KT 위즈의 지명을 받아 이적했다. 한화 이글스는 4라운드에서 SSG 랜더스 베테랑 외야수 김강민을 깜짝 지명해 큰 화제를 모았다.

⚾ 트레이드

날짜	구단	트레이드 내용
2023년 11월 27일	LG ↔ 롯데	진해수 ↔ 2025년 신인 5R 지명권
2024년 1월 12일	키움 ↔ SSG	이지영 ↔ 2025년 신인 3R 지명권+2억 5천만 원
2024년 1월 26일	LG ↔ 롯데	김민성 ↔ 김민수

한국시리즈 우승의 여운이 완전히 사라지기도 전에 LG 트윈스가 진해수를 트레이드했다. 진해수는 고향팀인 롯데 자이언츠로 이적했고, LG는 진해수를 내주는 조건으로 신인 5라운드 지명권을 받았다. 이후 진행된 2건의 트레이드는 모두 해당 선수가 FA 계약을 체결한 직후 트레이드된, 실질적인 '사인 앤드 트레이드'였다.

⚾ 주요 방출 선수 계약

구단	선수 이름	포지션	전 소속팀
롯데	임준섭	투수	SSG
삼성	이민호	투수	NC
한화	이재원	포수	SSG
KIA	서건창	내야수	LG

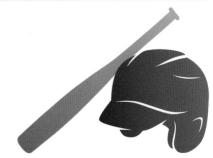

⚾ 10개 구단 외국인 선수 계약 현황

구단명	선수 이름	등록명	영문 이름	포지션	계약 내용	특이 사항
LG	케이시 켈리	켈리	Casey Kelly	투수(우투우타)	150만 달러(계약금 40만·연봉 80만·옵션 30만)	6년 차
	디트릭 엔스	엔스	Dietrich Enns	투수(좌투좌타)	100만 달러(계약금 30만·연봉 60만·옵션 10만)	신규
	오스틴 딘	오스틴	Austin Dean	내야수(우투우타)	130만 달러(계약금 30만·연봉 80만·옵션 20만)	2년 차
KT	윌리엄 쿠에바스	쿠에바스	William Cuevas	투수(우투양타)	150만 달러(계약금 30만·연봉 100만·옵션 20만)	6년 차
	웨스 벤자민	벤자민	Wes Benjamin	투수(좌투좌타)	140만 달러(계약금 40만·연봉 90만·옵션 10만)	3년 차
	멜 로하스 주니어	로하스	Mel Rojas Jr.	외야수(우투양타)	90만 달러(계약금 10만·연봉 50만·옵션 30만)	5년 차
SSG	로버트 더거	더거	Robert Dugger	투수(우투우타)	90만 달러(계약금 10만·연봉 65만·옵션 15만)	신규
	로에니스 엘리아스	엘리아스	Roenis Elías	투수(좌투좌타)	100만 달러(계약금 10만·연봉 65만·옵션 25만)	2년 차
	기예르모 에레디아	에레디아	Guillermo Heredia	외야수(좌투우타)	150만 달러(계약금 15만·연봉 115만·옵션 20만)	2년 차
NC	카일 하트	하트	Kyle Hart	투수(좌투좌타)	90만 달러(계약금 20만·연봉 50만·옵션 20만)	신규
	다니엘 카스타노	카스타노	Daniel Castano	투수(좌투좌타)	85만 달러(계약금 13만·연봉 52만·옵션 20만)	신규
	맷 데이비슨	데이비슨	Matt Davidson	내야수(우투우타)	100만 달러(계약금 14만·연봉 56만·옵션 30만)	신규
두산	라울 알칸타라	알칸타라	Raul Alcántara	투수(우투우타)	150만 달러(계약금 50만·연봉 80만·옵션 20만)	4년 차
	브랜든 와델	브랜든	Brandon Waddell	투수(좌투좌타)	113만 달러(계약금 25만·연봉 75만·옵션 13만)	3년 차
	헨리 라모스	라모스	Henry Ramos	외야수(우투양타)	70만 달러(계약금 5만·연봉 55만·옵션 10만)	신규
KIA	윌 크로우	크로우	Wil Crowe	투수(우투우타)	100만 달러(계약금 20만·연봉 60만·옵션 20만)	신규
	제임스 네일	네일	James Naile	투수(우투우타)	70만 달러(계약금 20만·연봉 35만·옵션 15만)	신규
	소크라테스 브리토	소크라테스	Sócrates Brito	외야수(좌투좌타)	120만 달러(계약금 30만·연봉 50만·옵션 40만)	3년 차
롯데	찰리 반즈	반즈	Charlie Barnes	투수(좌투좌타)	135만 달러(연봉 120만·옵션 15만)	3년 차
	애런 윌커슨	윌커슨	Aaron Wilkerson	투수(우투우타)	95만 달러(계약금 15만·연봉 60만·옵션 20만)	2년 차
	빅터 레이예스	레이예스	Víctor Reyes	외야수(우투양타)	95만 달러(연봉 70만·옵션 25만)	신규
삼성	코너 시볼드	코너	Connor Seabold	투수(우투우타)	100만 달러(계약금 10만·연봉 80만·옵션 10만)	신규
	데니 레예스	레예스	Denyi Reyes	투수(우투우타)	80만 달러(계약금 10만·연봉 50만·옵션 20만)	신규
	데이비드 맥키넌	맥키넌	David MacKinnon	내야수(우투우타)	100만 달러(계약금 10만·연봉 90만)	신규
한화	펠릭스 페냐	페냐	Félix Peña	투수(우투우타)	105만 달러(계약금 20만·연봉 65만·옵션 20만)	3년 차
	리카르도 산체스	산체스	Ricardo Sánchez	투수(좌투좌타)	75만 달러(계약금 10만·연봉 50만·옵션 15만)	2년 차
	요나단 페라자	페라자	Yonathan Perlaza	외야수(우투양타)	100만 달러(계약금 20만·연봉 60만·옵션 20만)	신규
키움	아리엘 후라도	후라도	Ariel Jurado	투수(우투우타)	130만 달러(연봉 120만·옵션 10만)	2년 차
	엔마누엘 데 헤이수스	헤이수스	Enmanuel De Jesus	투수(좌투좌타)	80만 달러(연봉 60만·옵션 20만)	신규
	로니 도슨	도슨	Ronnie Dawson	외야수(우투좌타)	60만 달러(연봉 55만·옵션 5만)	2년 차

올해 달라지는 2024 프로야구 규정들

ABS 도입_이제 기계가 볼-스트라이크를 판정한다

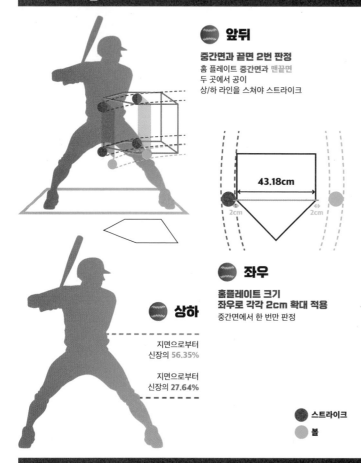

앞뒤

중간면과 끝면 2번 판정
홈 플레이트 중간면과 맨끝면
두 곳에서 공이
상/하 라인을 스쳐야 스트라이크

43.18cm

2cm 2cm

좌우

**홈플레이트 크기
좌우로 각각 2cm 확대 적용**
중간면에서 한 번만 판정

상하

지면으로부터
신장의 56.35%

지면으로부터
신장의 27.64%

● 스트라이크
● 볼

KBO가 지난 4년간 퓨처스리그에서 시범 운영했던 ABS가 2024시즌부터 1군에서도 본격 도입된다. KBO는 10개 구단 감독 회의, 운영팀장 회의 및 실행위원회를 비롯하여 전문가 자문회의, ABS를 경험했던 선수단 설문조사, MLB 사무국과 데이터 공유 및 논의 등을 통해 지속적인 논의를 거쳐 최종안을 마련했다.

대신, 도입 첫해인 것을 감안해 2024시즌 적용될 ABS의 경우 홈 플레이트 양 사이드를 본래 기준보다 2cm씩 확대 적용한다. 스트라이크존의 급격한 변화로 인한 볼넷 증가와 시행착오를 줄이기 위해서다.

상하단 기준은 홈 플레이트의 중간 면과 끝면 두 곳에서 공이 상하 높이 기준을 충족하여 통과해야 스트라이크로 판정된다. 포수 포구 위치, 방식 등에 상관없이 좌우, 상하 기준을 충족하여 통과했는지 여부에 따라 스트라이크가 판정된다.

상하단 높이는 각 선수별 신장의 비율을 기준으로 적용된다. 상단 기준은 선수 신장의 56.35%, 하단 기준은 선수 신장의 27.64% 위치가 기준이 된다. 이 비율은 기존 심판 스트라이크 존의 평균 상하단 비율을 기준으로 했다.

피치클락_제한 시간 내에 공을 던져라

메이저리그에서는 이미 도입돼 시행되고 있는 '피치클락'이 전반기 시범 운영된다. 투구 간 시간 제한은 주자가 루상에 없을 시 18초, 있을 시 23초를(MLB 기준 15초, 20초) 적용한다. 타자와 타자 사이(타석 간)에는 30초 이내에 투구를 해야 하며 포수는 피치클락의 잔여시간이 9초 남은 시점까지 포수석에 위치해야 하고, 타자는 8초가 남았을 때까지 타격 준비를 완료해야 한다. 이를 위반할 시 수비 측에는 볼, 공격 측에는 스트라이크가 선언된다.

다만 급격한 룰 변화로 인한 현장의 혼란을 줄이기 위해, 전반기 시범 운영 기간에는 위반에 따른 볼·스트라이크 등의 제재를 적용하지 않고 경고가 부여된다. 또한 견제 제한 등 투구판 이탈 제한 규정은 적용되지 않는다. 퓨처스리그에서는 전체 규정이 적용된다.

피치클락 규정의 적용을 회피하는 것을 방지하기 위해 타자의 타임 횟수는 타석당 1회로 제한되며, 수비 팀에게는 '투구판 이탈 제한 규정'이 적용된다. 견제 시도, 견제구를 던지는 시늉, 주자가 있을 때 투구판에서 발을 빼는 경우 등이 이에 해당하며, 이외에도 수비 팀의 타임 요청, 허용되는 시간 외의 포수의 포수석 이탈·투수의 공 교체 요청 등도 투구판 이탈로 간주된다.

투구판 이탈은 타석당 세 차례까지 허용되며, 네 번째 이탈 시에는 보크가 선언된다. 단, 네 번째 투구판 이탈로 아웃을 기록하거나 주자가 진루할 경우에는 보크가 선언되지 않는다. 누적된 투구판 이탈 횟수는 한 주자가 다른 베이스로 진루 시 초기화된다.

베이스 크기 확대

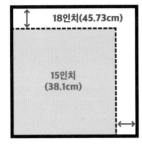

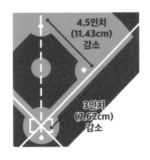

베이스 크기는 기존 15인치(38.1cm)에서 18인치(45.72cm)로 확대했다. 주자와 수비수 간 충돌 방지 등 베이스 부근에서 발생하는 부상 방지를 목적으로 한다. 이에 따라 공격하는 입장에서는 출루율 증가를 기대할 수 있게 됐다.

2익수 이제 없다? 수비 시프트 제한

2루 베이스를 기준으로 양쪽에 내야수가 서야 함

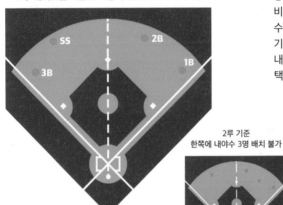

공격적인 플레이를 유도하고 수비 능력을 강화하기 위한 수비 시프트 제한 규칙도 확정했다. 수비 팀은 최소 네 명의 선수가 내야에 위치해야 하며, 두 명의 내야수는 2루 베이스를 기준해 세로로 이등분한 각각 측면에 위치해야 한다. 투구 시 내야수가 제대로 정렬돼 있지 않으면 공격 팀은 자동 볼을 선택하거나 타격 결과를 선택할 수 있다.

2루 기준
한쪽에 내야수 3명 배치 불가

내야수는
내야 흙을 벗어나면 안 됨

외야수의
내야 참여는 제한되지 않음

긴 우천 중단 후 강제 투구 사라진다

KBO는 경기에 출장하고 있는 투수가 이닝 처음에 파울 라인을 넘어서면 첫 번째 타자가 아웃이 되거나 1루에 나갈 때까지 투구를 완료해야 교체될 수 있다는 야구 규칙 5.10(i)과 관련해, 우천 등 경기 중단 후 재개로 인한 부상 발생의 위험이 있다고 심판진이 인정할 경우에는 투구가 완료되지 않아도

교체할 수 있도록 개정했다.

우천 중단으로 경기가 멈추는 시간이 1시간 이상 소요될 시, 부상 우려까지 감안해서 투구를 이어가야 했던 위험한 상황이 이제는 사라질 것으로 보인다.

원 포인트 벌떼 야구 사라진다

투수가 등판하면 최소 세 명의 타자를 의무적으로 상대해야 한다. 세 명의 타자가 아웃되거나, 출루하거나, 공수 교대될 때까지 투구할 의무가 있으며 부상 또는 질병 때문에 투구가 불가능하다고 주심이 인정할 경우 교체할 수 있다. 이닝 종료 시에는 투수가 상대한 타자 수와 관계없이 교체될 수 있지만,

만약 다음 이닝에 다시 등판한 경우 남은 타자 수만큼 상대해야 교체할 수 있다. 견제구로 주자를 아웃시킨 경우는 타자 수에 포함되지 않는다. 이 규칙은 퓨처스리그에만 우선 적용된다.

기다렸다 야구야! 화제의 순간

25년간 기다려 온 명품 시계, 그런데 안 받는다고?

LG 트윈스에는 전설처럼 내려오는 '롤렉스'사의 명품 시계가 있었다. 고(故) 구본무 선대 회장이 1998년 해외 출장길에 "한국시리즈 MVP에게 선물로 주라"며 야구단에 수여한 시계는 25년간 봉인돼 있었다.

사실 구단 내 극소수의 관계자 빼고는, 시계가 어떻게 생긴지조차 제대로 본 사람이 없었다. 같은 브랜드 내 다른 모델 시계라고 잘못 알려지기도 했었다.

그런데 LG가 29년 만에 한국시리즈 우승을 차지하면서 마침내 시계를 볼 기회가 생겼다. LG는 장인에게 미리 시계를 점검받고 한국시리즈 우승 확정 직후, 잠실구장 선수단 식당에서 깜짝 공개했다. 영롱한 자태의 금시계는 MVP 오지환에게 주어질 예정이었다.

하지만 오지환이 시계 수여를 거부했다. "너무 큰 의미가 있는 시계라 직접 차고 다니는 게 부담스러울 것 같다. 시계는 많은 사람들이 볼 수 있게 전시해 주시고, 저는 부담 없는 시계를 사 주시면 안 되냐"는 이유였다.

구광모 구단주는 오지환의 뜻을 흔쾌히 받아들여 줬다. 오지환은 구단주로부터 받은 새 시계를 손목에 차고 우승 인사를 돌았다. 물론 새로 받은 시계도 값이 매우 비싸다는 후문.

'바람의 가문' 한국 최초의 메이저리그 패밀리

이정후가 1년전 예고대로 메이저리그 진출에 성공했다. 이정후는 키움 히어로즈 구단과의 상의 끝에 2023시즌이 끝난 후 포스팅 시스템을 통해 메이저리그 도전에 나섰다. 그 결과 샌프란시스코 자이언츠와 6년 1억 1,300만 달러(약 1,508억 원)라는 초대형 계약을 맺고 첫 번째 꿈을 이뤘다.

그런데 이정후 여동생의 남편이자 절친한 동갑내기 친구. '매제' 고우석이 깜짝 메이저리그 도전 의사를 밝혔다. 고우석은 소속 팀 LG의 우승 후, 구단의 동의를 얻어 포스팅을 신청했다. 그간 한 번도 공식적으로 메이저리그 진출에 대한 구체적인 계획을 밝힌 적이 없어 더욱 놀라웠다.

두드리는 자에게 기회가 있었다. 고우석은 불펜 보강을 강력히 원하는 샌디에이고 파드리스와 2년 450만 달러(약 61억 원)에 계약하면서 메이저리그 유니폼을 입게 됐다.

이제는 '이정후의 아버지'로 불리는 '원조 바람의 아들' 이종범은 LG 코치 자리를 사임한 후 메이저리그 연수에 나섰다. 온 가족의 미국행. 놀랍고도 신기한 겨울이었다.

김강민 이적 쇼크, 여파는 더 컸다

지난 스토브리그는 '김강민 쇼크'가 지배했다고 해도 과언이 아니었다.

현역 은퇴와 선수 생활 연장을 두고 고민하던 SSG 랜더스 외야수 김강민이 2차 드래프트에서 한화 이글스의 지명을 받는 충격적인 일이 발생했다. SSG는 김강민과 은퇴를 논의하는 과정 중이었는데, 매듭이 지어지지 않은 상태에서 김강민을 보호 선수 명단에서 제외했고 '은퇴 예정' 표시도 하지 않았다. 베테랑 외야 자원이 필요했던 한화가 4라운드, 지명 선수 가운데 가장 마지막 순번으로 김강민을 지명하고 말았다.

엄청난 충격을 받은 김강민은 한화 손혁 단장과 만나 현역 생활을 이어 가기로 하고 마음을 다잡았지만, 여파는 더욱 커졌다. 분노한 SSG 팬들은 '인천 야구는 죽었다'는 근조 화환 수십 개를 구단 사무실 앞에 보냈고, 구단을 향한 비난이 쏟아졌다. 'SK 왕조' 일원이자 '원클럽맨'인 김강민이 은퇴를 앞두고 너무나 허망하게 타팀으로 등 떠밀려 떠나게 됐다는 분노였다.

결국 SSG는 김성용 단장이 이번 사태에 대한 책임을 지고 사임했다.

계약 기간 안 끝났는데... 3개팀 감독이 바뀌었다

감독이 구단과의 계약 기간을 꽉 채우고 떠나는 것조차 참 힘든 일이다. 이번 스토브리그에도 계약 기간을 채우지 못한 감독들이 여럿이었다.

지난 시즌 도중 건강상의 이유로 사임한 래리 서튼 감독에 이어 롯데 자이언츠는 김태형 신임 감독을 선임했다. 두산 베어스 사령탑 시절 7년 연속 한국시리즈 진출로 '우승 청부사' 별명을 얻은 김태형 감독은 성적에 목이 마른 롯데 사령탑으로 부임하며 또 한 번의 시험대에 올랐다.

감독 교체가 없을 것으로 예상했던 구단들에서도 변수는 발생했다. SSG 랜더스는 롤러코스터 같은 2023시즌을 마친 후 결단을 내렸다. 전반기까지 선두 경쟁을 했지만, 후반기 최악의 경기력으로 졸전을 거듭하던 SSG는 준플레이오프에서 3연패 탈락을 하면서 김원형 감독을 경질했다. 변화가 필요하다는 결론이었다. 김원형 감독은 2022년 통합 우승 후 3년 재계약을 했지만 한 시즌 만에 팀을 떠났다. 뒤를 이어 KT 위즈에서 단장을 경험한 현대 유니콘스-히어로즈 내야수 출신 이숭용 신임 감독이 선임됐다.

KIA 타이거즈는 김종국 감독의 계약기간 3년 중 세 번째 시즌을 준비하고 있었다. 그런데 스프링캠프 출발 직전 김종국 감독이 배임수재 혐의로 검찰 조사를 받고 있다는 사실이 알려지면서 초대형 폭탄이 떨어졌다. 아직 검찰 수사 결과가 나오지 않았지만, 결과가 나오기까지 많은 시간이 소요되는 것을 감안하면 정상적으로 팀을 지휘하기 힘들다고 판단했다. KIA는 빠르게 김종국 감독과의 계약 해지를 결정했고, 고심 끝에 내부 승격으로 이범호 1군 메인타격코치가 차기 감독으로 선임됐다.

CHAPTER 2

2024
KBO LEAGUE
SCOUTING
REPORT

TEAM PROFILE

구단명 : **LG 트윈스**

연고지 : **서울특별시**

창립연도 : **1990년**

구단주 : **구광모**

대표이사 : **김인석**

단장 : **차명석**

감독 : **염경엽**

홈구장 : **서울 잠실 종합운동장 야구장**

영구결번 : **41 김용수 9 이병규 33 박용택**

한국시리즈 우승 : **1990 1994 2023**

UNIFORM

HOME

AWAY

2024 LG TWINS DEPTH CHART

- 지명타자

김현수

이재원

중견수
박해민
최승민

좌익수
문성주
김현수

우익수
홍창기
안익훈

유격수
오지환
김민수

2루수
신민재
구본혁

3루수
문보경
손호영

1루수
오스틴
김범석

- 감독

염경엽

포수
박동원
허도환

- 2024 예상 베스트 라인업

1번 타자	박해민	중견수
2번 타자	홍창기	우익수
3번 타자	김현수	지명타자
4번 타자	오스틴	1루수
5번 타자	오지환	유격수
6번 타자	문보경	3루수
7번 타자	박동원	포수
8번 타자	문성주	좌익수
9번 타자	신민재	2루수

- 예상 선발 로테이션

엔스

켈리

최원태

임찬규

김윤식

- 필승조

김진성

박명근

백승현

정우영

함덕주

- 마무리

유영찬

TEAM INFO

팀 분석

2023 팀 순위(포스트시즌 최종 순위 기준)
1위

최근 5년간 팀 순위

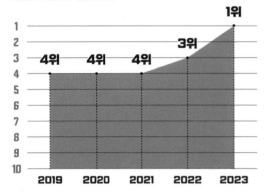

4위 4위 4위 3위 1위
2019 2020 2021 2022 2023

2023시즌 팀 공격력
↑: High / ↓: Low

타율↑	홈런↑	병살타↓	득점권 타율↑	삼진↓	OPS↑
0.279	93개	89개	0.298	804개	0.755
1위	6위	공동 2위	2위	1위	1위

2023시즌 팀 마운드
↑: High / ↓: Low

평균자책점↓	탈삼진↑	QS↑	볼넷↓	피안타율↓	피홈런↓	WHIP↓
3.67	977개	50	491	0.256	74개	1.36
1위	6위	8위	3위	3위	1위	공동 3위

2023시즌 팀 수비력
↑: High / ↓: Low

실책↓	견제사↑	병살 성공↑	도루저지율↑
128개	8개	131번	20.7%
9위	6위	3위	9위

2023시즌 최다 마킹 유니폼

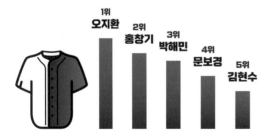

1위 오지환
2위 홍창기
3위 박해민
4위 문보경
5위 김현수

PARK FACTOR

홈구장_서울 잠실 종합운동장 야구장

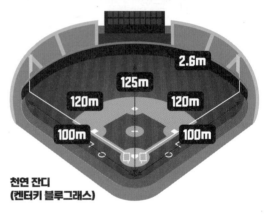

2.6m
125m
120m 120m
100m 100m

천연 잔디
(켄터키 블루그래스)

수용인원

23,750석

구장 특성

LG와 두산의 공동 홈구장. KBO리그 1군 구장 중 가장 넓은 구장이고, 실제로도 외야 구조상 '넓다'는 인상을 주는 구장. 1982년 개장해 시설이 노후화됐지만, 한국 야구에 있어서는 상징적인 야구장이기도 하다. 대표적인 투수친화형 구장으로도 꼽힌다. 실제로 홈런이 가장 적게 나오는 편이기도 하고, 중앙 테이블석과 본부석을 중심으로 외야까지 둥그런 둥지 모양의 구장이다 보니 투수들은 심리적 안정감을 느끼고, 타자들은 담장이 유독 넓어 보인다고 입을 모은다.

HOME STADIUM
GUIDE

원정 팬을 위한 교통편 추천, 주차 팁

서울 시내보다 오히려 타 지역 원정 팬들이 찾기 더 좋은 위치다. 강남 삼성동과 잠실 사이에 위치해 있어 어떻게든 연결이 잘 된다. 기차를 타고 올 경우 서울역, 용산역보다는 수서역이 조금 더 가깝다. 그 외 버스나 공항을 이용하더라도 종합운동장역이 서울 지하철 2호선, 9호선에 연결되어 있기 때문에 접근성이 무척 좋다.

자가용을 가지고 오면 종합운동장 내에 선불 유료 주차를 할 수는 있지만, 주말이나 만원 관중이 몰릴 가능성이 있는 경기에는 '비추천'한다. 야구장 주변에는 주차 공간이 넉넉지 않아 입장 가능 시간을 맞추지 않으면 구장에서 멀리 떨어진 곳에 주차를 해야 할 수도 있고, 경기 후 출차 차량이 몰려 상당히 오랜 시간이 소요되기도 한다.

이 재미로 직관 가는 거 아닌가요, 이 구장에서 놓치면 안 되는 먹을거리, 놀거리, 이벤트

낭만적이다. 한여름의 크리스마스

'서머 크리스마스' 이벤트는 어느새 LG 트윈스를 대표하는 여름 행사가 됐다. 2001년부터 시작됐고, 2016년 이후 6년간 멈춰 있다가 지난해 다시 열렸다. 뜨거운 한여름에 야구장에서 크리스마스 노래를 듣고, 크리스마스 포토존과 대형 크리스마스트리 등 재미있는 포인트들이 많은 이벤트다. 서머 크리스마스 이벤트가 열릴 때마다 공개되는 스페셜 유니폼을 모으는 재미도 쏠쏠하다.

입지가 예술. 배달&픽업 서비스 최적의 조건

잠실야구장 안팎에도 편의 시설들이 다양하게 잘 갖춰져 있다. 구장 내에도 선택의 폭이 가장 넓은 곳이라는 사실은 부정하지 못하지만, 강남과 잠실 사이에 있는 잠실야구장의 환상적인 입지는 직관 팬들에게도 선택지를 수천 가지로 늘려 준다. 배달, 픽업 어플을 사용하지 않는 사람이 드물 정도로 보편화된 요즘. 구장 내에서 꼭 사지 않아도,

인근 맛집과 유명한 가게의 '핫템'들을 배달받아 볼 수 있다. 야구장에 오기 전, 시간 맞춰 배달과 픽업을 시키고 구장 입구에서 전달받는 방식을 이용하는 팬들이 점점 더 늘어나는 추세다. 물론, 구장 내부 시설을 이용하면 일석이조지만 야구장 주변 동네가 없는 게 없는 곳임을 감안했을 때 다양한 체험을 하기에 딱 좋은 여건이다.

컬래버 트윈스?

최근 열 개 구단 마케팅 요령(?)이 점점 더 화려해지면서, 각종 신기한 상품들이 많이 출시되고 있다. 하지만 '넘사벽' LG다. 지난해 유명 유튜버 '빠더너스'와 컬래버레이션한 의류들이 초대박을 쳤다. 김인석 대표이사와 차명석 단장까지 입고 있는 모습을 자주 봤을 정도. 벌써 몇 년째 동행 중인 '잔망루피(차명석 단장 닮은꼴)' 시리즈는 물론이고, '위글위글', '키니키니', '1993스튜디오', '코카콜라' 등 다양한 컬래버 상품들이 쉬지 않고 출시되기 때문에 굿즈가 아쉽다는 불만은 나오지 않는 구단이다.

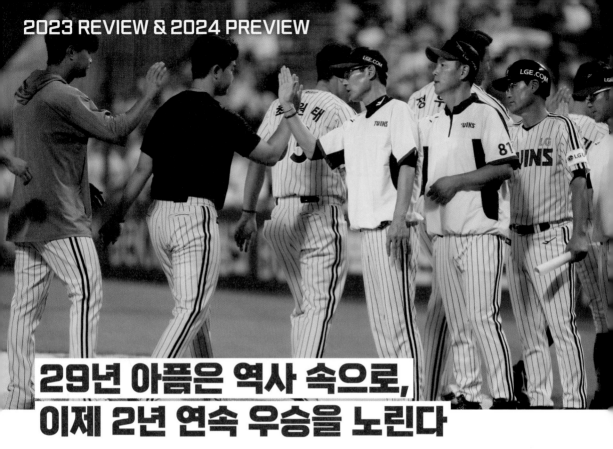

29년 아픔은 역사 속으로, 이제 2년 연속 우승을 노린다

작년에 이것만 잘됐으면 좋았을 텐데

시즌 전부터 대권 도전이 가능한 최강 전력, 가장 유력한 우승 후보라는 평가를 받았지만 정상까지 향하는 길은 결코 쉬운 여정이 아니었다. 시즌 초반부터 이어진 주축 선수들의 줄부상과 선발진의 불안, 29년 만의 통합우승이라는 위업은 그 숱한 위기를 딛고 일어선 결과였다.

중요했던 시즌 초반, KBO 5년 차를 맞은 케이시 켈리는 기복 있는 낯선 모습을 했다. 강효종과 김윤식, 이민호 등 기대를 모았던 젊은 선수들은 부진과 부상 등으로 제 몫을 하지 못했다. 선발 로테이션이 탄탄하게 돌아가지 않으면서 불펜에 대한 의존도는 커질 수밖에 없었다. 그렇다고 불펜이 안정적이었던 것도 아니었다. 개막 전부터 어깨 염증으로 정상 출발을 하지 못했던 클로저 고우석은 허리 통증으로 한 차례 더 전열에서 이탈했고, 한동안은 다른 투수들이 그 자리를 돌아가며 막아야 했다. 하지만 주전 마무리의 존재감과 공백의 연쇄 효과를 단번에 해결하긴 어려운 일이었다.

그나마 새 얼굴 아담 플럿코가 선발진의 중심을 지켰고, 고육지책으로 롱릴리프에서 선발로 보직을 이동한 임찬규가 기대 이상의 활약을 펼쳤다. 김진성, 함덕주를 비롯해 유영찬, 박명근, 백승현 등 뉴페이스들은 불펜의 새로운 활력이 되며 승리로 가는 길을 지켰다. 이들이 버티는 사이 정우영, 이정용 등 기존 필승조들도 제 모습을 찾기 시작했다. 순위표 가장 높은 곳에 있었어도 추격자들의 위협은 매서웠다. 선두 수성의 열쇠를 선발이라 판단한 LG는 후반기가 시작하자마자 트레이드를 단행, 야수 이주형과 투수 김동규, 그리고 2024년 1라운드 신인 지명권까지 키움 히어로즈에게 내주며 최원태를 데려왔다. 승부수였다. 당시 LG의 표현은 "올 시즌 최종 목표를 위해"였다.

결과적으로 LG는 6월 27일부터 1위를 놓치지 않았고, 마침내 염원하던 우승 트로피를 들어 올렸다. 1990년, 1994년에 이어 통산 세 번째 정규시즌 우승. 2002년 준우승을 끝으로 한국시리즈조차 오르지 못하며 기나긴 침체의 늪에 빠졌던 LG는 한국시리즈에 직행, 비로소 긴 세월 봉인되어 있던 아와모리 소주의 뚜껑을 열었다.

스토브리그 성적표

'슈퍼 백업' 김민성의 이탈은 뼈아프지만 선발과 불펜의 핵심인 '집토끼' 임찬규와 함덕주를 붙잡았다. 꿈을 찾아 떠난 고우석과는 잠시만 안녕.

지극히 주관적인 올 시즌 예상 순위와 이유

야수진에서는 이탈이 없다. 별다른 문제가 없다면 지난 시즌 우승 라인업과 올 시즌 개막 라인업은 동일하다. 언제든지 점수를 뽑을 수 있는 타선은 LG의 가장 강력한 무기다. 변수는 마운드다. 마무리 고우석이 메이저리그로 떠난 것이 치명적이다. 필승조였던 이정용은 상무 야구단으로 입대했다. 함덕주는 수술로 시작을 함께하지 못하고, 정우영도 수술을 받으며 부상 리스크를 안고 있다. 그럼에도 평균 이상의 전력이다. 선발진은 물음표를 안고 있지만 긍정적으로 볼 수 있다. 1선발 역할을 할 새 외인 엔스는 뚜껑을 열어 봐야 하겠지만, 평균 성적으로 로테이션만 꾸준히 돌아 줘도 지난해보다는 플러스. FA 투수 임찬규와 예비 FA 투수 최원태, 그리고 성장이 기대되는 5선발 자원들까지.

생년월일	1968년 3월 1일
출신학교	광주서석초-충장중-광주제일고-고려대

주요 경력 태평양 돌핀스-현대 유니콘스(1991~2000), 현대 유니콘스 1군 내야수비코치(2007), LG 트윈스 1군 내야수비코치(2010~2011), 넥센 히어로즈 1군 작전·주루코치(2012), 넥센 히어로즈 감독(2013~2016), SK 와이번스 단장(2017~2018), SK 와이번스 감독(2019~2020), 샌디에이고 파드리스 연수코치(2021), 대한민국 야구 국가대표팀 기술위원장(2022), LG 트윈스 감독(2023~)

"우승 감독 염경엽입니다."

늘 우승 문턱에서 고개를 숙여야 했던 염경엽 감독이 드디어 우승의 한을 풀었다. 2014년 넥센 히어로즈에서는 한국시리즈까지 올랐지만 삼성 라이온즈에게 고개를 숙였고, 2019년 SK 와이번스에서는 내내 1위를 달리다 9경기 차를 따라잡히며 정규시즌 우승을 놓치고 한국시리즈 진출에도 실패했다. 하지만 그 실패들이 없었다면 우승도 없었다고 말하는 염경엽 감독이다. 이제는 우승 감독, 그것도 팀이 29년 만에 트로피를 들게 한 우승 사령탑이다. 숱한 위기를 딛고 정상에 오르는 법과 맛을 알았다. 염경엽 감독은 이제 2연패, 2연패를 넘어 왕조 구축에 도전한다.

85 염경엽

1군

수석코치	QC코치	타격코치	타격코치	투수코치	투수코치	배터리코치	작전·외야수비코치
김정준	이호준	모창민	최승준	김경태	김광삼	박경완	정수성

퓨처스

작전코치	수비코치	수석 트레이너	퓨처스 감독	수석·투수코치	타격코치	투수코치	배터리코치
박용근	김일경	김용일	서용빈	경헌호	김재율	신재웅	최경철

잔류군

주루·외야수비코치	수비코치	작전코치	책임·타격코치	투수코치	작전·외야수비코치	주루·내야수비	재활코치
김용의	양원혁	윤진호	손지환	장진용	양영동	정주현	최상덕

1

투수(우투우타)

임찬규

생년월일	1992년 11월 20일
신장/체중	185cm / 80kg
출신학교	가동초-청원중-휘문고
연봉(2024)	2억 원
경력	LG 트윈스(2011~)

#엘린이

LG 트윈스를 보며 야구의 꿈을 키우던 소년, LG 어린이 팬 '엘린이' 출신이다. 2002년 삼성 라이온즈에게 허용한 충격의 우승 확정 백투백 홈런을 생생하게 기억한다고 했다. 쓰라린 패배의 기억. 어린 임찬규는 울며 학교에 가지 않겠다고 떼를 쓰기까지 했다. 그랬던 소년이 LG 트윈스의 역사에 이름을 새겼다. LG 유니폼을 입고 한국시리즈 선발 마운드에 올랐고, 또 다른 엘린이들에게 눈물이 아닌 미소를 안겼다.

#FA

임찬규는 2022시즌이 끝난 뒤 FA 자격을 얻었지만, 만족스럽지 않은 성적표로 재수를 택했다. 신의 한 수가 된 선택이었다. 임찬규는 2023시즌 개인 최다승인 14승을 올리며 우승 멤버로 활약하여 개인 성적과 팀 성적이라는 두 마리 토끼를 모두 잡았고, 4년 총액 50억 원에 FA 계약을 체결하며 LG 트윈스에 잔류했다. 애초 다른 팀 이적은 생각하지 않았다. '딱! 빡! 끝!' 하고 시원시원하게 계약을 마쳤으면 좋겠다고 얘기했던 임찬규는 그렇게 사인을 끝냈다.

#책임감

임찬규는 지난해 불펜으로 시작을 했지만, 시즌 중반 선발로 합류해 위기였던 팀의 마운드를 지켰다. 올해는 처음부터 선발 한 자리를 맡고 시즌을 시작한다. FA 첫해인 데다 투수조장이기도 한 임찬규의 책임감은 여러모로 크다. 임찬규는 "작년에는 불펜에 신세를 많이 졌으니까 올해는 선발들이 최선을 다해야 한다"면서 더 많은 이닝을 소화하겠다는 의지를 내비쳤다.

🎤 TMI 인터뷰

1. 일주일 동안 한 가지 음식만 먹어야 한다면?
- 밥이랑 국물만 있으면 한 달도 가능 (국이 안 되면 라면)

2. 세상에서 가장 싫은 것 한 가지는?
- 아프거나 병에 걸리는 게 제일 싫다.

3. 스트레스 쌓이거나 생각이 많을 때 하는 건?
- 릴렉스가 가장 중요. 그래도 안 풀리면 약간의 술도 괜찮은 것 같다. 과하면 몸에 해롭다.

4. 진짜 독하다 싶은 선수는?
- 홍창기 선수

5. 야구하길 잘했다는 생각이 들 때는?
- 만원 관중이 들어선 야구장에서 던질 때마다

작년 2023 시즌 기록

평균자책점	경기	승	패	홀드	세이브
3.42	30	14	3	1	0
승률	**이닝**	**투구수**	**피안타**	**피홈런**	**볼넷**
0.824	144 2/3	2458	142	10	54
삼진	**실점**	**자책점**	**피안타율**	**WHIP**	**퀄리티스타트**
103	63	55	0.252	1.35	7

전력분석	구속에 대한 압박감을 내려놓으며 제구력과 변화구 완성도가 높아졌다. 경기 초반 변화구의 스트라이크 비율이 그날의 승부를 가른다. 연구를 많이 하는 투수인데, 포수 박동원과의 케미스트리가 좋은 편. 지난 시즌 경험으로 자신감까지 올랐다.
강점	다양한 구종과 단단한 멘탈
약점	일관성을 유지할 수 있을까?

I want to make 30 starts and win the Korean Series!

3 | 투수(우투우타)

켈리

생년월일/국적	1989년 10월 4일 / 미국
신장/체중	191cm / 98kg
출신학교	미국 Sarasota(고)
연봉(2024)	150만 달러
경력	샌디에이고 파드리스(2012,2015)-애틀랜타 브레이브스(2016)-샌프란시스코 자이언츠(2018)-LG 트윈스(2019~)

#장수외인

2019년 처음 한국 무대를 밟은 켈리는 올해로 여섯 번째 시즌을 맞이한다. 5년 차였던 지난해 이미 LG 역사상 가장 많은 시즌을 뛴 외국인 선수가 된 켈리는 총액 150만 달러에 재계약을 하며 근속 기간을 늘렸다. 단순히 오래 뛰기만 한 선수가 아니다. KBO 데뷔 시즌부터 29경기 180⅓이닝을 소화, 14승, 평균자책점 2.55를 기록한 켈리는 5시즌 연속 100이닝 이상과 두 자릿수 승리를 올리는 등 꾸준한 성적과 워크에식으로 LG 역사상 최고의 외국인 선수로 평가받는다.

#이닝이터

선발의 최고 덕목인 이닝 소화력에서 켈리를 따라올 선수는 없다. 2020년 5월 16일 잠실 키움전부터 2022년 7월 28일 인천 SSG전까지 무려 75경기 연속 5이닝 이상 투구라는 대기록을 갖고 있다. 2023년에는 상대적으로 기복 있는 모습을 보였음에도 30번의 등판 중 단 한 번을 제외하고 29번 5이닝 이상을 던졌고, 18번의 퀄리티스타트를 기록했다.

#빅게임피처

'에이스' 켈리는 큰 경기에서도 자신의 모습을 잃지 않았다. 그간 가을 성적이 그다지 좋지 않았던 LG였지만 켈리가 등판한 포스트시즌 8경기에서는 6승을 올렸다. 이번 한국시리즈에서도 첫 경기와 마지막 경기를 책임졌다. 1차전 선발 중책을 맡아 6이닝 2실점(1자책점) 퀄리티스타트를 기록했고, 우승을 확정한 5차전에서는 5이닝 1실점으로 승리투수가 됐다. 와일드카드 결정전과 준플레이오프, 플레이오프, 한국시리즈의 승리를 모두 갖고 있는 유일한 투수이기도 하다.

작년 2023 시즌 기록

평균자책점	경기	승	패	홀드	세이브
3.83	30	10	7	0	0
승률	**이닝**	**투구수**	**피안타**	**피홈런**	**볼넷**
0.588	178 2/3	2743	183	10	39
삼진	**실점**	**자책점**	**피안타율**	**WHIP**	**퀄리티스타트**
129	87	76	0.266	1.24	18

전력분석	구위형은 아니나 포심과 투심, 슬라이더, 체인지업, 커브까지 다양한 구종을 원하는 곳에 뿌리며 타자를 괴롭히는 유형의 투수. KBO리그에 딱 맞는 외국인 투수로 평가받는다. 연구를 많이 하는 영리한 선수로, 자신에게 익숙해진 한국 타자들을 상대로 매년 구종의 비율을 변화하며 해결책을 찾는다.
강점	뛰어난 분석력과 판단력
약점	앞선 시즌들에 비해 떨어진 구위

🎤 TMI 인터뷰

1. 일주일 동안 한 가지 음식만 먹어야 한다면?
- 피자 (무엇을 먹을지 모를 때 가장 자주 찾는 음식)

2. 세상에서 가장 싫은 것 한 가지는?
- 없다.

3. 스트레스 쌓이거나 생각이 많을 때 하는 건?
- 나에게 가장 소중한 가족과 시간 보내기

4. 진짜 독하다 싶은 선수는?
- 나성범 선수 (인간으로서, 그리고 야구 선수로서 훌륭)

5. 야구하길 잘했다는 생각이 들 때는?
- 어린 시절부터 (아버지가 맡은 팀과 성장하며 야구에 열정을 쏟아부을 수 있다는 걸 알았다)

27
박동원

포수(우투우타)

우리 팀의 2연째와
감독님께서 말씀하신
더 큰 개인목표를 위해 화이팅!

생년월일	1990년 4월 7일
신장/체중	178cm / 92kg
출신학교	양정초-개성중-개성고
연봉(2024)	25억 원
경력	서울/넥센/키움 히어로즈(2009~2022)-KIA 타이거즈(2022)-LG 트윈스(2023~)

#먹튀는_없다

LG는 2023시즌을 앞두고 4년 총액 65억 원에 FA 박동원을 영입했다. 롯데로 떠난 유강남의 빈자리, 박동원은 LG에 완벽하게 스며들며 새로운 주전 포수의 역할을 톡톡히 했다. 팀 내 홈런 2위, 타점 3위를 기록했고, 982이닝 안방을 지키면서 리그 전체 포수 중 수비 이닝 1위를 달성하는 등 공수에서 팀의 29년 만의 우승을 이끌었다. 커리어에 우승이 없던 박동원도 이적 첫해 우승 트로피를 들며 그 한을 풀었다. 팀과 선수가 서로에게 윈윈이 되는 계약이었다.

#공격형_포수

박동원의 활약이 없었다면 LG는 정규시즌 위기를 넘길 수 없었을지도 모른다. 박동원은 지난 시즌 초반부터 쾌조의 타격감을 보였는데, 특히 5월에는 홈런만 9개를 몰아치며 생애 첫 월간 MVP를 수상하기도 했다. LG에서 월간 MVP가 나온 건 무려 4년 만. 19년 만의 포수 홈런왕이 나오나 했는데, 이후 기세가 한풀 꺾이긴 했지만 박동원은 20홈런을 완성하고 정규시즌을 끝냈다.

#비공식_MVP

한국시리즈에서도 대단한 홈런 장면을 만들어 냈다. 2차전 결승 투런포, 3차전 역전 투런포를 터뜨렸던 박동원은 공식 MVP에서는 밀렸지만, 염경엽 감독 선정 비공식 MVP로 꼽히며 염 감독이 사비로 내걸었던 상금을 받았다. 투수 유영찬과 공동 수상이었는데, 염 감독은 당초 예고했던 1천만 원을 두 명에게 나눠 준다고 했다가 박동원의 항의 아닌 항의로 두 명 모두에게 1천만 원을 쾌척했다.

🎤 TMI 인터뷰

1. 일주일 동안 한 가지 음식만 먹어야 한다면?
- 김치찌개

2. 세상에서 가장 싫은 것 한 가지는?
- 무서운 놀이기구

3. 스트레스 쌓이거나 생각이 많을 때 하는 건?
- 운동, 게임

4. 진짜 독하다 싶은 선수는?
- 박해민 선수

5. 야구하길 잘했다는 생각이 들 때는?
- 좋은 경기력으로 팬들의 함성을 듣고 있을 때

작년 2023 시즌 기록

타율	경기	타석	타수	득점	안타
0.249	130	481	409	54	102
2루타	**3루타**	**홈런**	**루타**	**타점**	**도루**
17	1	20	181	75	0
볼넷	**삼진**	**병살타**	**장타율**	**출루율**	**OPS**
49	90	7	0.443	0.334	0.777

전력분석	콘택트 능력은 떨어지지만 장타를 많이 생산하는 유형의 타자. 스윙 자체가 정확도보다는 파워에 집중된 모습. LG 이적 후에는 스윙이 보다 안정적으로 변했고, 배트 중심에 맞는 타구가 많아졌다. 넓은 잠실을 홈으로 쓰는 LG 이적 첫해에도 20개의 홈런을 터뜨렸다. 한 방이 있어 하위타선에 배치되면 더 신경이 쓰이는 타자다.
강점	빠른 공에 장타를 칠 수 있는 능력
약점	변화구 대처 능력이 낮다
수비력	투수들에게 신뢰도가 높은 포수. 어깨도 좋은 편

10
오지환

생년월일	1990년 3월 12일
신장/체중	185cm / 80kg
출신학교	군산초-자양중-경기고
연봉(2024)	3억 원
경력	LG 트윈스 (2009~)

#완벽한_시즌

2023년은 오지환에게는 최고의 해였다. 정규시즌부터 포스트시즌까지, 개인 성적과 팀 성적을 모두 챙겼다. 주전 유격수와 타선의 중심으로 팀의 29년 만의 정규시즌 우승을 이끈 오지환은 한국시리즈에서는 19타수 6안타 3홈런 8타점 맹활약을 펼치고 MVP가 됐다. 특히 3차전 9회 터뜨린 역전 스리런은 두고두고 회자될 명장면. 시즌이 종료된 후 KBO 수비상, 2년 연속 유격수 부문 골든글러브를 수상했고, 각종 시상식은 물론 다양한 방송에도 출연하며 바쁜 시간을 보냈다.

#우승_캡틴

2022년부터 주장 완장을 찬 오지환은 "주장이라는 타이틀을 달았을 때 우승하면 더 기쁠 것 같다. 우승 캡틴이라는 말이 참 듣기 좋다"고 얘기했다. 그러나 2022년 LG는 정규시즌 2위를 하고도 키움 히어로즈에게 발목을 잡히며 한국시리즈 진출조차 하지 못했다. 하지만 오지환은 머지않아 그 소원을 이뤘다. 2023년 그는 우승 캡틴이자 한국시리즈 MVP로, 우승 소감을 말하기 위해 몇 번이나 마이크를 잡았다. 같은 말을 수없이 반복해도, 언제나 기쁜 마음으로 미소를 지었다.

#롤렉스의_남자

오지환이 한국시리즈 MVP가 되면서 고(故) 구본무 LG그룹이 남긴 '전설의 롤렉스 시계'는 오지환의 차지가 됐다. 하지만 오지환은 MVP 수상 직후 인터뷰에서 시계는 "선대 회장님의 유품"이라며 "내가 찰 순 없다. 모두가 볼 수 있도록 기증하겠다"고 밝혔다. 이후 오지환은 우승 축승회에게 구광모 회장에게 시계를 반납했고, 대신 구광모 회장이 새로 준비한 시계를 선물로 받았다.

작년 2023 시즌 기록

타율	경기	타석	타수	득점	안타
0.268	126	502	422	65	113

2루타	3루타	홈런	루타	타점	도루
24	3	8	167	62	16

볼넷	삼진	병살타	장타율	출루율	OPS
64	82	4	0.396	0.371	0.767

전력분석	선구안을 갖춘 중장거리형 타자. 타구 방향이 다양한 스프레이형 타자. 지난해 정규시즌에서는 홈런이 많이 줄었지만, 한국시리즈에서의 결정적 홈런으로 보여 줬듯 기본적으로 펀치력을 갖춘 선수다. 테이블세터와 중심타선, 하위타선 등 어떤 타순에 배치되어도 자연스러운 타자인데, 최근에는 주로 5~6번을 맡고 있다.
강점	공수주의 밸런스
약점	몸을 사리지 않는 건 독이 될 수도
수비력	리그 최고의 유격수 수비. 경기를 지배한다는 뜻의 '오지배'는 이제 긍정적인 뜻이다.

TMI 인터뷰

1. 일주일 동안 한 가지 음식만 먹어야 한다면?

- 라면 (종류가 너무너무 다양해서)

2. 세상에서 가장 싫은 것 한 가지는?

- 사람 (알면 알수록 더욱 모르겠어서)

3. 스트레스 쌓이거나 생각이 많을 때 하는 건?

- 내가 하는 직업과 반대되는 것 (스트레스 받아서 빠져 있기보다 또 다른 즐거움을 찾는 게 빠를 거 같아서)

4. 진짜 독하다 싶은 선수는?

- 김현수 선수

5. 야구하길 잘했다는 생각이 들 때는?

- 가족이 생겼을 때

22
김현수

외야수(우투좌타)

생년월일	1988년 1월 12일
신장/체중	188cm / 105kg
출신학교	쌍문초-신일중-신일고
연봉(2024)	10억 원
경력	두산 베어스(2006~2015)-볼티모어 오리올스 (2016~2017)-필라델피아 필리스(2017)-LG 트윈스 (2018~)

#다이어트

이룬 것 많은 최고의 선수지만 여전히 노력을 게을리하지 않는다. 평소 훈련량이 많은 것은 물론이고, 이번 스프링캠프를 앞두고는 7kg 정도의 체중을 감량했다고 했다. 좋아하는 단 음식을 마다하고 채식 위주의 식단을 짜고 지켰을 정도로 독기를 품었다. 팀은 우승을 했지만, 자신의 성적은 스스로 기대에 못 미쳤기 때문이었다. 김현수는 "올라가는 것보다 지키는 것이 어렵다"고 했다.

#잔소리꾼

김현수는 그라운드 안팎에서 선수단을 이끄는 리더다. 리더십의 형태는 더그아웃에서 파이팅을 외치는 목소리부터, 쓴소리를 하는 악역의 모습까지 그 스펙트럼이 넓다. 김현수는 "조용히 좋은 사람이고 싶다"고 말하지만, 베테랑 김현수의 말들은 흘려듣는 사람이 손해다. 선배가 앞장서서 행동으로 보여 주니 후배들은 받아들일 수밖에 없다. 그렇다고 말만 하는 꼰대도 아니다. 밥이나 장비 등 물질적인 부분에서도 아낌없이 자신이 가진 것들은 나눈다.

#스트레스_제거

당겨치는 타구가 많은 좌타자 김현수는 그간 수비 시프트의 주된 표적이었다. 그런데 이번 시즌부터 수비 시프트를 제한하는 규정이 생기면서, 조금 더 나은 결과를 기대할 수 있게 됐다. 똑같이만 쳐도 확률은 더 높다. 김현수는 "안타라고 생각했던 타구가 잡히면 소극적으로 변하는 모습을 느꼈다. 심적으로 편해지지 않을까 생각한다"고 기대했다.

🎤 TMI 인터뷰

1. 일주일 동안 한 가지 음식만 먹어야 한다면?
- 삼계탕

2. 세상에서 가장 싫은 것 한 가지는?
- 생각해 본 적 없음. 너무 많다.

3. 스트레스 쌓이거나 생각이 많을 때 하는 건?
- 운동

4. 진짜 독하다 싶은 선수는?
- 없음

5. 야구하길 잘했다는 생각이 들 때는?
- 항상 매일

작년 2023 시즌 기록

타율	경기	타석	타수	득점	안타
0.293	133	556	488	53	143
2루타	**3루타**	**홈런**	**루타**	**타점**	**도루**
22	2	6	187	88	2
볼넷	**삼진**	**병살타**	**장타율**	**출루율**	**OPS**
58	53	10	0.383	0.364	0.747

전력분석	16시즌 통산 3할1푼대의 타율을 기록하고 있는 리그를 대표하는 교타자. 전성기 만큼은 아니지만 여전한 콘택트 능력에, 장타력을 높이기 위한 꾸준한 노력으로 중장거리형 타자로 탈바꿈하는 중이다. 후반 타격 페이스가 떨어진다는 이미지도 극복해 나가고 있다.
강점	어떤 공이든 방망이 중심에 맞출 수 있는 능력
약점	특정 좌투수에 대한 부담감
수비력	범위가 넓은 편은 아니지만 범위 내에서는 안정적이다

51
홍창기

외야수(우투좌타)

생년월일	1993년 11월 21일
신장/체중	189cm / 94kg
출신학교	대일초-매송중-안산공고-건국대
연봉(2024)	5억 1천만 원
경력	LG 트윈스(2016~)

#창기코인

처음부터 꽃길을 걸으며 시작한 선수는 아니었다. 입단 후 4년 차까지 1군에서 들어선 타석은 60타석이 채 되지 않았다. 하지만 기회가 왔을 때 잡을 수 있는 능력이 있는 선수였다. 5년 차였던 2020년 114안타 5홈런으로 상승세를 타기 시작하더니, 2021년 144경기 전 경기에 출전하며 자신의 이름 앞에 '주전 외야수'를 새겨 넣었다. 2022년에는 주춤했지만 무너지지 않았다. 홍창기는 2023년 다시 한 단계를 도약했고, 팀을 홍창기가 없으면 안 되는 '창기트윈스'로 만들었다.

#매의_눈

홍창기의 어마어마한 출루율과 콘택트 능력은 그의 눈에서 시작된다. 농담 삼아 몽골인이라 불릴 정도로 선구안이 좋다. 비결은 딱히 없고, 공을 신중하게 본다는 것이 홍창기의 설명이다. 자동 투구 판정 시스템(ABS)이 되입되는 올 시즌, 자신의 스트라이크존이 확실한 홍창기의 눈야구 유형이 불리하다고 보는 의견도 있고, 유리하다고 보는 의견도 존재한다. 홍창기는 "겪어 보고 빠르게 적응해야 한다"고 정석의 답변을 했다.

#연봉킹

2019시즌까지만 해도 연봉 5천만 원을 받는 게 목표였다는 홍창기는 2024시즌을 앞두고 그 10배인 5억이 넘는 연봉에 사인을 마쳤다. 기존 연봉 3억 원에서 무려 2억 1천만 원이 오르며 인상률 70%를 기록, FA 선수를 제외하고 팀 내 최고 연봉을 받는 선수로 우뚝 섰다. 그의 활약을 안다면, 홍창기가 받는 이 숫자에 고개를 가로저을 사람은 없다.

작년 2023 시즌 기록

타율	경기	타석	타수	득점	안타
0.332	141	643	524	109	174
2루타	**3루타**	**홈런**	**루타**	**타점**	**도루**
35	2	1	216	65	23
볼넷	**삼진**	**병살타**	**장타율**	**출루율**	**OPS**
88	83	6	0.412	0.444	0.856

전력분석	선구안과 정교한 콘택트를 앞세운 출루율로 생산성을 극대화하는 중거리형 타자. 순출루율이 높은 리드오프형 타자로, 자신만의 스트라이크존이 확실하게 형성되어 있다. 라인드라이브성 타구가 많고, 최근에는 장타력까지 장착하며 완성형 타자로 성장했다.
강점	리그 최고를 자랑하는 눈야구
약점	지난해 도루 성공률 50%. 23개의 도루와 23개의 도루자를 기록했다
수비력	2023 KBO 수비상을 수상하며 안정감을 인정받았다

🎤 TMI 인터뷰

1. 일주일 동안 한 가지 음식만 먹어야 한다면?
- 빵

2. 세상에서 가장 싫은 것 한 가지는?
- 생각해 본 적이 없다

3. 스트레스 쌓이거나 생각이 많을 때 하는 건?
- 먹으면서 푼다

4. 진짜 독하다 싶은 선수는?
- 박해민 선수

5. 야구하길 잘했다는 생각이 들 때는?
- 지난해 우승

투수(좌투좌타)

47 김윤식

생년월일	2000년 4월 3일		출신학교	광주서석초-광주무등중-광주진흥고	
신장/체중	181cm / 83kg		연봉	1억 2천만 원	
경력	LG 트윈스(2020~)				

작년 2023 시즌 기록

평균자책점	경기	승	패	홀드	세이브
4.22	17	6	4	0	0
승률	이닝	투구수	피안타	피홈런	볼넷
0.600	74 2/3	1192	86	4	25
삼진	실점	자책점	피안타율	WHIP	퀄리티스타트
42	35	35	0.301	1.49	2

전력분석	부드러운 폼으로 직구와 슬라이더, 체인지업, 커브 등 다양한 구종을 던진다. 어리지만 완급 조절과 변화구 구사가 좋은 편. 체인지업을 다듬으며 급성장했다. 지난해 WBC, 한국시리즈 마운드에 오르며 큰 경기 경험도 쌓았다.
강점	안정된 제구력과 체인지업
약점	꾸준한 컨디션 유지가 관건

투수(우투우타)

42 김진성

생년월일	1985년 3월 7일		출신학교	인헌초-성남중-성남서고	
신장/체중	186cm / 90kg		연봉	2억 원	
경력	SK 와이번스(2005~2006)-넥센 히어로즈(2010~2011)-NC 다이노스(2012~2021)-LG 트윈스(2022~)				

작년 2023 시즌 기록

평균자책점	경기	승	패	홀드	세이브
2.18	80	5	1	21	4
승률	이닝	투구수	피안타	피홈런	볼넷
0.833	70 1/3	1105	41	8	26
삼진	실점	자책점	피안타율	WHIP	퀄리티스타트
69	17	17	0.174	0.95	0

전력분석	경험과 노련함을 바탕으로 팀을 우승으로 이끈 핵심 불펜. 힘 있는 구위의 직구와 포크볼을 주무기로 한다. 지난해 상황을 가리지 않고 등판하는 마당쇠 역할을 했다. 자기 관리에도 철저해 그라운드 안팎에서 귀감이 되는 베테랑.
강점	경험으로 완성한 피칭 디자인
약점	지난 시즌 등판의 피로 누적 우려

투수(우투우타)

39 박명근

생년월일	2004년 3월 27일		출신학교	수택초(구리리틀)-인창중-라온고	
신장/체중	174cm / 75kg		연봉	6천 5백만 원	
경력	LG 트윈스(2023~)				

작년 2023 시즌 기록

평균자책점	경기	승	패	홀드	세이브
5.08	57	4	3	9	5
승률	이닝	투구수	피안타	피홈런	볼넷
0.571	51 1/3	952	49	4	28
삼진	실점	자책점	피안타율	WHIP	퀄리티스타트
40	31	29	0.249	1.50	0

전력분석	사이드암이지만 최고 150km/h대 빠른 공에 다양한 변화구를 던진다. 구위와 무브먼트가 좋고, 슬라이드 스텝도 빠른 편. 좌타자에게도 던질 수 있는 체인지업을 장착하면서 급성장했다. 강심장으로 데뷔 첫해였던 지난해 필승조까지 승격했다.
강점	마무리도 가능한 멘탈
약점	풀 시즌을 소화할 체력

투수(우투우타)

18 백승현

생년월일	1995년 5월 26일		출신학교	인천소래초-상인천중-인천고	
신장/체중	183cm / 90kg		연봉	9천 2백만 원	
경력	LG 트윈스(2015~)				

작년 2023 시즌 기록

평균자책점	경기	승	패	홀드	세이브
1.58	42	2	0	11	3
승률	이닝	투구수	피안타	피홈런	볼넷
1.000	40	648	28	2	18
삼진	실점	자책점	피안타율	WHIP	퀄리티스타트
30	7	7	0.197	1.15	0

전력분석	투수 전향 4년 차를 맞는다. 최고 150km/h의 빠르면서도 힘 있는 직구를 가졌고, 포크볼도 최근 눈에 띄게 성장했다. 지난 시즌 중요한 상황에서도 기용되며 필승조로 거듭났다. 올해는 더 중요한 보직을 맡을 전망. 연투, 멀티 이닝 등 스태미너가 관건.
강점	빠르고 강한 돌직구
약점	풀타임을 소화할 체력

투수(좌투좌타)

29 손주영

생년월일	1998년 12월 2일		출신학교	울산대현초-부산개성중-경남고	
신장/체중	191cm / 95kg		연봉	4천 3백만 원	
경력	LG 트윈스(2017~)				

작년 2023 시즌 기록

평균자책점	경기	승	패	홀드	세이브
5.19	3	1	0	0	0
승률	이닝	투구수	피안타	피홈런	볼넷
1.000	8 2/3	189	12	0	6
삼진	실점	자책점	피안타율	WHIP	퀄리티스타트
5	7	5	0.300	2.08	0

전력분석	지난해 후반기부터 좋은 모습을 보여 한국시리즈 엔트리까지 입성했고, 올 시즌 5선발로 낙점을 받았다. 큰 키에서 나오는 타점과 익스텐션, 디셉션이 좋은 투수. 구위는 검증이 됐다. 변화구의 완성도를 높이는 것이 관건이다.
강점	직구의 묵직한 구위
약점	경기 운영 면에서 성장이 필요해

투수(우투우타)

54 유영찬

생년월일	1997년 3월 7일		출신학교	안산덕성초(안산리틀)-배명중-배명고-건국대	
신장/체중	185cm / 90kg		연봉	8천 5백만 원	
경력	LG 트윈스(2020~)				

작년 2023 시즌 기록

평균자책점	경기	승	패	홀드	세이브
3.44	67	6	3	12	1
승률	이닝	투구수	피안타	피홈런	볼넷
0.667	68	1134	55	4	40
삼진	실점	자책점	피안타율	WHIP	퀄리티스타트
55	27	26	0.220	1.40	0

전력분석	우완 정통파 파워 피처. 부드러운 폼으로 최고 150km/h 빠른 공을 던진다. 공격적인 성향으로, 포크볼, 슬라이더 비율을 높이면서 좋은 모습을 만들어 가고 있다. 한국시리즈에서 맹활약하며 염경엽 감독의 '비공식 MVP'로 선정됐다. 고우석의 미국 진출로 빈 마무리 자리를 맡는다.
강점	사령탑이 인정한 멘탈
약점	제구력의 기복

투수(좌투좌타)

21 이우찬

생년월일	1992년 8월 4일	출신학교	온양온천초-온양중-북일고
신장/체중	185cm / 97kg	연봉	1억 2천 5백만 원
경력	LG 트윈스(2011~)		

작년 2023 시즌 기록

평균자책점	경기	승	패	홀드	세이브
3.52	38	1	3	5	0
승률	이닝	투구수	피안타	피홈런	볼넷
0.250	38 1/3	608	35	1	18
삼진	실점	자책점	피안타율	WHIP	퀄리티스타트
30	15	15	0.261	1.38	

전력분석	구위와 체력을 갖춘 투수로, 선발 경험이 있어 롱릴리프 등 다양한 보직을 모두 소화할 수 있는 선수. 지저분한 무브먼트의 직구를 가졌고, 슬라이더와 커브 등 변화구 완성도도 높다. 부상의 위험도도 낮은 편으로 평가받는다.
강점	완성도 높은 변화구
약점	경기력의 심한 기복

투수(우투우타)

16 정우영

생년월일	1999년 8월 19일	출신학교	가평초-강남중-서울고
신장/체중	193cm / 99kg	연봉	3억 2천만 원
경력	LG 트윈스(2019~)		

작년 2023 시즌 기록

평균자책점	경기	승	패	홀드	세이브
4.70	60	5	6	11	0
승률	이닝	투구수	피안타	피홈런	볼넷
0.455	51 2/3	936	63	1	17
삼진	실점	자책점	피안타율	WHIP	퀄리티스타트
41	39	27	0.297	1.55	0

전력분석	150km/h 이상의 빠른 공을 던지는 사이드암으로, 2019년 신인왕이자 2022년 홀드왕. 움직임이 워낙 큰 공을 던져 땅볼 유도가 좋은 편이다. 지난 시즌 종료 후 뼛조각 제거 수술을 받았다. 좋았을 때의 밸런스를 찾는 것이 관건.
강점	알고도 못 친다는 춤추는 투심
약점	풀리지 않는 퀵모션 숙제

투수(우투우타)

13 최동환

생년월일	1989년 9월 19일	출신학교	인헌초-선린중-경동고
신장/체중	184cm / 83kg	연봉	1억 3천만 원
경력	LG 트윈스(2009~)		

작년 2023 시즌 기록

평균자책점	경기	승	패	홀드	세이브
3.19	45	0	0	1	1
승률	이닝	투구수	피안타	피홈런	볼넷
-	42 1/3	715	42	1	17
삼진	실점	자책점	피안타율	WHIP	퀄리티스타트
20	18	15	0.255	1.39	0

전력분석	수직 무브먼트와 익스텐션이 좋은 정통파 투수. 빠른 직구와 포크볼이 주무기. 약점이었던 제구력은 꾸준히 향상되는 모습을 보이고 있다. 지난해보다 중요한 역할을 맡을 것으로 기대된다. 라커룸에서 모범이 되는 선수로 꼽힌다.
강점	직구의 상하 무브먼트
약점	중요한 상황에서는 글쎄

투수(우투우타)

20 최원태

생년월일	1997년 1월 7일		출신학교	인헌초(용산리틀)-경원중-서울고	
신장/체중	184cm / 104kg		연봉	4억 원	
경력	넥센/키움 히어로즈(2015~2023)-LG 트윈스(2023~)				

작년 2023 시즌 기록

평균자책점	경기	승	패	홀드	세이브
4.30	26	9	7	0	0
승률	이닝	투구수	피안타	피홈런	볼넷
0.563	146 2/3	2352	149	12	46
삼진	실점	자책점	피안타율	WHIP	퀄리티스타트
118	73	70	0.265	1.33	13

전력분석	지난 시즌 '우승을 위해' 트레이드로 합류한 선발. 직구의 무브먼트가 좋고 변화구 완성도가 좋아 타자들이 공략하기 쉽지 않은 투수. 팀 입장에서는 최원태가 토종 에이스, 이닝이터 역할을 해 줘야 시즌 운영이 한결 편안해진다.
강점	안정적인 투구품과 다양한 구종
약점	가끔은 치명적인 실투

투수(좌투좌타)

11 함덕주

생년월일	1995년 1월 13일		출신학교	일산초-원주중-원주고	
신장/체중	181cm / 78kg		연봉	2억 원	
경력	두산 베어스(2013~2021)-LG 트윈스(2021~)				

작년 2023 시즌 기록

평균자책점	경기	승	패	홀드	세이브
1.62	57	4	0	16	4
승률	이닝	투구수	피안타	피홈런	볼넷
1.000	55 2/3	910	32	1	22
삼진	실점	자책점	피안타율	WHIP	퀄리티스타트
59	12	10	0.165	0.97	0

전력분석	좌완 필승조. 유니크한 팔 스윙으로 공략하기 쉽지 않은 궤적의 공을 뿌린다. 슬라이더와 체인지업이라는 확실한 무기가 있다. 좌투수이지만 좌타자와 우타자 상대 기록도 편차가 거의 없는 편. 시즌 전 팔꿈치 수술을 받아 정규시즌 개막 후 6~7월 합류 예정.
강점	리그에서도 손꼽히는 체인지업
약점	수술 후 부상의 위험도

투수(좌투좌타)

34 엔스

생년월일/국적	1991년 5월 16일 / 미국		출신학교	미국 Central Michigan(대)	
신장/체중	185cm / 95kg		연봉	100만 달러	
경력	미네소타 트윈스(2017)-탬파베이 레이스(2021)-사이타마 세이부 라이온즈(2022~2023)-LG 트윈스(2024~)				

작년 2023 시즌 기록

평균자책점	경기	승	패	홀드	세이브
-	-	-	-	-	-
승률	이닝	투구수	피안타	피홈런	볼넷
-	-	-	-	-	-
삼진	실점	자책점	피안타율	WHIP	퀄리티스타트
-	-	-	-	-	-

전력분석	내구성과 꾸준함이 돋보이는 투수로, 직구 구위와 변화구 커맨드를 겸비했다고 평가받는다. KBO 첫해지만 일본 프로야구 세이부 라이온즈에서 뛰며 아시아 야구에 대한 경험이 있어 빠른 적응을 기대하고 있다. 1선발 역할을 맡는다.
강점	힘을 갖춘 다양한 구종
약점	체인지업의 완성도를 높여라

포수(우투우타)

30 허도환

생년월일	1984년 7월 31일		출신학교	학동초-이수중-서울고-단국대	
신장/체중	176cm / 90kg		연봉	1억 원	

경력 두산 베어스(2007)-넥센 히어로즈(2011~2015)-한화 이글스(2015~2017)-SK 와이번스
(2018~2019)-KT 위즈(2020~2021)-LG 트윈스(2022~)

작년 2023 시즌 기록

타율	경기	타석	타수	득점	안타
0.141	47	81	64	8	9
2루타	3루타	홈런	루타	타점	도루
3	0	2	18	10	0
볼넷	삼진	병살타	장타율	출루율	OPS
3	20	3	0.281	0.243	0.524

전력분석	수비형 백업 포수. 뛰어난 리드 능력으로 투수들을 편안하게 하는 능력이 있다. 타격에는 큰 장점이 없지만, 가끔 중요한 상황에서 좋은 모습을 보이기도 한다. 세 개의 팀에서 우승반지를 낀 경험도 무시할 수 없는 이력이다.
강점	몸을 사리지 않는 플레이
약점	타격에서는 기대감이 떨어진다

내야수(우투좌타)

2 문보경

생년월일	2000년 7월 19일		출신학교	송중초(동대문구리틀)-덕수중-신일고	
신장/체중	182cm / 88kg		연봉	3억 원	

경력 LG 트윈스(2019~)

작년 2023 시즌 기록

타율	경기	타석	타수	득점	안타
0.301	131	542	469	77	141
2루타	3루타	홈런	루타	타점	도루
29	5	10	210	72	9
볼넷	삼진	병살타	장타율	출루율	OPS
58	83	5	0.448	0.377	0.825

전력분석	선구안과 콘택트, 파워를 고루 갖춘 타자. 어린 나이에도 노림수가 좋다. 지난해 데뷔 첫 두 자릿수 홈런을 달성했는데, 팀에서는 20홈런 이상도 칠 수 있는 타자로 기대하고 있다. 한국시리즈는 물론 항저우 아시안게임, APBC 등 큰 경기 경험을 하며 또 한 번의 발전이 기대되는 선수.
강점	순출루율과 장타력을 갖춘 OPS형 타자
약점	타격에 비해 수비는 경험이 더 필요

내야수(우투좌타)

4 신민재

생년월일	1996년 1월 21일		출신학교	인천서흥초-동인천중-인천고	
신장/체중	171cm / 67kg		연봉	1억 1천 5백만 원	

경력 두산 베어스(2015~2017)-LG 트윈스(2018~)

작년 2023 시즌 기록

타율	경기	타석	타수	득점	안타
0.277	122	331	282	47	78
2루타	3루타	홈런	루타	타점	도루
5	2	0	87	28	37
볼넷	삼진	병살타	장타율	출루율	OPS
29	34	5	0.309	0.344	0.653

전력분석	지난 시즌 모든 부분에서 눈부신 발전을 이룩하며 만년 백업, 만년 대주자의 이미지를 벗고 주전 2루수로 도약했다. 장타력은 낮은 편이지만 선구안과 콘택트가 좋은 타자. 빠른 발을 앞세운 도루 능력과 수비 범위가 최대 장점이다.
강점	공수주를 더 돋보이게 하는 빠른 발
약점	가끔은 너무 과감한 플레이

내야수(우투우타)

23 오스틴

생년월일/국적	1993년 10월 14일 / 미국		출신학교	미국 Klein Collins(고)	
신장/체중	183cm / 97kg		연봉	130만 달러	
경력	마이애미 말린스(2018~2019)-세인트루이스 카디널스(2020~2021)-샌프란시스코 자이언츠 (2022)-LG 트윈스(2023~)				

작년 2023 시즌 기록

타율	경기	타석	타수	득점	안타
0.313	139	583	520	87	163
2루타	3루타	홈런	루타	타점	도루
29	4	23	269	95	7
볼넷	삼진	병살타	장타율	출루율	OPS
53	75	11	0.517	0.376	0.893

전력분석	콘택트와 파워를 겸비한 데다 좌중우를 가리지 않고 빠른 타구를 생산하는 스프레이 히터. 라인드라이브성 타구 비중이 많다. 지난해 리그에서 가장 많은 결승타를 기록했을 정도로 찬스에서도 강하다. 투지 넘치는 플레이, 팀을 생각하는 모습도 높은 평가를 받는다.
강점	4번 타자인데 선구안과 콘택트도 좋음
약점	1루에서 실책이 제법 있음

외야수(좌투좌타)

8 문성주

생년월일	1997년 2월 20일		출신학교	포항서초-포항제철중-경북고-영동대	
신장/체중	175cm / 78kg		연봉	2억 원	
경력	LG 트윈스(2018~)				

작년 2023 시즌 기록

타율	경기	타석	타수	득점	안타
0.294	136	534	449	77	132
2루타	3루타	홈런	루타	타점	도루
21	4	2	167	57	24
볼넷	삼진	병살타	장타율	출루율	OPS
67	34	10	0.372	0.392	0.764

전력분석	콘택트 능력과 장타력을 모두 갖춘 타자. 빠른 라인드라이브성 타구를 생산한다. 월요일에도 경기를 준비할 정도로 훈련량이 많은 성실한 선수다. 어떤 상황에서도 100%의 파이팅 넘치는 플레이를 한다. 시즌을 거듭하며 공수에서 발전하는 모습을 보이고 있다.
강점	빠른 배트 스피드
약점	후반기에 약한 모습

외야수(우투좌타)

17 박해민

생년월일	1990년 2월 24일		출신학교	영중초-양천중-신일고-한양대	
신장/체중	180cm / 75kg		연봉	6억 원	
경력	삼성 라이온즈(2012~2021)-LG 트윈스(2022~)				

작년 2023 시즌 기록

타율	경기	타석	타수	득점	안타
0.285	144	558	485	80	138
2루타	3루타	홈런	루타	타점	도루
14	2	6	174	59	26
볼넷	삼진	병살타	장타율	출루율	OPS
45	74	7	0.359	0.348	0.707

전력분석	빠른 발과 운동 능력, 야구 센스를 갖춘 타자. 무엇보다 리그 최고의 외야 수비력을 자랑한다. 안정감 이상으로, 가끔씩 입이 떡 벌어지는 슈퍼캐치를 해 '안타 도둑'으로 불리기도 한다. 6시즌이나 전 경기 출장을 달성한 철인이기도 하다.
강점	빠른 발을 앞세운 작전 수행 능력, 수비 능력
약점	상대적으로 아쉬운 선구안

46 강효종
투수(우투우타)

생년월일 2002년 10월 14일
출신학교 저동초(일산서구리틀)-충암중-충암고

작년 2023 시즌 기록

구속과 구위가 매력적인 투수로, 공의 회전수가 톱클래스 수준. 선발 후보 중 한 명.

평균자책점	경기	승	패	홀드	세이브	승률	이닝	투구수
6.23	7	1	2	0	0	0.333	21 2/3	446
피안타	피홈런	볼넷	삼진	실점	자책점	피안타율	WHIP	QS
25	1	12	14	18	15	0.298	1.71	0

QS: 퀄리티스타트

12 김대현
투수(우투우타)

생년월일 1997년 3월 8일
출신학교 홍연초(마포구리틀)-홍은중-선린인터넷고

작년 2023 시즌 기록

타고난 하드웨어와 150km/h대 직구의 힘이 좋은 투수. 새로운 필승조 역할을 기대.

평균자책점	경기	승	패	홀드	세이브	승률	이닝	투구수
10.80	5	0	0	0	0	-	3 1/3	89
피안타	피홈런	볼넷	삼진	실점	자책점	피안타율	WHIP	QS
8	1	2	3	5	4	0.421	3.00	0

0 김유영
투수(좌투좌타)

생년월일 1994년 5월 2일
출신학교 양정초-개성중-경남고

작년 2023 시즌 기록

시즌 초반 함덕주의 공백을 메울 좌완 불펜 후보. 수술 후 컨디션 회복 관건.

평균자책점	경기	승	패	홀드	세이브	승률	이닝	투구수
피안타	피홈런	볼넷	삼진	실점	자책점	피안타율	WHIP	QS

35 김영준
투수(우투우타)

생년월일 1999년 1월 12일
출신학교 인천연학초-선린중-선린인터넷고

작년 2023 시즌 기록

완급 조절이 좋은 유형의 투수. 그간 2군에서의 퍼포먼스는 좋았다. 선발 후보 중 한 명.

평균자책점	경기	승	패	홀드	세이브	승률	이닝	투구수
27.00	1	1	0	0	0	1.000	1/3	16
피안타	피홈런	볼넷	삼진	실점	자책점	피안타율	WHIP	QS
1	0	1	0	1	1	0.500	6.00	0

45 김진수
투수(우투우타)

생년월일 1998년 8월 31일
출신학교 이세초-군산중-군산상고-중앙대

작년 2023 시즌 기록

입단 4년 차. 다양한 구종을 투구, 완급 조절과 커맨드가 좋아 기대되는 투수.

평균자책점	경기	승	패	홀드	세이브	승률	이닝	투구수
피안타	피홈런	볼넷	삼진	실점	자책점	피안타율	WHIP	QS

25 배재준
투수(우투우타)

생년월일 1994년 11월 24일
출신학교 본리초-경상중-대구상원고

작년 2023 시즌 기록

롱릴리프형 투수. 직구의 위력이 조금은 떨어지지만 다양한 변화구를 던진다.

평균자책점	경기	승	패	홀드	세이브	승률	이닝	투구수
18.00	1	0	0	0	0	-	1	23
피안타	피홈런	볼넷	삼진	실점	자책점	피안타율	WHIP	QS
2	0	1	0	2	2	0.400	3.00	0

58 성동현
투수(우투우타)

생년월일 1999년 5월 18일
출신학교 백마초-홍은중-장충고

작년 2023 시즌 기록

2018년 1라운더. 새로운 필승조 후보. 150km/h대 빠른 공을 갖고 있다.

평균자책점	경기	승	패	홀드	세이브	승률	이닝	투구수
9.00	1	0	0	0	0	-	1	20
피안타	피홈런	볼넷	삼진	실점	자책점	피안타율	WHIP	QS
2	0	1	1	1	1	0.400	3.00	0

28 윤호솔

투수(우투우타)

생년월일 1994년 7월 15일

출신학교 온양온천초-온양중-북일고

작년 2023 시즌 기록

전형적인 파워형 투수. 구속은 타고났으나 꾸준함이 아쉽다.

평균자책점	경기	승	패	홀드	세이브	승률	이닝	투구수
2.45	4	0	0	0	0	-	3 2/3	91
피안타	피홈런	볼넷	삼진	실점	자책점	피안타율	WHIP	QS
3	0	3	4	1	1	0.214	1.64	0

37 이믿음

투수(우투우타)

생년월일 2000년 7월 18일

출신학교 노암초-경포중-강릉고-강릉영동대

작년 2023 시즌 기록

간결한 투구폼으로 투구 매커니즘이 좋다고 평가받는 사이드암.

평균자책점	경기	승	패	홀드	세이브	승률	이닝	투구수
-	-	-	-	-	-	-	-	-
피안타	피홈런	볼넷	삼진	실점	자책점	피안타율	WHIP	QS
-	-	-	-	-	-	-	-	-

26 이상영

투수(좌투좌타)

생년월일 2000년 12월 3일

출신학교 부산수영초-개성중-부산고

작년 2023 시즌 기록

공을 던지다 팔을 다시 올리는 투구폼으로 교정해 타점을 높였다. 슬라이더가 주무기.

평균자책점	경기	승	패	홀드	세이브	승률	이닝	투구수
3.27	6	0	1	0	0	0.000	11	208
피안타	피홈런	볼넷	삼진	실점	자책점	피안타율	WHIP	QS
12	0	8	4	5	4	0.293	1.82	0

50 이지강

투수(우투우타)

생년월일 1999년 7월 2일

출신학교 수원선일초-수원북중-소래고

작년 2023 시즌 기록

선발과 불펜이 모두 가능한 전천후 투수. 제구력의 기복을 줄여야 한다.

평균자책점	경기	승	패	홀드	세이브	승률	이닝	투구수
3.97	22	2	5	2	0	0.286	68	1196
피안타	피홈런	볼넷	삼진	실점	자책점	피안타율	WHIP	QS
60	4	28	38	45	30	0.233	1.29	1

40 이종준

투수(우투우타)

생년월일 2001년 3월 9일

출신학교 군산중앙초-군산남중-군산상고

작년 2023 시즌 기록

2023 2차 드래프트 깜짝 픽. 직구 테일링이 좋은 오른손 정통파 투수로, 필승조 후보...

평균자책점	경기	승	패	홀드	세이브	승률	이닝	투구수
-	-	-	-	-	-	-	-	-
피안타	피홈런	볼넷	삼진	실점	자책점	피안타율	WHIP	QS
-	-	-	-	-	-	-	-	-

55 김범석

포수(우투우타)

생년월일 2004년 5월 21일

출신학교 김해삼성초-경남중-경남고

작년 2023 시즌 기록

뛰어난 파워와 타격 매커니즘의 2023년 1라운더 거포 유망주. 1루수도 겸한다.

타율	경기	타석	타수	득점	안타	2루타	3루타	홈런
0.111	10	29	27	3	3	1	0	1
루타	타점	도루	볼넷	삼진	병살타	장타율	출루율	OPS
7	4	0	1	5	1	0.259	0.138	0.397

44 김성우

포수(우투우타)

생년월일 2003년 11월 15일

출신학교 성동초-건대부중-배재고

작년 2023 시즌 기록

청소년 대표팀 출신의 포수 유망주. 블로킹, 도루 저지 등 수비력이 좋다는 평가.

타율	경기	타석	타수	득점	안타	2루타	3루타	홈런
-	-	-	-	-	-	-	-	-
루타	타점	도루	볼넷	삼진	병살타	장타율	출루율	OPS
-	-	-	-	-	-	-	-	-

32 전준호

포수 (우투우타)

생년월일 1998년 7월 1일

출신학교 양도초-강남중-청원고

작년 2023 시즌 기록

프레이밍 등 수비가 좋은 선수. 1군 기회를 잡으려면 타격에서의 경쟁력을 키워야 한다.

타율	경기	타석	타수	득점	안타	2루타	3루타	홈런
0.000	2	1	1	0	0	0	0	0
루타	타점	도루	볼넷	삼진	병살타	장타율	출루율	OPS
0	1	0	0	0	0	0.000	0.000	0.000

6 구본혁

내야수 (우투우타)

생년월일 1997년 1월 11일

출신학교 중대초-잠신중-장충고-동국대

작년 2023 시즌 기록

주 포지션은 유격수로, 내야 전 포지션이 가능한 유틸리티.

타율	경기	타석	타수	득점	안타	2루타	3루타	홈런
-	-	-	-	-	-	-	-	-
루타	타점	도루	볼넷	삼진	병살타	장타율	출루율	OPS
-	-	-	-	-	-	-	-	-

53 김민수

내야수 (우투우타)

생년월일 1998년 3월 18일

출신학교 서화초-동산중-제물포고

작년 2023 시즌 기록

타격 능력이 좋은 내야수로, 새 팀에서 잠재력을 터뜨리길 기대하고 있다.

타율	경기	타석	타수	득점	안타	2루타	3루타	홈런
0.209	25	51	43	4	9	1	1	0
루타	타점	도루	볼넷	삼진	병살타	장타율	출루율	OPS
12	2	0	7	17	2	0.279	0.320	0.599

5 김주성

내야수 (우투우타)

생년월일 1998년 1월 30일

출신학교 수원신곡초-덕수중-휘문고

작년 2023 시즌 기록

콘택트 능력과 파워를 겸비한 중장거리형 타자. 수비적인 부분의 보완이 필요하다.

타율	경기	타석	타수	득점	안타	2루타	3루타	홈런
0.200	11	7	5	1	1	0	0	0
루타	타점	도루	볼넷	삼진	병살타	장타율	출루율	OPS
1	0	0	1	2	0	0.200	0.429	0.629

36 김성진

내야수 (우투우타)

생년월일 2000년 3월 17일

출신학교 수원신곡초-매향중-야탑고

작년 2023 시즌 기록

탄탄한 체격에 장타력을 갖춘 타자로, 포수에서 1루수로 전향했다.

타율	경기	타석	타수	득점	안타	2루타	3루타	홈런
-	-	-	-	-	-	-	-	-
루타	타점	도루	볼넷	삼진	병살타	장타율	출루율	OPS
-	-	-	-	-	-	-	-	-

43 김태우

내야수 (우투우타)

생년월일 1997년 10월 19일

출신학교 광주화정초-자양중-신일고-중앙대

작년 2023 시즌 기록

육성선수로 입단했다 방출되었으나, 군 복무를 마치고 재입단했다. 주 포지션은 유격수.

타율	경기	타석	타수	득점	안타	2루타	3루타	홈런
-	-	-	-	-	-	-	-	-
루타	타점	도루	볼넷	삼진	병살타	장타율	출루율	OPS
-	-	-	-	-	-	-	-	-

7 손호영

내야수 (우투우타)

생년월일 1994년 8월 23일

출신학교 의왕부곡초-평촌중-충훈고

작년 2023 시즌 기록

힘 있는 스윙을 하는 중장거리형 타자. 주력도 빠르고 수비 안정감도 있는 편.

타율	경기	타석	타수	득점	안타	2루타	3루타	홈런
0.205	27	45	44	8	9	0	0	1
루타	타점	도루	볼넷	삼진	병살타	장타율	출루율	OPS
12	6	2	1	12	5	0.273	0.222	0.495

14 송찬의

내야수(우투우타)

생년월일 1999년 2월 20일

출신학교 화곡초-선린중-선린인터넷고

작년 2023 시즌 기록

우타 거포 유망주. 2022년 시범경기 홈런왕 타이틀을 넘어서야 한다.

타율	경기	타석	타수	득점	안타	2루타	3루타	홈런
0.056	19	22	18	2	1	1	0	0
루타	타점	도루	볼넷	삼진	병살타	장타율	출루율	OPS
2	1	1	4	6	1	0.111	0.227	0.338

15 안익훈

외야수(좌투좌타)

생년월일 1996년 2월 12일

출신학교 대전신흥초-충남중-대전고

작년 2023 시즌 기록

수비 범위 하나만큼은 톱 클래스의 외야수. 이제는 기회가 왔을 때 잡아야 한다.

타율	경기	타석	타수	득점	안타	2루타	3루타	홈런
0.318	11	23	22	1	7	1	0	0
루타	타점	도루	볼넷	삼진	병살타	장타율	출루율	OPS
8	2	0	0	2	0	0.364	0.348	0.712

52 이재원

외야수(우투우타)

생년월일 1999년 7월 17일

출신학교 청주석교초-서울경원중-서울고

작년 2023 시즌 기록

잠실의 빅보이. 터지면 잠실 홈런 역사 바꿀 수 있다. 6월 군 상무야구단 입대 예정.

타율	경기	타석	타수	득점	안타	2루타	3루타	홈런
0.214	57	129	112	15	24	5	0	4
루타	타점	도루	볼넷	삼진	병살타	장타율	출루율	OPS
41	18	4	12	40		0.366	0.295	0.661

62 최승민

외야수(우투좌타)

생년월일 1996년 7월 1일

출신학교 서울학동초-대치중-신일고

작년 2023 시즌 기록

빠른 발 하나로도 우승반지를 낄 수 있다. 지난해 트레이드로 영입한 전문 대주자 요원.

타율	경기	타석	타수	득점	안타	2루타	3루타	홈런
0.071	38	15	14	10	1	0	0	0
루타	타점	도루	볼넷	삼진	병살타	장타율	출루율	OPS
1	1	8	1	4	1	0.071	0.133	0.204

66 김현종

생년월일	2004년 8월 4일
신장/체중	186cm / 85kg
출신학교	상인천초-동인천중-인천고
지명순위	2라운드 전체 18순위

외야수(우투우타)

중장거리형 타자로 공격력에 확실한 강점. 수비도 안정적인 편.

48 진우영

생년월일	2001년 2월 5일
신장/체중	188cm / 97kg
출신학교	성동초-글로벌선진학교
지명순위	4라운드 전체 38순위

투수(우투우타)

해외 리턴파. 안정적 제구와 묵직한 구위로 불펜 즉시전력감으로 분류.

49 정지헌

생년월일	2003년 12월 11일
신장/체중	180cm / 85kg
출신학교	동수원초(영동리틀)-매향중-유신고-고려대
지명순위	6라운드 전체 58순위

투수(우투우타)

투구 템포가 빠르고 공격적인 성향의 투수. 마운드에서 여유가 있는 선수.

103 김종우

생년월일	2005년 2월 7일
신장/체중	187cm / 90kg
출신학교	의왕부곡초-이수중-휘문고
지명순위	8라운드 전체 78순위

투수(우투우타)

신체 조건이 우수하고 높은 릴리스 포인트를 가진 투수. 공 끝이 좋고 힘이 있음.

107 김도윤

생년월일	2005년 2월 17일
신장/체중	180cm / 71kg
출신학교	화중초(덕양리틀)-경기신일중-야탑고
지명순위	10라운드 전체 98순위

내야수(우투우타)

공수주 삼박자를 갖춘 내야수. 콘택트 능력이 우수하고 파워도 갖춘 타자.

56 손용준

생년월일	2000년 2월 15일
신장/체중	178cm / 85kg
출신학교	김해화정초(김해리틀)-부산내동중-김해고-동의과학기술대
지명순위	3라운드 전체 28순위

내야수(우투우타)

공격력이 좋은 내야수. 여유 있는 수비 능력도 장점.

64 김대원

생년월일	2001년 11월 7일
신장/체중	172cm / 70kg
출신학교	백마초-원당중-충훈고-홍익대
지명순위	5라운드 전체 48순위

내야수(우투우타)

체구는 작지만 센스와 스피드를 갖춘 주력, 적극적인 플레이가 강점. 콘택트와 수비 준수.

116 배강

생년월일	2005년 11월 4일
신장/체중	185cm / 95kg
출신학교	광주학강초-광주북성중-광주제일고
지명순위	7라운드 전체 68순위

포수(우투우타)

수준급 콘택트 능력과 파워를 가진 공격력이 좋은 포수.

104 강석현

생년월일	2005년 5월 17일
신장/체중	185cm / 90kg
출신학교	명동초(광진리틀)-인창중-인창고
지명순위	9라운드 전체 88순위

투수(좌투좌타)

짧은 팔 스윙으로 디셉션이 좋은 투수. 제구, 수비와 견제 능력이 좋은 편.

108 심규빈

생년월일	2001년 3월 27일
신장/체중	181cm / 81kg
출신학교	잠전초(동대문구리틀)-언북중-서울고-성균관대
지명순위	11라운드 전체 108순위

외야수(우투좌타)

콘택트 능력이 뛰어나고, 빠른 발이 장점. 수비 범위, 타구 판단 능력에 강한 어깨도 겸비.

TEAM PROFILE

구단명 : **KT 위즈**

연고지 : **수원특례시**

창립연도 : **2013년**

구단주 : **김영섭**

대표이사 : **이호식**

단장 : **나도현**

감독 : **이강철**

홈구장 : **수원 KT 위즈파크**

영구결번 : **없음**

한국시리즈 우승 : **2021**

UNIFORM

HOME

AWAY

2024 KT WiZ DEPTH CHART

• 지명타자

 강백호
 박병호
 김민혁

중견수
배정대
정준영
홍현빈

좌익수
로하스
조용호
문상철

우익수
김민혁
조용호
안치영

유격수
김상수
장준원
신본기

2루수
오윤석
박경수
천성호

3루수
황재균
이호연
강민성

1루수
박병호
문상철
오윤석

• 감독

 이강철

포수
장성우
김준태
강현우

• 2024 예상 베스트 라인업

1번 타자	배정대	중견수
2번 타자	김민혁	우익수
3번 타자	로하스	좌익수
4번 타자	박병호	1루수
5번 타자	강백호	지명타자
6번 타자	장성우	포수
7번 타자	황재균	3루수
8번 타자	오윤석	2루수
9번 타자	김상수	유격수

• 예상 선발 로테이션

 벤자민
 쿠에바스
 고영표
 엄상백
소형준

• 필승조

 우규민
 문용익
 이상동
 손동현

• 마무리

 박영현

TEAM INFO

팀 분석

2023 팀 순위(포스트시즌 최종 순위 기준)
2위

최근 5년간 팀 순위

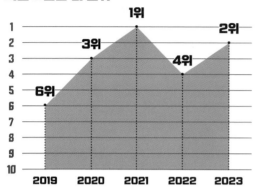

6위 2019 / 3위 2020 / 1위 2021 / 4위 2022 / 2위 2023

2023시즌 팀 공격력

↑: High / ↓: Low

타율↑	홈런↑	병살타↑	득점권 타율↑	삼진↓	OPS↑
0.265	89개	96개	0.276	1,074개	0.709
공동 4위	7위	5위	4위	8위	5위

2023시즌 팀 마운드

↑: High / ↓: Low

평균자책점↓	탈삼진↑	QS↑	볼넷↓	피안타율↓	피홈런↓	WHIP↓
3.94	968개	64	413개	0.268	83개	1.35
4위	8위	공동 3위	1위	6위	3위	2위

2023시즌 팀 수비력

↑: High / ↓: Low

실책↓	견제사↑	병살 성공↑	도루저지율↑
99개	16개	117번	17.2%
1위	1위	6위	10위

2023시즌 최다 마킹 유니폼

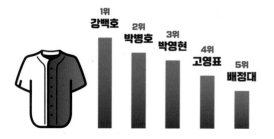

1위 강백호 / 2위 박병호 / 3위 박영현 / 4위 고영표 / 5위 배정대

PARK FACTOR

홈구장_수원 KT 위즈파크

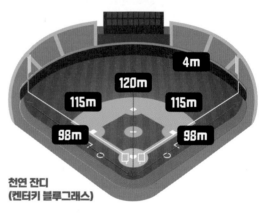

4m / 120m / 115m / 115m / 98m / 98m

천연 잔디
(켄터키 블루그래스)

수용인원

18,700석

구장 특성

과거 현대 유니콘스가 사용하던 구장을 전면 리모델링했다. KT의 창단 당시부터 함께했던 구장. 경기장에 직접 가보면 광주 기아 챔피언스필드와 느낌이 상당히 흡사하다. 비슷한 구조지만 자세히 뜯어보면 디테일이 꽤 다르다. 외야 캠핑존과 중앙 외야에 위치한 스포츠 펍, 다양한 식음료 가게 등 오밀조밀 알차게 꾸며 놓은 구장. 외야가 좁아서 그런지 장타가 많이 터진다. 타자친화형 구장.

HOME STADIUM GUIDE

원정 팬을 위한 교통편 추천, 주차 팁

수원역에서 택시를 타면 야구장까지 약 15분 정도 소요된다. 택시를 타지 않더라도 수원역에서 오가는 시내버스가 많기 때문에 대중교통 이용을 추천한다. 서울에서 올 경우 사당역에서 야구장 앞까지 오는 버스가 여러 노선이 있다. 소요 시간은 약 40분. 다만 퇴근 시간이 겹치면 '지옥버스'에 타야 할 수도 있으니 빠르게 움직이는 것을 추천한다.

자차를 이용할 경우 주차는 사전 예약이 필요하다. 홈페이지 또는 구단 공식 어플인 wizzap에서 주차 예약을 할 수 있고, 요금은 2,000원이다. 경기 시작 2시간 전부터 입차가 가능한데, 종합 운동장 내에 축구장도 있고, 여러 체육 시설이 모여 있어 기본적으로 이용 고객이 많기 때문에 주차장도 복잡하다. 여유 있게 주차를 하고 싶으면 2시간 전에 미리 와야 하고, 경기 후에는 출차에도 적지 않은 시간이 소요된다.

이 재미로 직관 가는 거 아닌가요, 이 구장에서 놓치면 안 되는 먹을거리, 놀거리, 이벤트

이상하게 자꾸 돈을 쓰게 되네

은근히 야구장 내에 맛집이 많다. 위즈파크에 오랜만에 오는 팬일수록, 원정팀 팬일수록 높은 확률로 줄 서서 사는 진미통닭, 보영만두는 늦게 가면 품절이 될 수도 있으니 사는 타이밍을 잘 맞춰야 한다. 구단 직원들도 "커피가 너무 맛있다"고 칭찬하는 수원 행리단길 유명 카페 '정지영 커피로스터즈'도 구장 내에서 구매할 수 있다. 꼭 구장 내 매점들이 아니더라도 야구장 큰길 바로 건너편에 다양한 음식점, 카페, 편의점들이 많이 있어서 외부 식사도 비교적 자유로운 구장이다.

더위가 싹 가신다.
KT 팬 아니더라도 물대포는 강력 추천

벌써 몇 년째 위즈파크 핵심 이벤트 중 하나로 자리 잡은 워터 페스티벌. 한여름 무더울 때에 맞춰서 하는데, 점수가 날 때마다 시원하게 물대포가 터진다. 젖어도 되는 옷차림을 하고 가야 하지만, 한여름 야구장 관중석이 얼마나 찜통인지 아는 사람이라면 구미가 당길 수밖에 없는 이벤트. 솔직히 KT팬이 아니더라도 시원하게 야구 보고 싶으면 워터 페스티벌에 맞춰서 오라고 추천하고 싶다.

이왕 온 김에 핫플 가 볼까?

위즈파크 내에도 스냅 사진 부스, 굿즈샵 등 깨알 같은 흥미 포인트들이 있지만, 만약 1박 2일로 원정을 계획하거나 일정에 여유가 있다면 야구장에서 그리 멀지 않은 수원 행리단길 나들이가 좋다. 최근 젊은이(?)들의 마음을 사로잡은 핫한 레스토랑, 바, 카페들이 골목골목 알차게 들어차 있다. 예전과 180도 달라진 수원 최고 핫플이 됐다. 단, 저녁 식사 시간과 주말에는 주차 지옥이 되니 가능한 한 자차는 가지고 가지 않기를 추천한다.

최하위에서 2위로, 마법은 계속된다

작년에 이것만 잘됐으면 좋았을 텐데

아무리 슬로스타터라지만, 지난해엔 시즌 초반 불운이 유독 심했다. 부상 악령이 팀을 지배했다. 시작부터 필승조 김민수와 주권이 부상 이탈했고, 선발 소형준도 시즌 아웃이 됐다. 타선에서도 배정대와 박병호, 황재균 등이 번갈아 부상을 당하면서 짜임새 있는 타선을 꾸리기 어려웠다. 자랑하던 '강철 선발'도 고영표의 월드베이스볼클래식 후유증과 엄상백의 부상 이탈, 외국인 투수 보 슐서의 부진 등으로 악재만 가득했다. 시즌 전 강력한 우승 후보로 꼽혔던 KT는 시즌 초부터 최하위로 고꾸라지면서 어려운 시기를 보냈다. 그 시기 한 베테랑 선수는 "솔직히 이번 시즌은 (가을야구가) 힘들 것 같다. 한 경기씩만 생각하면서 최선을 다할 뿐이다"라며 고개를 내젓기도 했다. 다행히 KT는 프런트의 발 빠른 결정으로 조금씩 살아나기 시작했다. 5월 말 내야수 이호연을 트레이드로 영입하고, 6월엔 외국인 투수 윌리엄 쿠에바스를 재영입했다. 이후 부상 선수들이 돌아오면서 탄력을 받기 시작했다. 정준영, 안치영 등 어린 선수들을 과감하게 투입한 것도 효과를 봤다. 지명타자·대타 자원이었던 김민혁도 배정대의 공백을 잘 메워주면서 시즌 초반을 잘 버텨 낼 수 있었다. 부상 악령에 선수층이 얇다는 우려의 시선을 선수 육성과 대체 선수의 활약으로 지워 냈다. KT는 6월 이후 승률 1위(0.656, 63승 33패 1무)로 승승장구하며 정규시즌을 2위로 마무리했다. -14까지 벌어졌던 승패마진은 시즌이 끝난 후 +17까지 치솟아 있었다. 2005년 SK 와이번스(현 SSG 랜더스)가 기록한 KBO리그 역대 최대 승패마진(32경기·-11~+21) 다음가는 호성적으로 위기를 이겨 냈다. 곱씹을수록 시즌 초반 불운이 아쉬울 수밖에 없었다. 새 시즌엔 더욱 탄탄해진 선수층을 앞세워 변수를 지워 내고자 한다. 장기 부상에서 돌아온 소형준, 박시영, 김민수 등 천군만마들도 복귀를 앞두고 있어 호재가 가득하다. 올해는 슬로스타터 오명을

지울 수 있을지 주목된다.

스토브리그 성적표

B

알짜배기 선수들을 쏠쏠하게 영입했다. KT는 마무리 투수 김재윤을 FA로 떠나보내며 공백이 우려됐지만, 보상 선수(문용익)와 2차 드래프트(우규민, 이태규, 김철호) 등으로 공백을 메웠다. 다만 지난해 토로했던 왼손 투수 기근을 이번 이적 시장에서 해소하지 못한 것은 아쉽다.

지극히 주관적인 올 시즌 예상 순위와 이유

1위

가장 변수가 적은 팀이다. 마무리 투수 김재윤이 FA로 떠났지만, 박영현이라는 믿음직한 클로저가 있어 걱정이 없다. FA 보상선수와 2차 드래프트로 문용익과 우규민 등을 영입해 마운드를 강화했다. 선발진에선 배제성이 빠졌지만 소형준이 부상에서 돌아와 공백이 보이지 않는다. 이호연, 정준영 등 지난해 팀에 합류한 선수들이 내외야 선수층을 강화했고, 천성호와 심우준 등 군에서 돌아오는 선수들도 있다. 조그마한 우려 요소가 있다면 박병호, 황재균 등 주전 야수들이 한 살을 더 먹었다는 것. 매 시즌 에이징 커브를 잘 이겨 낸 KT지만, 한 살이 더 많아진 올해도 극복할 수 있을지는 상수보단 변수에 가깝다.

생년월일	1966년 05월 24일
출신학교	광주서림초-무등중-광주제일고-동국대
주요 경력	해태-삼성-KIA 선수(1989~2005), KIA 타이거즈 투수코치(2006~2012), 넥센 히어로즈 수석코치(2013~2016), 두산 베어스 2군 감독, 수석코치(2017~2018), KT 위즈 감독(2019~)

70 이강철

"작년보다 양적으로 여유 있는 시작."

스타 출신 감독, 그의 무뚝뚝한 표정 때문에 강력한 카리스마를 바탕으로 팀을 지도하는 것처럼 보이지만, 알고 보면 침묵의 믿음과 스스럼 없는 소통으로 선수들과 좋은 관계를 유지하는 '덕장'이다. KBO리그에서 이름난 투수 조련사로서 KT의 '강철 선발진'을 구축했고, 탄탄한 마운드를 바탕으로 2021년 창단 첫 통합우승까지 이끌었다. 만년 꼴찌였던 KT를 강팀으로 변모시키며 4년 연속 가을야구(2020~2023)에 진출시킨 장본인. 지난해엔 최하위로 허덕이던 팀을 2위까지 끌어올린 리더십으로 3년 재계약이라는 깜짝 선물을 받았다.

1군

수석코치	타격코치	타격코치	투수코치	불펜코치	배터리코치	주루·작전코치	주루·외야코치
김태균	유한준	김강	제춘모	전병두	장재중	최만호	박기혁

퓨쳐스

수비코치	퓨처스 감독	타격코치	투수코치	배터리코치	주루·작전코치	수비코치	육성·재활군코치
김호	김태한	조중근	홍성용	이준수	김연훈	박정환	배우열

육성·재활군코치	육성·재활군코치	육성·재활군코치
이성열	백진우	곽정철

1

투수(우언우타)

고영표

생년월일	1991년 9월 16일
신장/체중	187cm / 88kg
출신학교	광주대성초-광주동성중-화순고-동국대
연봉(2024)	20억 원
경력	KT 위즈(2014~)

#장안문_수호신

구단 최초의 비FA 다년 계약 주인공, 새 시즌을 앞두고 5년 총액 107억 원의 잭팟을 터트렸다. KT의 창단 멤버인 고영표는 구단 역대 최다 경기 선발 등판(127경기), 최다승(55승), 최다이닝(920⅔이닝), 최다 완봉승(4회) 등 각종 부문에서 구단 기록을 보유한 프랜차이즈 투수. 계약 확정과 함께 고영표는 연고지 수원을 대표하는 화성 장안문 앞에서 사진을 찍으며 '수원 수호신'으로 거듭났다.

#0점대_볼넷_실화냐

"볼넷이 죽기보다 싫다"는 그. 고영표는 지난해 KBO리그 신기록 하나를 세웠다. 9이닝당 볼넷 수가 무려 0점대(0.98). 리그 최다 7위에 해당하는 긴 이닝(174⅔)을 던지고도 규정이닝을 채운 투수들 중 가장 적은 볼넷(19개)을 기록했다. 또고영표는 '고퀄스'라는 별명답게 퀄리티스타트(선발 6이닝 이상 3자책 이하)도 21차례 올리며 리그 최고 투수로 거듭났다.

#투수조를_부탁해

실력도 좋은데 리더십도 뛰어나다. 어린 선수들과 스스럼없이지내며 투수조 리더 역할까지 도맡고 있다. 경기 중간중간 선수들과 소통하며 조언하는 것은 물론, 뛰어난 자기 관리로 어린 선수들의 귀감이 되고 있다고. KT는 창단 이래 야수가 주장직을 맡아 왔는데, 투수조엔 고영표가 있어 걱정이 없다. 현주장 박경수도 "고영표가 선후배간 소통을 잘해 줘서 걱정이 없다"라고 말했다.

TMI 인터뷰

1. 일주일 동안 한 가지 음식만 먹어야 한다면?
- 김치볶음밥

2. 세상에서 가장 싫은 것 한 가지는?
- 시간 약속 안 지키는 것

3. 스트레스 쌓이거나 생각이 많을 때 하는 건?
- 산책

4. 진짜 독하다 싶은 선수는?
- 이채호가 정말 훈련을 열심히 한다

5. 야구하길 잘했다는 생각이 들 때는?
- 완봉했을 때

작년 2023 시즌 기록

평균자책점	경기	승	패	홀드	세이브
2.78	28	12	7	0	0
승률	이닝	투구수	피안타	피홈런	볼넷
0.632	174 2/3	2453	181	7	19
삼진	실점	자책점	피안타율	WHIP	퀄리티스타트
114	57	54	0.269	1.15	21

전력분석	리그를 대표하는 최고의 사이드암스로. 직구 구속이 빠르지 않지만 투심 패스트볼과 춤추는 체인지업으로 타자들의 헛스윙과 범타를 유도한다. 지난해 리그 최초로 0점대 9이닝당 볼넷(0.98개)를 기록한 그는 국내 투수 중 가장 많은 21개의 퀄리티스타트(6이닝 이상 3자책 이하)를 기록하며 에이스의 면모를 보여 줌.
강점	춤추는 체인지업, 적은 볼넷, 빠른 템포
약점	우승하려면 LG를 넘어라

30
소형준

투수(우투우타)

생년월일	2001년 9월 16일
신장/체중	189cm / 92kg
출신학교	호암초(의정부리틀)-구리인창중-유신고
연봉(2024)	2억 2천만 원
경력	KT 위즈(2020~)

#첫_투수_신인왕

2020년 혜성처럼 등장한 소형준은 KT 투수 최초로 신인상을 수상했다. 이강철 감독의 눈도장을 받으며 데뷔해부터 선발 로테이션을 돈 소형준은 14년 만의 순수 신인 두 자릿수 승수(13승)를 기록하며 최고 신인으로 거듭났다. 2006년 류현진 이후 처음. 연고지 수원의 유신고를 나온 소형준은 수원 마운드의 미래로 쑥쑥 성장 중이다.

#소형준?_특대형준

데뷔해부터 13승을 거둔 소형준은 2년 차인 2021년 7승 7패 4점대 평균자책점(4.16)으로 주춤했으나, 3년 차인 2022년 다시 13승을 수확하며 에이스의 면모를 되찾았다. 두 차례나 10승 이상을 거둔 소형준을 두고 KT팬들은 '대형준', 더 나아가 '특대형준'이라는 별명을 붙였다. 이 활약을 바탕으로 소형준은 2023년 3월에 열린 월드베이스볼클래식에서 첫 성인 태극마크를 다는 감격을 맛봤다.

#마지막_퍼즐_조각

2023년은 소형준에게 시련의 한 해였다. 월드베이스볼클래식 1라운드 탈락에 이어 시즌 초반엔 예기치 못한 부상까지 당했다. 지난해 팔꿈치 수술과 함께 시즌 아웃된 소형준은 올해 6월 복귀를 목표로 열심히 훈련에 매진 중이다. 올 시즌 KT는 배제성의 군 입대로 선발진 한 자리가 구멍이 났다. '마지막 퍼즐 조각' 소형준이 돌아와야 완전체를 갖춘다.

작년 2023 시즌 기록

평균자책점	경기	승	패	홀드	세이브
11.45	3	0	0	0	0
승률	**이닝**	**투구수**	**피안타**	**피홈런**	**볼넷**
-	11	230	22	1	3
삼진	**실점**	**자책점**	**피안타율**	**WHIP**	**퀄리티스타트**
4	14	14	0.423	2.27	0

전력분석	빠른 직구와 투심 패스트볼, 컷 패스트볼, 체인지업, 커브 등 다양한 공을 던질 수 있는 팔색조 투수. 큰 경기에 강한 담대함도 갖췄다. KT의 토종에이스 길을 걷다 지난해 팔꿈치 수술로 흐름이 끊긴 상태. 건강한 몸 상태로 2022년 모습으로 돌아오는 것이 관건이다.
강점	땅볼 유도형, 긴 이닝 소화 가능한 이닝이터
약점	지난해 부상 여파

🎤 TMI 인터뷰

1. 일주일 동안 한 가지 음식만 먹어야 한다면?
- 규동 (탄수화물과 단백질이 적절히 조화롭다)

2. 세상에서 가장 싫은 것 한 가지는?
- 계획 틀어지는 것 (J 성향이 있다)

3. 스트레스 쌓이거나 생각이 많을 때 하는 건?
- 방 정리, 집 청소

4. 진짜 독하다 싶은 선수는?
- 황재균 선수 (훈련할 때 보면 독하게 한다. 자기 절제도 장난 아니다)

5. 야구하길 잘했다는 생각이 들 때는?
- 매일매일의 야구 선수로서 일상을 느낄 때

전강하게 돌아오자!

60
박영현

투수(우투우타)

생년월일	2003년 10월 11일
신장/체중	183cm / 91kg
출신학교	부천북초-부천중-유신고
연봉(2024)	1억 6천만 원
경력	KT 위즈(2022~)

#포스트_오승환

"오승환 선배처럼 최고의 마무리 투수가 되는 것이 목표입니다." 입단부터 박영현은 선발 투수가 아닌 마무리 투수를 원했다. 묵직한 구위, 포커페이스까지 오승환을 똑 닮은 박영현은 '제2의 오승환'을 목표로 KT 필승조에서 값진 경험을 쌓았다. 새 시즌 KT의 마무리 투수로 낙점되면서 꿈을 이룰 기회를 잡았다.

#최연소_최연소_최연소

이제 프로 3년 차지만, 박영현은 최연소 기록을 여럿 보유하고 있다. 2022년 첫 가을야구 무대에서 역대 포스트시즌 최연소 세이브(19세 6일)를 올린 박영현은 지난해 8월엔 단일 시즌 최연소 최다 홀드 신기록을 세우며 승승장구했다. 이어 지난해 32홀드를 기록한 박영현은 최연소 홀드왕에 등극하면서 KBO리그 역사에 자신의 이름을 새겼다.

#감독님_맡겨만_주세요

KT는 비시즌 붙박이 마무리 투수 김재윤을 삼성으로 떠나보냈다. 하지만 박영현이 있기에 걱정이 없다. 오래전부터 준비된 마무리. 박영현은 "감독님, 맡겨만 주세요"라는 당찬 포부로 새 시즌을 시작했다. "마무리 투수라면 세이브왕에 도전해야 한다. 내가 해 보겠다"라는 각오와 함께.

TMI 인터뷰

1. 일주일 동안 한 가지 음식만 먹어야 한다면?
- 닭가슴살

2. 세상에서 가장 싫은 것 한 가지는?
- 좀비

3. 스트레스 쌓이거나 생각이 많을 때 하는 건?
- 게임 (서든어택)

4. 진짜 독하다 싶은 선수는?
- 김혜성 선수 (키움, 국대 인연으로 만났는데 정말 열심히 한다)

5. 야구하길 잘했다는 생각이 들 때는?
- 작년 홀드왕. 뿌듯했던 순간이다

작년 2023 시즌 기록

평균자책점	경기	승	패	홀드	세이브
2.75	68	3	3	32	4
승률	**이닝**	**투구수**	**피안타**	**피홈런**	**볼넷**
0.500	75 1/3	1220	63	3	23
삼진	**실점**	**자책점**	**피안타율**	**WHIP**	**퀄리티스타트**
79	25	23	0.230	1.14	0

전력분석	'제2의 오승환'으로 이름을 날리며 지난해 '최연소 홀드왕(32개)'까지 등극한 준비된 마무리 투수. 삼성 라이온즈로 이적한 김재윤을 대신해 새 시즌 팀의 마무리 투수로 낙점됐다. 패스트볼 구위가 장점. 평균 직구 구속도 2022년보다 더 늘었다. 한국시리즈, 국제대회 모두 경험한 강한 멘탈도 마무리 투수로서 딱이다
강점	리그 상위 6%에 달하는 직구 수직무브먼트, 강한 멘털, 포크볼까지 장착한 팔색조 투수
약점	작년 상당했던 체력 소모, 마무리 풀타임 첫 시즌

50
강백호

외야수(우투좌타)

생년월일	1999년 7월 29일
신장/체중	184cm / 98kg
출신학교	부천북초-서울이수중-서울고
연봉(2024)	2억 9천만 원
경력	KT 위즈(2018~)

#천재타자

이정후와 2010년대 후반 양대 산맥을 이룬 천재 타자. 2018년 개막전 첫 타석부터 홈런을 쏘아 올리며 혜성처럼 등장한 강백호는 그해 신인상에 이어 2021년 타율 2위와 창단 첫 통합우승으로 만개했다. 홈런타자, 교타자를 오가며 천재성을 마음껏 드러냈던 그였지만, 최근 두 시즌은 부상과 마음고생으로 고전했다.

#강백호_어깨_펴

2023년 강백호는 시련의 한 해를 냈다. 3월 월드베이스볼 클래식에서 세리머니를 하다 주루사했고, 5월 소속팀에선 안일한 송구로 팀의 실점 빌미를 제공하며 질타를 받았다. 하지만 그의 뒤엔 수많은 팬들이 있었다. 10개 구단 팬들이 모두 나서 강백호를 위한 커피 트럭을 마련하기도 했고, 수원 KT위즈파크 경기장엔 '강백호 어깨 펴, 기죽지 마'라는 플래카드를 세워 그를 응원했다.

#동결_동결_그리고_부활

새 시즌 강백호는 다시 한번 부활을 다짐한다. KT 구단도 최근 두 시즌 연속 부진한 강백호의 연봉을 동결하며 그의 부활을 기대했다. 새 시즌 KT는 2020년 MVP 출신 멜 로하스 주니어를 영입하며 로하스-박병호-강백호로 이어지는 막강 타선을 구축했다. 강백호의 부활이 전제다. 절치부심한 강백호는 지난해 막판부터 체중을 감소하는 등의 노력으로 새 시즌 반등을 다짐했다.

작년 2023 시즌 기록

타율	경기	타석	타수	득점	안타
0.265	71	271	238	32	63

2루타	3루타	홈런	루타	타점	도루
10	1	8	99	39	3

볼넷	삼진	병살타	장타율	출루율	OPS
31	55	1	0.416	0.347	0.763

전력분석	무서울 땐 정말 무서운 '천재 타자'. 최근 2년간 부상과 마음고생으로 힘든 시기를 보냈는데, 새 시즌 명예 회복이 절실하다. 손목과 허리 힘이 강해 강한 타구를 생산하는 타자. 지난해 타격폼 수정과 함께 후반기 살아난 모습을 보여 새 시즌 반등이 기대가 되는 타자.
강점	빠른 공 대처는 리그 톱
약점	변화구 대처 능력
수비력	공격력 집중을 위해 1루수에서 다시 외야수로 돌아왔다. 강견으로 송구 능력이 좋다. 외야수로서 타구 판단력도 시즌을 거듭할수록 좋아지고 있는 중

🎤 TMI 인터뷰

1. 일주일 동안 한 가지 음식만 먹어야 한다면?
- 치킨

2. 세상에서 가장 싫은 것 한 가지는?
- 파충류

3. 스트레스 쌓이거나 생각이 많을 때 하는 건?
- 노래 듣기

4. 진짜 독하다 싶은 선수는?
- 송승환 선수 (NC, 열심히 하는 친구다)

5. 야구하길 잘했다는 생각이 들 때는?
- 데뷔 첫 타석 홈런 순간 짜릿했다

52
박병호

내야수(우투우타)

생년월일	1986년 7월 10일
신장/체중	185cm / 107kg
출신학교	영일초(광명리틀)-영남중-성남고
연봉(2024)	7억 원
경력	LG 트윈스(2005~2010)-넥센/키움 히어로즈 (2011~2015, 2018~2021)-KT 위즈(2022~)

#에이징_커브?_최고령_홈런왕!

2022년 KT 유니폼을 입은 박병호는 에이징 커브의 오명을 씻고 최고령 홈런왕(35개)에 등극했다. 이듬해 2023년엔 18개 홈런으로 장타력이 떨어진 모습을 보였지만, 2할대 후반의 타율(0.283)로 여전한 타격감을 자랑하기도 했다. 부상병동이었던 KT 타선을 홀로 이끌면서 고군분투, 팀이 최하위에서 2위까지 오르는 마법에 일조했다.

#반성의_겨울

지난해 정규시즌과는 달리 박병호는 가을야구 무대에서 부진했다. 자신의 세 번째 한국시리즈에서 또 우승 반지를 끼지 못했다. 이후 박병호는 팬들 앞에 서서 "고개를 들지 못할 정도로 아쉽다. 스스로에게 실망했다"라며 고개를 숙였다. "반성해야 하는 겨울"이라며 지난해 11월부터 새 시즌을 준비, 2024년 반등을 다짐했다.

#재결합_트리오

새 시즌을 앞두고 박병호는 반가운 얼굴들을 만났다. 우선 LG 트윈스 시절 함께했던 우규민이 2차 드래프트로 KT 유니폼을 입으면서 무려 14년 만에 다시 한솥밥을 먹게 됐다. 우규민-박경수-박병호로 이어지는 트윈스 트리오가 완성되면서 첫 우승을 다짐했다. 또 2010년대 후반 홈런왕과 MVP 경쟁을 했던 멜 로하스 주니어가 KT에 돌아오면서 로하스-박병호-강백호의 막강 타선도 구축했다.

2024 시즌 KT 위즈 우승!

TMI 인터뷰

1. 일주일 동안 한 가지 음식만 먹어야 한다면?
- 치킨

2. 세상에서 가장 싫은 것 한 가지는?
- 차 밀리는 것

3. 스트레스 쌓이거나 생각이 많을 때 하는 건?
- 노래 듣기

4. 진짜 독하다 싶은 선수는?
- 김혜성 선수 (키움, 정말 열심히 하는 후배다)

5. 야구하길 잘했다는 생각이 들 때는?
- 매일 유니폼을 입을 때

작년 2023 시즌 기록

타율	경기	타석	타수	득점	안타
0.283	132	493	431	53	122
2루타	**3루타**	**홈런**	**루타**	**타점**	**도루**
15	0	18	191	87	2
볼넷	**삼진**	**병살타**	**장타율**	**출루율**	**OPS**
46	114	9	0.443	0.357	0.800

전력분석	KT 부동의 4번 타자. 홈런왕을 6차례나 달성한 거포. 지난해 18홈런으로 연속 시즌 20홈런 행진이 9시즌에서 멈췄지만, 불혹에 가까운 나이에도 여전히 두 자릿수 홈런을 때려 낼 수 있는 힘을 지녔다. 철저한 자기 관리와 경이로운 회복 능력까지 갖춘 금강불괴 거포.
강점	삼진을 먹어도 자기 스윙, 맞으면 무조건 넘어가는 괴력
약점	유인구 삼진을 어쩌나
수비력	KBO 최초 1루수 수비상 수상자. KT 투수들이 견제사 능력을 높인 데엔 박병호의 역할이 컸다.

3
외야수(우투양타)
멜 로하스 주니어

생년월일/국적 1990년 5월 24일 / 미국·도미니카공화국

신장/체중 189cm / 102kg

출신학교 미국 Wabash Valley(대)

연봉(2024) 90만 달러

경력 KT 위즈(2017~2020, 2024~)-도미니카 티그
레스 델 리세이(2014~2016)-일본 한신 타이거즈
(2021~2022)

#돌아온_MVP

KT 위즈 최초이자 마지막 MVP가 돌아왔다. 2017년 대체
외국인 타자로 KT 유니폼을 입은 로하스는 2020년 타율
0.349(리그 3위), 47홈런(1위), 192안타(2위), 135타점(1위),
116득점(1위)로 정규시즌 MVP에 올랐다. 이후 로하스는 일본
으로 건너갔고, KT는 2021년 우승을 차지했지만 로하스만큼
의 활약을 해 준 외국인 타자는 찾지 못했다. KT가 4년 만에
로하스에게 손을 내밀면서 복귀에 성공했다.

#KT_향한_짝사랑

2021년 일본으로 건너간 후에도 로하스는 KT 경기를 챙겨 봤
다. 배정대 등 KT 선수들과도 지속적으로 연락하며 친분을 유
지하고 있었다. KT가 외국인 타자로 고민에 빠질 때마다 꾸준
히 연계됐던 로하스. 새 시즌은 로하스는 KT에 자신의 영입을
제안, 서로의 니즈가 맞아 떨어져 영입이 확정됐다.

#강력한_이름_지어주세요

로하스 영입으로 KT는 로하스-박병호-강백호로 이어지는 다
이너마이트 타선을 구축했다. MVP, 홈런왕, 신인왕이 한 자리
에 모였다. 로하스는 "누가 봐도 막강한 타선 아닌가. 어느 팀
중심타선보다 강력한 트리오가 될 것 같다"라면서 "강력한 닉
네임을 지어 달라"고 당부하기도 했다.

작년 2023 시즌 기록

타율	경기	타석	타수	득점	안타
-	-	-	-	-	-

2루타	3루타	홈런	루타	타점	도루
-	-	-	-	-	-

볼넷	삼진	병살타	장타율	출루율	OPS
-	-	-	-	-	-

전력분석	2020 KBO리그 최우수선수(MVP) 출신. 타율 3위(0.349), 홈런 1위(47개), 안타 2위(192개), 타점 1위(135점) 등으로 리그를 호령했다. 일본 리그에서의 실패를 딛고 지난해 도미니카 리그에서 부활, KT의 재호출에 응답했다. 날렵해진 모습으로 베트 스피드와 선구안이 MVP 당시와 비슷하다는 구단의 평가.
강점	준수한 컨택에 우수한 파워, 도루 없이도 준수한 주력
약점	아쉬운 컨택 능력, 일본에서 부진 씻을 수 있을까
수비력	준수한 주력과 강건, 외야 수비는 어색하지 않다.

🎤 TMI 인터뷰

1. 일주일 동안 한 가지 음식만 먹어야 한다면?
- 도미니카 플라타노 (요리용 바나나)

2. 세상에서 가장 싫은 것 한 가지는?
- 따로 싫어하는 게 없다

3. 스트레스 쌓이거나 생각이 많을 때 하는 건?
- 명상

4. 진짜 독하다 싶은 선수는?
- 배정대 선수

5. 야구하길 잘했다는 생각이 들 때는?
- 태어났을 때부터 야구 집안에서 자랐다. 어릴 적 농구
와 야구 중 야구를 선택하길 잘했다.

투수(좌투좌타)

43 벤자민

생년월일/국적	1993년 7월 26일 / 미국	출신학교	미국 Kansas(대)
신장/체중	188cm / 95kg	연봉	140만 달러

경력 텍사스 레인저스(2020~2021)-KT 위즈(2022~)

작년 2023 시즌 기록

평균자책점	경기	승	패	홀드	세이브
3.54	29	15	6	0	0
승률	이닝	투구수	피안타	피홈런	볼넷
0.714	160	2636	149	12	45
삼진	실점	자책점	피안타율	WHIP	퀄리티스타트
157	79	63	0.240	1.21	11

전력분석	KT의 좌완 에이스. 직구와 커브, 슬라이더, 체인지업 등 다양한 구종으로 안정적인 피칭을 하는 선수. 높은 릴리스 포인트가 장점, 디셉션도 좋다.
강점	두 시즌 좌타자 상대 피안타율 0.230, 극강의 '좌승사자'
약점	팔 각도에 달라지는 구속과 제구

투수(우투우타)

32 쿠에바스

생년월일/국적	1990년 10월 14일 / 베네수엘라	출신학교	베네수엘라 Universidad De Carabobo(대)
신장/체중	188cm / 98kg	연봉	150만 달러

경력 보스턴 레드삭스(2016)-디트로이트 타이거즈(2017)-보스턴 레드삭스(2018)-KT 위즈 (2019~2022)-디아블로스 로호스 델 멕시코(2022)-KT 위즈(2023~)

작년 2023 시즌 기록

평균자책점	경기	승	패	홀드	세이브
2.60	18	12	0	0	0
승률	이닝	투구수	피안타	피홈런	볼넷
1.000	114 1/3	1666	95	4	24
삼진	실점	자책점	피안타율	WHIP	퀄리티스타트
100	33	33	0.224	1.04	14

전력분석	12승 무패, KBO리그 최초의 무패 승률왕. 150km/h에 육박하는 빠른 구속과 엄청난 구위로 KBO리그를 호령 중. 커브와 체인지업, 투심 패스트볼, 컷 패스트볼 등 다양한 레퍼토리를 가졌다. 남다른 책임감도 돋보인다.
강점	빠른 공을 앞세운 묵직한 구위
약점	LG 포비아, 한국시리즈에서 떨쳐 내긴 했지만…

투수(우언우타)

18 엄상백

생년월일	1996년 10월 4일	출신학교	역삼초-언북중-덕수고
신장/체중	187cm / 72kg	연봉	2억 5천만 원

경력 KT 위즈(2015~)

작년 2023 시즌 기록

평균자책점	경기	승	패	홀드	세이브
3.63	20	7	6	0	0
승률	이닝	투구수	피안타	피홈런	볼넷
0.538	111 2/3	1790	100	6	29
삼진	실점	자책점	피안타율	WHIP	퀄리티스타트
89	46	45	0.241	1.16	9

전력분석	최고 155km/h에 육박하는 강속구를 던지는 파이어볼러. 지난해 완성도 높은 체인지업의 비중을 높이면서 직구의 구위가 강점으로 부각, 이제는 대체 선발이 아닌 풀타임 선발 투수로 안착했다. 2024시즌 후 FA 자격 얻는 'FA로이드'도 기대.
강점	150km/h가 넘는 빠르고 강력한 직구
약점	지난해 부상 여파, 아쉬운 가을야구 성적

투수(우투우타)

26 김민수

생년월일	1992년 7월 24일		출신학교	청원초-청원중-청원고-성균관대	
신장/체중	188cm / 80kg		연봉	1억 6천만 원	
경력	KT 위즈(2015~)				

작년 2023 시즌 기록

평균자책점	경기	승	패	홀드	세이브
6.92	14	0	1	3	0
승률	이닝	투구수	피안타	피홈런	볼넷
0.000	13	203	17	1	5
삼진	실점	자책점	피안타율	WHIP	퀄리티스타트
4	10	10	0.354	1.69	0

전력분석	2022년 30홀드로 믿음직한 셋업맨으로 등극했지만, 지난해 부상으로 공백기를 가졌다. 부상 전까지 140km/h 후반의 직구와 슬라이더, 체인지업으로 타자들을 상대했다.
강점	바깥쪽 공으로 헛스윙 유도
약점	지난해 부상 여파, 떨어진 구속

투수(우투우타)

13 문용익

생년월일	1995년 2월 4일		출신학교	덕양초-양천중-청원고-세계사이버대	
신장/체중	178cm / 93kg		연봉	6천 3백만 원	
경력	삼성 라이온즈(2017~2023)-KT 위즈(2024~)				

작년 2023 시즌 기록

평균자책점	경기	승	패	홀드	세이브
4.15	14	1	0	0	0
승률	이닝	투구수	피안타	피홈런	볼넷
1.000	13	222	8	0	12
삼진	실점	자책점	피안타율	WHIP	퀄리티스타트
12	6	6	0.182	1.54	0

전력분석	삼성에서 온 필승조 후보 투수. 삼진 잡는 유형의 투수로 150km/h대의 빠른 직구를 바탕으로 수준급 슬라이더를 구사한다. 구단에 따르면 직구의 회전수가 리그 상위 8%로 좋다는 평가. 낙차 큰 커브도 매력적이다.
강점	KT에는 드문 강속구, 삼진 잡는 불펜 투수
약점	아쉬운 제구력

투수(우투우타)

41 손동현

생년월일	2001년 1월 23일		출신학교	염창초(강서구리틀)-덕수중-성남고	
신장/체중	183cm / 88kg		연봉	1억 2천만 원	
경력	KT 위즈(2019~)				

작년 2023 시즌 기록

평균자책점	경기	승	패	홀드	세이브
3.42	64	8	5	15	1
승률	이닝	투구수	피안타	피홈런	볼넷
0.615	73 2/3	1100	68	5	20
삼진	실점	자책점	피안타율	WHIP	퀄리티스타트
40	31	28	0.256	1.19	0

전력분석	최고 152km/h의 강력한 직구를 던지는 강속구 투수. 높은 팔 각도에서 내리꽂히는 공이 인상적이다. 지난해 포스트시즌 경험까지 장착하면서 새 시즌 필승조로 등극했다.
강점	구위가 좋은 패스트볼
약점	패스트볼 구위가 떨어지는 날, 대안은?

투수(우언우타)

21 우규민

생년월일	1985년 1월 21일		출신학교	성동초-휘문중-휘문고	
신장/체중	184cm / 75kg		연봉	2억 2천만 원	
경력	LG 트윈스(2003~2016)-삼성 라이온즈(2017~2023)-KT 위즈(2024~)				

작년 2023 시즌 기록

평균자책점	경기	승	패	홀드	세이브
4.81	56	3	1	13	0
승률	이닝	투구수	피안타	피홈런	볼넷
0.750	43	733	55	3	5
삼진	실점	자책점	피안타율	WHIP	퀄리티스타트
28	25	23	0.316	1.40	0

전력분석	삼성에서 온 베테랑 투수. 사이드암스로답게 땅볼 유도 능력이 탁월하다. 1이닝은 충분히 막을 수 있는 여전한 구위와 정교한 제구력, 예리한 변화구가 장점이다.
강점	예리한 무브먼트, 노련한 피칭
약점	체력 저하, 사이드암스로의 숙명 피홈런

포수(우투좌타)

44 김준태

생년월일	1994년 7월 31일		출신학교	양정초-개성중-경남고-영남사이버대	
신장/체중	175cm / 91kg		연봉	1억 원	
경력	롯데 자이언츠(2012~2021)-KT 위즈(2021~)				

작년 2023 시즌 기록

타율	경기	타석	타수	득점	안타
0.209	69	136	115	10	24
2루타	3루타	홈런	루타	타점	도루
4	0	3	37	23	1
볼넷	삼진	병살타	장타율	출루율	OPS
19	32	3	0.322	0.326	0.648

전력분석	2022년 좋은 스윙 궤적을 바탕으로 빠른 타구를 생산해 내며 커리어하이 시즌을 보냈다. 하지만 2023년 타격 매커니즘이 망가지면서 부진. 장성우 의존도가 높은 KT에 김준태의 성장이 절실하다.
강점	빠른 타구 생산 능력과 좋은 선구안
약점	좌투수 상대 저조한 타율

외야수(우투좌타)

53 김민혁

생년월일	1995년 11월 21일		출신학교	광주서석초-배재중-배재고	
신장/체중	181cm / 71kg		연봉	2억 4천만 원	
경력	KT 위즈(2014~)				

작년 2023 시즌 기록

타율	경기	타석	타수	득점	안타
0.297	113	448	397	68	118
2루타	3루타	홈런	루타	타점	도루
20	3	3	153	41	11
볼넷	삼진	병살타	장타율	출루율	OPS
36	48	4	0.385	0.356	0.741

전력분석	지난해 전반기 타율 0.297, 포스트시즌 대타 타율 0.666. 주전 외야수가 부상으로 빠졌을 때, 팀이 위기에 빠졌을 때 필요할 때마다 제 역할을 해 준 믿음직한 외야수. 스윙 궤도와 타이밍이 좋은 콘택트형 타자.
강점	좋은 콘택트 능력, 좌투수 상대 극강
약점	좌우 편식

내야수(우투우타)

7 김상수

생년월일	1990년 3월 23일		출신학교	대구옥산초-경복중-경북고	
신장/체중	175cm / 68kg		연봉	3억 원	
경력	삼성 라이온즈(2009~2022)-KT 위즈(2023~)				

작년 2023 시즌 기록

타율	경기	타석	타수	득점	안타
0.271	129	512	443	58	120
2루타	3루타	홈런	루타	타점	도루
19	1	3	150	56	5
볼넷	삼진	병살타	장타율	출루율	OPS
55	68	9	0.339	0.353	0.692

전력분석	지난해 KT에서 다시 눈을 뜬 타격 능력. 정확한 콘택트에 작전 수행 능력이 좋아 어느 타순에 배치되든 제 역할을 해 주는 베테랑 선수. 유격수와 2루수 수비가 모두 가능해 심우준(우격수)의 전역 후에도 KT 키스톤 수비 걱정은 안 해도 될 듯.
강점	뛰어난 콘택트, 작전 수행 능력
약점	아쉬운 클러치 능력

외야수(우투우타)

24 문상철

생년월일	1991년 4월 6일		출신학교	중대초-잠신중-배명고-고려대	
신장/체중	184cm / 85kg		연봉	1억 1천만 원	
경력	KT 위즈(2014~)				

작년 2023 시즌 기록

타율	경기	타석	타수	득점	안타
0.260	112	330	304	30	79
2루타	3루타	홈런	루타	타점	도루
20	0	9	126	46	3
볼넷	삼진	병살타	장타율	출루율	OPS
16	81	4	0.414	0.298	0.712

전력분석	지난 시즌 거포 잠재력을 터뜨리며 커리어하이 시즌을 보냈다. 팀이 필요할 때 한 방을 때려 주면서 클러치 능력도 뽐냈다. 가을야구에서도 타격 자신감을 이어 가며 만개했다. 외야수, 내야수 가능한 자원으로 강백호, 박병호의 백업으로서 새 시즌 활약도 기대되는 선수.
강점	묵직한 한 방, 클러치 능력
약점	적은 풀타임 경험

내야수(우투우타)

6 박경수

생년월일	1984년 3월 31일		출신학교	미성초-성남중-성남고	
신장/체중	178cm / 80kg		연봉	2억 원	
경력	LG 트윈스(2003~2014)-KT 위즈(2015~)				

작년 2023 시즌 기록

타율	경기	타석	타수	득점	안타
0.200	107	221	185	12	37
2루타	3루타	홈런	루타	타점	도루
13	0	1	53	12	0
볼넷	삼진	병살타	장타율	출루율	OPS
30	46	2	0.286	0.315	0.601

전력분석	KT의 주장. 불혹이라는 적지 않은 나이에 타격 능력은 다소 떨어졌지만, 수비 능력은 여전히 발군. 철벽 수비와 정신적 지주로서 새 시즌 재계약에 성공한 박경수는 선수로서 마지막 해가 될 수도 있는 올 시즌 우승을 다짐했다.
강점	발군의 2루 수비, 2루수 통산 홈런 1위에 빛나는 한 방
약점	점점 떨어지는 타격 지표. 세월 때문인가

외야수(우투우타)

27 배정대

생년월일	1995년 6월 12일		출신학교	도신초-성남중-성남고-디지털문예대	
신장/체중	185cm / 80kg		연봉	3억 2천만 원	
경력	LG 트윈스(2014)-KT 위즈(2015~)				

작년 2023 시즌 기록

타율	경기	타석	타수	득점	안타
0.277	97	361	311	48	86
2루타	3루타	홈런	루타	타점	도루
16	0	2	108	38	13
볼넷	삼진	병살타	장타율	출루율	OPS
38	76	2	0.347	0.356	0.703

전력분석	끝내주는 남자. 끝내기 안타가 많아 생긴 별명. 그만큼 승부처에서 해결해 주는 클러치 능력이 좋다. 호타준족으로 타격과 주루 모두 준수하다는 평가. 중견수 수비는 리그 탑급.
강점	쏠쏠한 클러치 능력, 2020~2022시즌 전 경기 출전에 빛나는 금강불괴
약점	2022년 타격폼 변경 이후 떨어진 장타력

내야수(우투우타)

4 오윤석

생년월일	1992년 2월 24일		출신학교	화중초-자양중-경기고-연세대	
신장/체중	180cm / 87kg		연봉	1억 4천만 원	
경력	롯데 자이언츠(2014~2021)-KT 위즈(2021~)				

작년 2023 시즌 기록

타율	경기	타석	타수	득점	안타
0.251	82	223	199	24	50
2루타	3루타	홈런	루타	타점	도루
13	1	4	77	17	3
볼넷	삼진	병살타	장타율	출루율	OPS
13	44	7	0.387	0.313	0.700

전력분석	박경수의 뒤를 이을 주전 2루수. KT 이적 후 타격에서 주춤했지만, 새 시즌 공수에서 좋은 활약을 펼치며 주전으로 성장했다. 2루뿐만 아니라 1루 수비도 가능해 지난해 부상병동이었던 KT 내야진에 큰 힘이 돼 줬다.
강점	후반기 타격감만 이어 가 준다면…
약점	타격 기복

내야수(우투좌타)

34 이호연

생년월일	1995년 6월 3일		출신학교	광주수창초-진흥중-광주제일고-성균관대	
신장/체중	177cm / 87kg		연봉	8천 5백만 원	
경력	롯데 자이언츠(2018~2023)-KT 위즈(2023~)				

작년 2023 시즌 기록

타율	경기	타석	타수	득점	안타
0.278	85	234	212	28	59
2루타	3루타	홈런	루타	타점	도루
5	1	3	75	17	4
볼넷	삼진	병살타	장타율	출루율	OPS
16	41	6	0.354	0.339	0.693

전력분석	이강철 감독은 지난해 이호연의 트레이드 영입을 두고 "최하위였던 팀 분위기를 바꿨다"라고 말했다. 지난해 합류 이후 쏠쏠한 활약을 펼치며 부상병동인 KT를 지탱했던 선수. 준수한 콘택트와 배트 타이밍도 좋다는 평가.
강점	준수한 콘택트 능력
약점	풀타임 첫 시즌인 2024년

포수(우투우타)

22 장성우

생년월일	1990년 1월 17일	출신학교	감천초-경남중-경남고
신장/체중	187cm / 100kg	연봉	5억 원
경력	롯데 자이언츠(2008~2015)-KT 위즈(2015~)		

작년 2023 시즌 기록

타율	경기	타석	타수	득점	안타
0.288	131	464	410	37	118
2루타	3루타	홈런	루타	타점	도루
22	0	11	173	65	1
볼넷	삼진	병살타	장타율	출루율	OPS
42	70	12	0.422	0.351	0.773

전력분석	KT 공포의 5번 타자. 화끈한 장타력과 클러치 능력이 장점. 인플레이 타구를 많이 만들어 낼 수 있는 타자. 투수 리드와 강견을 바탕으로 한 수비도 믿음직하다.
강점	부동의 클린업트리오
약점	아쉬운 주루 스피드

외야수(우투좌타)

23 조용호

생년월일	1989년 9월 9일	출신학교	성동초-잠신중-야탑고-단국대
신장/체중	170cm / 75kg	연봉	1억 5천만 원
경력	고양 원더스(2012)-SK 와이번스(2014~2018)-KT 위즈(2019~)		

작년 2023 시즌 기록

타율	경기	타석	타수	득점	안타
0.248	63	184	161	20	40
2루타	3루타	홈런	루타	타점	도루
2	0	0	42	7	4
볼넷	삼진	병살타	장타율	출루율	OPS
23	25	3	0.261	0.342	0.603

전력분석	2022년 확 좋아진 장타력을 바탕으로 3할 타율 커리어하이 시즌을 보냈으나, 지난해 부상 등으로 부진의 늪에 빠졌다. 공을 보는 능력이 뛰어나서 대처 능력도 좋다는 평가.
강점	뛰어난 선구안, 준수한 콘택트 능력
약점	부상 후유증

내야수(우투우타)

10 황재균

생년월일	1987년 7월 28일	출신학교	사당초-서울이수중-경기고
신장/체중	183cm / 96kg	연봉	10억 원
경력	현대 유니콘스(2006~2007)-우리/서울/넥센히어로즈(2008~2010)-롯데 자이언츠(2010~2016)-샌프란시스코 자이언츠(2017)-KT 위즈(2018~)		

작년 2023 시즌 기록

타율	경기	타석	타수	득점	안타
0.295	109	457	407	62	120
2루타	3루타	홈런	루타	타점	도루
26	2	6	168	49	3
볼넷	삼진	병살타	장타율	출루율	OPS
45	64	15	0.413	0.366	0.779

전력분석	정확성과 장타력을 갖춘 중장거리 타자. 타구의 질이 좋고 빨라 인플레이 타구가 많다. 지난해 장타 대신 콘택트에 더 집중하면서 타율을 끌어올렸다.
강점	준수한 콘택트를 바탕으로 한 장타력
약점	선행 주자 삭제. 리그 상위권 병살타

99 강건
투수(우투우타)
생년월일 2004년 7월 12일
출신학교 원일초(수원영통구리틀)-매향중-
장안고

작년 2023 시즌 기록
110번째 마지막 지명 투수의 반전, 이강철 감독이 놀랄 정도의 구위.

평균자책점	경기	승	패	홀드	세이브	승률	이닝	투구수
1.35	4	0	0	0	1	-	6 2/3	108
피안타	피홈런	볼넷	삼진	실점	자책점	피안타율	WHIP	QS
4	0	3	8	1	1	0.167	1.05	0

QS: 퀄리티스타트

49 김건웅
투수(좌투우타)
생년월일 2004년 4월 12일
출신학교 서울영화초-성남중-성남고

작년 2023 시즌 기록
좌완 기근 속 꽃핀 희망, 데뷔전이었던 애리조나 대표팀 평가전의 좋은 기억을 되살려라.

평균자책점	경기	승	패	홀드	세이브	승률	이닝	투구수
-	-	-	-	-	-	-	-	-
피안타	피홈런	볼넷	삼진	실점	자책점	피안타율	WHIP	QS
-	-	-	-	-	-	-	-	-

11 김민
투수(우투우타)
생년월일 1999년 4월 14일
출신학교 인천숭의초-평촌중-유신고

작년 2023 시즌 기록
선발 기회 다수, 소형준 빠진 시즌 초 대체 선발 기회 잡을까.

평균자책점	경기	승	패	홀드	세이브	승률	이닝	투구수
6.83	16	1	2	0	0	0.333	29	520
피안타	피홈런	볼넷	삼진	실점	자책점	피안타율	WHIP	QS
40	3	16	22	26	22	0.325	1.93	0

48 김영현
투수(우투우타)
생년월일 2002년 8월 18일
출신학교 광주화정초-광주동성중-광주동
성고

작년 2023 시즌 기록
"구위 좋고 제구 안정적" 감독의 칭찬, 필승조 성장을 꿈꾼다.

평균자책점	경기	승	패	홀드	세이브	승률	이닝	투구수
5.45	31	0	0	1	1	-	33	563
피안타	피홈런	볼넷	삼진	실점	자책점	피안타율	WHIP	QS
30	4	20	35	22	20	0.238	1.52	0

62 김정운
투수(우언우타)
생년월일 2004년 4월 21일
출신학교 동천초-경주중-대구고

작년 2023 시즌 기록
147km/h 강속구 보유한 1라운더 사이드암으로 투수, 잠수함 군단의 희망.

평균자책점	경기	승	패	홀드	세이브	승률	이닝	투구수
3.86	5	0	0	0	0	-	7	138
피안타	피홈런	볼넷	삼진	실점	자책점	피안타율	WHIP	QS
6	0	6	3	4	3	0.222	1.71	0

33 박세진
투수(좌투좌타)
생년월일 1997년 6월 27일
출신학교 본리초-경운중-경북고

작년 2023 시즌 기록
롯데 박세웅 동생 이미지는 그만, 올해는 좌완 기근 끝낼까.

평균자책점	경기	승	패	홀드	세이브	승률	이닝	투구수
3.86	16	0	1	1	0	0.000	11 2/3	272
피안타	피홈런	볼넷	삼진	실점	자책점	피안타율	WHIP	QS
15	1	14	10	8	5	0.288	2.49	0

46 박시영
투수(우투우타)
생년월일 1989년 3월 10일
출신학교 축현초-인천신흥중-제물포고-영
남사이버대

작년 2023 시즌 기록
오래 기다리셨습니다, 우승 필승조의 부상 복귀 첫해.

평균자책점	경기	승	패	홀드	세이브	승률	이닝	투구수
-	-	-	-	-	-	-	-	-
피안타	피홈런	볼넷	삼진	실점	자책점	피안타율	WHIP	QS
-	-	-	-	-	-	-	-	-

95 성재헌

투수(좌투좌타)

생년월일 1997년 12월 22일
출신학교 도신초-성남중-성남고-연세대

작년 2023 시즌 기록

LG 방출의 아픔 겪은 왼손 투수, KT 좌완 경쟁 불 지핀다.

평균자책점	경기	승	패	홀드	세이브	승률	이닝	투구수
-	-	-	-	-	-	-	-	-
피안타	피홈런	볼넷	삼진	실점	자책점	피안타율	WHIP	QS
-	-	-	-	-	-	-	-	-

15 신병률

투수(우언우타)

생년월일 1996년 1월 30일
출신학교 둔촌초-잠신중-휘문고-단국대

작년 2023 시즌 기록

잊혀 가는 사이드암 유망주, 올해는 꽃피울까.

평균자책점	경기	승	패	홀드	세이브	승률	이닝	투구수
-	-	-	-	-	-	-	-	-
피안타	피홈런	볼넷	삼진	실점	자책점	피안타율	WHIP	QS
-	-	-	-	-	-	-	-	-

65 윤강찬

투수(우투우타)

생년월일 1998년 4월 24일
출신학교 사파초-김해내동중-김해고

작년 2023 시즌 기록

사이드암스로, 수술-입대 마치고 새 시즌 새 마음 도전.

평균자책점	경기	승	패	홀드	세이브	승률	이닝	투구수
-	-	-	-	-	-	-	-	-
피안타	피홈런	볼넷	삼진	실점	자책점	피안타율	WHIP	QS
-	-	-	-	-	-	-	-	-

37 이상동

투수(우투우타)

생년월일 1995년 11월 24일
출신학교 대구옥산초-경복중-경북고-영남
대

작년 2023 시즌 기록

가을야구 필승조의 강렬한 기억, 새 시즌 새 필승조로 훨훨 날갯짓.

평균자책점	경기	승	패	홀드	세이브	승률	이닝	투구수
3.98	36	4	1	1	0	0.800	40 2/3	672
피안타	피홈런	볼넷	삼진	실점	자책점	피안타율	WHIP	QS
45	4	15	43	19	18	0.280	1.48	0

61 이선우

투수(우언우타)

생년월일 2000년 9월 19일
출신학교 수진초-매송중-유신고

작년 2023 시즌 기록

사이드암 선발 유망주, 퓨처스 완봉승 좋은 기억 안고 성장 중.

평균자책점	경기	승	패	홀드	세이브	승률	이닝	투구수
4.34	22	0	2	0	0	0.000	37 1/3	589
피안타	피홈런	볼넷	삼진	실점	자책점	피안타율	WHIP	QS
47	5	9	24	20	18	0.305	1.50	0

51 이정현

투수(우투우타)

생년월일 1997년 12월 5일
출신학교 무학초-마산동중-용마고

작년 2023 시즌 기록

잊혀 가는 2차 1라운더 유망주, 2021 퓨처스 남부리그 다승왕 기억 되살리기.

평균자책점	경기	승	패	홀드	세이브	승률	이닝	투구수
-	-	-	-	-	-	-	-	-
피안타	피홈런	볼넷	삼진	실점	자책점	피안타율	WHIP	QS
-	-	-	-	-	-	-	-	-

17 이채호

투수(우언우타)

생년월일 1998년 11월 23일
출신학교 동광초(김해리틀)-원동중-용마고

작년 2023 시즌 기록

2022년 KT 마운드에 희망 안긴 이채호, 사이드암 필승조를 꿈꾼다.

평균자책점	경기	승	패	홀드	세이브	승률	이닝	투구수
6.93	25	0	1	1	0	0.000	24 2/3	390
피안타	피홈런	볼넷	삼진	실점	자책점	피안타율	WHIP	QS
26	6	9	8	19	19	0.274	1.42	0

PLAYERS

45 이태규

투수(우투좌타)

생년월일 2000년 2월 21일

출신학교 희망대초-매향중-장안고

작년 2023 시즌 기록

이강철 감독의 입이 떡억 벌어졌다, KIA에서 온 강속구 투수.

평균자책점	경기	승	패	홀드	세이브	승률	이닝	투구수
-	-	-	-	-	-	-	-	-
피안타	피홈런	볼넷	삼진	실점	자책점	피안타율	WHIP	QS
-	-	-	-	-	-	-	-	-

29 전용주

투수(좌투좌타)

생년월일 2000년 2월 12일

출신학교 양진초(안성시리틀)-성일중-안산공고

작년 2023 시즌 기록

좌완 투수 육성의 해, 1차 지명의 기대는 여전.

평균자책점	경기	승	패	홀드	세이브	승률	이닝	투구수
4.35	15	0	1	1	0	0.000	10 1/3	173
피안타	피홈런	볼넷	삼진	실점	자책점	피안타율	WHIP	QS
6	0	6	9	5	5	0.167	1.16	

54 조이현

투수(우투좌타)

생년월일 1995년 6월 27일

출신학교 송정동초-배재중-제주고

작년 2023 시즌 기록

대체 선발·롱릴리프 마당쇠, 14kg 감량하며 이 악물었다.

평균자책점	경기	승	패	홀드	세이브	승률	이닝	투구수
6.69	18	2	1	1	0	0.667	35	585
피안타	피홈런	볼넷	삼진	실점	자책점	피안타율	WHIP	QS
61	3	6	17	27	26	0.389	1.91	0

38 주권

투수(우투우타)

생년월일 1995년 5월 31일

출신학교 청주우암초-청주중-청주고

작년 2023 시즌 기록

FA 앞두고 부진했던 지난해, 아쉬움 뒤로하고 부활 기대.

평균자책점	경기	승	패	홀드	세이브	승률	이닝	투구수
4.40	42	1	2	5	0	0.333	47	714
피안타	피홈런	볼넷	삼진	실점	자책점	피안타율	WHIP	QS
49	4	19	17	23	23	0.278	1.45	0

28 하준호

투수(좌투좌타)

생년월일 1989년 4월 29일

출신학교 하단초-대동중-경남고

작년 2023 시즌 기록

투수→외야수→투수의 특이한 이력, 좌완 파이어볼러 재현할까.

평균자책점	경기	승	패	홀드	세이브	승률	이닝	투구수
4.15	12	0	1	0	0	0.000	13	230
피안타	피홈런	볼넷	삼진	실점	자책점	피안타율	WHIP	QS
14	0	10	6	9	6	0.304	1.85	0

55 강현우

포수(우투우타)

생년월일 2001년 4월 13일

출신학교 원종초(부천시리틀)-부천중-유신고

작년 2023 시즌 기록

장성우, 김준태 뒤를 받치는 제3의 포수, 경험 쑥쑥 KT 안방의 미래.

타율	경기	타석	타수	득점	안타	2루타	3루타	홈런
0.194	53	111	103	11	20	6	0	1
루타	타점	도루	볼넷	삼진	병살타	장타율	출루율	OPS
29	11	0	6	17	3	0.282	0.245	0.527

42 조대현

포수(우투우타)

생년월일 1999년 8월 6일

출신학교 길동초-매송중-유신고

작년 2023 시즌 기록

2017 WBSC U-18 야구 월드컵 베스트 포수 출신 유망주, 안방 바늘구멍 뚫는다.

타율	경기	타석	타수	득점	안타	2루타	3루타	홈런
-	-	-	-	-	-	-	-	-
루타	타점	도루	볼넷	삼진	병살타	장타율	출루율	OPS
-	-	-	-	-	-	-	-	-

5 강민성
내야수(우투우타)
생년월일 1999년 12월 8일
출신학교 대구옥산초-경상중-경북고

작년 2023 시즌 기록

퓨처스에서 타격 재능 꽃피운 강민성, KT 내야 뎁스 강화 선봉장.

타율	경기	타석	타수	득점	안타	2루타	3루타	홈런
0.182	12	27	22	2	4	1	0	0
루타	타점	도루	볼넷	삼진	병살타	장타율	출루율	OPS
5	0	0	4	10	0	0.227	0.308	0.535

0 김건형
외야수(우투좌타)
생년월일 1996년 7월 12일
출신학교 먼우금초-Lesbois(중)-Timberline(고)-Boise State(대)

작년 2023 시즌 기록

김기태 감독 아들로 주목, 이젠 실력으로 주목받는다.

타율	경기	타석	타수	득점	안타	2루타	3루타	홈런
-	-	-	-	-	-	-	-	-
루타	타점	도루	볼넷	삼진	병살타	장타율	출루율	OPS
-	-	-	-	-	-	-	-	-

57 김병준
외야수(우투좌타)
생년월일 2003년 7월 3일
출신학교 창촌초(안산리틀)-안산중앙중-유신고

작년 2023 시즌 기록

퓨처스 올스타전에서 홈런 뺀 사이클링히트, 호타준족 유망주.

타율	경기	타석	타수	득점	안타	2루타	3루타	홈런
0.000	3	2	2	0	0	0	0	0
루타	타점	도루	볼넷	삼진	병살타	장타율	출루율	OPS
0	0	0	0	2	0	0.000	0.000	0.000

16 장준원
내야수(우투우타)
생년월일 1995년 11월 21일
출신학교 경운초(김해리틀)-개성중-경남고

작년 2023 시즌 기록

내야 유틸리티 백업, 장준원 있기에 KT 내야 선수층도 탄탄.

타율	경기	타석	타수	득점	안타	2루타	3루타	홈런
0.172	69	104	87	10	15	2	1	1
루타	타점	도루	볼넷	삼진	병살타	장타율	출루율	OPS
22	10	3	12	25	1	0.253	0.277	0.530

25 박민석
내야수(우투우타)
생년월일 2000년 4월 13일
출신학교 성동초-덕수중-장충고

작년 2023 시즌 기록

호타준족 군필 내야수, 김상수-심우준 뒤를 이을 유격수 유망주.

타율	경기	타석	타수	득점	안타	2루타	3루타	홈런
0.250	4	4	4	1	1	0	0	0
루타	타점	도루	볼넷	삼진	병살타	장타율	출루율	OPS
1	0	0	0	3	0	0.250	0.250	0.500

56 신본기
내야수(우투우타)
생년월일 1989년 3월 21일
출신학교 감천초-경남중-경남고-동아대

작년 2023 시즌 기록

KT 내야의 든든한 베테랑 백업, 타격 부활도 함께 꿈꾼다.

타율	경기	타석	타수	득점	안타	2루타	3루타	홈런
0.204	40	75	54	8	11	2	0	1
루타	타점	도루	볼넷	삼진	병살타	장타율	출루율	OPS
16	7	0	14	8	3	0.296	0.365	0.661

14 천성호
내야수(우투좌타)
생년월일 1997년 10월 30일
출신학교 광주화정초-충장중-진흥고-단국대

작년 2023 시즌 기록

KT에 몇 없는 좌타자 비밀병기, 황재균 후계자 '찜'.

타율	경기	타석	타수	득점	안타	2루타	3루타	홈런
-	-	-	-	-	-	-	-	-
루타	타점	도루	볼넷	삼진	병살타	장타율	출루율	OPS
-	-	-	-	-	-	-	-	-

8 안치영
외야수(우투좌타)
생년월일 1998년 5월 29일
출신학교 중동초(원미구리틀)-천안북중-북일고

근성과 승부욕으로 똘똘 뭉친 '그라운드 위 파퀴아오', 외야수 전향 후 펄펄.

타율	경기	타석	타수	득점	안타	2루타	3루타	홈런
0.290	76	136	124	20	36	3	1	0
루타	타점	도루	볼넷	삼진	병살타	장타율	출루율	OPS
41	9	7	6	35	1	0.331	0.331	0.662

58 정준영
외야수(좌투좌타)
생년월일 2004년 1월 26일
출신학교 도신초-강남중-장충고

2023시즌 KT 야수진의 히트상품, KT 작전야구의 핵심으로.

타율	경기	타석	타수	득점	안타	2루타	3루타	홈런
0.292	34	55	48	6	14	2	0	0
루타	타점	도루	볼넷	삼진	병살타	장타율	출루율	OPS
16	6	0	3	11	1	0.333	0.333	0.666

31 홍현빈
외야수(우투좌타)
생년월일 1997년 8월 29일
출신학교 수원신곡초-매송중-유신고

빠른 발·강한 어깨 수비가 강점, 뛰어난 콘택트로 차세대 테이블세터 성장 기대.

타율	경기	타석	타수	득점	안타	2루타	3루타	홈런
0.233	44	86	73	15	17	2	0	0
루타	타점	도루	볼넷	삼진	병살타	장타율	출루율	OPS
19	1	2	13	21	2	0.260	0.349	0.609

12 송민섭
외야수(우투우타)
생년월일 1991년 8월 2일
출신학교 청파초(안산리틀)-선린중-선린인터넷고-단국대

특유의 근성과 악바리 기질, 만능 백업 외야수.

타율	경기	타석	타수	득점	안타	2루타	3루타	홈런
0.130	69	25	23	6	3	0	0	0
루타	타점	도루	볼넷	삼진	병살타	장타율	출루율	OPS
3	0	3	1	8	0	0.130	0.200	0.330

63 원상현

생년월일	2004년 10월 16일
신장/체중	183cm / 83kg
출신학교	가산초(부산진구리틀)-개성중-부산고
지명순위	1라운드 7순위

투수(우투우타)

시즌 시작도 전에 150km/h 펑펑, 벌써 5선발 후보 주가상승.

64 육청명

생년월일	2005년 7월 18일
신장/체중	186cm / 90kg
출신학교	강남초-선린중-강릉고
지명순위	2라운드 17순위

투수(우투우타)

제구가 강점인 2라운더 신인, 동기 원상현과 5선발 경쟁.

94 김민성

생년월일	2005년 8월 28일
신장/체중	180cm / 83kg
출신학교	언북초-홍은중-선린인터넷고
지명순위	3라운드 27순위

투수(우투우타)

뛰어난 구위, 춤추는 스플리터와 슬라이더.

106 최윤서

생년월일	2003년 03월 21일
신장/체중	185cm / 95kg
출신학교	대모초(강남구리틀)-휘문중-포항제철고-동의대
지명순위	4라운드 37순위

투수(우투우타)

최고 148km/h의 묵직한 직구, 낙차 큰 커브가 장점.

107 신호준

생년월일	2003년 3월 21일
신장/체중	186cm / 90kg
출신학교	백마초-포항중-경주고
지명순위	5라운드 47순위

외야수(우투우타)

호타준족, 제2의 배정대를 꿈꾼다.

108 박정현

생년월일	2005년 5월 24일
신장/체중	184cm / 80kg
출신학교	철산초(광명리틀)-영동중-경기항공고
지명순위	6라운드 57순위

내야수(우투양타)

보기 드문 스위치 타자, 안정적인 수비가 장점.

109 박태완

생년월일	2005년 9월 4일
신장/체중	173cm / 77kg
출신학교	중동초(부천시리틀)-부천중-유신고
지명순위	7라운드 67순위

내야수(우투우타)

유격수 백업 유력, 좋은 수비와 악바리 근성.

110 이근혁

생년월일	2001년 5월 29일
신장/체중	184cm / 79kg
출신학교	고명초-잠신중-경기고-한일장신대
지명순위	8라운드 77순위

투수(우투우타)

경기 운영 능력이 좋은 선발감 투수, 낮게 떨어지는 슬라이더가 장점.

111 이승현

생년월일	2005년 1월 26일
신장/체중	184cm / 90kg
출신학교	비전초(평택리틀)-개군중-북일고
지명순위	9라운드 87순위

포수(우투좌타)

포수에서 외야수로 전향, 거포 외야수를 꿈꾸는 위즈 꿈나무.

97 김민석

생년월일	2005년 7월 22일
신장/체중	181cm / 93kg
출신학교	창영초-동인천중-제물포고
지명순위	10라운드 97순위

포수(우투우타)

강견이 일품, 한국의 카이 타쿠야를 꿈꾼다.

112 이승언

생년월일	2005년 3월 4일
신장/체중	186cm / 95kg
출신학교	한일초(장안구리틀)-수일중-장안고
지명순위	11라운드 107순위

투수(우투우타)

포수에서 투수로 전향, 큰 키에서 뿜어져 나오는 묵직한 구위.

TEAM PROFILE

UNIFORM

구단명 : **SSG 랜더스**

연고지 : **인천광역시**

창립연도 : **2000년**

구단주 : **정용진**

대표이사 : **민경삼**

단장 : **김재현**

감독 : **이숭용**

홈구장 : **인천 SSG 랜더스필드**

영구결번 : **26 박경완**

한국시리즈 우승 : **2007 2008 2010 2018 2022**

HOME

AWAY

2024 SSG LANDERS DEPTH CHART

● 지명타자

추신수

● 좌익수
에레디아
하재훈
오태곤

중견수
최지훈
최상민
오태곤

● 우익수
한유섬
하재훈
추신수

유격수
박성한
김성현
안상현

2루수
안상현
최준우
김성현

● 3루수
최정
김성현
김찬형

1루수
전의산
오태곤
강진성

● 감독

이숭용

포수
이지영
김민식
조형우

● 2024 예상 베스트 라인업

1번 타자	추신수	지명타자
2번 타자	최지훈	중견수
3번 타자	최 정	3루수
4번 타자	에레디아	좌익수
5번 타자	한유섬	우익수
6번 타자	박성한	유격수
7번 타자	전의산	1루수
8번 타자	이지영	포수
9번 타자	안상현	2루수

● 예상 선발 로테이션

더거

엘리아스

김광현

오원석

박종훈

● 필승조

최민준

문승원

고효준

노경은

● 마무리

서진용

TEAM INFO

팀 분석

2023 팀 순위(포스트시즌 최종 순위 기준)

3위

최근 5년간 팀 순위

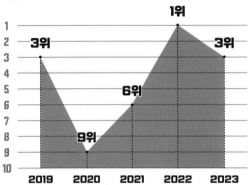

2023시즌 팀 공격력

↑: High / ↓: Low

타율↑	홈런↑	병살타↓	득점권 타율↑	삼진↓	OPS↑
0.260	125개	89개	0.254	943개	0.725
8위	1위	공동 2위	8위	2위	4위

2023시즌 팀 마운드

↑: High / ↓: Low

평균자책점↓	탈삼진↑	QS↑	볼넷↓	피안타율↓	피홈런↓	WHIP↓
4.37	974개	57	612개	0.275	104개	1.53
7위	7위	6위	10위	9위	9위	10위

2023시즌 팀 수비력

↑: High / ↓: Low

실책↓	견제사↑	병살 성공↑	도루저지율↑
119개	15개	163번	30.6%
8위	2위	1위	4위

2023시즌 최다 마킹 유니폼

PARK FACTOR

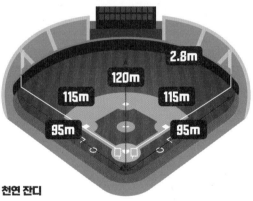

천연 잔디

수용인원

23,000석

구장 특성

2002년 개장한 문학야구장. 개장 이후 수차례 대규모 리모델링을 거듭하며 업그레이드됐다. 구장의 전체적인 시설은 노후화되고 있지만, 리모델링을 통해 낡은 느낌은 없는 편. 특히 메이저리그 구장 못지않은 스카이박스는 야구장의 수준을 업그레이드시켜 준 포인트. 세계 최고 규모를 자랑하는 초대형 전광판 '빅보드'는 랜더스필드의 자랑. 잔디석인 그린존과 고기를 구워 먹으며 야구를 볼 수 있는 바비큐존 등 팬 친화적인 다양하고도 독특한 좌석 마련의 원조 구장. '홈런공장'답게 리그 최고의 타자친화형 구장. 펜스 높이도 낮은 편이라 유독 홈런이 잘 나온다.

HOME STADIUM GUIDE

원정 팬을 위한 교통편 추천, 주차 팁

지하철역이 바로 앞에 있다는 게 최고 장점이다. 인천지하철 1호선 '문학경기장역'에 내리면 야구장까지 걸어서 들어갈 수 있다. 서울에서는 랜더스필드까지 갈 수 있는 경로가 여러 가지다.

조금 더 먼 거리에서 오는 원정팬들의 경우, 고속버스나 시외버스를 타고 인천종합버스터미널에서 내리면 야구장에서 거리가 멀지 않다. 택시를 타도 가깝고, 시내 버스를 타도 된다. 다만 지하철과 버스 막차 시간을 잘 확인해야 하는 게 필수. 경기가 늦게 끝날 경우 버스나 지하철이 끊겨서 발을 동동 구르는 경우도 적지 않다.

자차 이용을 하면 구장 내 주차장을 이용할 수 있다. 야구 경기가 열리는 날에는 선불 유료 주차가 가능하다. 주차 공간은 넉넉한 편이지만, 주말이거나 매진 경기일 경우 사람이 워낙 몰려 입출차에 적지 않은 시간이 걸린다. SSG 구단이 이용 관람객들의 편의를 위해 경찰과 협조해 빠른 출차에 신경을 쓰고 있어, 최근 들어서는 주말 출차 시간도 상당히 줄어들었다.

이 재미로 직관 가는 거 아닌가요, 이 구장에서 놓치면 안 되는 먹을거리, 놀거리, 이벤트

토요일 저녁, 야구장에서 낭만이 터집니다

SSG는 토요일 홈 경기가 있는 날마다, 경기 후 불꽃놀이 이벤트를 한다. 이기든, 지든 경기 결과와는 상관없이 여유로운 토요일 저녁 야구장에 모인 관중들을 위한 서비스 이벤트다. 불꽃이 허접(?)하지 않고 한참 동안이나 멋지게 야구장의 밤을 화려하게 수놓는다. 경기가 끝난 후 선수들과 선수들의 가족들까지 퇴근 준비를 하지 않고 다시 그라운드에 나와 넋 놓고 보는 모습들이 자주 포착된다. SSG 구단 연간 마케팅 비용 중 가장 큰 부분을 차지하는 주요 이벤트이기도 하다.

크림새우 열풍 대체 어디가 원조야

최근 국내 야구장 먹거리 중에 가장 '핫한' 아이템이 바로 크림새우다. 새우튀김에 마요네즈를 기반으로 한 새콤달콤한 소스가 끼얹어진 음식. 여러 구장에서 맛볼 수 있지만, 그중 랜더스필드 내에서 크림새우를 꼭 먹어야 한다는 팬들이 속출하고 있다. 마라새우, 깐풍새우 등 다양한 소스를 여러 상점에서 판매하고 있는데 관중이 많은 날은 한참 기다려야 한다.

세계 최초 야구장 안 스타벅스 너무 자연스럽네

모기업과 깊은 연관을 지닌 세계적인 커피 프랜차이즈 스타벅스. 랜더스필드는 세계 최초로 스타벅스가 입점한 야구장이다. 1층과 2층 2개의 매장이 있고, 사이렌 오더도 가능하다. 랜더스필드 2개 지점에서만 맛볼 수 있는 한정 메뉴도 있고, 한정 MD 제품들도 판매하고 있다. 야구장에 사먹을 맛있는 음식들이 널려 있지만, 그래도 '아는 맛'을 찾고 싶을 때 이만한 브랜드가 또 없다. 늘 커피 구매 줄이 길게 늘어서 있다.

2024년은 재도약 원년, 성적, 세대교체 두 마리 토끼 잡아라!

작년에 이것만 잘됐으면 좋았을 텐데

불과 한 해 전 '와이어 투 와이어' 우승의 일등 공신이던 최강 선발진이 무너진 여파는 너무도 컸다. 시작부터 삐걱거리는 소리가 났다. '왼손 폰트'로 기대한 애니 로메로가 한 경기도 뛰지 못한 채 퇴출되는 과정에서 버티는 데 꽤 많은 힘이 들어갔다. 그래도 대체 선발로 나선 송영진이 깜짝 활약을 해 버틸 힘이 생겼지만, 엘리아스가 합류하기 전까지 외국인 투수 한 명만으로 버틴 셈이니 부하가 쏠려도 이상하지 않았다. 그나마 잘 버틴 시즌 초반과 달리 본격적 붕괴가 시작된 7월부터 선발진은 속수무책이었다. 맥카티마저 팔뚝에 이상 증세를 느꼈다며 전열에서 이탈했고, 에이스 김광현은 야구 외적 이유로 부진에 시달렸다. 여기에 엘리아스와 박종훈, 송영진마저 기대를 밑도니 오원석만으로 버틸 수 없는 노릇이었는데, 오원석도 더는 시즌 초반의 날카로운 공을 던지지 못했다. 선발 부진의 여파는 불펜의 과부하로 이어졌고, 타선도 마운드 몫을 상쇄하는 데 지쳐 버렸다. 급기야 7월부터 9월까지 3개월 동안 치른 60경기에서 승률은 0.379(22승 2무 36패)로 곤두박질쳤다. 그나마 10월 승률 1위(10승 2패·0.545)로 반등해 더 큰 추락은 피했지만, SSG는 불과 1년 새 선발의 힘이 얼마나 큰지 뼈저리게 느낄 수 있었다. 그렇기에 올 시즌 선발진에 거는 기대는 더욱 클 수밖에 없다. 그래도 지난해 내구성을 뽐낸 엘리아스가 잔류했고, 김광현이 변수 없이 새 시즌을 맞게 됐으니 '상수'는 확실하다. 새 외국인 투수 더거가 기대대로 안정적 경기 운영 능력을 뽐낸다면, 이승용 감독의 구상대로 3선발까지 확실해질 수 있다. 관건은 4·5선발이다. 오원석이 우위에 있는 것은 분명하지만, 2년 연속 규정이닝을 채웠을 뿐 알을 깼다는 인상은 아직 주지 못했다. 올 시즌 12승 이상을 목표로 잡은 만큼 생애 첫 두 자릿수 승리를 올리며 도약에 성공할지 지켜볼 일이다. 마지막 5선발 자리에는 팔꿈치 인대 접합 수술 이후

내내 부진해 절치부심한 박종훈이 부활해 주는 게 가장 좋은 시나리오다. 그동안 SSG를 상위권에 올린 가장 큰 동력이 선발이었던 만큼, 올 시즌에도 강한 선발진이 뒷받침돼야 구단의 숙원사업인 성적과 세대교체도 한층 여유롭게 좇을 수 있다.

스토브리그 성적표

사인 앤드 트레이드를 통해 국가대표 출신 포수 이지영을 영입했고, '원클럽맨' 김성현과 비FA 다년 계약을 체결해 구단 유산 지키기에 나섰다. 다만 2차 드래프트에서 프랜차이즈 스타 김강민과 석연치 않게 이별한 여파가 너무도 커 사실상 상쇄는 어려웠다.

지극히 주관적인 올 시즌 예상 순위와 이유

'와이어 투 와이어' 후 1년, 그래도 SSG는 SSG였다. 여러 기대주가 반등하지 못해 우승 시즌 전력에 미치지 못했는데도 기어코 3위에 올랐다. 올해 한유섬, 문승원, 박종훈 등 원래 핵심 전력이 반등하면, 김강민, 최주환 등 일부 베테랑이 팀을 떠났지만 전력은 도리어 상승할 여지가 크다. 안방은 2차 드래프트에 FA 영입으로 오히려 두꺼워졌다. 다만 성적과 세대교체를 모두 좇다 길을 잃는 것이 가장 경계해야 하는 요소다. 특히, 최주환 이적 후 무주공산이 된 1, 2루와 40대 투수 2명이 주축으로 뛰는 불펜에서 세대교체가 어떻게 진행될지 궁금해하는 시선이 많다.

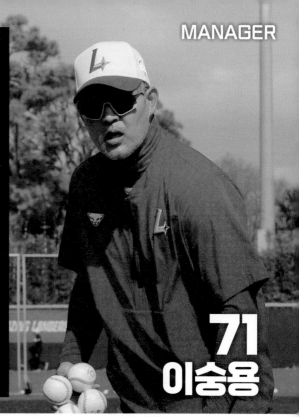

생년월일	1971년 3월 10일
출신학교	용암초-중앙중-중앙고-경희대
주요 경력	태평양 돌핀스-현대 유니콘스 선수(1994~2007), 우리-서울-넥센 히어로즈 선수(2008~2011), KT 위즈 타격코치(2014~2018), KT 위즈 단장(2019~2022), KT 위즈 육성총괄(2022~2023), SSG 랜더스 감독(2024~)

"뿌리를 찾은 느낌입니다."

이숭용 감독에게 인천은 익숙한 곳이다. 30년 전 선수 생활을 시작한 곳이 인천이다. 그동안 팀의 간판과 연고가 자주 바뀌어 "난 한 팀에서만 뛰었는데, 돌아보니 뿌리가 없는 느낌이었다"고 탄식할 뿐이었다. 야구 인생의 뿌리를 내린 곳에서 처음 지휘봉을 잡는 마음가짐은 무척 굳셌다. 성적과 세대교체 두 마리 토끼를 잡아 달라는 너무도 어려운 숙제가 주어졌지만, 선수, 해설위원, 코치, 단장, 육성총괄로 쌓은 노하우를 모두 쏟아내겠다는 각오다. 베테랑 중심의 SSG에서 '이숭용호'가 이룰 신구조화에 많은 시선이 향하고 있다.

71
이숭용

1군

수석코치 송신영	벤치코치 조원우	투수코치 배영수	불펜코치 이승호	타격코치 강병식	타격보조코치 김종훈	수비코치 이대수	배터리코치 스즈키 후미히로

퓨쳐스

작전·주루코치 조동화	작전·주루코치 임재현	퓨쳐스 감독 손시헌	투수코치 류택현	불펜코치 김이슬	타격코치 오준혁	수비코치 와타나베 마사토	배터리코치 윤요섭

작전·주루코치 윤재국	총괄·야수코치 정진식	잔류군코치 양지훈 (투수)	잔류군코치 이윤재 (재활)	드라이브라인코치 김동호

54 최지훈

외야수(우투좌타)

생년월일	1997년 7월 23일
신장/체중	178cm / 82kg
출신학교	광주수창초-무등중-광주제일고-동국대
연봉(2024)	2억 5천만 원
경력	SK 와이번스-SSG 랜더스(2020~)

#국대중견수

WBC부터 아시안게임, APBC까지 1년 새 뛴 국제대회만 3개다. 2월부터 11월까지 사실상 1년 내내 야구만 한 셈이다. 그래도 아시안게임 금메달, APBC 준우승으로 위태로운 한국 야구에 세대교체의 희망을 안긴 주인공이 됐으니 '국대 중견수'로서 자리는 확실히 잡았다. 자랑스러운 커리어를 쌓은 만큼 시즌이 끝나고도 병역특례 대체복무를 위한 봉사활동에 여념이 없었다는 후문이다. 이제 다음 무대는 프리미어12다.

#깨달음

지난해 국제대회부터 정규시즌과 포스트시즌까지 빠듯한 일정을 소화하며 부상 방지와 체력 유지의 중요성을 깊이 깨달았다. 스프링캠프와 시즌 초반까지 괜찮은 타격감을 보이다가 4월 발각을 다친 뒤 감각 회복에 어려워했고, 11월 APBC가 끝난 뒤에는 나름대로 힘에 부친 자신을 돌아보기도 했다. 사실상 쉼 없이 곧장 2024시즌 준비에 돌입해야 했지만, 깨달음이 큰 만큼 예년보다 단단히 벼르며 준비할 시즌임에는 틀림없다.

#독종

최지훈은 시즌 중에는 주위의 사소한 유혹도 먼저 차단하는 강한 마음을 지녔다. "은퇴할 때까지 야구를 즐기지 못할 것 같다"는 말에도 최지훈의 성향이 잘 묻어난다. 그런 최지훈이 올해도 후배들의 성장을 바랐다. 치고 올라와 경쟁하면 자신과 팀의 발전에 큰 도움이 될 것이라는 판단에서다. 국가대표에 주전까지 꿰차고도 "영원한 자리는 없다"고 손사래 치는 선수이니 얼마나 더 무서워질지 궁금하다.

🎤 TMI 인터뷰

1. 일주일 동안 한 가지 음식만 먹어야 한다면?
- 라면

2. 세상에서 가장 싫은 것 한 가지는?
- 다른 사람을 존중하지 않는 사람을 볼 때

3. 스트레스 쌓이거나 생각이 많을 때 하는 건?
- 차에서 노래 틀어 놓고 소리 지르기

4. 진짜 독하다 싶은 선수는?
- 최지훈 나 자신ㅋㅋ

5. 야구하길 잘했다는 생각이 들 때는?
- 안타 쳤을 때. 그 기분은 진짜 짜릿하다.

최지훈 다운 야구를 하자
자신있게 당당하게

작년 2023 시즌 기록

타율	경기	타석	타수	득점	안타
0.268	117	503	462	65	124
2루타	3루타	홈런	루타	타점	도루
19	8	2	165	30	21
볼넷	삼진	병살타	장타율	출루율	OPS
29	50	3	0.357	0.315	0.672

전력분석	콘택트 능력을 앞세워 정타를 노려 칠 수 있는 유형, 테이블세터 한 축도 맡을 수 있는 젊은 주축 선수다. 좌완 공략에 강점을 보이며 높은 타율을 유지할 수 있는 타자이자, 공격에서뿐 아니라 수비, 주루에서도 SSG의 핵심 전력이다.
강점	콘택트 능력을 바탕으로 한 타격 적극성
약점	지난해 발목 부상 이전의 타격감 회복과 라인드라이브 타구 생산이 관건
수비력	괜히 짐승이 아니다. 외야 절반 이상을 차지하는 넓은 수비 범위의 리그 최정상급 중견수

17 외야수(좌투좌타)

추신수

생년월일	1982년 7월 13일
신장/체중	180cm / 97kg
출신학교	부산수영초-부산중-부산고
연봉(2024)	3천만 원
경력	시애틀 매리너스(2005~2006)-클리블랜드 인디언스 (2006~2012)-신시내티 레즈(2013)-텍사스 레인저 스(2014~2020)-SSG 랜더스(2021~)

#라스트댄스

"마침표를 찍어야 할 때가 온 것 같습니다." 2001년 미국에서 부터 시작된 24년의 여정이 올 시즌을 끝으로 막을 내린다. KBO리그에서 뛰기 시작한 뒤 매 겨울이면 현역 연장 여부를 고민하던 추신수는 은퇴를 결심한 채 2024시즌을 치른다. 팬들의 응원과 후배들이 아른거려 은퇴 결정에 힘들어한 추신수는 그동안 받은 사랑에 보답하기 위해 구단과 머리를 맞대고 선물을 준비하겠다는 생각이다.

#3000만원

3천만 원은 KBO리그 최저 연봉이다. 2021년부터 2년 연속 연봉 27억 원을 받던 추신수에게는 무척이나 생소한 금액이다. 하지만 지난해 SSG의 빠듯한 샐러리캡 상황을 헤아려 10억 원 삭감을 받아들였고, 올 시즌에는 16억 7천만 원을 더 깎아 받겠다고 결심했다. 구단의 사정도 사정이지만, 후배들의 연봉 삭감을 최소화하길 바라는 마음도 컸다. 심지어 자신이 받기로 한 3천만 원도 전액 기부 예정이다.

#출루머신

그래도 여전히, 추신수는 추신수다. 지난해 출루율에서 타율을 뺀 수치인 순출루율은 0.125로 규정타석을 채운 리그 전체 가운데서도 1위였다. KBO리그에 발을 디딘 2021년부터 3년 연속 놓치지 않은 자리다. 그만큼 '눈야구'가 여전히 녹슬지 않았다는 방증이다. 이러니 불혹을 넘겨도 부동의 리드오프로 나서고, 이숭용 신임 감독도 비단 리더로서만 아니라 기량 면에서도 추신수를 필요로 한 게 아니었을까.

작년 2023 시즌 기록

타율	경기	타석	타수	득점	안타
0.254	112	462	382	65	97
2루타	**3루타**	**홈런**	**루타**	**타점**	**도루**
17	1	12	152	41	6
볼넷	**삼진**	**병살타**	**장타율**	**출루율**	**OPS**
65	79	8	0.398	0.379	0.777

전력분석	3년 연속 리그 순출루율 1위에 오를 만큼 국내 최고의 선구안을 지닌 데다 라인드라이브 타구로 담장을 넘길 힘도 겸비했다. 수비 시프트 규제와 자동 볼·스트라이크 판정 시스템의 긍정적 영향을 받을 것으로도 기대된다.
강점	넘사벽 출루율과 빠른 공 공략, 시속 148km 이상의 빠른 공에 기대 OPS가 무려 1.048
약점	오프스피드 피치에는 다소 더딘 대처
수비력	지난해 우익수로 다시 나서기 시작, 수비 비중 는다면 라인업 구상에 큰 도움

TMI 인터뷰

1. 일주일 동안 한 가지 음식만 먹어야 한다면?
- 라면

2. 세상에서 가장 싫은 것 한 가지는?
- 개고기

3. 스트레스 쌓이거나 생각이 많을 때 하는 건?
- 술을 마셨거나 이젠 안 마신다. (은퇴 앞두고 금주 선언)

4. 진짜 독하다 싶은 선수는?
- 추신수 나 자신

5. 야구하길 잘했다는 생각이 들 때는?
- 인정받았을 때 (미국에서 현지 사람들이 내 유니폼을 입고 와서 응원해 줄 때가 기억에 남는다)

영원히 기억에 남는 시즌이 되길.

14
최정

내야수(우투우타)

부상없이 행복한 시즌이 되길

생년월일	1987년 2월 28일
신장/체중	180cm / 90kg
출신학교	대일초-평촌중-유신고
연봉(2024)	10억 원
경력	SK 와이번스-SSG 랜더스(2005~)

#홈런1위
최정이 또 대기록 달성을 눈앞에 두고 있다. 그동안 각종 홈런 기록을 수없이 갈아 치워 온 최정이지만, 이번 기록은 위엄부터 남다르다. '국민타자' 이승엽의 KBO리그 통산 최다 홈런 기록이기 때문이다. 대기록 달성까지 홈런 9개만을 남겨놓은 최정은 올 시즌 초반 달성을 목표로 달리겠다는 각오지만, "내게 이승엽 감독님은 범접할 수 없는 존재"라며 낮은 자세를 강조했다.

#경쟁자
2년 전 열한 살 어린 타격왕 이정후가 "내년에 홈런왕에 오르겠다"고 농담하자 "그러면 내가 타격왕에 오르겠다"고 받아치더니 지난해는 열세 살 어린 노시환과 홈런왕 경쟁으로 여전한 기량을 뽐냈다. "노시환이 3관왕에 오를 수 있었는데, 내가 장타율 1위에 오르며 막게 돼 미안하다"는 재미난 수상 소감도 최정이니 할 수 있는 말이었다. '살아있는 전설' 최정은 여전히 띠동갑 이상의 후배들의 우상이자 경쟁 상대다.

#3번째FA
올해 프로 20년차가 된 최정은 올 시즌을 마치면 FA 자격을 얻는다. 2015, 2019년에 이어 3번째 FA다. 최정은 첫 FA 당시 4년 최대 86억 원에 잔류했고, 2019년에는 6년 최대 106억 원에 계약했다. 모두 대형 계약으로 평가 받은 사례였지만, 최정이 그 이상의 활약을 펼쳐 도리어 가치를 낮게 책정한 것이 아니냐는 말도 나왔다. 이번에는 비FA 다년계약까지 최정이 고를 수 있는 선택지가 늘었다.

🎤 TMI 인터뷰

1. 일주일 동안 한 가지 음식만 먹어야 한다면?
- 돈코츠라멘, 와이프가 끓여준 떡국 (느끼한 음식 선호)

2. 세상에서 가장 싫은 것 한 가지는?
- 생선으로 만든 모든 음식

3. 스트레스 쌓이거나 생각이 많을 때 하는 건?
- 게임

4. 진짜 독하다 싶은 선수는?
- 손아섭 선수 (예전부터 봤는데 진짜 모든 면에서 독함)

5. 야구하길 잘했다는 생각이 들 때는?
- 프로야구 선수가 된 후로 항상. 1군에서 자리 잡고, 인정받기 시작한 이후 매번

작년 2023 시즌 기록

타율	경기	타석	타수	득점	안타
0.297	128	552	471	94	140
2루타	**3루타**	**홈런**	**루타**	**타점**	**도루**
31	0	29	258	87	7
볼넷	**삼진**	**병살타**	**장타율**	**출루율**	**OPS**
59	87	12	0.548	0.388	0.936

전력분석	명실상부한 대한민국 최고의 슬러거. 공에 역회전을 만들어내 홈런으로 연결하는 유형의 타자로 전통적인 파워 히터 유형에 비해 낮은 타구속도를 높은 발사각으로 상쇄한다. 타석 안쪽으로 몸을 집어넣었다가 큰 스윙을 만들어내며 힘을 극대화하는 타자다.
강점	팀이 필요로 할 때 한 방 쳐 주는 클러치 능력을 갖춘 최고의 타자
약점	타격 사이클이 오르내릴 때 차이가 큰 편
수비력	공격만 잘하는게 아니다. 강한 어깨와 순발력. 3루수의 교과서

내 실력을 100% 믿고 흔들림 없이 나아가자

29

김광현

투수(좌투좌타)

생년월일	1988년 7월 22일
신장/체중	188cm / 88kg
출신학교	덕성초(안산리틀)-안산중앙중-안산공고
연봉(2024)	10억 원
경력	SK 와이번스(2007~2019)-세인트루이스 카디널스 (2020~2021)-SSG 랜더스(2022~)

#KK미니캠프

후배들의 성장에 진심인 김광현이 올해도 젊은 투수들을 데리고 오키나와로 떠났다. 지난해 백승건, 이기순, 오원석 등 좌완 후배들이 함께했다면, 올해는 신헌민, 이로운 등 우완까지 두루 함께했다. 김광현은 후배들에게 지갑도 기꺼이 열었다. 숙박과 식사에 드는 비용을 모두 김광현이 부담했다. 후배들도 감사한 마음을 잊지 않으려 김광현의 메이저리그 시절 별명을 따 자신들의 여정을 'KK미니캠프'로 부르고 있다.

#아듀국대에이스

지난해 WBC를 끝으로 더는 태극마크를 단 김광현을 볼 수 없다. 2008년 베이징올림픽부터 6번의 국제대회에서 김광현은 늘 대한민국의 에이스였다. 김광현이 태극마크를 달고 남긴 대표팀 역대 최다 선발등판, 이닝, 승리, 홀드, 탈삼진 기록은 당분간 지워지지 않을 흔적이 됐다. 김광현은 지난 16년을 돌아보며 SNS에 국가대표로서 마지막 인사를 남겼다. "지금까지 국가대표 김광현을 응원해 주셔서 감사합니다."

#용의해

88년생 용띠인 김광현이 용의 해를 맞았다. 프로에서는 2012년 이후 두 번째로 맞는 용의 해다. 당시 어깨 부상 여파로 예년에 비해 아쉬운 시즌을 치렀지만, 올해는 용의 기운을 제대로 느껴 보겠다는 각오다. "나이가 무색하다는 말을 듣겠다"는 다짐에 "더 성장할 선수들에, 부족한 점이 무엇인지 아는 베테랑들이 합심해 우승을 노리겠다"는 포부도 심상치 않다.

작년 2023 시즌 기록

평균자책점	경기	승	패	홀드	세이브
3.53	30	9	8	0	0
승률	이닝	투구수	피안타	피홈런	볼넷
0.529	168 1/3	2798	163	11	70
삼진	실점	자책점	피안타율	WHIP	퀄리티스타트
119	75	66	0.261	1.38	16

전력분석	대한민국과 SSG의 에이스, 트레이드 마크인 역동적 오버핸드 투구 폼에서 나오는 빠른 공과 상하 움직임이 큰 빠른 슬라이더가 일품인 투수다. KBO리그 복귀 후 체인지업을 적극 활용하며 경험 많은 피네스 피처의 모습도 보여주고 있다.
강점	구속과 컨디션에 따라 콘셉트 바꿔 경기 운영하는 노련미
약점	떨어진 체인지업 구위 향상과 체력 관리가 관건

🎤 TMI 인터뷰

1. 일주일 동안 한 가지 음식만 먹어야 한다면?
- 초밥, 성게알

2. 세상에서 가장 싫은 것 한 가지는?
- 없다. (어지간한건 포용할 수 있다)

3. 스트레스 쌓이거나 생각이 많을 때 하는 건?
- 잠을 푹 자고 게임하기

4. 진짜 독하다 싶은 선수는?
- 최정 선수

5. 야구하길 잘했다는 생각이 들 때는?
- 인터뷰할 때

2
박성한
내야수(우투좌타)

생년월일	1998년 3월 30일
신장/체중	180cm / 77kg
출신학교	순천북초-여수중-효천고
연봉(2024)	3억 원
경력	SK 와이번스-SSG 랜더스(2017~)

#첫성인대표팀

태극마크를 처음 단 것은 고교 3학년이던 2016년이다. 당시 대만에서 열린 18세 이하 청소년 야구 선수권 대회에서 김혜성, 강백호, 고우석과 뛴 박성한은 7년 뒤 성인 국가대표로 반가운 얼굴들을 다시 만났다. 3위에 오른 7년 전과 달리 이번에는 금메달을 목에 걸었다. 차출 전 "내가 빠져도 팀에 큰 영향은 없을 것"이라며 웃었지만, 국제대회 경험이 쌓인 박성한은 더욱 대체하기 어려운 전력이 돼 돌아왔다.

#노력형천재

박성한은 야구 지능이 뛰어난 선수다. 상황 판단이 무척 빨라, 패배의 기운이 잔뜩 드리워진 상황에도 찰나의 순간 번뜩이는 야구 센스로 경기를 뒤집는 장면마저 더는 어색하지 않다. 그렇다고 타고나기만 한 선수는 아니다. 체질과 맞지 않는 음식을 세세히 파악해 피하고, 비시즌에도 매일 야구장에 출근해 운동 루틴을 지키는 노력까지 더해진 재능이다. 구단 관계자도 "성한이가 제일 꾸준히 출근했다"고 귀띔할 정도다.

#황금장갑

유격수 부문 황금장갑은 2년 연속 오지환에게 돌아갔다. 오지환은 명실상부 현 시대 최고 유격수지만, 그를 가장 위협할 유격수는 박성한이었다. 오지환도 "나보다 어린데 수준이 더 높은 선수"라고 응원한 선수다. 지난해 온전히 한 시즌을 치를 수 없었지만, 올해 염원하던 골든글러브 수상에 다시 도전한다. 이번에는 오지환에 박찬호, 김주원 등 쟁쟁한 후보가 가세해 경쟁 시너지도 클 전망이다.

🎤 TMI 인터뷰

1. 일주일 동안 한 가지 음식만 먹어야 한다면?
- 라면 (진순 매니아)

2. 세상에서 가장 싫은 것 한 가지는?
- 생각해 보지 않았는데 자기 관리 안 하는 사람?

3. 스트레스 쌓이거나 생각이 많을 때 하는 건?
- 스트레스 받으면 바로 잊고 마인드를 바꾸려고 노력한다.

4. 진짜 독하다 싶은 선수는?
- 김혜성 선수 (순대국 먹을 때도 쌀밥 안 먹는 독한 녀석)

5. 야구하길 잘했다는 생각이 들 때는?
- 성적이 잘 나고 주목받을 때

작년 2023 시즌 기록

타율	경기	타석	타수	득점	안타
0.266	128	529	459	53	122
2루타	**3루타**	**홈런**	**루타**	**타점**	**도루**
19	0	9	168	47	4
볼넷	**삼진**	**병살타**	**장타율**	**출루율**	**OPS**
58	56	7	0.366	0.347	0.713

전력분석	자신의 스트라이크존이 확실하게 정립된 타자. 존을 벗어난 공에는 반응하지 않으려 노력하는 선구안과 준수한 순출루율이 돋보인다. 덕분에 지난해 스트라이크존 안에 오는 공을 맞힌 비율도 93.3%로 규정타석을 채운 팀 내 타자 중 가장 높았다.
강점	SSG 최고의 콘택트 히터
약점	코너 워크로 콜드존 파고드는 상대 공략 극복이 절실
수비력	야구 지능에 민첩한 풋워크와 강한 어깨를 지닌 최정상급 유격수

부상 없이 문단속 화려!

22
서진용

투수(우투우타)

생년월일	1992년 10월 2일
신장/체중	184cm / 88kg
출신학교	남부민초-대동중-경남고
연봉(2024)	4억 5천만 원
경력	SK 와이번스-SSG 랜더스(2011~)

#서즈메의문단속

인천야구, 아니 한국야구에서 이런 마무리투수가 또 있었을까. 서진용은 블론세이브가 집계되기 시작한 2006년 이후 블론세이브 없이 30세이브를 기록한 KBO리그 최초의 투수다. 팬들은 지난해 흥행한 영화 '스즈메의 문단속'과 서진용의 이름을 합쳐 '서즈메의 문단속'이라는 별명도 붙였다. 서진용은 구단 역대 최다 42세이브로 생애 첫 세이브왕에 오르며 화답했다.

#위기는나의힘

마냥 웃을 수 없는 이야기지만, 서진용은 주자가 있을 때 진가를 발휘한 투수다. 지난해 주자가 있을 때 피안타율(0.206)과 피OPS(0.543)은 10개 구단 마무리투수 중 가장 낮았다. 추가 진루 허용이며 장타 억제도 뛰어났다. 본인이야 "위기를 즐길 리 없지만 주자가 있어야 더 잘하나 보다"라고 멋쩍어했지만, 만약 1군에도 승부치기가 도입됐다면 SSG가 서진용의 활용법을 고민해야 할지도 몰랐을 일이다.

#따뜻한겨울

서진용은 지난해 연봉 2억 6천 5백만 원에서 69.8% 오른 4억 5천만 원에 계약을 마쳤다. 연봉 협상 대상자 가운데 가장 높은 금액이었다. 서진용은 돌려줄 방법을 고민했다. 팔꿈치 수술로 1군 스프링캠프 대신 강화SSG퓨처스필드에서 재활을 시작한 서진용은 동고동락한 후배들과 코칭스태프를 위해 음료 60잔을 돌렸다. 퓨처스 선수단도 인천으로 돌아갈, 인천에서 만날 세이브왕에게서 잔잔한 감동을 선물 받았다.

작년 2023 시즌 기록

평균자책점	경기	승	패	홀드	세이브
2.59	69	5	4	0	42
승률	**이닝**	**투구수**	**피안타**	**피홈런**	**볼넷**
0.556	73	1259	63	3	49
삼진	**실점**	**자책점**	**피안타율**	**WHIP**	**퀄리티스타트**
64	22	21	0.239	1.53	0

전력분석	상하 움직임이 큰 빠른 공과 낙차 큰 포크볼이 강점인 우완 정통파. 지난해 포크볼로 볼·스트라이크를 정교하게 잡는 데 초점을 둬 성과를 거뒀다. 고위험도 상황에 등판하지만, 결과가 좋지 못해도 금세 털어 버리는 낙천적 성격의 마무리투수다.
강점	알을 깨고 나왔다. 구속이 이렇게 많이 나온다고?
약점	지난 시즌 뒤 팔꿈치 뼛조각 제거 수술을 받은 만큼 감각 유지가 관건

🎤 TMI 인터뷰

1. 일주일 동안 한 가지 음식만 먹어야 한다면?

- 김치찌개! (한식 중에 김치찌개를 제일 좋아함)

2. 세상에서 가장 싫은 것 한 가지는?

- 벌레가 가장 싫다.

3. 스트레스 쌓이거나 생각이 많을 때 하는 건?

- 아무 생각 없이 잠자기, 취미 활동

4. 진짜 독하다 싶은 선수는?

- 없음….

5. 야구하길 잘했다는 생각이 들 때는?

- 팬들의 사랑을 느낄 때, 응원을 들으면서 경기할 때, 좋은 경기력으로 기록을 쌓아 타이틀 홀더가 될 때

투수(좌투좌타)

15 고효준

생년월일	1983년 2월 8일		출신학교	서원초-세광중-세광고	
신장/체중	179cm / 81kg		연봉	1억 5천만 원	
경력	롯데 자이언츠(2002)-SK 와이번스(2003~2016)-KIA 타이거즈(2016~2017)-롯데 자이언츠(2018~2020)-LG 트윈스(2021)-SSG 랜더스(2022~)				

작년 2023 시즌 기록

평균자책점	경기	승	패	홀드	세이브
4.50	73	4	1	13	0
승률	이닝	투구수	피안타	피홈런	볼넷
0.800	58	1214	49	3	42
삼진	실점	자책점	피안타율	WHIP	퀄리티스타트
66	31	29	0.232	1.57	0

전력분석	극단적 오버핸드 암슬롯에서 나오는 상승 움직임이 큰 직구와 낙차 큰 슬라이더를 지닌 투수, 슬라이더 구질 특성상 우타자에게 더 강한 역스플릿 성향의 좌완이다. 확고한 운동 루틴을 어김없이 지켜 40대의 나이에도 필승조로 활약하는 베테랑이다.
강점	주자가 잔뜩 차거나 위험도 높은 상황을 즐기는 강심장
약점	볼카운트를 잡거나 파울·헛스윙 유도 위해 상황에 따른 슬라이더 활용 필요

투수(우투우타)

38 노경은

생년월일	1984년 3월 11일		출신학교	화곡초-성남중-성남고	
신장/체중	187cm / 100kg		연봉	2억 7천만 원	
경력	두산 베어스(2003~2016)-롯데 자이언츠(2016~2018, 2020~2021)-SSG 랜더스(2022~)				

작년 2023 시즌 기록

평균자책점	경기	승	패	홀드	세이브
3.58	76	9	5	30	2
승률	이닝	투구수	피안타	피홈런	볼넷
0.643	83	1396	78	4	36
삼진	실점	자책점	피안타율	WHIP	퀄리티스타트
65	33	33	0.253	1.37	0

전력분석	보직이면 보직, 구종이면 구종, 어느 곳에서든 팔색조 매력을 뽐내는 전천후 투수, 포크볼, 커터 등 구종이 다양할 뿐 아니라 구종별 구속까지도 조절해 던질 수 있다. 지난해 빠른 공 구사율이 높아졌지만, 올 시즌에는 어떤 변화를 줄지 궁금하다.
강점	철저한 자기관리로 40대에도 강한 구위를 뽐내는 후배들의 귀감
약점	등판 간격과 체력 관리가 구위 유지의 첫 번째 조건

투수(우투우타)

42 문승원

생년월일	1989년 11월 28일		출신학교	가동초-배명중-배명고-고려대	
신장/체중	180cm / 88kg		연봉	8억 원	
경력	SK 와이번스-SSG 랜더스(2012~)				

작년 2023 시즌 기록

평균자책점	경기	승	패	홀드	세이브
5.23	50	5	8	9	1
승률	이닝	투구수	피안타	피홈런	볼넷
0.385	105	1793	138	12	35
삼진	실점	자책점	피안타율	WHIP	퀄리티스타트
65	67	61	0.319	1.65	4

전력분석	뛰어난 컨트롤을 바탕으로 포심과 투심 패스트볼을 구분해 구사하며 타자에게 혼동을 주는 투수, 확실한 결정구로는 슬라이더가 있다. 한 시즌을 치르는 중에도 장점을 부각하기 위해 많은 연구와 노력을 기울인다는 평가다.
강점	구종이 다양해 좌·우타자 구분 없이 상대에 따라 유연해지는 경기 운영 능력
약점	팔꿈치 부상 이전의 투구 메커니즘과 구위 회복이 관건

투수(우언우타)

50 박종훈

생년월일	1991년 8월 13일		출신학교	군산중앙초-군산중-군산상고	
신장/체중	186cm / 90kg		연봉	11억 원	
경력	SK 와이번스-SSG 랜더스(2010~)				

작년 2023 시즌 기록

평균자책점	경기	승	패	홀드	세이브
6.19	18	2	6	0	0
승률	이닝	투구수	피안타	피홈런	볼넷
0.250	80	1587	77	8	60
삼진	실점	자책점	피안타율	WHIP	퀄리티스타트
56	57	55	0.260	1.71	4

전력분석	반등이 절실한 국가대표 잠수함. 팔꿈치 부상 이전의 빠른 공과 독특한 움직임을 지닌 커브의 위력을 되찾아야 한다. 누구보다 야구에 진심인 만큼 2024년에는 그동안 자신을 괴롭힌 빠른 공의 제구, 커브의 움직임 문제를 해소할 것으로 기대된다.
강점	우타자 몸쪽으로 파고드는 투심 패스트볼과 스트라이크존 밑에서 위로 치솟는 커브
약점	영원한 난제 주자 견제. 새로 도입된 피치클록 대처

투수(좌투좌타)

47 오원석

생년월일	2001년 4월 23일		출신학교	수진초-매송중-야탑고	
신장/체중	182cm / 80kg		연봉	1억 4천만 원	
경력	SK 와이번스-SSG 랜더스(2020~)				

작년 2023 시즌 기록

평균자책점	경기	승	패	홀드	세이브
5.23	28	8	10	0	0
승률	이닝	투구수	피안타	피홈런	볼넷
0.444	144 2/3	2564	158	11	69
삼진	실점	자책점	피안타율	WHIP	퀄리티스타트
88	92	84	0.283	1.57	7

전력분석	빠른 공의 디셉션을 통해 상대 타자로 하여금 공의 위력을 한층 더 느끼게 만드는 유형, 여기에 컨트롤이 뛰어난 슬라이더의 완급을 조절해 타자를 혼란스럽게 만든다. 김광현에게서 노하우를 전수받거나 긍정적 영향을 받으며 꾸준히 성장하는 좌완이다.
강점	좌완에, 독특한 투구 폼까지 지녀 주자가 도루 타이밍을 잡기 힘든 편
약점	헛스윙을 이끌어 낼 구종 개발이 필요한 2024년

투수(우투우타)

92 이로운

생년월일	2004년 9월 11일		출신학교	본리초-경복중-대구고	
신장/체중	185cm / 105kg		연봉	7천 4백만 원	
경력	SSG 랜더스(2023~)				

작년 2023 시즌 기록

평균자책점	경기	승	패	홀드	세이브
5.62	50	6	1	5	0
승률	이닝	투구수	피안타	피홈런	볼넷
0.857	57 2/3	1107	67	7	29
삼진	실점	자책점	피안타율	WHIP	퀄리티스타트
52	39	36	0.289	1.66	0

전력분석	지난해 50경기에 나서 SK 시절을 포함해 구단 역대 고졸 신인 최다 등판 1위에 오른 유망주, 강한 공을 던질뿐더러 좌우가 아닌 상하로 움직임이 큰 슬라이더가 매력적이다. 저연차에도 베테랑 못지않게 배짱이 두둑하다는 평가다.
강점	평균 시속 147.4km로 지난해 팀 내 국내 투수 1위에 오른 빠른 공
약점	높은 볼넷 비율 감소가 첫 번째 과제

투수(우투우타)

67 최민준

생년월일	1999년 6월 11일		출신학교	부산수영초-경남중-경남고	
신장/체중	178cm / 83kg		연봉	1억 4천 4백만 원	
경력	SK 와이번스-SSG 랜더스(2018~)				

작년 2023 시즌 기록

평균자책점	경기	승	패	홀드	세이브
4.20	53	5	3	7	1
승률	이닝	투구수	피안타	피홈런	볼넷
0.625	60	1025	75	7	19
삼진	실점	자책점	피안타율	WHIP	퀄리티스타트
37	29	28	0.319	1.57	0

전력분석	구종을 가리지 않고 스트라이크존에 공격적으로 꽂아 넣을 수 있는 투수, 제1옵션의 변화구로 커브를 자주 구사하면서 높은 쪽에 빠른 공을 잘 활용하는 장점을 지녔다. 지난해 구속과 구위가 몰라보게 향상된 만큼 더 큰 성장이 기대되는 투수다.
강점	스트라이크 비율 62.2%까지 올린 적극성
약점	구위 유지가 관건, 필수 조건은 부상 방지와 체력 관리

투수(우투우타)

33 더거

생년월일/국적	1995년 7월 3일 / 미국		출신학교	미국 Texas Tech(대)	
신장/체중	183cm / 83kg		연봉	90만 달러	
경력	마이애미 말린스(2019~2020)-시애틀 매리너스(2021)-탬파베이 레이스(2022)-신시내티 레즈(2022)-SSG 랜더스(2024~)				

작년 2023 시즌 기록

평균자책점	경기	승	패	홀드	세이브
-	-	-	-	-	-
승률	이닝	투구수	피안타	피홈런	볼넷
-	-	-	-	-	-
삼진	실점	자책점	피안타율	WHIP	퀄리티스타트
-	-	-	-	-	-

전력분석	투수난이 심해 선발 품귀 현상이 생긴 메이저리그에서도 귀했던 풀타임 선발 자원, 훌륭한 워크에식과 완급 조절을 통한 뛰어난 경기 운영과 승부욕이 높은 평가를 받았다. 지난해 마이너리그 PCL리그에서는 탈삼진과 평균자책점 1위에 올랐다.
강점	빠른 공과 싱커, 슬라이더, 커브, 체인지업 등 5개 구종의 고른 구사율
약점	뛰어난 경기 운영 능력에 맞춰 끌어올려야 하는 구위

투수(좌투좌타)

55 엘리아스

생년월일/국적	1988년 8월 1일 / 쿠바		출신학교	쿠바 Omar Ranedo(고)	
신장/체중	185cm / 92kg		연봉	100만 달러	
경력	시애틀 매리너스(2014~2015)-보스턴 레드삭스(2016~2017)-시애틀 매리너스(2018~2019)-워싱턴 내셔널스(2019)-시애틀 매리너스(2022)-SSG 랜더스(2023~)				

작년 2023 시즌 기록

평균자책점	경기	승	패	홀드	세이브
3.70	22	8	6	0	0
승률	이닝	투구수	피안타	피홈런	볼넷
0.571	131 1/3	2123	140	12	33
삼진	실점	자책점	피안타율	WHIP	퀄리티스타트
93	58	54	0.278	1.32	12

전력분석	시속 150km 이상의 빠른 공을 꾸준히 던질 수 있는 투수, 뛰어난 위력의 슬라이더와 정교한 체인지업을 섞어 타자를 요리하는 투수다. 다년간의 메이저리그 경력으로 다져진 확고한 운동 루틴과 뛰어난 프로 의식도 갖췄다.
강점	지난해 도미니카윈터리그와 KBO리그에서 총 200이닝을 넘게 던지며 입증한 스태미나
약점	적지 않은 나이로 체력 안배와 관리가 관건

포수(우투좌타)

24 김민식

| 생년월일 | 1989년 6월 28일 | | 출신학교 | 양덕초-마산중-마산고-원광대 | |
| 신장/체중 | 180cm / 80kg | | 연봉 | 1억 5천만 원 | |

경력 SK 와이번스(2012~2017)-KIA 타이거즈(2017~2022)-SSG 랜더스(2022~)

작년 2023 시즌 기록

타율	경기	타석	타수	득점	안타
0.218	122	318	266	28	58
2루타	3루타	홈런	루타	타점	도루
9	1	5	84	34	0
볼넷	삼진	병살타	장타율	출루율	OPS
31	57	6	0.316	0.302	0.618

전력분석	타석에서 인내심이 뛰어난 타자로 높은 볼넷 비율과 출루율을 자랑한다. 지난해 타석당 투구수가 최정과 같은 3.86개로 상대 투수로 하여금 강타자에 준하는 어려운 승부를 이끌어 내는 유형의 보기 드문 좌타 포수다.
강점	SK 시절부터 동료 투수의 특장점을 가장 잘 헤아리고 있는 포수
약점	방망이에 공을 맞히는 능력에 비해 모자란 힘

포수(우투우타)

59 이지영

| 생년월일 | 1986년 2월 27일 | | 출신학교 | 서화초-신흥중-제물포고-경성대 | |
| 신장/체중 | 177cm / 88kg | | 연봉 | 2억 원 | |

경력 삼성 라이온즈(2008~2018)-키움 히어로즈(2019~2023)-SSG 랜더스(2024~)

작년 2023 시즌 기록

타율	경기	타석	타수	득점	안타
0.249	81	237	217	23	54
2루타	3루타	홈런	루타	타점	도루
8	1	0	64	8	1
볼넷	삼진	병살타	장타율	출루율	OPS
12	39	2	0.295	0.291	0.586

전력분석	통산 타율 0.280의 준수한 타격과 안정적 수비를 두루 갖춘 밸런스형 포수, 타석에서는 스트라이크존 안에 오는 공에 적극적으로 반응하고, 수비에서는 투수를 편안히 만들어 주는 뛰어난 프레이밍이 일품인 포수다.
강점	다른 선수에게 귀감 되는 모범적 훈련 태도와 젊은 투수 성장에 도움 줄 다양한 경험
약점	매 시즌 100경기 이상 출장도 너끈했는데 올해는 과연

포수(우투우타)

20 조형우

| 생년월일 | 2002년 4월 4일 | | 출신학교 | 송정동초-무등중-광주제일고 | |
| 신장/체중 | 187cm / 95kg | | 연봉 | 6천 3백만 원 | |

경력 SSG 랜더스(2021~)

작년 2023 시즌 기록

타율	경기	타석	타수	득점	안타
0.185	62	133	119	9	22
2루타	3루타	홈런	루타	타점	도루
4	1	2	34	12	0
볼넷	삼진	병살타	장타율	출루율	OPS
8	25	2	0.286	0.240	0.526

전력분석	SSG에서 가장 기대하는 포수 유망주, 큰 체격에도 뛰어난 민첩성을 바탕으로 재빠른 도루 저지와 송구, 투수에게 안정감을 주는 프레이밍도 훌륭하다. 시속 150~165km의 강한 타구도 생산할 줄 아는 중·장거리형 타자다.
강점	1.8초대의 빠른 팝타임과 시속 130km를 넘는 송구 속도
약점	경험이 적은 만큼 타석과 안방에서 상황 대처 능력은 아직

내야수(우투우타)

6 김성현

| 생년월일 | 1987년 3월 9일 | | | 출신학교 | 송정동초-충장중-광주제일고 |

| 신장/체중 | 172cm / 72kg | | | 연봉 | 2억 원 |

경력 SK 와이번스-SSG 랜더스(2006~)

작년 2023 시즌 기록

타율	경기	타석	타수	득점	안타
0.268	112	354	310	35	83
2루타	3루타	홈런	루타	타점	도루
14	0	1	100	27	4
볼넷	삼진	병살타	장타율	출루율	OPS
29	36	6	0.323	0.328	0.651

전력분석	콘택트와 선구안이 뛰어난 단타형 내야수, 지난해 라인드라이브 타구가 늘면서 더 좋은 성적을 거둘 수 있었다. 수비에서는 최정이 다치면 선발 3루수로 공백을 메우는 것은 물론, 2루에서 그 이상의 역할을 소화할 수 있는 만능 내야수다. 타순과 수비 포지션상의 역할 이해도도 매우 높은 편이다.
강점	작은 체구에도 강한 어깨와 안정적 수비 능력
약점	체력 저하에 따른 기복

내야수(우투좌타)

56 전의산

| 생년월일 | 2000년 11월 25일 | | | 출신학교 | 부산수영초-개성중-경남고 |

| 신장/체중 | 188cm / 98kg | | | 연봉 | 8천만 원 |

경력 SK 와이번스-SSG 랜더스(2020~)

작년 2023 시즌 기록

타율	경기	타석	타수	득점	안타
0.201	56	153	134	11	27
2루타	3루타	홈런	루타	타점	도루
6	0	4	45	21	0
볼넷	삼진	병살타	장타율	출루율	OPS
15	40	1	0.336	0.294	0.630

전력분석	전진과 회전 운동을 병행하는 타격폼의 장거리형 타자, 잠재력이 큰 재능꾼이지만 지난해 상대의 세밀해진 공략을 이겨 내지 못해 선구안을 비롯한 여러 약점이 드러나는 고초를 겪었다. 그래도 세대교체가 절실한 SSG의 차기 중심타자이니 더는 미완의 대기에만 머물 수도 없다.
강점	140km/h 이상 타구를 날려 버릴 정도의 놀라운 힘
약점	상대의 바깥쪽 공략 극복이 최우선 과제

외야수(좌투우타)

27 에레디아

| 생년월일/국적 | 1991년 1월 31일 / 쿠바 | | | 출신학교 | 쿠바 Eide Luis Agusto Tursios Lima |

| 신장/체중 | 178cm / 88kg | | | 연봉 | 150만 달러 |

경력 시애틀 매리너스(2016~2018)-탬파베이 레이스(2019)-피츠버그 파이어리츠(2020)-뉴욕 메츠(2020)-애틀랜타 브레이브스(2021~2022)-SSG 랜더스(2023~)

작년 2023 시즌 기록

타율	경기	타석	타수	득점	안타
0.323	122	523	473	76	153
2루타	3루타	홈런	루타	타점	도루
29	0	12	218	76	12
볼넷	삼진	병살타	장타율	출루율	OPS
39	75	13	0.461	0.385	0.846

전력분석	빠른 상체 회전을 기반으로 라인드라이브 타구를 좌·중·우 어느 방향이든 자유자재로 보내는 중·장거리형 타자, 안정적으로 적응 마친 만큼 KBO리그 2년 차 향한 기대는 더욱 크다. 타격 툴이 고르고, 공격뿐 아니라 주루, 수비에서도 빠지는 것 없는 복덩이다.
강점	자신이 가진 모든 공·수·주 툴에서 가리는 것 없이 높은 생산성
약점	지난해 첫 풀타임 시즌 치른 만큼 체력 안배가 관건

외야수(우투우타)

37 오태곤

생년월일	1991년 11월 18일		출신학교	쌍문초-신월중-청원고	
신장/체중	186cm / 88kg		연봉	2억 5천만 원	
경력	롯데 자이언츠(2010~2017)-KT 위즈(2017~2020)-SK 와이번스-SSG 랜더스(2020~)				

작년 2023 시즌 기록

타율	경기	타석	타수	득점	안타
0.239	123	305	272	37	65
2루타	3루타	홈런	루타	타점	도루
14	1	7	102	28	20
볼넷	삼진	병살타	장타율	출루율	OPS
18	67	6	0.375	0.293	0.668

전력분석	그라운드 좌·중·우 가리지 않고 라인드라이브 타구를 칠 수 있는 중·장거리형 타자, 콘택트가 이뤄지면 경기장 전역으로 2루타 생산이 가능하다. 지난해 한유섬에 이어 주장을 맡을 만큼 동료의 신망이 높고, 선수단 사기를 올리는 분위기 메이커다.
강점	포수 빼면 내·외야 어느 포지션이든 소화 가능한 유틸리티 플레이어
약점	높은 삼진율, 낮은 볼넷 비율

외야수(우투우타)

13 하재훈

생년월일	1990년 10월 29일		출신학교	양덕초-마산동중-용마고	
신장/체중	182cm / 90kg		연봉	1억 원	
경력	시카고 컵스 산하 마이너(2009~2015)-도쿄 야쿠르트 스왈로즈(2016)-도쿠시마 인디고삭스(2016~2018)-SK 와이번스-SSG 랜더스(2019~)				

작년 2023 시즌 기록

타율	경기	타석	타수	득점	안타
0.303	77	229	201	35	61
2루타	3루타	홈런	루타	타점	도루
10	1	7	94	35	11
볼넷	삼진	병살타	장타율	출루율	OPS
19	53	0	0.468	0.374	0.842

전력분석	강력한 전완근 힘을 기반으로 파워풀한 타격을 보여 주는 타자, 구단에서도 힘이라면 둘째가라면 서러운 수준이라고 엄지를 들 정도다. 투수에서 타자로 다시 전향한 지 어느덧 3년째다. 하체 중심의 타격 등 기술적 향상이 돋보인다는 평가다.
강점	가끔 과해 보일 정도의 타격·수비 적극성으로 뽐내는 툴
약점	콘택트 향상에 힘쓴 2023년, 이제는 꾸준해야…

외야수(우투좌타)

35 한유섬

생년월일	1989년 8월 9일		출신학교	중앙초(해운대리틀)-대천중-경남고-경성대	
신장/체중	190cm / 105kg		연봉	9억 원	
경력	SK 와이번스-SSG 랜더스(2012~)				

작년 2023 시즌 기록

타율	경기	타석	타수	득점	안타
0.273	109	388	333	29	91
2루타	3루타	홈런	루타	타점	도루
15	2	7	131	55	2
볼넷	삼진	병살타	장타율	출루율	OPS
34	81	3	0.393	0.355	0.748

전력분석	장타 기반의 OPS 히터, 지난해 후반기 간결한 스윙 메커니즘과 콘택트 능력의 극대화에 신경 써 반등에 성공했다. 햄스트링 부상과 타격 폼 변화로 팝업 타구와 헛스윙 비율이 높아졌지만, 히팅 포인트를 조정해 끝내 난관을 극복했다.
강점	발사각 높지 않아도 공을 쪼갤 듯한 힘으로 만드는 강한 타구
약점	과도한 변화는 독이라는걸 깨달았다. 하체 부담 견뎌야 하는 타격 폼

25 김주온

투수(우투우타)

생년월일 1996년 12월 8일
출신학교 울산대현초-구미중-울산공고

작년 2023 시즌 기록

시속 150km의 빠른 공 뒷받침할 제구와 마인드 컨트롤 절실한 불펜 기대주.

평균자책점	경기	승	패	홀드	세이브	승률	이닝	투구수
81.00	1	0	0	0	0	-	1/3	14
피안타	피홈런	볼넷	삼진	실점	자책점	피안타율	WHIP	QS
2	0	1	1	3	3	0.667	9.00	0

QS: 퀄리티스타트

41 박민호

투수(우언우타)

생년월일 1992년 2월 25일
출신학교 동막초-동인천중-인천고-인하대

작년 2023 시즌 기록

훌륭한 워크에식과 야구에 대한 진심으로 다시 노리는 반등.

평균자책점	경기	승	패	홀드	세이브	승률	이닝	투구수
0.90	10	0	0	0	0	-	10	167
피안타	피홈런	볼넷	삼진	실점	자책점	피안타율	WHIP	QS
14	0	1	4	3	1	0.318	1.50	0

57 박시후

투수(좌투좌타)

생년월일 2001년 5월 10일
출신학교 상인천초-상인천중-인천고

작년 2023 시즌 기록

시속 140km 중후반의 빠른 공도 너끈히 던지던 2년 전처럼….

평균자책점	경기	승	패	홀드	세이브	승률	이닝	투구수
-	-	-	-	-	-	-	-	-
피안타	피홈런	볼넷	삼진	실점	자책점	피안타율	WHIP	QS
-	-	-	-	-	-	-	-	-

11 백승건

투수(좌투좌타)

생년월일 2000년 10월 29일
출신학교 동막초-상인천중-인천고

작년 2023 시즌 기록

오버핸드 암슬롯에서 나오는 수직 무브먼트가 일품, 구위 유지할 체력이 관건.

평균자책점	경기	승	패	홀드	세이브	승률	이닝	투구수
4.97	25	2	2	3	0	0.500	38	656
피안타	피홈런	볼넷	삼진	실점	자책점	피안타율	WHIP	QS
41	7	17	29	24	21	0.273	1.53	0

61 서상준

투수(우투좌타)

생년월일 2000년 1월 14일
출신학교 동일중앙초-야로중-영문고

작년 2023 시즌 기록

시속 150km를 쉽게 넘기는 파이어볼러, 결정구 보완하면 1군에서도 자주 볼 기대주.

평균자책점	경기	승	패	홀드	세이브	승률	이닝	투구수
0.00	2	0	0	0	0	-	2	55
피안타	피홈런	볼넷	삼진	실점	자책점	피안타율	WHIP	QS
1	0	5	3	3	0	0.125	3.00	0

28 송영진

투수(우투양타)

생년월일 2004년 5월 28일
출신학교 대전유천초-한밭중-대전고

작년 2023 시즌 기록

포심에 커터·투심까지 타자 괴롭힐 빠른 공 계열만 세 가지, 관건은 체력과 밸런스 유지.

평균자책점	경기	승	패	홀드	세이브	승률	이닝	투구수
5.70	17	3	3	0	0	0.500	47 1/3	871
피안타	피홈런	볼넷	삼진	실점	자책점	피안타율	WHIP	QS
46	3	31	38	35	30	0.257	1.63	1

32 신헌민

투수(우투우타)

생년월일 2002년 7월 19일
출신학교 학강초-광주동성중-광주동성고

작년 2023 시즌 기록

지난해 투구 동작 일정해지며 향상된 안정감, 남은 것은 하이 패스트볼 향한 자신감.

평균자책점	경기	승	패	홀드	세이브	승률	이닝	투구수
6.00	11	0	0	0	0	-	12	237
피안타	피홈런	볼넷	삼진	실점	자책점	피안타율	WHIP	QS
19	0	6	8	10	8	0.345	2.08	0

39 이기순

투수(좌투좌타)

생년월일 2003년 5월 14일

출신학교 서흥초-인천신흥중-동산고

작년 2023 시즌 기록

순한 얼굴에 숨겨진 반전 매력, 170㎝대의 작은 신장에도 수직 무브먼트는 정상급.

평균자책점	경기	승	패	홀드	세이브	승률	이닝	투구수
9.00	2	0	0	0	0	-	3	63

피안타	피홈런	볼넷	삼진	실점	자책점	피안타율	WHIP	QS
3	1	4	3	3	3	0.273	2.33	0

16 이건욱

투수(우투우타)

생년월일 1995년 2월 13일

출신학교 신도초-동산중-동산고

작년 2023 시즌 기록

수직 무브먼트에 회전력도 뛰어난 빠른 공과 변화구, 남은 것은 일관된 제구뿐.

평균자책점	경기	승	패	홀드	세이브	승률	이닝	투구수
2.09	27	1	0	0	0	1.000	38 2/3	716

피안타	피홈런	볼넷	삼진	실점	자책점	피안타율	WHIP	QS
31	0	25	31	13	9	0.228	1.45	0

51 정동윤

투수(우투좌타)

생년월일 1997년 10월 22일

출신학교 덕성초(안산리틀)-중앙중-야탑고

작년 2023 시즌 기록

팔꿈치 수술로 재활에만 전념해야 했던 2023년, 새 시즌에는 달라진 모습을….

평균자책점	경기	승	패	홀드	세이브	승률	이닝	투구수
-	-	-	-	-	-	-	-	-

피안타	피홈런	볼넷	삼진	실점	자책점	피안타율	WHIP	QS
-	-	-	-	-	-	-	-	-

1 정성곤

투수(좌투좌타)

생년월일 1996년 7월 10일

출신학교 역삼초-휘문중-구리인창고

작년 2023 시즌 기록

지난해 최고 구속이 시속 10km 이상 뛰는 놀라운 구속 향상의 주인공, 다음 과제는 제구.

평균자책점	경기	승	패	홀드	세이브	승률	이닝	투구수
10.38	6	0	0	0	0	-	4 1/3	122

피안타	피홈런	볼넷	삼진	실점	자책점	피안타율	WHIP	QS
8	2	7	3	9	5	0.381	3.46	0

19 조병현

투수(우투우타)

생년월일 2002년 5월 8일

출신학교 온양온천초-온양중-세광고

작년 2023 시즌 기록

150km/h 이상 빠른 공 앞세워 지난해 상무에서 남부리그 세이브왕에 오른 파이어볼러.

평균자책점	경기	승	패	홀드	세이브	승률	이닝	투구수
-	-	-	-	-	-	-	-	-

피안타	피홈런	볼넷	삼진	실점	자책점	피안타율	WHIP	QS
-	-	-	-	-	-	-	-	-

34 한두솔

투수(좌투좌타)

생년월일 1997년 1월 15일

출신학교 광주수창초-진흥중-광주제일고-
일본 오사이 리세이샤 전문대학

작년 2023 시즌 기록

직구에 슬라이더, 커브, 체인지업까지 높은 구종 완성도에 비해 들쑥날쑥한 제구.

평균자책점	경기	승	패	홀드	세이브	승률	이닝	투구수
9.00	1	0	0	0	0	-	1	26

피안타	피홈런	볼넷	삼진	실점	자책점	피안타율	WHIP	QS
1	0	1	2	1	1	0.250	2.00	0

30 박대온

포수(우투우타)

생년월일 1995년 8월 28일

출신학교 서울도곡초-서울이수중-휘문고

작년 2023 시즌 기록

SSG에서도 숨길 수 없는 끼와 친화력, 구단 SNS에 이어 안방도 접수할 수 있을까?

타율	경기	타석	타수	득점	안타	2루타	3루타	홈런
0.286	25	33	28	6	8	3		

루타	타점	도루	볼넷	삼진	병살타	장타율	출루율	OPS
11	3		3	8		0.393	0.364	0.757

40 신범수

포수(우투좌타)

생년월일 1998년 1월 25일

출신학교 광주대성초-광주동성중-광주동
성고

작년 2023 시즌 기록

2차 드래프트로 야구인생 2막을 연 포수 유망주, SSG에서도 수비력 보완이 최우선.

타율	경기	타석	타수	득점	안타	2루타	3루타	홈런
0.170	36	100	88	7	15	3	0	2
루타	타점	도루	볼넷	삼진	병살타	장타율	출루율	OPS
24	10	0	7	19	3	0.273	0.245	0.518

12 전경원

포수(우투우타)

생년월일 1999년 3월 18일

출신학교 연현초-성남중-성남고

작년 2023 시즌 기록

지난해 퓨처스팀을 이끈 차분한 리더십의 주장, 주자 견제와 도루 저지 보완한다면….

타율	경기	타석	타수	득점	안타	2루타	3루타	홈런
-	-	-	-	-	-	-	-	-
루타	타점	도루	볼넷	삼진	병살타	장타율	출루율	OPS
-	-	-	-	-	-	-	-	-

8 현원회

포수(우투우타)

생년월일 2001년 7월 8일

출신학교 가동초-경상중-대구고

작년 2023 시즌 기록

지난해 병역의무 마친 포수 유망주, 타격 극대화되면 우타자 뎁스 고민도 해결.

타율	경기	타석	타수	득점	안타	2루타	3루타	홈런
-	-	-	-	-	-	-	-	-
루타	타점	도루	볼넷	삼진	병살타	장타율	출루율	OPS
-	-	-	-	-	-	-	-	-

18 고명준

내야수(우투우타)

생년월일 2002년 7월 8일

출신학교 서원초-세광중-세광고

작년 2023 시즌 기록

지난해 타격폼과 히팅존 정립에 힘쓴 거포 유망주, 알 깨고 증명해야 할 2024년.

타율	경기	타석	타수	득점	안타	2루타	3루타	홈런
0.000	2	4	4	0	0	0	0	0
루타	타점	도루	볼넷	삼진	병살타	장타율	출루율	OPS
0	0	0	0	3	0	0.000	0.000	0.000

4 김민준

내야수(우투우타)

생년월일 2004년 3월 20일

출신학교 순천북초-순천이수중-북일고

작년 2023 시즌 기록

체력과 기술에서 아쉬움 느낀 2023년, 극복 위해 노력한 만큼 성장 기대되는 2024년.

타율	경기	타석	타수	득점	안타	2루타	3루타	홈런
-	-	-	-	-	-	-	-	-
루타	타점	도루	볼넷	삼진	병살타	장타율	출루율	OPS
-	-	-	-	-	-	-	-	-

53 김성민

내야수(우투우타)

생년월일 2001년 4월 30일

출신학교 서울학동초-자양중-경기고

작년 2023 시즌 기록

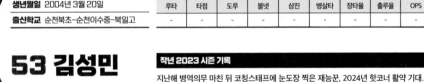

지난해 병역의무 마친 뒤 코칭스태프에 눈도장 찍은 재능꾼, 2024년 핫코너 활약 기대.

타율	경기	타석	타수	득점	안타	2루타	3루타	홈런
-	-	-	-	-	-	-	-	-
루타	타점	도루	볼넷	삼진	병살타	장타율	출루율	OPS
-	-	-	-	-	-	-	-	-

5 김찬형

내야수(우투우타)

생년월일 1997년 12월 29일

출신학교 양정초-경남중-경남고

작년 2023 시즌 기록

큰 타구 생산하는 내야 유틸리티, 경험과 기회 쌓는다면 주전 2루수 경쟁도 가능.

타율	경기	타석	타수	득점	안타	2루타	3루타	홈런
0.229	36	53	48	6	11	3	0	1
루타	타점	도루	볼넷	삼진	병살타	장타율	출루율	OPS
17	5	0	2	10	1	0.354	0.275	0.629

10 안상현

내야수(우투우타)

생년월일 1997년 1월 27일

출신학교 사파초-선린중-용마고

작년 2023 시즌 기록

탁월한 수비 재능 가진 내야 기대주, 근력 키우며 타격에서도 발전 보인 2023년.

타율	경기	타석	타수	득점	안타	2루타	3루타	홈런
0.241	58	66	58	10	14	3	0	0
루타	타점	도루	볼넷	삼진	병살타	장타율	출루율	OPS
17	2	3	5	15	1	0.293	0.302	0.595

52 최경모

내야수(우투우타)

생년월일 1996년 6월 17일

출신학교 본리초-경운중-경북고-홍익대

작년 2023 시즌 기록

내야 선수층 키운 전문 대수비 요원, 타격 발전한다면 더 높은 곳도 오를 수 있다.

타율	경기	타석	타수	득점	안타	2루타	3루타	홈런
0.150	28	20	20	6	3	0	0	0
루타	타점	도루	볼넷	삼진	병살타	장타율	출루율	OPS
3	1	2	0	5	0	0.150	0.150	0.300

7 최준우

내야수(우투좌타)

생년월일 1999년 3월 25일

출신학교 방배초-대치중-장충고

작년 2023 시즌 기록

퓨처스 최정상의 타격가, 변화구 대처와 송구 발전 시 주전 경쟁에서도 우위 점할 잠재력.

타율	경기	타석	타수	득점	안타	2루타	3루타	홈런
0.267	38	69	60	5	16	1	0	0
루타	타점	도루	볼넷	삼진	병살타	장타율	출루율	OPS
17	6	0	8	10	3	0.283	0.348	0.631

49 강진성

외야수(우투우타)

생년월일 1993년 10월 19일

출신학교 가동초-잠신중-경기고

작년 2023 시즌 기록

타격폼 변화 잦았던 우타 대타 요원, 커리어하이 쓴 2020년처럼 스윙 간결해진다면….

타율	경기	타석	타수	득점	안타	2루타	3루타	홈런
0.261	58	145	134	10	35	6	1	3
루타	타점	도루	볼넷	삼진	병살타	장타율	출루율	OPS
52	17	0	6	20	2	0.388	0.306	0.694

65 김정민

외야수(좌투좌타)

생년월일 2004년 3월 7일

출신학교 광안초(부산수영구리틀)-경남중-경남고

작년 2023 시즌 기록

수비와 작전 수행 능력 뛰어난 차세대 중견수, 힘과 체격에서도 한 뼘 더 클 2024년.

타율	경기	타석	타수	득점	안타	2루타	3루타	홈런
0.500	8	2	2	1	1	0	0	0
루타	타점	도루	볼넷	삼진	병살타	장타율	출루율	OPS
1	0	0	0	1	0	0.500	0.500	1.000

64 김창평

외야수(우투좌타)

생년월일 2000년 6월 14일

출신학교 학강초-무등중-광주제일고

작년 2023 시즌 기록

작년 병역의무 후 일본 가고시마 마무리캠프부터 뛰어난 타격감 보인 외야 핵심 유망주.

타율	경기	타석	타수	득점	안타	2루타	3루타	홈런
-	-	-	-	-	-	-	-	-
루타	타점	도루	볼넷	삼진	병살타	장타율	출루율	OPS
-	-	-	-	-	-	-	-	-

63 류효승

외야수(우투우타)

생년월일 1996년 7월 16일

출신학교 칠성초-경상중-대구상원고-성균관대

작년 2023 시즌 기록

퓨처스리그에서 보여 준 공격력과 피지컬은 예고편, 수비 범위와 주력 보완한다면….

타율	경기	타석	타수	득점	안타	2루타	3루타	홈런
0.000	3	4	3	0	0	0	0	0
루타	타점	도루	볼넷	삼진	병살타	장타율	출루율	OPS
0	0	0	0	1	0	0.000	0.250	0.250

31 이정범

외야수(좌투좌타)

생년월일 1998년 4월 10일

출신학교 인천숭의초-동인천중-인천고

작년 2023 시즌 기록

지난해 십자인대 다친 설움은 이제 그만, 재도약 노리는 공격적 성향의 코너 외야 유망주.

타율	경기	타석	타수	득점	안타	2루타	3루타	홈런
0.172	15	33	29	2	5	0	0	0
루타	타점	도루	볼넷	삼진	병살타	장타율	출루율	OPS
5	4	0	2	6	1	0.172	0.212	0.384

23 최상민

외야수(좌투좌타)

생년월일 1999년 8월 20일

출신학교 석교초-청주중-북일고

작년 2023 시즌 기록

SSG의 큰 기대 받는 외야 유망주, 1군 백업에서 한 계단 도약하려면 공·수 양면 발전 절실.

타율	경기	타석	타수	득점	안타	2루타	3루타	홈런
0.235	51	41	34	5	8	0	0	0
루타	타점	도루	볼넷	삼진	병살타	장타율	출루율	OPS
8	3	2	4	7	0	0.235	0.308	0.543

60 채현우

외야수(우투우타)

생년월일 1995년 11월 21일

출신학교 칠성초-경복중-대구상원고-송원대

작년 2023 시즌 기록

특장점 빠른 발 잘 살린다면 새 시즌 바뀌는 제도 따라 이점 누릴 수 있는 유형.

타율	경기	타석	타수	득점	안타	2루타	3루타	홈런
-	1	0	0	1	0	0	0	0
루타	타점	도루	볼넷	삼진	병살타	장타율	출루율	OPS
0	0	0	0	0	0	-	-	-

93 박지환

생년월일	2005년 7월 12일
신장/체중	183cm / 75kg
출신학교	군산남초-군산중-세광고
지명순위	1라운드 전체 10순위

내야수(우투좌타)

유격수로 이상적 신체를 지닌 만능 유망주, 공·수·주 모두 능한 SSG 내야의 미래.

97 이승민

생년월일	2005년 1월 6일
신장/체중	187cm / 90kg
출신학교	도곡초-휘문중-휘문고
지명순위	2라운드 전체 20순위

외야수(좌투좌타)

탄탄한 피지컬의 코너 외야 유망주, 콘택트와 변화구 대처가 뛰어난 중·장거리형 타자.

90 박기호

생년월일	2005년 7월 26일
신장/체중	184cm / 80kg
출신학교	샛별초(청주리틀)-현도중-청주고
지명순위	3라운드 전체 30순위

투수(우투우타)

꿈틀대는 공, 힘이 실린 공끝, 타자와 타이밍 싸움에도 능한 선발 유망주.

94 최현석

생년월일	2003년 10월 16일
신장/체중	185cm / 90kg
출신학교	서흥초-동산중-동산고-부산과학기술대
지명순위	4라운드 전체 40순위

투수(우투우타)

최고 시속 148km의 빠른 공을 몸쪽에 자유자재로, 경기 운영 능력도 안정감 있는 투수.

95 정준재

생년월일	2003년 1월 3일
신장/체중	165cm / 68kg
출신학교	상인천초-동인천중-강릉고-동국대
지명순위	5라운드 전체 50순위

내야수(우투좌타)

뛰어난 운동 능력과 수준급 콘택트에 폭발적 주력까지 뽐내는 작은 거인.

96 정현승

생년월일	2001년 10월 24일
신장/체중	180cm / 80kg
출신학교	현산초-부천중-덕수고-인하대
지명순위	6라운드 전체 60순위

외야수(좌투좌타)

넓은 수비 범위와 안정적 포구로 코너 외야 몫까지 돕는 미래의 센터라인 일원.

00 박성빈

생년월일	2003년 12월 29일
신장/체중	187cm / 92kg
출신학교	도곡초-대치중-휘문고-사이버한국외대
지명순위	7라운드 전체 70순위

투수(우투우타)

팔다리가 긴 사이드암, 도망가지 않고 정면 승부하는 배포와 집중력이 훌륭하다.

01 백준서

생년월일	2005년 9월 26일
신장/체중	181cm / 89kg
출신학교	불정초-대원중-덕수고
지명순위	8라운드 전체 80순위

외야수(우투우타)

강한 타구를 곧잘 생산해 우타 거포로 성장이 기대되는 코너 외야 유망주.

03 윤성보

생년월일	2002년 9월 12일
신장/체중	180cm / 85kg
출신학교	남산초-청담중-라온고-송원대
지명순위	9라운드 전체 90순위

투수(우투우타)

높은 타점에서 공을 뿌리는 피네스 피처, 타자를 압도할 공끝 힘도 좋은 불펜 기대주.

02 김규민

생년월일	2002년 8월 23일
신장/체중	180cm / 94kg
출신학교	동수원초-매향중-공주고-여주대
지명순위	10라운드 전체 100순위

포수(우투좌타)

강한 송구와 부드러운 타격 메커니즘이 돋보이는 고른 공·수 밸런스의 포수.

04 변건우

생년월일	2005년 7월 15일
신장/체중	181cm / 80kg
출신학교	화도초-충암중-충암고
지명순위	11라운드 전체 110순위

투수(우투우타)

탄력이 뛰어나 빠른 공 구속을 시속 150km대까지 올릴 것으로 기대되는 불펜 유망주.

TEAM PROFILE

UNIFORM

구단명 : **NC 다이노스**

연고지 : **창원특례시**

창립연도 : **2011년**

구단주 : **김택진**

대표이사 : **이진만**

단장 : **임선남**

감독 : **강인권**

홈구장 : **창원 NC파크**

영구결번 : **없음**

한국시리즈 우승 : **2020**

HOME

AWAY

2024 NC DINOS DEPTH CHART

• 지명타자

 손아섭

 권희동

 데이비슨

좌익수
권희동
손아섭
천재환

중견수
김성욱
최정원

우익수
박건우
천재환
박한결

유격수
김주원
김한별

2루수
박민우
최정원
도태훈

3루수
서호철
데이비슨
도태훈

1루수
데이비슨
오영수
도태훈

• 감독

 강인권

포수
김형준
박세혁

• 2024 예상 베스트 라인업

1번 타자	손아섭	지명타자
2번 타자	박민우	2루수
3번 타자	박건우	우익수
4번 타자	데이비슨	1루수
5번 타자	권희동	좌익수
6번 타자	김형준	포수
7번 타자	서호철	3루수
8번 타자	김주원	유격수
9번 타자	김성욱	중견수

• 예상 선발 로테이션

 카스타노

 하트

 신민혁

 이재학

 김시훈

• 필승조

 임정호

 류진욱

 김태현

• 마무리

 이용찬

TEAM INFO

팀 분석

2023 팀 순위(포스트시즌 최종 순위 기준)

4위

최근 5년간 팀 순위

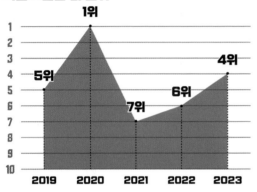

5위 2019 / 1위 2020 / 7위 2021 / 6위 2022 / 4위 2023

2023시즌 팀 공격력

↑: High / ↓: Low

타율↑	홈런↑	병살타↓	득점권 타율↑	삼진↓	OPS↑
0.270	98개	122개	0.268	1,005개	0.732
3위	5위	10위	5위	7위	3위

2023시즌 팀 마운드

↑: High / ↓: Low

평균자책점↓	탈삼진↑	QS↑	볼넷↓	피안타율↓	피홈런↓	WHIP↓
3.83	1,090개	53	513개	0.241	99개	1.31
2위	1위	7위	5위	1위	7위	1위

2023시즌 팀 수비력

↑: High / ↓: Low

실책↓	견제사↑	병살 성공↑	도루저지율↑
130개	7개	126번	30.4%
10위	공동 7위	4위	5위

2023시즌 최다 마킹 유니폼

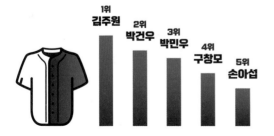

1위 김주원 / 2위 박건우 / 3위 박민우 / 4위 구창모 / 5위 손아섭

PARK FACTOR

홈구장_창원 NC파크

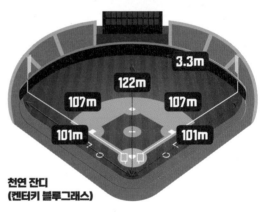

3.3m / 122m / 107m / 107m / 101m / 101m

천연 잔디
(켄터키 블루그래스)

수용인원

17,861석

구장 특성

미감상 한국에서 가장 아름다운 야구장. 2019시즌을 앞두고 개장했기 때문에 최신식 시설을 갖춘 메이저리그식 구장이다. 개방형 '콘코스'식 구조로 내외야 복도 어디서든 경기장 안을 들여다볼 수 있다. 개장한 지 오래되지 않아 전체적인 편의 시설도 깔끔하다. 외야는 잔디석을 중심으로 뻥 뚫려 있어 전체적으로 오픈된 느낌이 강하다. 투수 친화형 구장이 될 것이라는 예상이 있었지만 생각보다 홈런이 잘 나온다.

HOME STADIUM
GUiDE

원정 팬을 위한 교통편 추천, 주차 팁

기차를 탄다면 창원역, 창원중앙역이 아닌 마산역에 내려야 한다. 지금은 창원시로 통합됐지만, NC파크 인근에서는 여전히 '마산'이 들어간 상호를 쉽게 볼 수 있다. 마산역에서 택시를 타면 5~10분 내에 도착할 수 있고, 시내 버스를 탑승해도 금방 도착할 수 있다.

서울 서부에서 오면 비행기를 타는 것도 나쁘지 않다. KTX를 타도 3시간 가까이 소요되기 때문에, 비행기를 타고 김해공항에서 내려 공항 리무진 버스를 타고 창원까지 갈 수 있다. 고속버스 터미널이 야구장에서는 가장 가깝다. 걸어서 10~15분이면 갈 수 있다. 경기가 늦게 끝난 후 타지역으로 가야 하는 팬들은 KTX 막차 시간이 빠르기 때문에 버스를 이용하는 경우가 많다.

자가용을 이용할 경우 NC파크 바로 옆에 지상 4층짜리 옥외 주차장이 있고, 인근 야외 주차장도 있다. 야구장 건너편 양덕동공영주차장도 야구 관람 시 무료로 이용할 수 있다. 경기 후 출차가 몰려 시간이 많이 소요되는 단점이 있지만 그래도 주차 환경이 잘 갖춰진 구장 중 하나다.

이 재미로 직관 가는 거 아닌가요, 이 구장에서 놓치면 안 되는 먹을거리, 놀거리, 이벤트

야구를 보며 마시는 커피 한잔

NC파크 안에는 세계 2호 야구장 내 스타벅스가 입점해 있다. 일반 스타벅스 매장이 아닌 '리저브' 매장이라 더욱 특별한 카페 음료들을 판매하고 있다. NC파크에서만 구할 수 있는 MD 상품들도 출시되니, NC파크를 오랜만에 방문하거나 처음 방문하는 팬들은 한번씩 들러보는 것을 추천한다. 내부 좌석도 많고 공간 자체가 넓다. 무엇보다 이 카페가 특별한 이유는 그라운드를 위에서 내려다볼 수 있는 위치라는 점. 스타벅스 테라스 티켓을 구매하면 통유리 바깥의 테라스에서 야구를 보면서 커피와 간식 등을 먹을 수 있는데, 예약 전쟁이라고 불릴 정도로 경쟁이 치열하다.

야구를 다 봤으면 맥주 한잔

NC파크 바로 근처에 위치한 산호동 먹거리 골목은 밤이 되면 북적북적해진다. 한가하고 조용하기까지 한 낮과는 전혀 다른 풍경. 가족, 친구, 동료, 연인과 술 한잔할 수 있는 가게들이 많기 때문. 고깃집부터 철판구이집, 꼬치구이집, 해산물 주점 등 종류도 다양하다. NC파크에서 야구를 보고 나서, 밤 늦은 시간에 한잔할 곳을 찾는다면 인근에서는 최고의 장소다. 야구장에서 도보로 5분도 안 걸릴 만큼 가깝다. 낮에는 식사를 할 만한 맛집들도 있다.

여전히 항구의 낭만이 있다

마산은 여전히 옛 정취가 군데군데 남아 있다. 타 지역에서 NC파크를 찾는 팬들이라면, 1박이나 2박 여행을 잡고 도시를 둘러봐도 기억에 남는 여행이 될 수 있을 것 같다. 봄에는 인근 진해 군항제 벚꽃길이 유명한데, 마산에도 여기저기 벚꽃이 흐드러지게 핀다. 야구장에서 멀지 않은 귀산 카페 거리나 어시장 복요리거리 등 구도심을 중심으로 돌아보면, 익숙하면서도 반가운 묘한 정취를 느낄 수 있다.

기댈 건 경험뿐.
그런데 그 경험이 무섭다.

작년에 이것만 잘됐으면 좋았을 텐데

2023년 NC 다이노스는 '언더독 반란'이라고 불릴 정도로 반전 있는 1년을 보냈다. 양의지, 노진혁, 원종현 등 주축 선수가 이탈하면서 가을야구 진출을 예상하는 사람은 많지 않았다.

예상과 다르게 NC는 꾸준하게 상위권을 유지했다. 시즌 막바지 다소 지친 기색이 있었지만, 정규시즌을 4위로 마치며 가을야구 티켓을 잡았다.

와일드카드 결정전(두산)-준플레이오프(SSG)를 거쳐 플레이오프(KT)까지 진출하면서 젊은 선수들은 풍부한 경험을 쌓았다. 2020년 한국시리즈 포함 가을야구 9연승을 달리며 1987~1988년 해태 타이거즈가 기록했던 포스트시즌 최다 연승 타이 기록을 세우기도 했다.

아쉬움보다 많은 성과를 품었던 1년. 다만, 선발 투수가 완벽했다면 '더 높은 곳'을 바라보지 않았을까.

지난해 NC는 에릭 페디라는 '괴물 투수'를 보유했다. 페디는 30경기에 나와 20승 6패 평균자책점 2.00을 기록했다. 209개의 탈삼진을 기록하면서 트리플크라운(다승·평균자책점·탈삼진)과 함께 1986년 해태 선동열 이후 37년 만에 20승-200탈삼진을 달성했다. 그러나 가을야구를 앞두고 강습 타구에 맞아 포스트시즌 등판이 한 경기에 그친 건 아쉬움으로 남았다.

확실한 에이스가 있었지만, 남은 선발 자리는 시즌 내내 고민을 안고 갔다. 페디와 함께 온 테일러 와이드너는 허리 부상으로 개막 5월 말이 돼서야 등판할 수 있었다. 첫 등판이었던 두산전에서 6이닝 무실점으로 기다린 보람을 느끼게 했지만, 이후 기복 있는 피칭이 이어졌다. 결국 NC는 8월 초 와이드너와 결별하고 태너 털리를 영입했다. 안정감에 높은 점수를 받은 태너는 정규시즌 11경기에서 5승2패 평균자책점 2.92의 성적을 남겼다. 그러나 가을야구 3경기에서는 12이닝 12실점으로 무너졌다.

국내 선발 투수 중에서는 '건강한 구창모'는 여전히 나오지 않았다. 구창모는 11경기 출장에 그쳤고, 항저우 아시안게임 승선도 불발돼 시즌 종료 후 상무에 입대했다. 신민혁은 포스트시즌에서 성장을 증명했지만, 정규시즌에서는 퀄리티스타트가 5차례에 불과했다.

페디 외에 확실한 선발 자원이 없어 불펜 투수가 짊어질 짐이 많았다. 결국 후반 순위 싸움에서 체력적인 열세로 나타날 수밖에 없었다.

스토브리그 성적표

이번 스토브리그에서 NC 이야기 본 사람?

지극히 주관적인 올 시즌 예상 순위와 이유

올해 역시 마이너스로 맞이하는 시즌이다. '20승' 에릭 페디도 없고, '건강만 하면 대박'인 구창모도 없다. 강인권 감독도 "100% 만족하고 시즌을 시작하는 감독은 없다"라며 현실을 받아들였다. 그러나 카스타노-하트 좌완 외인 원투펀치가 기본 이상만 해 주면 페디의 공백은 충분히 지울 수 있다. 신민혁이 포스트시즌에서 확실하게 성장세를 보여 줬고, 기존 불펜진 역시 지난해만큼 한다면 투수진은 충분히 경쟁력이 있다.

타선은 지난해 팀 타율이 3위로 나쁘지 않았다. 젊은 선수들의 경험이 쌓인 만큼, 기본만 해 준다면 NC가 상위권으로 올라갈 요소는 충분하다.

생년월일	1972년 6월 26일
출신학교	대전신흥초-충남중-대전고-한양대
주요 경력	한화 선수(1995~2001), 두산 선수(2002~2006), 두산 불펜 코치(2007), NC 배터리 코치(2011~2014), 두산 배터리코치(2015~2017), 한화 배터리코치(2018~2019), NC 수석코치 및 감독대행(2020~2022), NC 감독(2023~)

"자신감을 갖고 더 강해진 팀."

'정식 감독' 첫 해. 준비된 감독이라는 말을 1년 차에 증명했다. 지난해 NC를 상위권으로 분류한 전문가는 많지 않았다. NC는 정규시즌을 4위로 마쳤고, 와일드카드 결정전과 준플레이오프를 거쳐 플레이오프 진출까지 성공했다.

부드러움 속에 감춰진 강한 카리스마는 강인권 감독의 모습을 잘 나타내고 있다.

올해 NC는 페디도 없고, 구창모도 입대했다. 변변한 '취임 선물' 하나 없이 지휘봉을 잡았고, 올해 역시 마이너스에 시즌을 맞이하게 됐다. 강 감독은 "선수들이 스스로 의심했던 게 자신감으로 바뀌면서 더 강해졌을 것"이라며 성장한 '공룡 군단'의 모습을 기대했다.

88
강인권

1군

수석코치	타격코치	타격코치	투수코치	불펜코치	배터리코치	외야수비 코치	작전·주루코치
전형도	송지만	전민수	김수경	박석진	윤수강	전상렬	이종욱

퓨처스

수비코치	퓨처스 감독	타격코치	타격코치	투수코치	투수코치	배터리코치	작전·주루코치
진종길	공필성	조영훈	윤병호	손정욱	김건태	김종민	윤병호

외야수비코치	수비코치	수비코치	투수 코디네이터	멘탈 코디네이터·훈련조 총괄
김종호	지석훈	손용석	이용훈	최건용

37
박건우

외야수(우투우타)

생년월일	1990년 9월 8일
신장/체중	184cm / 80kg
출신학교	역삼초-서울이수중-서울고
연봉(2024)	8억 원
경력	두산 베어스(2009~2021)-NC 다이노스(2022~)

#정말_갖고_싶었다

박건우는 2023년을 "행복했던 1년"이라고 돌아봤다. 그동안 박건우는 지독하게 상복이 없었다. 2017년에는 타율 0.366 20홈런으로 타율 2위를 기록했다. 생애 첫 골든글러브 수상을 기대하며 시상식에 참석했지만, 빈손으로 돌아갔던 씁쓸한 기억이 있다. 2023년 구자욱(삼성)과 홍창기(LG)의 외야수 부문 골든글러브 수상은 유력했던 상황. 박건우는 에레디아(SSG)와 함께 경합을 했다. 박건우는 유효표 291표 중 139표를 받아 에레디아에 38표 차 앞서 생애 첫 골든글러브 수상에 성공했다.

#현역_타율_1위

박건우가 리그 최고 우타자로 평가받은 이유 중 하나는 남다른 정교함에 있다. 2015년 70경기 출장한 이후 단 한 차례도 시즌 타율이 3할 아래로 떨어진 적이 없다. 통산 타율은 3할2푼6리로 이정후(0.340), 故 장효조(0.330)에 이어 3위다. 이정후는 메이저리그로 떠났다. 이제 현역 타율 1위는 박건우다.

#몸살_투혼

지난해 플레이오프에서 박건우는 "감기 조심하라"라는 말을 건넸다. 지독한 몸살 감기에 걸린 것. 시즌 막바지 허리와 무릎 부상으로 고생했던 그에게 몸살은 더욱 힘겨웠다. 결국 3차전에서는 지명타자로 나섰다. 2차전에서 3안타로 활약했지만, 4타수 무안타로 컨디션이 뚝 떨어졌다. 공백은 한 경기에 그쳤다. 4차전에서 다시 우익수 수비를 소화했다. 100% 컨디션은 분명 아니었다. 이제는 투혼의 박건우라고 불러도 되지 않을까.

TMI 인터뷰

1. 일주일 동안 한 가지 음식만 먹어야 한다면?
- 소고기

2. 세상에서 가장 싫은 것 한 가지는?
- 특별히 가장 싫거나 하는 부분은 없는 것 같음

3. 스트레스 쌓이거나 생각이 많이 하는 건?
- 책 읽기 (추리소설을 좋아함)

4. 진짜 독하다 싶은 선수는?
- 박민우 선수

5. 야구하길 잘했다는 생각이 들 때는?
- 먹고 싶은 거 마음대로 먹을 수 있을 때

작년 2023 시즌 기록

타율	경기	타석	타수	득점	안타
0.319	130	533	458	70	146
2루타	3루타	홈런	루타	타점	도루
34	2	12	220	85	7
볼넷	삼진	병살타	장타율	출루율	OPS
56	71	14	0.480	0.397	0.877

전력분석	KBO리그를 대표하는 중장거리형 우타자. 3할-20홈런이 언제든지 가능한 정확성과 파워를 겸비했다. 그동안 '클러치 상황' 혹은 '큰 경기'에 약하다는 약점이 있었지만, 지난해 이 모든 걸 지워 내면서 리그 최고의 우타자로 우뚝 섰다.
강점	리그 1위에 빛나는 타율
약점	정확성과 준수한 주력에 비해 다소 많은 병살타 비율
수비력	준수한 주력에 강한 어깨, 외야 수비의 정석

2
박민우

내야수(우투좌타)

생년월일	1993년 2월 6일
신장/체중	185cm / 80kg
출신학교	마포초(용산구리틀)-선린중-휘문고
연봉(2024)	10억 원
경력	NC 다이노스(2012~)

#영구결번_1순위

박민우에게는 NC의 역사가 모두 녹아들어 있다. 2012년 NC 다이노스 1라운드로 입단한 '창단멤버'로 2020년 통합우승 주역이기도 하다. 2022년 시즌을 마치고 FA 자격을 얻은 NC 와 5+3년 총액 140억 원에 계약을 하면서 '종신 NC'를 선언했다. NC의 모든 영광의 순간을 함께했고, 앞으로도 함께할 예정. 박민우는 'NC의 상징'이 됐다. 현역 선수 통산 타율 4위를 달리는 등 자격은 충분하다. 지금 모습만 이어 간다면 NC의 첫 번째 영구결번은 박민우에게 돌아갈 가능성이 높다.

#명예_회복

통산 타율이 0.320을 기록하고 있는 교타자다. 그러나 2021년 과 2022년 박민우의 모습은 기대 이하였다. 두 시즌 모두 2할 6푼 대의 타율로 이름값에 어울리지 않는 모습이었다. 2023 년 박민우는 우리가 알던 그 모습으로 돌아왔다. 타율 0.316 에 26도루를 기록하면서 '호타준족 내야수' 명예회복에 성공했다.

#최고의_밥상

손아섭-박민우-박건우로 이어지는 NC의 1~3번 라인은 리그 최강이라는 평가. 박민우는 '강한 2번'으로 역할을 해내고 있다. 득점권 타율이 3할대로 좋고, 후속 타자의 단타 때 추가 진루를 노릴 수 있는 주력까지 갖추고 있다. 2014년 50개의 도루를 했던 주력은 없지만, 여전히 25개 이상의 도루를 충분히 해낼 수 있는 능력이 있다. 특히나 준플레이오프 1차전에서 보여 준 과감한 3루 도루는 NC의 가을 행진에 큰 원동력이 됐다.

작년 2023 시즌 기록

타율	경기	타석	타수	득점	안타
0.316	124	509	452	76	143
2루타	3루타	홈런	루타	타점	도루
20	7	2	183	46	26
볼넷	삼진	병살타	장타율	출루율	OPS
40	57	13	0.405	0.381	0.786

전력분석	KBO리그 최고의 교타자답게 높은 컨택율을 자랑하고 있다. 정석과 같은 타격폼에 주루 능력도 뛰어나서 장타율도 상당한 편이다.
강점	높은 컨택율을 앞세워 꾸준하게 인플레이 타구를 만들어 냄
약점	우투수 상대로 다소 고전
수비력	유일한 약점이었던 송구가 좋아지면서 리그 최고의 2루수로 거듭났다

🎤 TMI 인터뷰

1. 일주일 동안 한 가지 음식만 먹어야 한다면?

- 김치볶음밥

2. 세상에서 가장 싫은 것 한 가지는?

- 거미 (트라우마가 있음)

3. 스트레스 쌓이거나 생각이 많을 때 하는 건?

- 건우 형이랑 대화하기

4. 진짜 독하다 싶은 선수는?

- 도태훈 선수

5. 야구하길 잘했다는 생각이 들 때는?

- 12월~1월 비시즌 보낼 때

31
손아섭

외야수(우투좌타)

생년월일	1988년 3월 18일
신장/체중	174cm / 84kg
출신학교	양정초-개성중-부산고
연봉(2024)	5억 원
경력	롯데 자이언츠(2007~2021)-NC 다이노스(2022~)

#주장의_명언

지난해 '강인권호' 초대 주장을 맡은 손아섭은 올 시즌에도 주장으로 나선다. 포스트시즌 '명언 타임'으로 선수단을 하나로 묶고, 확실한 동기부여를 제공했다. 강인권 감독은 "팀에 젊은 선수가 많은데 이들이 목표를 가질 수 있게 솔선수범했다"라며 "올해도 주장으로서 역할이 있을 것"이라고 기대했다. 손아섭은 "처음 주장을 하면서 잡은 방향성이 어린 선수들이 눈치 안 보고 부담 덜고 마음껏 뛸 수 있는 것"이라며 "올해도 팀 문화를 잡을 수 있게 이어 가고 싶다"고 했다.

#콤플렉스

지난해 타격왕을 차지하면서 손아섭은 한풀이에 성공했다. 그러나 여전히 '콤플렉스' 하나가 남아 있다. 우승 반지는 물론 한국시리즈 진출이 없다. 손아섭은 "야구 선수로서 유일한 콤플렉스가 우승 반지가 없다는 것"이라며 "개인적으로 받을 수 있는 영광은 이뤘다고 생각한다. 야구하면서 은퇴하는 날까지 꼭 이뤄 보고 싶다. 우승을 한다면 야구 인생을 돌아봤을 때 완벽하다고 말할 수 있을 거 같다"고 열망을 내비쳤다.

#킹캉스쿨_전도사

2023년 시즌을 앞두고 손아섭은 미국에 있는 강정호를 찾았다. 효과는 만점. 2022년 타율 2할7푼7리에 머물렀던 그는 3할3푼9리로 완벽하게 반등했다. 강정호도 유명세를 탔다. 올해 김재환(두산), 한동희(롯데) 등이 찾아 '킹캉스쿨'에서 배웠다. NC에서는 손아섭과 박세혁이 함께 갔다. 김주원도 함께하기로 했지만, 짧은 기간을 하기보다는 제대로 배우고 싶다며 다음을 기약했다.

🎤 TMI 인터뷰

1. 일주일 동안 한 가지 음식만 먹어야 한다면?
- 소고기

2. 세상에서 가장 싫은 것 한 가지는?
- 스트레스 받는 상황

3. 스트레스 쌓이거나 생각이 많을 때 하는 건?
- 혼자서 시간 보내기

4. 진짜 독하다 싶은 선수는?
- 박건우 선수

5. 야구길 잘했다는 생각이 들 때는?
- 어머니께서 나로 인해 기뻐하실 때

작년 2023 시즌 기록

타율	경기	타석	타수	득점	안타
0.339	140	609	551	97	187
2루타	3루타	홈런	루타	타점	도루
36	3	5	244	65	14
볼넷	삼진	병살타	장타율	출루율	OPS
50	67	10	0.443	0.393	0.836

전력분석	2022년 부진을 완벽하게 털어 내고 '타격왕'으로 돌아왔다. 현역 3위에 빛나는 정확성이 다시 한번 부활했다. S존 곳곳을 공략할 수 있는 능력을 가지고 있고, 좌우투수 편차도 적어서 꾸준한 활약이 가능한 타자.
강점	뛰어난 능력은 체력에서 나온다. 8년 연속 130경기 이상 나오는 꾸준함
약점	2018년 홈런 26개. 최근 3년간 홈런 12개. 뚝 떨어진 '파워'
수비력	수비력 좋은 동료에게 가려졌을 뿐. 강한 어깨, 빠른 발. 조건은 좋다

7
김주원

내야수(우투양타)

생년월일	2002년 7월 30일
신장/체중	185cm / 83kg
출신학교	삼일초(군포시리틀)-안산중앙중-유신고
연봉(2024)	1억 6천만 원
경력	NC 다이노스(2021~)

#국대_유격수

태극마크는 김주원을 더욱 강하게 했다. 항저우 아시안게임과 APBC를 거치면서 한층 더 안정감을 더하기 시작했다. 현역 시절 최고의 유격수로 활약했던 류중일 대표팀 감독도 김주원의 성장 모습에 흐뭇한 미소를 짓기도. 결국 명장면을 만들었다. 플레이오프 2차전 9회말 2사 만루 위기에서 안타성 타구를 다이빙 캐치로 잡아내는 배짱을 보여 줬다. 이진만 대표이사는 새해 "투지와 근성"을 강조하며 이 장면을 언급했다.

#스위치히터

원래는 우타석에서만 쳤지만, 중학교 2학년 때부터 왼쪽으로도 쳤다. 이유는 '멋있었기 때문'. 우타석에서는 정확성이, 좌타석에서는 파워가 더욱 돋보인다. '한 가지라도 잘해라'라는 말이 나오는 KBO리그에서 NC 구단은 김주원의 '양타 도전'을 적극적으로 밀어주고 있다. 남들보다 두 배의 노력이 필요한 스위치히터 도전이지만, 올 시즌에도 이어 간다는 계획. 올스타전에서 팬들의 요청에 따라 공 한 개마다 자리를 바꾸는 퍼포먼스로 웃음을 주기도 했다.

#실책이_몇_개고

지난해 김주원의 실책 숫자는 30개. 리그에서 가장 많은 실책을 했다. 넓은 수비 범위는 장점이지만, 프로 3년 차로 아직 거친 면이 있다는 평가다. 류중일 감독은 항저우 아시안게임을 앞두고 "네 실책이 몇 개고"라고 물은 뒤 "너무 많다"며 지적하기도. 올 시즌 김주원은 실책을 절반 넘게 줄이는 걸 목표로 삼았다. 포스트시즌에서 무실책의 모습만 나오면 베스트.

작년 2023 시즌 기록

타율	경기	타석	타수	득점	안타
0.233	127	474	403	56	94
2루타	**3루타**	**홈런**	**루타**	**타점**	**도루**
9	2	10	137	54	15
볼넷	**삼진**	**병살타**	**장타율**	**출루율**	**OPS**
44	106	6	0.340	0.328	0.668

전력분석	국내 선수 유일의 스위치히터. 2년 연속 두 자릿수 홈런을 칠 정도로 '한 방'있는 모습을 보여 줬다. 좌우타석 편차는 있지만, 기본적으로 맞히는 능력이 좋고, 뛰어난 배트 컨트롤로 강한 타구를 생산해 낸다.
강점	좌우 가리지 않고 때리는 펀치력
약점	우투수 상대 정확성은 아직 부족
수비력	넓은 수비폭에 송구 연결도 매끄럽다. 상급 이상의 유격수 수비

TMI 인터뷰

1. 일주일 동안 한 가지 음식만 먹어야 한다면?
- 돼지고기김치찌개

2. 세상에서 가장 싫은 것 한 가지는?
- 귀신

3. 스트레스 쌓이거나 생각이 많을 때 하는 건?
- 집에서 노래 듣기

4. 진짜 독하다 싶은 선수는?
- 서호철 선수

5. 야구하길 잘했다는 생각이 들 때는?
- 항상

53
신민혁

투수(우투우타)

생년월일	1999년 2월 4일
신장/체중	184cm / 95kg
출신학교	염강초(강서구리틀)-매향중-야탑고
연봉(2024)	1억 8천만 원
경력	NC 다이노스(2018~)

#리틀_페디

지난해 신민혁은 야구 인생을 바꿀 은인을 만났다. 20승 - 200K를 달성한 에릭 페디. 페디의 최고 장점은 뛰어난 실력 외에도 아낌없이 자신이 가지고 있는 노하우를 전수해 줬다는 것. 신민혁은 페디의 '수제자'였다. 특히 와인드업 동작을 그대로 따라하면서 약점이었던 제구도 잡히고 전반적으로 투구 템포까지 빨라졌다. '피치클락' 도입이 되면 특히나 빛을 볼 수 있는 부분이다.

#가을_영웅

NC는 지난해 가을야구에서 에이스 카드를 완벽하게 사용하지 못했다. 페디가 정규시즌 막바지 타구에 맞는 부상이 생겼고, 어깨 피로 누적까지 생기면서 가을야구 9경기 중 한 경기밖에 나서지 못했다. 빈자리는 채운 건 신민혁. 첫 가을야구 등판임에도 준플레이오프에서 SSG를 상대로 5⅔이닝 무실점 완벽투를 펼쳤고, KT 위즈와 플레이오프에서도 2경기에 나와 10⅓이닝 2실점으로 호투를 했다. 기세를 몰아 APBC에도 참가해 국제대회 경험까지 쌓았다.

#농민혁

184cm 95kg의 다부진 체력. 농사라는 이색 취미를 가지고 있다. 낚시를 좋아했지만, 시간 내기가 쉽지 않았다. 집 앞에 작은 텃밭을 꾸려 농작물을 키우며 수확의 즐거움을 느끼고 있다. 상추로 시작해서 토마토, 고추 등 점점 종류도 늘어났다. 농사는 신민혁에게 '야구를 잘해야 하는 이유'를 주기도 한다. 신민혁의 꿈 중 하나는 마당이 있는 넓은 집으로 이사를 가는 것. 지난해 활약으로 일단 연봉은 1억 3천5백만 원에서 33% 오른 1억 8천만 원이 됐다.

TMI 인터뷰

1. 일주일 동안 한 가지 음식만 먹어야 한다면?
- 스시

2. 세상에서 가장 싫은 것 한 가지는?
- 두부 (먹다가 체한 적이 있어서)

3. 스트레스 쌓이거나 생각이 많을 때 하는 건?
- 낚시, 식물에 물 주기

4. 진짜 독하다 싶은 선수는?
- 최원태 선수 (비시즌 함께 훈련하면서 본 모습이 인상적)

5. 야구하길 잘했다는 생각이 들 때는?
- 중계를 통해 내가 공을 던지는 모습을 볼 때

작년 2023 시즌 기록

평균자책점	경기	승	패	홀드	세이브
3.98	29	5	5	0	0
승률	**이닝**	**투구수**	**피안타**	**피홈런**	**볼넷**
0.500	122	2140	122	14	25
삼진	**실점**	**자책점**	**피안타율**	**WHIP**	**퀄리티스타트**
97	63	54	0.256	1.20	5

전력분석	예리한 서클체인지업이 일품이라는 평가. 직구와 체인지업의 팔 각도와 릴리스포인트가 일정해 타자에게 효과적으로 먹히고 있다.
강점	피치터널 활용 교본이 있다면 신민혁
약점	투구가 늘어나면 확연하게 보이는 체력 저하

17

투수(좌투좌타)

김영규

생년월일	2000년 2월 10일
신장/체중	188cm / 86kg
출신학교	광주서석초-무등중-광주제일고
연봉(2024)	2억 2천 5백만 원
경력	NC 다이노스(2018~)

#비FA_최고

지난해 김영규는 24개의 홀드를 기록하며 리그 홀드 공동 3위에 올랐다. 좌완투수 중에서는 1위다. 총 63경기에 출장해 61⅔이닝을 던졌고, 데뷔 이후 가장 낮은 평균자책점인 3.06을 기록했다. 와일드카드와 준플레이오프까지 4경기 무실점 행진을 기록하는 등 가을 돌풍 중심에 서기도 했다. 구단은 확실하게 대우해 줬다. 김영규는 지난해 1억 4천만 원에서 2억 2천5백만 원으로 연봉이 훌쩍 뛰었다. 팀 내 비FA 선수 최다 금액이다.

#2000대생_최초

입단 이후 선발투수로 31경기에 나와 10승 7패 평균자책점 5.39을 기록한 그에게 잊지 못할 경기 하나가 있다. 1군 데뷔 첫해였던 9월 27일 생애 첫 완봉승을 거둔 것. 무사사구 완봉승은 구단 최초. 아울러 2000년생의 첫 완봉승이기도 하다. NC파크에도 김영규의 기록은 큼지막하게 새겨져 있다. 지난해에도 김영규는 구단에 발자취를 남겼다. 김영규가 기록한 24홀드는 구단 구원투수 최다 홀드 기록이다.

#엔규행

원조는 '엔규행'. '엔씨(NC)는 구창모가 있어서 행복하다'는 뜻. 구창모는 지난 시즌 왼팔 부분 수술을 받고 상무 야구단에 입단했다. 구창모의 자리가 비면서 선발 경쟁이 더욱 심화됐다. 이와 비슷하게 팬들은 김영규를 향해서는 '엔규행'이라는 별명으로 응원을 하고 있다. 올 시즌 김영규는 선발에 도전했지만, 스프링캠프에서 부상으로 조기 귀국하며 불펜으로 시즌을 맞이한다. 구창모 대체자로는 나서지 못하지만, 돌아온 뒤 맡을 역할 역시 막중하다. 올 시즌 얼마나 '엔규행'이 나올 수 있을까.

🎤 **TMI 인터뷰**

1. 일주일 동안 한 가지 음식만 먹어야 한다면?

- 삼겹살

2. 세상에서 가장 싫은 것 한 가지는?

- 아픈 상황

3. 스트레스 쌓이거나 생각이 많을 때 하는 건?

- 편하게 푹 자기

4. 진짜 독하다 싶은 선수는?

- 손아섭 선수

5. 야구하길 잘했다는 생각이 들 때는?

- 야구장에서 공을 던질 때

작년 2023 시즌 기록

평균자책점	경기	승	패	홀드	세이브
3.06	63	2	4	24	0
승률	이닝	투구수	피안타	피홈런	볼넷
0.333	61 2/3	916	45	2	23
삼진	실점	자책점	피안타율	WHIP	퀄리티스타트
48	22	21	0.205	1.10	0

전력분석	188cm 큰 키에서 나오는 묵직한 직구와 더불어 예리한 슬라이더와 체인지업 또한 수준급이다. 선발과 구원을 오가는 '만능 피처'. 디셉션도 좋아 타자들에게는 까다로운 투수. 2023년에는 구원으로 나와 24홀드를 기록하며 팀 허리를 든든하게 받쳤다. 특히 전반기보다 후반기 더욱 위력적인 피칭을 펼치면서 NC의 핵심 투수로 다시 한번 올라섰다.
강점	150km/h 이상의 직구와 다양한 변화구를 앞세워 좌우타자 상대 편차가 적다.
약점	ERA 5.39. 선발 도전 이번에는 성공할까

포수(우투우타)

25 김형준

생년월일	1999년 11월 02일		출신학교	가동초-세광중-세광고	
신장/체중	187cm / 98kg		연봉	5천 8백만 원	
경력	NC 다이노스(2018~)				

작년 2023 시즌 기록

타율	경기	타석	타수	득점	안타
0.236	26	82	72	10	17
2루타	3루타	홈런	루타	타점	도루
2	0	6	37	13	0
볼넷	삼진	병살타	장타율	출루율	OPS
8	24	3	0.514	0.321	0.835

전력분석	확실한 장타툴을 갖춘 거포형 포수. 26경기로 적은 표본이지만, 6홈런에 장타율이 0.514에 달한다. 선구안과 맞히는 능력도 있어서 타선에서 한 방을 기대할 수 있는 요소가 많다. 포수로서는 과감하게 승부를 볼 줄 아는 승부사 타입.
강점	큰 경기에서도 떨지 않는 담대한 배포
약점	부상으로 풀타임은 아직

포수(우투좌타)

10 박세혁

생년월일	1990년 1월 9일		출신학교	수유초-신일중-신일고-고려대	
신장/체중	181cm / 86kg		연봉	7억 원	
경력	두산 베어스(2012~2022)-NC 다이노스(2023~)				

작년 2023 시즌 기록

타율	경기	타석	타수	득점	안타
0.211	88	283	242	35	51
2루타	3루타	홈런	루타	타점	도루
9	3	6	84	32	1
볼넷	삼진	병살타	장타율	출루율	OPS
30	43	3	0.347	0.307	0.654

전력분석	대학 시절 외야수까지 봤을 정도로 빠른 발을 가지고 있다. 빠른 배트 스피드를 앞세워 공격적으로 승부를 본다. 지난해 부상으로 많은 경기에 뛰지 못했지만, 한 시즌을 완주할 수 있는 체력과 정신력을 갖췄다.
강점	절대로 지지 않겠다는 투지와 집중력
약점	완성된 수비를 바탕으로 출루도 잠금 필요

내야수(우투우타)

5 서호철

생년월일	1996년 10월 16일		출신학교	순천남산초-순천이수중-효천고-동의대	
신장/체중	179cm / 85kg		연봉	1억 2천만 원	
경력	NC 다이노스(2019~)				

작년 2023 시즌 기록

타율	경기	타석	타수	득점	안타
0.287	114	435	397	50	114
2루타	3루타	홈런	루타	타점	도루
17	3	5	152	41	4
볼넷	삼진	병살타	장타율	출루율	OPS
20	51	9	0.383	0.331	0.714

전력분석	타격 밸런스가 안정적이고, 정확성과 파워를 고루 갖췄다. 배트 스피드가 빠르고 공격적으로 스윙을 해서 투수와 확실하게 승부를 보려는 타자다. 내야 곳곳을 소화할 수 있는 수비력이 있어 활용도가 높다.
강점	좌투수 상대로 타율 0.385. 왼손을 확실히 잡는 편
약점	불운한 부상 행진. 올해는 과연

외야수(우투우타)

36 권희동

생년월일 1990년 12월 30일	**출신학교** 동천초-경주중-경주고-경남대
신장/체중 177cm / 85kg	**연봉** 1억 5천만 원
경력 NC 다이노스(2013~)	

작년 2023 시즌 기록

타율	경기	타석	타수	득점	안타
0.285	96	373	309	33	88
2루타	3루타	홈런	루타	타점	도루
16	0	7	125	63	2
볼넷	삼진	병살타	장타율	출루율	OPS
49	50	4	0.405	0.388	0.793

전력분석	2022년 부진을 완벽하게 털어 냈다. 뛰어난 선구안을 가지고 있어 출루율이 좋고, 확실한 펀치력이 있어 홈런 및 장타 생산을 기대할 수 있다. 순간적인 판단력이나 주력 및 송구도 준수해서 수비에서도 기대 요소가 높다.
강점	모든 면에서 평균 이상. 은근히 만능 캐릭터
약점	3년째 풀타임 無

투수(좌투좌타)

15 김태현

생년월일 1998년 3월 21일	**출신학교** 김해삼성초-내동중-김해고
신장/체중 188cm / 95kg	**연봉** 4억 원
경력 NC 다이노스(2017~)	

작년 2023 시즌 기록

평균자책점	경기	승	패	홀드	세이브
4.43	16	1	0	0	0
승률	이닝	투구수	피안타	피홈런	볼넷
1.000	20 1/3	337	17	4	13
삼진	실점	자책점	피안타율	WHIP	퀄리티스타트
14	13	10	0.224	1.48	0

전력분석	190cm의 큰 키에서 나오는 묵직한 직구가 일품이라는 평가. 지난해 입단 7년 만에 첫 승을 거뒀다. 제구에 다소 기복이 있지만, 가능성을 보여 준 만큼, 올 시즌 좌완 원포인트로 기대를 받고 있다.
강점	150km/h에 육박하는 묵직한 직구
약점	퓨처스용 투수에서 이제는 벗어나야…

투수(우투우타)

41 류진욱

생년월일 1996년 10월 10일	**출신학교** 양정초-개성중-부산고
신장/체중 189cm / 88kg	**연봉** 1억 6천 5백만 원
경력 NC 다이노스(2015~)	

작년 2023 시즌 기록

평균자책점	경기	승	패	홀드	세이브
2.15	70	1	4	22	0
승률	이닝	투구수	피안타	피홈런	볼넷
0.200	67	1083	41	1	32
삼진	실점	자책점	피안타율	WHIP	퀄리티스타트
62	19	16	0.180	1.09	0

전력분석	150km/h가 넘는 빠른 공을 던지는 우완 투수. 지난해 22홀드를 기록하며 팀 내 필승조로 확실하게 자리를 잡았다. 좌·우타자 모두에게 확실한 승부구를 가지고 있어 어떤 상황에서도 믿고 올릴 수 있는 투수.
강점	리그 최상위급 익스텐션
약점	류진욱은 건강한 풀타임 불펜으로 안정감을 더해야…

투수(우투우타)

11 송명기

생년월일	2000년 8월 9일	출신학교	양남초(하남시리틀)-건대부중-장충고
신장/체중	191cm / 93kg	연봉	1억 3천 5백만 원
경력	NC 다이노스(2019~)		

작년 2023 시즌 기록

평균자책점	경기	승	패	홀드	세이브
4.83	35	4	9	0	0
승률	이닝	투구수	피안타	피홈런	볼넷
0.308	104 1/3	1871	106	12	47
삼진	실점	자책점	피안타율	WHIP	퀄리티스타트
65	64	56	0.260	1.47	3

전력분석	150km/h의 빠른 공과 더불어 슬라이더와 포크볼 커브 등 변화구도 갖추고 있다. 가지고 있는 능력치는 좋지만, 선발과 구원을 오가면서 아직 확실하게 1군에서 자신의 자리를 만들어 내지 못했다. 한 단계 도약이 필요한 시기.
강점	묵직하게 미트로 빨려 들어가는 직구
약점	한번 무너지면 걷잡을 수 없이 흔들림

투수(우투우타)

22 이용찬

생년월일	1989년 1월 2일	출신학교	신원초-양천중-장충고
신장/체중	185cm / 85kg	연봉	4억 원
경력	두산 베어스(2007~2020)-NC 다이노스(2021~)		

작년 2023 시즌 기록

평균자책점	경기	승	패	홀드	세이브
4.13	60	4	4	0	29
승률	이닝	투구수	피안타	피홈런	볼넷
0.500	61	959	53	5	19
삼진	실점	자책점	피안타율	WHIP	퀄리티스타트
51	28	28	0.233	1.18	0

전력분석	150km/h의 직구와 함께 리그 최고라고 평가받는 포크볼을 결정구로 가지고 있다. 지난해 포스트시즌에서 다소 부진하기는 했지만, 체력적인 부침만 없다면 충분히 20~30개의 세이브를 올려 줄 수 있는 마무리투수다.
강점	알고도 못 친다는 결정구 포크볼
약점	체력 부담일까. 에이징 커브가 왔을까

투수(우언우타)

51 이재학

생년월일	1990년 10월 4일	출신학교	대구옥산초-경복중-대구고
신장/체중	181cm / 84kg	연봉	2억 원
경력	두산 베어스(2010~2011)-NC 다이노스(2012~)		

작년 2023 시즌 기록

평균자책점	경기	승	패	홀드	세이브
4.54	15	5	5	0	0
승률	이닝	투구수	피안타	피홈런	볼넷
0.500	67 1/3	1142	55	6	33
삼진	실점	자책점	피안타율	WHIP	퀄리티스타트
43	36	34	0.223	1.31	5

전력분석	리그 최상급 회전수인 서클체인지업이 주무기. 사이드암 투수지만 좌타자를 상대로 더욱 위력을 보여 주고 있다. 직구와 체인지업 '투피치'로 평가를 받았지만, 슬라이더와 커터, 커브 등을 섞기 시작하면서 위력을 더하기 시작했다.
강점	서클체인지업 구종 가치는 리그 최상급
약점	안정감과 제구를 더한 투피치 성장 필요

투수 (좌투좌타)

26 최성영

생년월일	1997년 4월 28일		출신학교	영랑초-설악중-설악고	
신장/체중	180cm / 85kg		연봉	8천 3백만 원	
경력	NC 다이노스(2016~)				

작년 2023 시즌 기록

평균자책점	경기	승	패	홀드	세이브
4.86	18	5	4	0	0
승률	이닝	투구수	피안타	피홈런	볼넷
0.556	66 2/3	1133	77	6	32
삼진	실점	자책점	피안타율	WHIP	퀄리티스타트
38	37	36	0.304	1.64	1

전력분석	직구 최고 구속이 140km/h 초반에 머무르고 있지만, 회전수가 높아 묵직하게 들어간다는 평가. 지난해 타구에 맞아 안와골절 부상이 있었지만, 포스트시즌 2경기에서 무실점 경기를 하는 등 후유증 우려를 지웠다.
강점	뛰어난 디셉션 동작. 느린 구속의 한계를 보완해 주고 있음
약점	다소 높은 피안타율

투수 (좌투좌타)

20 카스타노

생년월일/국적	1994년 9월 17일 / 미국		출신학교	미국 Baylor(대)	
신장/체중	190cm / 104kg		연봉	85만 달러	
경력	마이애미 말린스(2020~2023)-NC 다이노스(2024~)				

작년 2023 시즌 기록

평균자책점	경기	승	패	홀드	세이브
-	-	-	-	-	-
승률	이닝	투구수	피안타	피홈런	볼넷
-	-	-	-	-	-
삼진	실점	자책점	피안타율	WHIP	퀄리티스타트
-	-	-	-	-	-

전력분석	외국인 영입에 있어서는 믿고 보는 NC가 오랜 시간 관찰해 영입한 외국인 선수. 최고 152km/h의 직구와 투심, 슬라이더, 커터, 체인지업 등 던지며 다양한 구종을 바탕으로 안정적으로 경기를 운영한다는 평가.
강점	강력한 직구 구위
약점	한 시즌 완벽하게 선발을 소화할 건강 상태

투수 (좌투좌타)

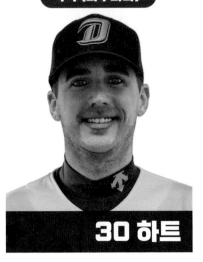

30 하트

생년월일/국적	1992년 11월 23일 / 미국		출신학교	미국 Indiana(대)	
신장/체중	196cm / 90kg		연봉	90만 달러	
경력	보스턴 레드삭스(2020)-NC 다이노스(2024~)				

작년 2023 시즌 기록

평균자책점	경기	승	패	홀드	세이브
-	-	-	-	-	-
승률	이닝	투구수	피안타	피홈런	볼넷
-	-	-	-	-	-
삼진	실점	자책점	피안타율	WHIP	퀄리티스타트
-	-	-	-	-	-

전력분석	직구 최고 구속이 149km/h에 투심과 커터, 슬라이더, 커브, 체인지업 등을 다양하게 구사하는 투수. 미국에서 특별한 부상 경력이 없어 적응만 잘한다면 꾸준하게 선발 로테이션 소화를 기대할 수 있다.
강점	안정적인 제구와 함께 타자와의 심리전에 능함
약점	확실하게 타자를 누를 수 있는 구위 부족

내야수(우투우타)

44 데이비슨

생년월일/국적	1991년 3월 26일 / 미국	출신학교	미국 Yucaipa(고)		
신장/체중	190cm / 104kg	연봉	100만 달러		

경력 애리조나 다이아몬드백스(2013)-시카고 화이트삭스(2016~2018)-신시내티 레즈(2020)-애리조나 다이아몬드백스(2022)-오클랜드 애슬레틱스(2022)-히로시마 도요 카프(2023)-NC 다이노스(2024~)

작년 2023 시즌 기록

평균자책점	경기	승	패	홀드	세이브
-	-	-	-	-	-
승률	이닝	투구수	피안타	피홈런	볼넷
-	-	-	-	-	-
삼진	실점	자책점	피안타율	WHIP	퀄리티스타트
-	-	-	-	-	-

전력분석	미국과 일본 야구를 모두 경험한 내야수. 2022년에는 마이너리그에서 홈런왕에 오른 경험이 있고, 지난해 일본야구에서는 19개 홈런을 치면서 장타력을 과시했다. 타석당 투구수가 4.2개로 끈질기게 투수와 승부를 하는 타입이다.
강점	배트에 공이 맞으면 장타로 이어질 가능성이 높음
약점	NPB 시절 경기당 1.07을 기록했던 삼진율

투수(우투우타)

21 김시훈

생년월일	1999년 2월 24일	출신학교	양덕초-마산동중-마산고		
신장/체중	188cm / 95kg	연봉	1억 1천만 원		

경력 NC 다이노스(2018~)

작년 2023 시즌 기록

평균자책점	경기	승	패	홀드	세이브
4.44	61	4	3	12	3
승률	이닝	투구수	피안타	피홈런	볼넷
0.571	52 2/3	981	57	3	34
삼진	실점	자책점	피안타율	WHIP	퀄리티스타트
49	32	26	0.278	1.73	0

전력분석	최고 150km/h 초중반의 빠른 공과 더불어 포크볼과 낙차 큰 커브를 갖췄다. 구위로 누르며 공격적인 피칭을 하지만, 타자의 방망이를 헛돌게 하는 능력 또한 뛰어나다.
강점	힘 대 힘으로 붙어도 밀리지 않은 구위. 이를 빛내는 '싸움닭 기질'
약점	2년 차 징크스? 3년 차에는 성장한 모습 보여 줄까

내야수(우투좌타)

34 오영수

생년월일	2000년 1월 30일	출신학교	사파초-신월중-용마고		
신장/체중	178cm / 93kg	연봉	7천 2백만 원		

경력 NC 다이노스(2018~)

작년 2023 시즌 기록

타율	경기	타석	타수	득점	안타
0.236	70	238	208	21	49
2루타	3루타	홈런	루타	타점	도루
9	1	4	72	24	3
볼넷	삼진	병살타	장타율	출루율	OPS
17	55	5	0.346	0.305	0.651

전력분석	타고난 힘을 바탕으로 배트 스피드가 빠르고 순간적으로 공을 때려 내는 펀치력도 뛰어나다는 평가다. 공격적인 스윙을 하면서 S존 안에 들어온 공은 놓치지 않고 휘두르려고 한다.
강점	고교 시절부터 4번 타자로 활약하며 파워만큼은 '진짜'
약점	파워를 100% 살리지 못하는 정확성

내야수(우투좌타)

16 도태훈

생년월일	1993년 3월 18일			출신학교	양정초-개성중-부산고-동의대
신장/체중	184cm / 85kg			연봉	8천만 원
경력	NC 다이노스(2016~)				

작년 2023 시즌 기록

타율	경기	타석	타수	득점	안타
0.234	117	302	239	41	56
2루타	3루타	홈런	루타	타점	도루
6	0	5	77	23	2
볼넷	삼진	병살타	장타율	출루율	OPS
38	48	8	0.322	0.376	0.698

전력분석	타율은 2할 초반 대에 그치지만, 출루율이 3할 중후반에 달한다. 뛰어난 선구안으로 볼넷을 얻어 내는 능력이 탁월하다. 2023년에는 홈런 5방을 치면서 파워도 보여 줬다. 내야 전 포지션 소화가 가능해서 감초 역할을 할 예정.
강점	안타를 못 쳐도 어쨌든 출루할 수 있는 선구안
약점	후반기 뚝 떨어진 성적. 풀타임 체력이 관건

외야수(우투우타)

38 김성욱

생년월일	1993년 5월 1일			출신학교	광주서림초-충장중-진흥고
신장/체중	181cm / 83kg			연봉	9천 5백만 원
경력	NC 다이노스(2012~)				

작년 2023 시즌 기록

타율	경기	타석	타수	득점	안타
0.223	93	204	179	28	40
2루타	3루타	홈런	루타	타점	도루
10	0	6	68	16	6
볼넷	삼진	병살타	장타율	출루율	OPS
16	63	7	0.380	0.303	0.683

전력분석	'5툴 플레이어'의 기대를 받고 입단을 한 외야수. 두 자릿수 홈런, 도루 모두 다 달성했던 만큼, 정확성 부분에서 조금 더 개선이 이뤄진다면 리그를 대표하는 외야수가 될 수 있다는 평가.
강점	20홈런-20도루가 모두 가능한 재능
약점	모든 장점을 살리지 못하는 정확성

투수(좌투좌타)

13 임정호

생년월일	1990년 4월 16일			출신학교	성동초-잠신중-신일고-성균관대
신장/체중	188cm / 90kg			연봉	1억 3천5백만 원
경력	NC 다이노스(2013~)				

작년 2023 시즌 기록

평균자책점	경기	승	패	홀드	세이브
4.68	65	4	4	15	0
승률	이닝	투구수	피안타	피홈런	볼넷
0.500	50	840	51	3	17
삼진	실점	자책점	피안타율	WHIP	퀄리티스타트
49	30	26	0.264	1.36	0

전력분석	좌완으로는 드물게 사이드암에 가까운 팔 높이로 좌타자 상대 효과적인 피칭을 한다. 140km/h에 미치지 못하는 직구를 가졌지만, 옆구리 투수 특유의 변화구가 위력적. 이전보다 볼넷 비율도 줄어들어서 좌완 스페셜리스트로 활약 기대.
강점	좌타자에게는 지옥을 선사하는 투구폼
약점	좋은 날과 좋지 않은 날의 편차

32 김재열

투수(우투우타)

생년월일 1996년 1월 2일

출신학교 양정초-개성중-부산고

작년 2023 시즌 기록

어느덧 세 번째 팀. 이재학 이은 2차 드래프트 복덩이 신화 준비 중.

평균자책점	경기	승	패	홀드	세이브	승률	이닝	투구수
13.11	9	0	0	0	0	-	11 2/3	304
피안타	피홈런	볼넷	삼진	실점	자책점	피안타율	WHIP	QS
20	2	13	9	17	17	0.364	2.83	0

QS: 퀄리티스타트

54 김진호

투수(우투우타)

생년월일 1998년 6월 7일

출신학교 의왕부곡초-성일중-광주동성고

작년 2023 시즌 기록

건강하게 돌아만 와다오. 불펜 한자리는 충분.

평균자책점	경기	승	패	홀드	세이브	승률	이닝	투구수
2.76	19	2	1	9	0	0.667	16 1/3	314
피안타	피홈런	볼넷	삼진	실점	자책점	피안타율	WHIP	QS
15	0	10	22	5	5	0.242	1.53	0

67 박주현

투수(좌투좌타)

생년월일 1999년 8월 3일

출신학교 철산초(광명리틀)-영동중-충암고

작년 2023 시즌 기록

독립야구단 성공 신화 준비 중. 제구력을 앞세운 불펜 자원.

평균자책점	경기	승	패	홀드	세이브	승률	이닝	투구수
피안타	피홈런	볼넷	삼진	실점	자책점	피안타율	WHIP	QS

61 배재환

투수(우투우타)

생년월일 1995년 2월 24일

출신학교 가동초-잠신중-서울고

작년 2023 시즌 기록

부상만 털고 온다면 20홀드 보장할 필승조.

평균자책점	경기	승	패	홀드	세이브	승률	이닝	투구수
-	-	-	-	-	-	-	-	-
피안타	피홈런	볼넷	삼진	실점	자책점	피안타율	WHIP	QS
-	-	-	-	-	-	-	-	-

58 서의태

투수(좌투좌타)

생년월일 1997년 9월 5일

출신학교 묵동초(남양주리틀)-청랑중-경기고

작년 2023 시즌 기록

큰 키에서 나오는 직구가 일품. 미래 좌완 불펜 한자리 예약.

평균자책점	경기	승	패	홀드	세이브	승률	이닝	투구수
피안타	피홈런	볼넷	삼진	실점	자책점	피안타율	WHIP	QS

50 소이현

투수(우투우타)

생년월일 1999년 2월 9일

출신학교 서울이수초-서울이수중-서울디자인고

작년 2023 시즌 기록

직구는 완벽. 제구만 다듬으면 든든해질 허리.

평균자책점	경기	승	패	홀드	세이브	승률	이닝	투구수
-	-	-	-	-	-	-	-	-
피안타	피홈런	볼넷	삼진	실점	자책점	피안타율	WHIP	QS
-	-	-	-	-	-	-	-	-

43 신영우

투수(우투우타)

생년월일 2004년 4월 21일

출신학교 센텀초-센텀중-경남고

작년 2023 시즌 기록

아직은 볼넷-삼진 1대1. 한번 터지면 NC 대형 선발 나온다.

평균자책점	경기	승	패	홀드	세이브	승률	이닝	투구수
피안타	피홈런	볼넷	삼진	실점	자책점	피안타율	WHIP	QS

18 심창민

투수(우언우타)

생년월일 1993년 2월 1일

출신학교 동삼초-경남중-경남고

작년 2023 시즌 기록

영광의 번호 달고, FA 삼수 도전.

평균자책점	경기	승	패	홀드	세이브	승률	이닝	투구수
2.70	5	0	1	0	0	0.000	3 1/3	79

피안타	피홈런	볼넷	삼진	실점	자책점	피안타율	WHIP	QS
2	0	5	5	2	1	0.167	2.10	0

48 이용준

투수(우투우타)

생년월일 2002년 5월 8일

출신학교 중대초-양천중-서울디자인고

작년 2023 시즌 기록

뛰어난 제구력. 어떤 상황에서든 믿고 맡길 수 있는 롱릴리프&선발.

평균자책점	경기	승	패	홀드	세이브	승률	이닝	투구수
4.30	24	3	4	0	0	0.429	67	1278

피안타	피홈런	볼넷	삼진	실점	자책점	피안타율	WHIP	QS
60	5	44	50	39	32	0.239	1.55	1

27 이준호

투수(우투우타)

생년월일 2000년 3월 27일

출신학교 부산인지초(해운대리틀)-센텀중-
경남고-성균관대

작년 2023 시즌 기록

이재학 이어 구단 두 번째 퓨처스 완봉승. 믿고 맡길 수 있는 명품 제구.

평균자책점	경기	승	패	홀드	세이브	승률	이닝	투구수
4.83	17	3	2	0	0	0.600	31 2/3	614

피안타	피홈런	볼넷	삼진	실점	자책점	피안타율	WHIP	QS
32	3	15	19	22	17	0.260	1.48	0

12 임형원

투수(우투우타)

생년월일 2001년 9월 15일

출신학교 시흥계수초(소사리틀)-동산중-인
천고

작년 2023 시즌 기록

지저분한 구위를 갖춘 사이드암. 관건은 제구.

평균자책점	경기	승	패	홀드	세이브	승률	이닝	투구수
-	-	-	-	-	-	-	-	-

피안타	피홈런	볼넷	삼진	실점	자책점	피안타율	WHIP	QS
-	-	-	-	-	-	-	-	-

57 전사민

투수(우투우타)

생년월일 1999년 7월 6일

출신학교 연서초(부산동래구리틀)-대신중-
부산정보고

작년 2023 시즌 기록

캠프 첫날 부상이라니. 돌아오면 선발 경쟁 불붙는다.

평균자책점	경기	승	패	홀드	세이브	승률	이닝	투구수
4.76	9	0	2	0	1	0.000	17	283

피안타	피홈런	볼넷	삼진	실점	자책점	피안타율	WHIP	QS
17	1	14	6	10	9	0.288	1.82	0

19 채원후

투수(우투우타)

생년월일 1995년 7월 11일

출신학교 학강초-광주동성중-광주제일고

작년 2023 시즌 기록

지선 아닌 원후입니다. '체인지업'의 제구만 된다면 1군 자리 나온다.

평균자책점	경기	승	패	홀드	세이브	승률	이닝	투구수
8.10	3	0	0	0	0	-	3 1/3	60

피안타	피홈런	볼넷	삼진	실점	자책점	피안타율	WHIP	QS
4	0	4	2	3	3	0.333	2.40	0

55 한재승

투수(우투우타)

생년월일 2001년 11월 21일

출신학교 동막초-상인천중-인천고

작년 2023 시즌 기록

마동석이 직구를 던진다면? 철저한 몸 관리의 결정체.

평균자책점	경기	승	패	홀드	세이브	승률	이닝	투구수
4.66	11	0	1	0	0	0.000	9 2/3	183

피안타	피홈런	볼넷	삼진	실점	자책점	피안타율	WHIP	QS
9	2	5	10	5	5	0.231	1.45	0

42 신용석

포수(우투우타)

생년월일 2003년 10월 11일
출신학교 양덕초-마산동중-마산고

작년 2023 시즌 기록

마산이 키운 '포수 유망주'. 강점은 안정감.

타율	경기	타석	타수	득점	안타	2루타	3루타	홈런
-	-	-	-	-	-	-	-	-
루타	타점	도루	볼넷	삼진	병살타	장타율	출루율	OPS
-	-	-	-	-	-	-	-	-

1 안중열

포수(우투우타)

생년월일 1995년 9월 1일
출신학교 가야초-개성중-부산고-영남사이버대

작년 2023 시즌 기록

불러만 주면 제 몫은 한다. 백업이 아까운 '포수왕국 근원'.

타율	경기	타석	타수	득점	안타	2루타	3루타	홈런
0.195	77	177	154	15	30	6	0	4
루타	타점	도루	볼넷	삼진	병살타	장타율	출루율	OPS
48	17	0	16	45	6	0.312	0.276	0.588

3 김수윤

내야수(우투우타)

생년월일 1998년 7월 16일
출신학교 김해삼성초-개성중-부산고

작년 2023 시즌 기록

감독이 인정한 성실의 아이콘. 24시간 손에 쥐어진 배트.

타율	경기	타석	타수	득점	안타	2루타	3루타	홈런
0.214	16	15	14	0	3	0	0	0
루타	타점	도루	볼넷	삼진	병살타	장타율	출루율	OPS
3	2	0	1	4	0	0.214	0.267	0.481

68 김한별

내야수(우투우타)

생년월일 2001년 1월 18일
출신학교 효제초-선린중-배재고

작년 2023 시즌 기록

안정감 넘치는 수비. 군필 마크까지 달았으니 '타격'만 터지면 된다.

타율	경기	타석	타수	득점	안타	2루타	3루타	홈런
0.216	79	105	97	8	21	0	1	0
루타	타점	도루	볼넷	삼진	병살타	장타율	출루율	OPS
23	4	0	4	23	6	0.237	0.262	0.499

6 박주찬

내야수(우투우타)

생년월일 1996년 1월 11일
출신학교 동막초-경포중-강릉고-동아대

작년 2023 시즌 기록

퓨처스 4할 타자. 정확성은 보장. 무기는 근성.

타율	경기	타석	타수	득점	안타	2루타	3루타	홈런
0.143	5	14	14	1	2	0	0	0
루타	타점	도루	볼넷	삼진	병살타	장타율	출루율	OPS
2	0	0	0	2	0	0.143	0.143	0.286

52 윤형준

내야수(우투우타)

생년월일 1994년 1월 31일
출신학교 광주서림초-무등중-진흥고

작년 2023 시즌 기록

확실한 장타 툴. 빡빡한 1루 경쟁. 틈 보이면 바로 치고 들어간다.

타율	경기	타석	타수	득점	안타	2루타	3루타	홈런
0.252	82	236	218	17	55	12	1	5
루타	타점	도루	볼넷	삼진	병살타	장타율	출루율	OPS
84	27	1	10	58	6	0.385	0.291	0.676

46 조현진

내야수(우투좌타)

생년월일 2002년 9월 10일
출신학교 아라초(함안리틀)-창원신월중-마산고

작년 2023 시즌 기록

안정적인 수비에 타격도 준수. 체력만 키우면 '제2의 지석훈'.

타율	경기	타석	타수	득점	안타	2루타	3루타	홈런
0.200	10	5	5	0	1	0	0	0
루타	타점	도루	볼넷	삼진	병살타	장타율	출루율	OPS
1	0	0	0	1	0	0.200	0.200	0.400

49 최보성
내야수(우투우타)
생년월일 1998년 10월 16일
출신학교 진해장복초(진해리틀)-외포중-개
성고

작년 2023 시즌 기록

매력적인 장타. 올해 목표는 1군 72경기.

타율	경기	타석	타수	득점	안타	2루타	3루타	홈런
0.263	12	21	19	2	5	0	0	0
루타	타점	도루	볼넷	삼진	병살타	장타율	출루율	OPS
5	0	0	2	2	1	0.263	0.333	0.596

14 최정원
내야수(우투좌타)
생년월일 2000년 6월 24일
출신학교 서원초-청주중-청주고

작년 2023 시즌 기록

내야수? 외야수? 만능 백업 여기 있습니다.

타율	경기	타석	타수	득점	안타	2루타	3루타	홈런
0.260	39	56	50	12	13	3	2	0
루타	타점	도루	볼넷	삼진	병살타	장타율	출루율	OPS
20	5	4	1	13	1	0.400	0.315	0.715

39 박시원
외야수(우투좌타)
생년월일 2001년 5월 30일
출신학교 광주서림초-광주동성중-광주제
일고

작년 2023 시즌 기록

중장거리 타격 툴은 확실하다. 성장 기다리는 코어 유망주.

타율	경기	타석	타수	득점	안타	2루타	3루타	홈런
-	-	-	-	-	-	-	-	-
루타	타점	도루	볼넷	삼진	병살타	장타율	출루율	OPS
-	-	-	-	-	-	-	-	-

9 박영빈
외야수(우투좌타)
생년월일 1997년 7월 16일
출신학교 호원초(의정부리틀)-청량중-충암
고-경희대

작년 2023 시즌 기록

NC 주력 1위. 한 점 차 승부에 대주자 0순위.

타율	경기	타석	타수	득점	안타	2루타	3루타	홈런
0.071	41	17	14	11	1	1	0	0
루타	타점	도루	볼넷	삼진	병살타	장타율	출루율	OPS
2	0	4	1	6	0	0.143	0.133	0.276

60 박한결
외야수(우투우타)
생년월일 2004년 4월 26일
출신학교 본리초-경복중-경북고

작년 2023 시즌 기록

데뷔전에서 경기를 끝낸 한 방. 거포 기근 해소할 장타 잠재력.

타율	경기	타석	타수	득점	안타	2루타	3루타	홈런
0.333	12	18	15	3	5	1	0	1
루타	타점	도루	볼넷	삼진	병살타	장타율	출루율	OPS
9	5	0	3	7	0	0.600	0.444	1.044

8 송승환
외야수(우투우타)
생년월일 2000년 10월 28일
출신학교 신기초(금천구리틀)-양천중-서울
고

작년 2023 시즌 기록

걸리면 넘어간다. '열정보이'의 마산 새출발.

타율	경기	타석	타수	득점	안타	2루타	3루타	홈런
0.229	30	76	70	10	16	3	1	0
루타	타점	도루	볼넷	삼진	병살타	장타율	출루율	OPS
21	4	0	4	16	2	0.300	0.270	0.570

23 천재환
외야수(우투우타)
생년월일 1994년 4월 1일
출신학교 대전신흥초-공주중-화순고-고려
대

작년 2023 시즌 기록

비시즌 뜨겁게 달군 선행. 만능 외야 재능 육성 선수 성공 신화 준비.

타율	경기	타석	타수	득점	안타	2루타	3루타	홈런
0.239	78	179	163	12	39	7	1	2
루타	타점	도루	볼넷	삼진	병살타	장타율	출루율	OPS
54	17	2	8	44	5	0.331	0.288	0.619

33 한석현

외야수(좌투좌타)

생년월일 1994년 5월 17일

출신학교 후암초-대천중-경남고

작년 2023 시즌 기록

'1호 퓨처스FA 이적생' 2군 타격왕 제대로 날 갈았다. 올해는 보여 준다.

타율	경기	타석	타수	득점	안타	2루타	3루타	홈런
0.200	27	66	60	5	12	1	0	0

루타	타점	도루	볼넷	삼진	병살타	장타율	출루율	OPS
13	2	2	4	20	2	0.217	0.250	0.467

59 김휘건

생년월일	2005년 8월 27일
신장/체중	191cm / 105kg
출신학교	소양초-춘천중-휘문고
지명순위	1라운드 5순위

투수(우투우타)

지명회의장 뒤집은 입담 이유 있다. 직구 슬라이더는 1군 최상위권.

100 임상현

생년월일	2005년 7월 16일
신장/체중	184cm / 89kg
출신학교	김천신일초(김천리틀)-상원중-대구상원고
지명순위	2라운드 15순위

투수(우투우타)

깔끔한 딜리버리와 공격적 피칭. 곧 1군에서 볼 수 있을 투수.

101 김민균

생년월일	2005년 1월 18일
신장/체중	188cm / 88kg
출신학교	가동초-자양중-경기고
지명순위	3라운드 25순위

투수(좌투좌타)

꾸준한 상승세. 프로의 육성과 만나면 '고점' 아무도 모른다.

102 홍유원

생년월일	2005년 5월 17일
신장/체중	188cm / 96kg
출신학교	대현초-포항중-대구고
지명순위	4라운드 35순위

투수(우투우타)

뛰어난 구위와 무브먼트. 류진욱이 보인다.

103 최우석

생년월일	2005년 3월 31일
신장/체중	190cm / 90kg
출신학교	서흥초-동인천중-비봉고
지명순위	5라운드 45순위

투수(우투우타)

고등학교 진학하면서 20cm가 컸다. 워크에식과 성실성 보장된 중견수 유망주.

104 손주환

생년월일	2002년 1월 5일
신장/체중	177cm / 85kg
출신학교	영천초-신정중-물금고-동아대
지명순위	6라운드 55순위

투수(우투우타)

대학 입학 후 가파른 상승세. 수직 무브먼트가 좋은 불펜 요원 기대.

105 김세훈

생년월일	2005년 4월 4일
신장/체중	174cm / 77kg
출신학교	매호초(경산시리틀)-경운중-경북고
지명순위	7라운드 61순위

내야수(우투우타)

스카우트팀 강추. 공수주와 더불어 뛰어난 BQ.

106 원종해

생년월일	2005년 4월 9일
신장/체중	183cm / 83kg
출신학교	길동초-건대부중-장충고
지명순위	7라운드 65순위

투수(우투우타)

지명회의장 울린 아버지의 '감사합니다'. 상위급 직구-체인지업 구종 가치에 빠른 1군 바라본다.

107 조현민

생년월일	2005년 3월 23일
신장/체중	181cm / 83kg
출신학교	정수초(성북구리틀)-이수중-충암고
지명순위	8라운드 75순위

내야수(우투좌타)

고3 시절 사이클링히트를 친 다재다능함. S존에 들어오면 거침없는 방망이.

108 고승완

생년월일	2001년 3월 15일
신장/체중	178cm / 81kg
출신학교	광주대성초-무등중-광주동성고-연세대
지명순위	9라운드 85순위

외야수(우투좌타)

도루 20개 이상은 거뜬하다. 당장에도 주루&수비 스페셜리스트 가능.

109 김재민

생년월일	2005년 8월 31일
신장/체중	178cm / 88kg
출신학교	광주서림초-진흥중-진흥고
지명순위	10라운드 95순위

포수(우투우타)

수준급 2루 팝타임. 간결하고 정확성을 갖춘 송구가 장점인 미래 안방마님.

110 김준원

생년월일	2005년 5월 31일
신장/체중	190cm / 82kg
출신학교	칠성초-대구중-경북고
지명순위	11라운드 105순위

투수(우투우타)

3개월 만에 구속 7km 상승. 가파른 상승세 지켜보라.

TEAM PROFILE

UNIFORM

구단명 : **두산 베어스**

연고지 : **서울특별시**

창립연도 : **1982년**

구단주 : **박정원**

대표이사 : **고영섭**

단장 : **김태룡**

감독 : **이승엽**

홈구장 : **서울 잠실 종합운동장 야구장**

영구결번 : **54 김영신 21 박철순**

한국시리즈 우승 : **1982 1995 2001 2015 2016 2019**

HOME

00

AWAY

2024 DOOSAN BEARS DEPTH CHART

● 지명타자

김재환

라모스

양의지

좌익수
김재환
라모스
김인태

중견수
정수빈
김대한
전다민

우익수
라모스
조수행
김인태

유격수
박준영
김재호
박계범

2루수
강승호
이유찬
오명진

3루수
허경민
박지훈
박준영

1루수
양석환
홍성호
김민혁

● 감독

이승엽

포수
양의지
장승현
김기연

● 2024 예상 베스트 라인업

1번 타자	정수빈	중견수
2번 타자	김재환	지명타자
3번 타자	양석환	1루수
4번 타자	라모스	좌익수
5번 타자	양의지	포수
6번 타자	강승호	2루수
7번 타자	박준영	유격수
8번 타자	허경민	3루수
9번 타자	조수행	우익수

● 예상 선발 로테이션

알칸타라

브랜든

곽빈

김동주

최원준

● 필승조

홍건희

김명신

박치국

이병헌

김택연

● 마무리

정철원

TEAM INFO

팀 분석

2023 팀 순위(포스트시즌 최종 순위 기준)

5위

최근 5년간 팀 순위

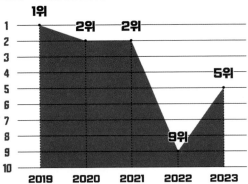

2023시즌 팀 공격력

↑: High / ↓: Low

타율↑	홈런↑	병살타↓	득점권 타율↑	삼진↓	OPS↑
0.255	100개	90개	0.242	975개	0.705
9위	공동 3위	4위	9위	5위	6위

2023시즌 팀 마운드

↑: High / ↓: Low

평균자책점↓	탈삼진↑	QS↑	볼넷↓	피안타율↓	피홈런↓	WHIP↓
3.92	1,013개	64	501개	0.255	90개	1.36
3위	4위	공동 3위	4위	2위	6위	공동 3위

2023시즌 팀 수비력

↑: High / ↓: Low

실책↓	견제사↑	병살 성공↑	도루저지율↑
114개	11개	108번	40.0%
공동 6위	3위	9위	1위

2023시즌 최다 마킹 유니폼

PARK FACTOR

홈구장_서울 잠실 종합운동장 야구장

천연 잔디
(켄터키 블루그래스)

수용인원

23,750석

구장 특성

두산과 LG의 공동 홈구장. 대표적인 투수친화형 구장. 그래서 타자들에게 '잠실에서 홈런 치는 타자'라는 이미지는 엄청난 영광이다. 두산은 1985년 OB 베어스 시절부터 잠실구장으로 홈구장으로 사용해 왔다. 리그에서 유일하게 두 팀이 공동 홈구장으로 사용하다보니 맞대결 때 재미있는 풍경도 볼 수 있다. 두산의 홈 라커룸은 3루쪽에, LG의 홈 라커룸은 1루 쪽에 있다. 그래서 두산 홈경기 때는 양팀 모두 먼 더그아웃을 이용하게 된다. 양팀은 KBO 측에 '잠실 맞대결 시 고정 더그아웃'을 요청했으나, 규정상 반려되었다는 후문.

HOME STADIUM
GUiDE

원정 팬을 위한 교통편 추천, 주차 팁

서울 시내보다 오히려 타 지역 원정팬들이 찾기 더 좋은 위치다. 강남 삼성동과 잠실 사이에 위치해 있어 어떻게든 연결이 잘 된다. 기차를 타고 올 경우 서울역, 용산역보다는 수서역이 조금 더 가깝다. 그 외 버스나 공항을 이용하더라도 종합운동장역이 서울 지하철 2호선, 9호선에 연결되어 있기 때문에 접근성이 무척 좋다.

자가용을 가지고 오면 종합운동장 내에 선불 유료 주차를 할 수는 있지만, 주말이나 만원 관중이 몰릴 가능성이 있는 경기에는 '비추천'한다. 야구장 주변에는 주차 공간이 넉넉하지 않아 입장 가능 시간을 맞추지 않으면 구장에서 멀리 떨어진 곳에 주차를 해야할 수도 있고, 경기 후 출차 차량이 몰려 상당히 오랜 시간이 소요되기도 한다.

이 재미로 직관 가는 거 아닌가요, 이 구장에서 놓치면 안 되는 먹을거리, 놀거리, 이벤트

안에서 찾아도 먹을 곳들이 넘쳐 나네

두 팀이 홈구장으로 쓰는 곳답게, 아홉 개 구장 중 입점 매장이 가장 많고 종류가 다양하다. 검표를 하기 전에도, 경기장 외부를 중심으로 패스트푸드 전문점, 카페, 피자, 치킨, 분식점, 편의점 등이 다양하게 자리하고 있어 입장 전 허기를 채우고 들어갈 수도 있다. 구장 내에도 선택의 폭이 넓다. 삼겹살을 구워서 파는 고기 도시락, 만두, 피자, 아이스크림, 떡볶이, 치킨, 햄버거, 피자 등이 1, 3루에 걸쳐 폭넓게 구축되어 있다. 다만 1루에 있는 매장이 3루에는 없고, 3루에 있는 매장이 1루에 없는 경우도 있어서 특별히 원하는 메뉴가 있다면 미리 위치 검색을 추천한다.

포장마차의 낭만은 사라졌지만, 신천의 추억은 영원히

이제는 '잠실새내'로 부르는 야구장 인근 번화가 신천. 여전히 많은 야구팬들의 사랑을 받는 장소이기도 하다. 몇 년 전까지만 해도 잠실구장에서 야구가 끝나면, 종합운동장역 입구를 중심으로 포장마차촌이 차려졌었는데 이제는 추억으로 남았다. 대신 야구가 시작되기 전 새마을시장에서 먹을 것을 사서 야구장에 오는 팬들이 상당히 많고, 야구가 끝난 후에는 일행들과 경기의 여흥을 즐기기 위해 신천에서 '한잔'하는 팬들로 북적인다. 은근히 숨은 맛집도 많고, 오래된 핫플도 많은 곳이다. 이곳에서는 응원팀 저지를 입고 다녀도 튀지 않는다.

오신 김에 서울 나들이는 어떠신지

위치가 워낙 좋다보니 인근 나들이를 하기에도 용이하다. 날 잡고 잠실 연전을 보기 위해 서울을 찾은 원정 팬이라면 더욱 좋은 기회다. 삼성역 코엑스몰도 좋고, 잠실역 롯데월드타워나 전망대, 아쿠아리움도 빠질 수 없는 관광 필수 코스. '핫플'이 필요하다면, 최근 몇 년 사이 급부상한 송리단길을 추천한다. 석촌호수를 중심으로 힙한 레스토랑, 바, 이자카야들이 엄청나게 생기면서 20~30대가 많이 찾는 장소가 됐다. 야구장에서 가깝다.

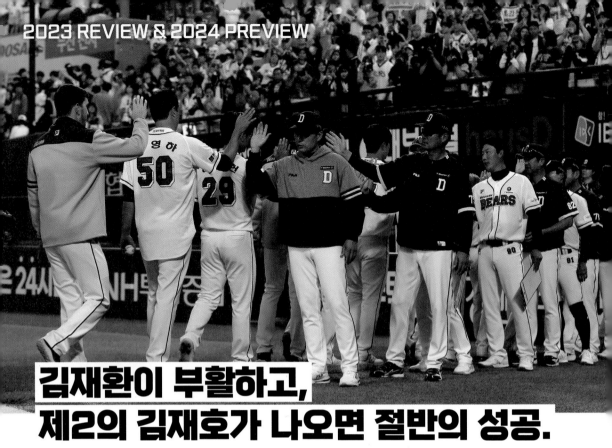

김재환이 부활하고,
제2의 김재호가 나오면 절반의 성공.

작년에 이것만 잘됐으면 좋았을 텐데

김재환이 밥값만 했어도 더 높은 순위를 기대할 만했다. 김재환은 지난해 타율 0.220, 10홈런, 46타점을 기록하며 2016년 주전 도약 이래 최악의 시즌을 보냈다. 89안타에 그쳐 2016년 이후 처음으로 시즌 100안타를 넘기지도 못했다. 두산은 곧 김재환이라는 공식이 깨지자 팀 타격 성적은 바닥을 쳤다. 팀 타율 0.255(9위), 565타점(10위)에 그쳤다. 홈런은 100개로 공동 3위, 도루는 133개로 2위였지만, 620득점으로 8위에 머물렀다. 여러모로 득점 생산력이 떨어지는 시즌을 보내자 이승엽 감독은 올해 타격 코치진에 대대적인 변화를 주며 문제를 인정했다. 김한수 수석코치가 타격코치를 맡고, 고토 고지 타격코치가 작전코치로 보직을 바꾼다. 새로 합류한 박흥식 수석코치도 타격 지도에 힘을 보탤 예정. '국민타자' 이승엽의 스승으로 유명한 김한수 박흥식 코치가 두산 타선을 어떻게 바꿀지 궁금증을 자아낸다. 베테랑 김재호의 뒤를 이을 차기 유격수는 여전히 감감 무소식이다. 안재석, 이유찬, 박계범 등이 경쟁하다 결국 또 김재호가 주전 유격수로 시즌을 마쳤다. 불혹을 앞둔 김재호를 대신할 젊은 유격수가 나오지 않으면 두산의 센터라인은 또 흔들릴 것이다. 시즌 막바지 힘이 뚝 떨어진 불펜도 아쉬운 포인트. 홍건희, 김명신, 정철원 3명이 2년 연속 너무도 많은 이닝을 책임졌다. 2022년과 2023년 2시즌 통틀어 김명신이 158⅔이닝으로 리그 불펜 1위, 정철원이 145⅓이닝으로 2위다. 홍건희 역시 123⅔이닝으로 11위에 이름을 올렸다. 올해는 불펜 세 명의 부담을 나눌 새 얼굴을 반드시 찾아야 한다. 그렇지 않으면 이승엽 감독이 아픈 기억이라고 강조한 10월 19일 창원 경기(NC 다이노스와 와일드카드 결정 1차전)와 같은 대참사가 벌어질 수밖에 없다. 두산은 당시 김명신, 정철원, 홍건희 등 믿었던 필승조가 붕괴되면서 9-14로 대역전패했다. 이승엽 감독 부임 첫해 74승 68패 2무로 정규시즌 5위를 차지하며 가을야구 막차를 탄 기쁨도 잠시, 단 한 경기 만에 허무하게 탈락했다. 얼마나 허무한 패배였으면, 두산은 가을 축제에 참가하고도 팬들에게 사과문을 내야만 했다. 이승엽 감독은 이병헌, 김택연 등 젊은 투수들이 필승조에 가세해 줄 기대하고 있다.

스토브리그 성적표

지난해 샐러리캡 상한액인 114억 2,638만 원에 2억 4,463만 원밖에 여유를 남기지 못한 두산. 그래서 내부 FA 양석환과 홍건희만 단속하긴 했는데, 성적 대비 고액 연봉자 과잉.

지극히 주관적인 올 시즌 예상 순위와 이유

정규시즌 성적을 좌우하는 선발진은 여전히 탄탄하다. 지난해 24승을 합작한 외국인 원투펀치 라울 알칸타라와 브랜든 와델이 잔류했고, 곽빈과 최승용, 최원준, 이영하, 김동주 등 국내 선발진 뎁스도 두껍다. 김재환의 부활 여부와 새 외국인 타자 헨리 라모스의 성적이 타선의 화력을 좌우할 전망이다. 필승조는 김명신, 홍건희, 정철원의 팔에 아무 이상이 없길 바라야만 한다. 이병헌, 김택연 등 영건들이 새로운 필승조로 도전장을 내밀고 있는데 아직은 물음표가 가득하다.

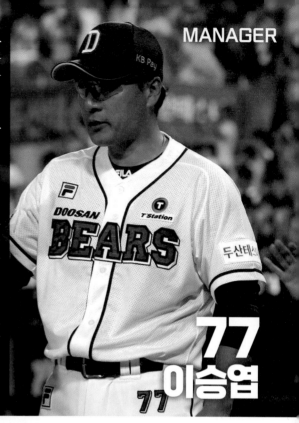

생년월일	1976년 8월 18일
출신학교	대구중앙초-경상중-경북고
주요 경력	삼성 선수(1995~2003), 일본 지바 롯데 선수 (2004~2005), 일본 요미우리 선수(2006~2010), 일본 오릭스 선수(2011), 삼성 선수(2012~2017), 두산 감독 (2023~)

"전력을 다잡았습니다."

지도자 경험 없이 감독으로 현장에 처음 뛰어든 지난해. '초보'라는 꼬리표가 붙었지만, 승률 0.521(74승68패2무)로 2022년 9위였던 두산을 5위까지 끌어올렸다. 지난해 7월 1일 울산 롯데전부터 7월 25일 잠실 롯데전까지 11연승을 달리며 구단 역대 최다 연승 신기록을 세우기도 초보 감독으로서 박수 받을 성적을 냈지만, 두산은 2015년부터 2021년까지 7년 연속 한국시리즈에 진출했던 명문 구단. 5위로 만족하지 못했고, 이승엽 감독 스스로도 "아쉽다"는 말을 더 자주 꺼냈다. 아쉬움은 새 시즌을 준비하는 자양분이 됐다. 이승엽 감독은 올 시즌을 준비하면서 "단단해지고 더 냉철해지고, 지난해보다 모든 면에서 좋은 경기를 할 수 있도록 노력해야 한다"고 이를 악물었다.

77
이승엽

1군

수석코치	타격코치	타격코치	투수코치	불펜코치	배터리코치	주루코치	작전코치
박흥식	김한수	이영수	조웅천	박정배	세리자와 유지	정진호	고토 고지

퓨처스

수비코치	퓨처스 감독	타격코치	투수코치	투수코치	투수코치	배터리코치	주루코치
조성환	이정훈	이도형	권명철	김상진	김지용	김진수	김동한

수비코치	잔류군코치	잔류군코치	잔류군코치
강석천	조인성	가득염	조경택

53
양석환

내야수(우투우타)

생년월일	1991년 7월 15일
신장/체중	185cm / 90kg
출신학교	백운초-신일중-신일고-동국대
연봉(2024)	3억 원
경력	LG 트윈스(2014~2020)-두산 베어스(2021~)

#우승팀_주장

양석환은 올해 두산을 이끌 새로운 주장으로 선임됐다. 선수들이 말하는 주장 양석환은 "무서운 형"이다. 아빠나 엄마라고 하기에는 선후배들과 두루두루 가깝고 친하게 지내는데, 원팀(one team)이 어긋나는 순간에는 참지 않고 목소리를 낸다. 양석환은 스프링캠프 시작과 함께 "우승 팀 주장이 되겠다"며 의지를 불태웠다. 두산의 마지막 우승은 5년 전인 2019년. 올해는 김재환, 양의지, 허경민, 정수빈, 김재호 등 어느덧 나이 30대 중후반이 된 베어스 황금기의 주역들이 같이 정상을 노릴 수 있는 마지막 기회가 될 전망.

#78억원_30홈런_100타점

양석환은 지난 시즌을 마치고 생애 첫 FA 자격을 얻어 두산과 4+2년 총액 78억 원에 계약했다. 올겨울 FA 최고액. 그러나 선수의 욕심은 끝이 없다. 양석환은 두산과 FA 계약 보장 기간인 4년 안에 30홈런 100타점을 달성해 가치를 더 끌어올리고 다시 시장에 나오고자 한다.

#세리머니_장인_올해도?

양석환은 지난해 팀에 하트 세리머니를 전파했다. 원래는 안타나 홈런을 치고 아들 시우에게 보내는 개인적인 하트였다. 그러다 팬들에게 관심을 끌면서 팀 세리머니로 발전했다. 캡틴은 소극적인 후배들이 활발해지려면 세리머니가 필요하다고 주장한다. 올해 세리머니 장인의 아이디어는 개막과 함께 공개될 예정.

🎤 TMI 인터뷰

1. 일주일 동안 한 가지 음식만 먹어야 한다면?
   - 돼지국밥
2. 세상에서 가장 싫은 것 한 가지는?
   - 지는 것
3. 스트레스 쌓이거나 생각이 많을 때 하는 건?
   - 가족들과 시간 보내기
4. 진짜 독하다 싶은 선수는?
   - 김현수 선수
5. 야구길 잘했다는 생각이 들 때는?
   - FA 계약했을 때

작년 2023 시즌 기록

타율	경기	타석	타수	득점	안타
0.281	140	582	524	73	147
2루타	**3루타**	**홈런**	**루타**	**타점**	**도루**
28	0	21	238	89	4
볼넷	**삼진**	**병살타**	**장타율**	**출루율**	**OPS**
41	133	9	0.454	0.333	0.787

전력분석	두산에서 가장 공격적인 타자를 꼽으라면 무조건 양석환이다. 초구부터 휘두르는 경우가 많고, 공에 반응하는 횟수도 팀 내에서 타의 추종을 불허한다. 양석환 본인이 히팅 포인트를 극단적으로 앞에 두고 친다고 밝혔다. 그만큼 반응이 빠르고 헛스윙이 될 확률이 높아질 수밖에 없지만, 맞으면 넘어간다. 홈런 타자에 걸맞은 상남자
강점	파워. 요즘 잠실에서 20홈런-80타점 기대할 수 있는 몇 안 되는 타자
약점	나쁜 공에 손이 나가도 너무 나간다. 헛스윙 비율이 높아 콘택트가 늘 약점
수비력	야수들이 던지는 공을 안정적으로 다 포구. 다만 바운드 처리나 1-2간에 빠지는 공에 대한 판단력이 조금 아쉽다

25
양의지

포수(우투우타)

생년월일	1987년 6월 5일
신장/체중	180cm / 95kg
출신학교	송정동초-무등중-진흥고
연봉(2024)	5억 원
경력	두산 베어스(2006~2018)-NC 다이노스 (2019~2022)-두산 베어스(2023~)

#건강하게_50까지

양의지는 KIA 베테랑 외야수 최형우와 "누가 더 오래 야구하나" 내기했다. 올해 41세인 최형우는 여전히 KIA의 해결사로 굳건히 자리를 지키며 연봉 10억 원을 받고 뛴다. 올해 37세인 양의지는 최형우와 경쟁을 의식하며 "건강하게 나이 50까지 뛰어 보겠다"고 말하며 웃었다. 지금 성적이면 우스갯소리에 그치지 않을 가능성이 크다. 포수라는 포지션이 체력 소모가 크기에 나이 40대까지 포수 마스크를 쓸 수 있을지는 모르겠지만, 지명타자로는 선수 생명을 충분히 더 이어 갈 수 있다. 당장 양의지를 뛰어넘을 포수가 리그에 없는 상황. 지난해 개인 8번째 포수 골든글러브를 수집하며 역대 최다 타이틀을 거머쥐었다. 2010년부터 시작된 양의지 시대의 끝날 기미가 보이지 않는다.

#제2의_양의지_누구_없나요

두산은 제2의 양의지를 기다린다. 양의지가 건강히 오래 뛰기 위해서라도 든든한 백업 포수, 나아가 차기 주전 포수를 발굴하는 작업이 절실하다. 양의지는 올해 스프링캠프에서 후배 장승현을 밀착 마크하며 타격을 지도해 줬다. 장승현은 백업 포수 가운데 수비는 가장 뛰어난데, 타격이 너무 떨어진다는 평가를 받는다. 양의지는 "승현이가 잘해야 나도 지명타자로 뛰면서 체력 관리도 하고, 3할 타율을 유지할 수 있지 않겠나"라고 너스레를 떨며 틈 날 때마다 개인 지도 중. 장승현 외에도 안승한, 김기연 등이 제2의 양의지를 노리며 구슬땀을 흘리고 있다. 양의지는 "내 것만 하지 않고 동생들을 도와서 성장시켜야 한다"고 늘 이야기한다.

작년 2023 시즌 기록

타율	경기	타석	타수	득점	안타
0.305	129	510	439	56	134
2루타	**3루타**	**홈런**	**루타**	**타점**	**도루**
23	0	17	208	68	8
볼넷	**삼진**	**병살타**	**장타율**	**출루율**	**OPS**
57	56	20	0.474	0.396	0.870

전력분석	상황에 맞는 타격이 어떤 건지 보여 주는 타자다. 무표정으로 무심하게 그냥 방망이를 휘두르는 것 같다면 아직도 양의지를 잘 모른다는 뜻. 상대 투수를 정확히 분석해 노려 치면서 안타 확률을 높인다. 괜히 리그 최고 포수가 아니다. 선구안, 콘택트, 파워 뭐 하나 부족한 게 없다.
강점	득점권 해결사. 지난해 팀 타점 10위였던 두산 고구마 타선에서 사이다를 준 타자
약점	37세 포수니까. 풀타임으로 뛸 체력이 유일한 물음표
수비력	두산이 152억을 준 이유. 어린 투수들이 믿고 따르는 포수다. 타자들이 노려 칠 수 없게끔 허를 찌르는 볼 배합이 뛰어나다. 도루 저지율도 상위권

🎤 TMI 인터뷰

1. 일주일 동안 한 가지 음식만 먹어야 한다면?

- 김밥

2. 세상에서 가장 싫은 것 한 가지는?

- 너무 어렵다. 모르겠다.

3. 스트레스 쌓이거나 생각이 많을 때 하는 건?

- 영화 관람

4. 진짜 독하다 싶은 선수는?

- 김현수 선수

5. 야구하길 잘했다는 생각이 들 때는?

- 내 가치를 인정받았을 때

32

외야수(우투좌타)

김재환

생년월일	1988년 9월 22일
산장/체중	183cm / 90kg
출신학교	영랑초-상인천중-인천고
연봉(2024)	15억 원
경력	두산 베어스(2008~)

#1만8000구_강정호

나이 36세 베테랑이 이례적으로 마무리캠프에 불려갔다. 이승엽 감독의 특별 호출 때문. 이 감독은 김재환에게 일대일 특타를 제안했고, 김재환은 3주 동안 이 감독이 올려준 공 1만 8천 구를 묵묵히 쳤다. 마무리캠프가 끝난 뒤에는 미국행 비행기에 몸을 실었다. 전직 메이저리거 강정호에게 타격 레슨을 받기 위해서였다. 강정호는 NC 손아섭이 지난 시즌 타격왕에 오르도록 도우면서 입소문을 탔다. 김재환은 그렇게 꼬박 2개월을 타격 교정에 매달렸고, 스프링캠프 시작과 함께 "타격 폼이 예뻐졌다"는 호평을 들었다. 이 감독은 "지금 스윙이면 틀림없다"며 김재환의 부활을 확신했다. 해마다 3할 타율에 30홈런-100타점은 우습게 넘겼던 김재환을 올해는 다시 볼 수 있을까.

#돌아와요_4번타자

김재환이 겨우내 훈련 효과를 톡톡히 본다면, 4번 타자로 돌아오는 게 가장 좋은 그림이다. 두산은 김재환을 비롯해 양석환, 양의지, 헨리 라모스 등을 중심 타선으로 기용할 계획이다. 타자 4명 모두 20~30홈런은 충분히 기대할 수 있는 파워를 갖춰 누가 4번 타순에 들어가도 고개를 끄덕일 수 있다. 지난해 4번 타자를 맡았던 양의지는 올해도 가장 원하는 타순은 "4번"이라며 김재환과 치열한 경쟁을 예고했다. 과거 타석에 서기만 해도 상대 배터리가 겁을 먹던 김재환이 돌아온다면 김재환이 4번 타자를 맡는 그림이 가장 낭만적이긴 하다. 김재환은 올해 4번타자-좌익수로 매일 선발 출전하며 정말 바쁜 한 해를 보내고 싶다고.

🎤 TMI 인터뷰

1. 일주일 동안 한 가지 음식만 먹어야 한다면?

- 햄버거

2. 세상에서 가장 싫은 것 한 가지는?

- 딱히 없다

3. 스트레스 쌓이거나 생각이 많을 때 하는 건?

- 아무것도 하지 않고 가만히 있기

4. 진짜 독하다 싶은 선수는?

- 양의지 선수 (여러모로)

5. 야구길 잘했다는 생각이 들 때는?

- 에브리데이. 모든 순간.

작년 2023 시즌 기록

타율	경기	타석	타수	득점	안타
0.220	132	484	405	40	89
2루타	3루타	홈런	루타	타점	도루
15	0	10	134	46	3
볼넷	삼진	병살타	장타율	출루율	OPS
72	100	8	0.331	0.343	0.674

전력분석	파워가 장점인데 의외로 선구안이 좋다. 다른 홈런 타자들과 비교했을 때 볼넷 비율이 높은 편. 다만 최근 3년 꾸준히 하락세. 나빴던 3년 동안 타격 폼에 생각이 많아 변화가 너무도 많았다. 변화가 오히려 독이 됐고, 극단적으로 당겨 치는 타격 스타일 때문에 수비 시프트에도 많이 걸렸다.
강점	이러나 저러나 파워. 잠실에서 기본 30홈런-100타점 치던 타자니까. 여전히 20홈런-70타점은 기대할 수 있음
약점	타율이 자꾸 떨어진다. 올해 도입되는 수비시프트제한이 이득일지도
수비력	수비는 기대하지 말자. 발은 느리지 않은데 수비 범위가 보통. 타구 판단이 아쉽고 포구 능력도 조금 떨어짐. 그래도 평범한 수준

건강하고 팀승리에 일조하는 해가 되길!
-fighting-

13

내야수(우투우타)

허경민

생년월일	1990년 8월 26일
신장/체중	176cm / 69kg
출신학교	송정동초-충장중-광주제일고
연봉(2024)	6억 원
경력	두산 베어스(2009~)

#감독님_죄송합니다

허경민은 지난 시즌을 마치고 이승엽 감독에게 "죄송하다"고 했다. 이승엽 감독 부임 첫해 주장으로 선수단을 잘 이끌어 보고자 했는데, 본인 기대만큼 해내지 못해서다. 무엇보다 개인 성적이 떨어지면서 팀을 더 살필 여유가 없었다. 개인 성적을 버리는 한이 있어도 팀을 위해 더 희생했어야 했는데, 그러지 못했다고 자책했다. 허경민은 지난 시즌을 마치자마자 이 감독에게 주장 완장을 내려놓겠다고 했다. 허경민은 올해 양석환에게 리더의 임무를 넘기고 한발 뒤로 물러나지만, 그라운드에서는 더 앞장서서 후배들을 이끌겠다고 다짐했다.

#이제는_내야의_정신적_지주

두산 황금기의 막내였던 1990년생 트리오의 핵심인 허경민. 그도 어느덧 나이 34세 베테랑이 됐다. 두산은 최근 3~4년 동안 꾸준히 내야 세대교체를 시도하고 있고, 허경민은 구단이 실험하는 동안 든든한 버팀목이 돼야 했다. 황금기 키스톤콤비인 유격수 김재호가 벤치를 지키는 시간이 길어지고, 2루수 오재원이 은퇴하면서 센터라인이 무너지기 시작했을 때 그나마 허경민이 있어 내야진의 중심을 잡을 수 있었다. 올해는 유격수 박준영-2루수 강승호 조합으로 시즌을 맞이할 가능성이 크다. 박준영이 유격수로 경험이 부족한 만큼 허경민이 내야의 정신적 지주로서 해 줘야 할 몫은 올해도 크다.

작년 2023 시즌 기록

타율	경기	타석	타수	득점	안타
0.268	130	475	429	44	115

2루타	3루타	홈런	루타	타점	도루
23	1	7	161	48	9

볼넷	삼진	병살타	장타율	출루율	OPS
35	26	6	0.375	0.328	0.703

전력분석	해마다 타율 2할8푼 이상은 기대할 수 있는 콘택트 능력을 갖췄다. 좋은 타구를 만드는 능력, 그리고 팀 배팅에 능한 편이다. 콘택트 능력과 출루, 그리고 작전 수행 능력까지 좋아야 하는 2번 타자에 적합한 스타일. 허경민이 2번, 못해도 6번 타순에는 들어가야 팀 타선이 짜임새 있게 돌아가고 있다는 증거다.
강점	공 맞히는 능력은 팀 내 상위권
약점	허리 통증이 고질병. 해마다 체력 관리가 숙제
수비력	허경민이 국가대표 3루수로 성장할 수 있었던 발판이 수비. 빠른 타구 대처 좋고, 송구력도 좋다

TMI 인터뷰

1. 일주일 동안 한 가지 음식만 먹어야 한다면?

- 고기 종류

2. 세상에서 가장 싫은 것 한 가지는?

- 뱀

3. 스트레스 쌓이거나 생각이 많을 때 하는 건?

- 아이랑 노는 것

4. 진짜 독하다 싶은 선수는?

- 손아섭 선수 (NC)

5. 야구하길 잘했다는 생각이 들 때는?

- 많은 사람이 내 이름을 연호해 줄 때

47
곽빈

투수(우투우타)

생년월일	1999년 5월 28일
신장/체중	187cm / 95kg
출신학교	서울학동초-자양중-배명고
연봉(2024)	2억 1천만 원
경력	두산 베어스(2018~)

#국가대표_에이스

곽빈은 지난해 12승을 수확하며 믿고 보는 에이스로 성장했다. 지난해 월드베이스볼클래식(WBC), 2022 항저우아시안게임, 2023 아시아프로야구챔피언십(APBC) 등 국제대회에 3차례 대표로 참가했다. 한화 문동주, 삼성 원태인, 롯데 박세웅 등과 함께 국가대표 차세대 에이스로 불리며 대표팀 세대교체의 핵심 멤버로 자리를 잡았다. 2018년 1차 지명으로 두산에 입단했을 때부터 전국구 유망주로 기대를 모았으나 그해 팔꿈치 부상으로 수술대에 오르면서 2021년 시즌 초반까지 3년 넘게 재활에 매진해야 했다. 아픈 시간을 보상받듯 건강해진 곽빈은 이제 팔꿈치를 의식하지 않고 마음껏 공을 뿌리며 두산과 한국 마운드의 미래를 밝히고 있다.

#올해는_NO담

규정이닝(144이닝)은 곽빈이 2022년 딱 한 번밖에 이루지 못한 꿈과 같은 기록이다. 데뷔 시즌에 팔꿈치 수술을 받고 3년 넘게 재활에 시달린 탓이다. 2022년은 27경기에 등판해 147⅔이닝을 던져 간신히 규정이닝을 넘겼는데, 지난해는 곽빈이 본격적으로 에이스 이미지를 굳히는 시즌이었는데도 127⅓이닝 투구에 그쳤다. 허리 통증이 있었던 탓이다. 항저우아시안게임 때는 담 증세로 단 한 경기도 던지지 못해 '0구 금메달'이란 별명을 얻기도. 12승에 평균자책점 2.90을 기록하며 리그 최정상급 선발투수의 성적을 냈지만, 건강에 발목 잡힌 곽빈은 끝내 웃지 못했다. 올해는 담에 시달리는 일이 없기를.

TMI 인터뷰

1. 일주일 동안 한 가지 음식만 먹어야 한다면?
- 돈가스

2. 세상에서 가장 싫은 것 한 가지는?
- 벌레

3. 스트레스 쌓이거나 생각이 많을 때 하는 건?
- 노래 들으면서 걷기

4. 진짜 독하다 싶은 선수는?
- 최원준 선수(두산)

5. 야구하길 잘했다는 생각이 들 때는?
- 사람들이 나를 알아봐 줄 때

작년 2023 시즌 기록

평균자책점	경기	승	패	홀드	세이브
2.90	23	12	7	0	0
승률	**이닝**	**투구수**	**피안타**	**피홈런**	**볼넷**
0.632	127 1/3	2229	96	7	58
삼진	**실점**	**자책점**	**피안타율**	**WHIP**	**퀄리티스타트**
106	44	41	0.212	1.21	13

전력분석	지난해 최고 구속 155km/h로 두산 국내 투수 1위. 직구 구위가 뛰어나고, 다양한 구종을 구사해 선발투수로 적합. 슬라이더, 체인지업, 커브 등 변화구를 다 완벽하게 구사하다. 경기마다 100구 이상 던질 수 있는 체력도 갖췄다. 다만 타석당 투구수가 다른 투수보다 많다. 투수들이 타석당 평균 3.9구를 던지는데, 곽빈은 4.24구. 제구력 보완은 영원한 숙제.
강점	괜히 에이스인가. 상대 타자를 찍어 누르는 구위. 긁히는 날은 못 친다
약점	이겨도 답답하다. 제구가 한번 무너지면, 끝도 없이 무너지니까

올 한해 부상없이
10승 하자!!

28
최승용

투수(좌투좌타)

생년월일	2001년 5월 11일
신장/체중	190cm / 87kg
출신학교	양오초-모가중-소래고
연봉(2024)	1억 2백만 원
경력	두산 베어스(2021~)

#찾았다_28번_후계자

최승용은 입단했을 때부터 달았던 등번호 64번을 과감하게 바꿨다. 두산 대표 좌완 에이스였던 장원준이 지난 시즌을 끝으로 은퇴하면서 장원준의 등번호 28번이 비었기 때문. 최승용은 28번을 물려받으면서 두산 대표 좌완 에이스로 성장하겠다는 포부를 밝혔다. 재능은 이미 충분히 검증 받았다. '국보' 선동열 전 국가대표팀 감독도 신인 시절 스프링캠프에서 기회를 엿보던 최승용의 투구를 지켜본 뒤 "너한테는 정말 해줄 말이 없다"고 극찬했을 정도. 장원준은 28번을 물려받은 최승용에게 자신의 계보를 잇기 위해서는 "선발투수에 걸맞은 체력을 키워야 한다"고 여러 차례 강조하고 라커룸을 떠났다고..

#팔꿈치_피로골절_날벼락

이승엽 감독은 올 시즌을 준비하면서 좌완 최승용에게 선발 한자리를 보장해 주려 했다. 1선발부터 3선발까지 우완 알칸타라-좌완 브랜든-우완 곽빈까지는 고정된 상황. 4선발로 최승용이 들어가면 조금 더 선발진이 조화로울 수 있으니까. 최승용은 지난해 후반기 15경기에서 47⅓이닝을 던지면서 평균자책점 1.90을 던져 눈도장을 제대로 찍기도 했다. 그런데 지난 시즌 뒤 메디컬테스트 결과 왼쪽 팔꿈치 피로골절이 발견됐다. 2군 스프링캠프에서 몸을 만들려 했던 계획도 무산. 재활 기간을 고려하면 개막 선발 로테이션 진입은 어려워졌다. 그래도 건강만 되찾으면 시즌 도중 언제든 선발 한자리를 꿰찰 능력은 있다. 팔꿈치 피로골절 변수가 얼마나 오래갈지가 관건.

작년 2023 시즌 기록

평균자책점	경기	승	패	홀드	세이브
3.97	34	3	6	0	1
승률	이닝	투구수	피안타	피홈런	볼넷
0.333	111	1853	116	9	34
삼진	실점	자책점	피안타율	WHIP	퀄리티스타트
82	54	49	0.269	1.35	4

전력분석	직구 구위가 좋은데, 짧은 구력 탓에 변화구가 늘 아쉬웠다. 지난해는 슬라이더를 많이 연구해서 횡적인 움직임을 좋게 한 덕을 많이 봤다. 결정구로 커브도 좋은 편. 스트라이크 비율이 높아지면서 자연스럽게 공도 많이 던지고, 경기 운영 능력도 좋아졌다. 지난해는 선발투수라는 인식을 제대로 심어 준 시즌.
강점	무서운 성장 속도. 뇌 구조에 '야구'밖에 없다는 후문
약점	이닝이터를 기대하기는 아직 많이 부족함. 우타자를 확실히 제압할 체인지업과 포크볼도 미흡. 우타자 상대 구종 보강해야

🎤 TMI 인터뷰

1. 일주일 동안 한 가지 음식만 먹어야 한다면?
- 돼지고기

2. 세상에서 가장 싫은 것 한 가지는?
- 아픈 것

3. 스트레스 쌓이거나 생각이 많을 때 하는 건?
- 누워서 OTT 보기, 친구 만나기

4. 진짜 독하다 싶은 선수는?
- (곽)빈이 형. 독하다기보단 잘하고 있어도 계속해서 끊임없이 노력하는 거 같아서

5. 야구하길 잘했다는 생각이 들 때는?
- 팬분들의 사랑이 느껴질 때

투수(우투우타)

43 알칸타라

생년월일/국적 1992년 12월 4일 / 도미니카공화국		**출산학교** 도미니카 Liceo secundario Emma Belaguer(고)			
신장/체중 193cm / 100kg		**연봉** 150만 달러			

경력 오클랜드 애슬레틱스(2016~2017)-KT 위즈(2019)-두산 베어스(2020)-한신 타이거즈 (2021~2022)-두산 베어스(2023~)

작년 2023 시즌 기록

평균자책점	경기	승	패	홀드	세이브
2.67	31	13	9	0	0
승률	이닝	투구수	피안타	피홈런	볼넷
0.591	192	2988	171	16	35
삼진	실점	자책점	피안타율	WHIP	퀄리티스타트
162	67	57	0.236	1.07	22

전력분석	빠른 직구에 무브먼트 좋은 포크볼 조합. 공격적인 투구로 투구수 관리도 잘하며, 192이 닝으로 리그 1위 차지한 이닝이터. 빠른 공에 강하거나 포크볼을 잘 고르는 타자 상대로 고전하는 편. 유독 LG에 약하다.
강점	스트라이크 비중이 매우 높은 파이어볼러
약점	확실한 3번째 구종이 없다. LG 공포증도 떨쳐야

투수(좌투좌타)

48 브랜든

생년월일/국적 1994년 6월 3일 / 미국		**출산학교** 미국 Virginia(대)			
신장/체중 190cm / 81kg		**연봉** 113만 달러			

경력 피츠버그 파이리츠(2020)-미네소타 트윈스(2021)-볼티모어 오리올스(2021)-세인트루이스 카디널스(2021)-두산 베어스(2022)-라쿠텐 몽키스(2023)-두산 베어스(2023~)

작년 2023 시즌 기록

평균자책점	경기	승	패	홀드	세이브
2.49	18	11	3	0	0
승률	이닝	투구수	피안타	피홈런	볼넷
0.786	104 2/3	1729	80	4	30
삼진	실점	자책점	피안타율	WHIP	퀄리티스타트
100	34	29	0.213	1.05	13

전력분석	부상으로 방출된 딜런 파일의 대체선수로 합류한 18경기에서 무려 11승을 수확한 구세주. 5강 진출의 일등공신. 공의 횡적인 움직임이 좋아 좌타자들을 꼼짝 못 하게 하는 좌투수. 지난해는 각이 큰 슬라이더를 새로 장착해 스위퍼처럼 쓴 효과를 봤다.
강점	몸쪽 바깥쪽 가리지 않는 완벽한 제구력
약점	2023년 브랜든은 단점이 없음

투수(우언우타)

61 최원준

생년월일 1994년 12월 21일		**출산학교** 수유초-신일중-신일고-동국대			
신장/체중 182cm / 91kg		**연봉** 2억 5천만 원			

경력 두산 베어스(2017~)

작년 2023 시즌 기록

평균자책점	경기	승	패	홀드	세이브
4.93	26	3	10	0	0
승률	이닝	투구수	피안타	피홈런	볼넷
0.231	107 2/3	1763	119	11	28
삼진	실점	자책점	피안타율	WHIP	퀄리티스타트
71	60	59	0.287	1.37	7

전력분석	지난해는 선발 보직을 박탈당할 정도로 최악의 시즌을 보냈다. 포수 양의지랑 호흡을 맞 추면서 로케이션에 변화를 주고, 직구 슬라이더 이외의 구종도 섞으면서 시즌 초반까지 는 좋았다. 그런데 지난해 경기당 득점 지원이 1.30에 불과했다. 퀄리티스타트를 해도 이 길 수 없었던 박복한 투수.
강점	좌우 제구력, 특히 몸쪽 제구력이 좋음
약점	좌타자한테 약하다. 제3구종인 체인지업만 제대로 연마하면 반등 가능

투수(우투우타)

46 김명신

생년월일	1993년 11월 29일		출신학교	남도초-대구중-경북고-경성대	
신장/체중	178cm / 90kg		연봉	2억 2천 5백만 원	
경력	두산 베어스(2017~)				

작년 2023 시즌 기록

평균자책점	경기	승	패	홀드	세이브
3.65	70	3	3	24	1
승률	이닝	투구수	피안타	피홈런	볼넷
0.500	79	1445	72	3	27
삼진	실점	자책점	피안타율	WHIP	퀄리티스타트
65	34	32	0.245	1.25	0

전력분석	최근 3시즌 동안 해마다 70이닝 이상 던진 불펜 마당쇠. 구속이 느려도 생각보다 직구의 볼끝이 좋아 타자들이 쉽게 공략하지 못한다. 포크볼 덕을 보면서 필승조로 급성장. 볼과 스트라이크를 자유자재로 활용하는 제구력을 바탕으로 노련하게 타자들을 잡아 나간다. 이승엽 감독이 위기에 가장 먼저 꺼내는 믿고 보는 카드.
강점	스트라이크존을 갖고 노는 제구력. 10개 구단 통틀어 손꼽히는 재능
약점	3년 동안 혹사당한 팔이 시한폭탄

투수(우언우타)

1 박치국

생년월일	1998년 3월 10일		출신학교	인천숭의초-인천신흥중-제물포고	
신장/체중	177cm / 78kg		연봉	1억 3천만 원	
경력	두산 베어스(2017~)				

작년 2023 시즌 기록

평균자책점	경기	승	패	홀드	세이브
3.59	62	5	3	11	2
승률	이닝	투구수	피안타	피홈런	볼넷
0.625	52 2/3	923	54	3	21
삼진	실점	자책점	피안타율	WHIP	퀄리티스타트
48	22	21	0.258	1.42	0

전력분석	마운드 위 싸움닭. 공 던지는 폼도 와일드하고, 투구 스타일도 공격적. 최원준과 같은 사이드암이지만, 박치국은 구위로 타자를 압박하는 투수. 변화구 무브먼트도 크고, 커브는 구속 차이가 많이 나 강약 조절이 능숙하다.
강점	차라리 안타 맞는다. 첫째도 둘째도 공격
약점	좌타자에는 박치국을 안 쓸 정도로 약하다. 좌타자 약점 극복해야

투수(우투우타)

65 정철원

생년월일	1999년 3월 27일		출신학교	역북초-송전중-안산공고	
신장/체중	192cm / 95kg		연봉	1억 6천 5백만 원	
경력	두산 베어스(2018~)				

작년 2023 시즌 기록

평균자책점	경기	승	패	홀드	세이브
3.96	67	7	6	11	13
승률	이닝	투구수	피안타	피홈런	볼넷
0.538	72 2/3	1254	66	8	32
삼진	실점	자책점	피안타율	WHIP	퀄리티스타트
55	36	32	0.242	1.35	0

전력분석	2022년 혜성처럼 등장한 신인왕. 2018년 입단해 4년 동안 1군에 얼씬도 못 하다 2022년과 지난해 2년 연속 72 ⅔이닝 투구. 갑자기 나타난 선수가 갑자기 많이 던지면 관리가 필요한 게 정설. 멀티이닝과 연투가 많아 올해도 체력이 변수. 가장 자신 있는 구종은 직구. 구속 147~148km/h는 꾸준히 나온다.
강점	과감하게 꽂아 버리는 직구
약점	변화구. 포크볼을 땅에 심으니까. 타자가 직구만 노리면 답 안 나옴

투수(좌투좌타)

29 이병헌

생년월일	2003년 6월 4일		출신학교	역삼초-영동중-서울고	
신장/체중	183cm / 95kg		연봉	3천 6백만 원	
경력	두산 베어스(2022~)				

작년 2023 시즌 기록

평균자책점	경기	승	패	홀드	세이브
4.67	36	0	0	5	0
승률	이닝	투구수	피안타	피홈런	볼넷
-	27	516	25	2	22
삼진	실점	자책점	피안타율	WHIP	퀄리티스타트
28	16	14	0.248	1.74	0

전력분석	괜히 2022년 1차 지명인가. 공은 진짜 좋다. 아마추어 때 구속 150km/h 이상을 찍은 귀한 왼손 파이어볼러. 그런데 입단 직전 팔꿈치 수술을 받고 떨어진 구속이 여전히 올라오지 않고 있다. 제구가 불안해 볼넷 비율이 높은데, 2022년 기준으로 삼진도 제일 많았다. 극과 극의 투수. 올해로 2년째 두산이 기대하는 왼손 필승조.
강점	직구 힘이 진짜 좋음
약점	그 좋은 공을 볼로 던진다. 제구력으로 피해를 볼 정도

투수(우투우타)

17 홍건희

생년월일	1992년 9월 29일		출신학교	화순초-화순중-화순고	
신장/체중	187cm / 97kg		연봉	3억 원	
경력	KIA 타이거즈(2011~2020)-두산 베어스(2020~)				

작년 2023 시즌 기록

평균자책점	경기	승	패	홀드	세이브
3.06	64	1	5	5	22
승률	이닝	투구수	피안타	피홈런	볼넷
0.167	61 2/3	1092	67	4	24
삼진	실점	자책점	피안타율	WHIP	퀄리티스타트
62	28	21	0.272	1.48	0

전력분석	지난해 22세이브를 챙긴 마무리투수. 그러나 여름부터 부진해 마무리 보직을 정철원에게 넘겼다. 최근 3년 동안 해마다 60이닝 이상 던진 여파가 나타났다는 게 중론. 올 시즌을 앞두고 생애 첫 FA 자격을 얻어 진통 끝에 2+2년 총액 24억 5천만 원에 두산 잔류. 2년 뒤 시장의 재평가를 노리며 절치부심 중.
강점	힘이 있을 때는 막강한 구위
약점	직구 슬라이더 외 구종이 단조로움. 구위가 떨어지면 출루를 많이 시킴

투수(우투우타)

50 이영하

생년월일	1997년 11월 1일		출신학교	영일초-강남중-선린인터넷고	
신장/체중	192cm / 91kg		연봉	1억 원	
경력	두산 베어스(2016~)				

작년 2023 시즌 기록

평균자책점	경기	승	패	홀드	세이브
5.49	36	5	3	4	0
승률	이닝	투구수	피안타	피홈런	볼넷
0.625	39 1/3	739	40	2	21
삼진	실점	자책점	피안타율	WHIP	퀄리티스타트
28	27	24	0.256	1.55	0

전력분석	2019년 17승 투수의 과거는 잊었다. 원점에서 다시 시작하겠다고 선언하고 올겨울 일본 미야자키에서 개인 훈련. 지난해 학교폭력 이슈로 법정 싸움을 하느라 시즌 준비를 제대로 하지 못한 한을 풀고 스프링캠프 합류. 캠프 시작부터 시속 150km/h를 웃도는 묵직한 공을 던지며 기대감 UP. 지난해는 불펜이었지만, 올해 다시 선발 진입 도전 선언.
강점	묵직한 직구와 지치지 않는 체력
약점	본인도 인정하는 오락가락 제구. 미야자키에 다녀온 궁극적 이유

22 장승현

생년월일	1994년 3월 7일			출신학교	인천서림초-동산중-제물포고	
산장/체중	184cm / 86kg			연봉	6천만 원	
경력	두산 베어스(2013~)					

작년 2023 시즌 기록

타율	경기	타석	타수	득점	안타
0.158	76	158	139	11	22
2루타	3루타	홈런	루타	타점	도루
1	0	3	32	9	1
볼넷	삼진	병살타	장타율	출루율	OPS
6	36	2	0.230	0.235	0.465

전력분석	만년 백업 포수. 양의지의 그늘에 가렸으나 수비는 늘 좋은 평가를 받는다. 어깨가 강해 보이지 않아도 미트에서 공 빼는 속도가 빨라 2루 송구 능력이 좋다. 투수 리드를 편하게 해서 투수들이 선호하는 포수. 타격이 늘 고민이라 지난해는 스위치히터에 도전했으나 타율 0.158로 처참한 성적. 올해부터는 다시 우타자에 집중할 예정.
강점	투수들과 커뮤니케이션 능력. 투수들의 장단점을 정확히 파악해 피드백
약점	언제나 타격. 체격이 커서 장타 부담이 있나. 타율만 신경 써도 될 듯

45 김기연

생년월일	1997년 9월 7일			출신학교	광주수창초-진흥중-진흥고	
산장/체중	178cm / 106kg			연봉	4천만 원	
경력	LG 트윈스(2016~2023)-두산 베어스(2024~)					

작년 2023 시즌 기록

타율	경기	타석	타수	득점	안타
0.118	28	40	34	3	4
2루타	3루타	홈런	루타	타점	도루
0	0	0	4	2	1
볼넷	삼진	병살타	장타율	출루율	OPS
5	10	0	0.118	0.231	0.349

전력분석	2023년 부활한 2차 드래프트에서 두산이 1라운드에 지명한 포수. 차기 안방마님 후보로 급부상. 파워는 진짜 좋다는 게 스프링캠프 타격 훈련을 지켜본 코치들의 평가. 공수에서 백업 경쟁에는 충분히 불을 붙여 줄 수 있는 포수다.
강점	프레이밍과 블로킹, 송구 능력 등을 두루 갖춘 수비 좋은 포수
약점	포수는 리더십이 있어야 하는데 너무 내성적. 이 감독이 훈련 도중 "기연이 있었나" 했을 정도

52 김재호

생년월일	1985년 3월 21일			출신학교	남정초-중앙중-중앙고	
산장/체중	181cm / 75kg			연봉	3억 원	
경력	두산 베어스(2004~)					

작년 2023 시즌 기록

타율	경기	타석	타수	득점	안타
0.283	91	302	247	32	70
2루타	3루타	홈런	루타	타점	도루
13	1	3	92	29	4
볼넷	삼진	병살타	장타율	출루율	OPS
30	24	11	0.372	0.376	0.748

전력분석	괜히 천재 유격수인가. 수비는 도가 텄다. 수비 폭은 나이가 들면서 당연히 좁아졌지만, 타구 판단과 송구 능력은 여전히 리그 최정상급. 본인만의 수비 노하우가 있는 리그에 몇 안 되는 내야수. 나이가 들면서 타석에서 더 노련해졌다. 빠른 직구에 타이밍이 늦으니 승부처에서는 변화구에 초점을 맞춰 콘택트 능력으로 해결했다.
강점	야구 IQ는 타의 추종을 불허
약점	불혹에 가까운 나이. 스피드가 떨어짐

내야수 (우투우타)

23 강승호

생년월일	1994년 2월 9일		출신학교	순천북초-천안북중-북일고	
신장/체중	178cm / 88kg		연봉	2억 5천 5백만 원	
경력	LG 트윈스(2013~2018)-SK 와이번스(2018~2019, 2020)-두산 베어스(2021~)				

작년 2023 시즌 기록

타율	경기	타석	타수	득점	안타
0.265	127	459	419	51	111
2루타	3루타	홈런	루타	타점	도루
18	6	7	162	59	13
볼넷	삼진	병살타	장타율	출루율	OPS
27	110	12	0.387	0.316	0.703

전력분석	2년 연속 두산 비FA 야수 고과 1위. KBO 역대 최초 리버스 사이클링 히트의 주인공. 그러나 지난해 목표한 20홈런에는 크게 못 미쳤다. 중장거리형 타자인데 타율이 갈수록 떨어지는 게 문제. 올해는 타율 관리에 더 신경 써야 진정한 주전 2루수로 인정받을 수 있다. 도루 능력도 갖춰 20홈런-20도루 도전도 가능한 선수.
강점	내구성이 좋아 잘 안 아픈 건 운동선수로서 복 받은 장점
약점	한 번씩 나오는 턱도 없는 실책. 수비 바운드 처리 미숙

내야수 (우투우타)

9 박준영

생년월일	1997년 8월 5일		출신학교	서울도곡초(남양주리틀)-잠신중-경기고	
신장/체중	180cm / 90kg		연봉	7천만 원	
경력	NC 다이노스(2016~2022)-두산 베어스(2023~)				

작년 2023 시즌 기록

타율	경기	타석	타수	득점	안타
0.228	51	138	127	16	29
2루타	3루타	홈런	루타	타점	도루
8	2	4	53	17	2
볼넷	삼진	병살타	장타율	출루율	OPS
9	53	0	0.417	0.290	0.707

전력분석	득점권에서 보여 주는 한 방이 있다. 유격수로 경험이 풍부하진 않지만, 투수 출신이라 어깨가 좋아 송구 우수. 체격이 그리 크진 않아도 타고난 힘이 좋아 장타를 펑펑 친다. 풀타임으로 뛰면 10홈런 이상 때릴 능력은 충분.
강점	해결사가 필요할 때 한 방 있는 스타성
약점	어색한 수비 위치. 주포지션은 3루수. 좌우 수비 범위가 훨씬 넓은 유격수에 얼마나 잘 적응할지

외야수 (우투양타)

4 라모스

생년월일/국적	1992년 4월 15일 / 푸에르토리코		출신학교	푸에르토리코 Alfonso Casta Martinez(고)	
신장/체중	183cm / 97kg		연봉	70만 달러	
경력	애리조나 다이아몬드백스(2021)-KT 위즈(2022)-신시내티 레즈(2023)				

작년 2023 시즌 기록

타율	경기	타석	타수	득점	안타
-	-	-	-	-	-
2루타	3루타	홈런	루타	타점	도루
-	-	-	-	-	-
볼넷	삼진	병살타	장타율	출루율	OPS
-	-	-	-	-	-

전력분석	2022년 KT에서 발가락 부상으로 18경기 만에 방출된 비운의 선수. 라모스는 한국에서 제대로 뛰지 못한 한을 풀기 위해 올해 두산과 손잡고 컴백했다. 스위치히터로 양쪽 타석에서 장타를 때릴 수 있는 능력을 갖춤. 20~30홈런은 충분히 가능한 타자. 외야 수비도 평균 이상.
강점	김재환과 경쟁 가능한 파워
약점	유리 몸 오명은 그만. 부상 조심 또 조심

외야수(좌투좌타)

31 정수빈

생년월일	1990년 10월 7일		출신학교	수원신곡초-수원북중-유신고	
신장/체중	175cm / 70kg		연봉	6억 원	
경력	두산 베어스(2009~)				

작년 2023 시즌 기록

타율	경기	타석	타수	득점	안타
0.287	137	583	498	75	143
2루타	3루타	홈런	루타	타점	도루
14	11	2	185	33	39
볼넷	삼진	병살타	장타율	출루율	OPS
64	63	2	0.371	0.375	0.746

전력분석	두산을 대표하는 중견수이자 1번 타자. 지난해 39도루로 생애 첫 도루왕 타이틀 차지. 공수주 두루 갖춘 선수의 표본. 파워는 없지만, 맞히는 능력은 출중하다. 지난해부터 안타를 더 생산할 수 있는 타격에 집중하고 있음. 중견수 수비는 리그 최고, 도루 센스는 두산 최고.
강점	큰 경기일수록 더 즐기는 진짜 강심장. 두산의 가을 영웅
약점	타격에 기복이 있음. 안 맞을 때는 너무 안 맞음

외야수(우투우타)

37 김대한

생년월일	2000년 12월 6일		출신학교	숭인초(강북구리틀)-덕수중-휘문고	
신장/체중	185cm / 83kg		연봉	3천 7백만 원	
경력	두산 베어스(2019~)				

작년 2023 시즌 기록

타율	경기	타석	타수	득점	안타
0.198	33	89	81	10	16
2루타	3루타	홈런	루타	타점	도루
3	1	1	24	7	1
볼넷	삼진	병살타	장타율	출루율	OPS
7	21	0	0.296	0.270	0.566

전력분석	2019년 1차 지명으로 입단한 고교 최대어. 지금은 만년 유망주에 아픈 손가락. 지난해는 다 줄 알았는데 시범경기 때 손가락을 다치면서 페이스가 꺾인 채 그대로 시즌 마감. 체격은 크지 않아도 탄력 좋고, 스피드와 파워를 겸비한 선수. 올해는 자기 색깔 찾는 게 최우선 과제.
강점	재능 하나만큼은 진짜
약점	당장 닥치는 상황에만 집착하는 경향. 어떻게 하면 1군 선수가 될 수 있을까 고민 필요

외야수(우투좌타)

51 조수행

생년월일	1993년 8월 30일		출신학교	노암초-경포중-강릉고-건국대	
신장/체중	178cm / 73kg		연봉	9천 5백만 원	
경력	두산 베어스(2016~)				

작년 2023 시즌 기록

타율	경기	타석	타수	득점	안타
0.219	126	249	219	41	48
2루타	3루타	홈런	루타	타점	도루
2	1	1	55	17	26
볼넷	삼진	병살타	장타율	출루율	OPS
23	38	2	0.251	0.298	0.549

전력분석	안정적인 수비와 빠른 발로 1군에서 꾸준히 생존력을 증명하고 있다. 지난해는 외국인 선수 호세 로하스가 외야 수비 불가 판정을 받았을 때 선발 우익수로 가치를 인정받았다. 지난해는 방망이가 안 맞으니 출루에 무게를 두고 기습 번트 시도를 자주 했다. 올해는 투수와 맞붙는 타격도 보여 줘야.
강점	별명 포르수행. 주력은 팀 내 1위
약점	파워가 약해 강한 투수를 만나면 타석에서 잘 이기지 못함

27 김강률
투수(우투우타)
생년월일 1988년 8월 28일
출신학교 문촌초(일산리틀)-장성중-경기고

작년 2023 시즌 기록

올해는 유리 몸 탈출할 거죠? 건강만 하면 필승조도 가능.

평균자책점	경기	승	패	홀드	세이브	승률	이닝	투구수
4.21	32	1	0	7	1	1.000	25 2/3	489
피안타	피홈런	볼넷	삼진	실점	자책점	피안타율	WHIP	QS
23	2	12	21	14	12	0.232	1.36	0

QS: 퀄리티스타트

41 김동주
투수(우투우타)
생년월일 2002년 2월 14일
출신학교 갈산초-양천중-선린인터넷고

작년 2023 시즌 기록

상체로만 던지다 드디어 하체 쓰는 법 터득. 6선발 실현시킬 투수.

평균자책점	경기	승	패	홀드	세이브	승률	이닝	투구수
4.14	18	3	6	0	0	0.333	78 1/3	1390
피안타	피홈런	볼넷	삼진	실점	자책점	피안타율	WHIP	QS
73	5	35	59	37	36	0.255	1.38	4

19 김민규
투수(우투좌타)
생년월일 1999년 5월 7일
출신학교 장평초(광진구리틀)-잠신중-휘문고

작년 2023 시즌 기록

다이어트 이제 안 할 거죠? 선발투수로 스태미나 회복 관건.

평균자책점	경기	승	패	홀드	세이브	승률	이닝	투구수
4.32	6	0	0	0	0	-	8 1/3	153
피안타	피홈런	볼넷	삼진	실점	자책점	피안타율	WHIP	QS
6	0	4	5	5	4	0.207	1.20	0

62 김유성
투수(우투우타)
생년월일 2002년 1월 1일
출신학교 김해삼성초-내동중-김해고-고려대

작년 2023 시즌 기록

어두운 과거는 떨쳐라. 마운드에서 부담만 내려놓으면 즉시 전력감.

평균자책점	경기	승	패	홀드	세이브	승률	이닝	투구수
9.95	7	0	0	0	0	-	6 1/3	172
피안타	피홈런	볼넷	삼진	실점	자책점	피안타율	WHIP	QS
6	2	12	6	7	7	0.250	2.84	0

30 김정우
투수(우투우타)
생년월일 1999년 5월 15일
출신학교 소래초-동산중-동산고

작년 2023 시즌 기록

2018년 SK(현 SSG) 1차 지명 출신. 두산에서 트레이드 이적 성공 신화를 꿈꾼다.

평균자책점	경기	승	패	홀드	세이브	승률	이닝	투구수
9.45	7	0	0	0	0	-	6 2/3	148
피안타	피홈런	볼넷	삼진	실점	자책점	피안타율	WHIP	QS
11	1	7	6	7	7	0.355	2.70	0

56 김호준
투수(좌투좌타)
생년월일 1998년 5월 17일
출신학교 원주일산초-성남성일중-안산공고

작년 2023 시즌 기록

좌완 불펜 가능성 시험만 7년째. 올해는 자신의 한계를 뛰어넘을 수 있을까.

평균자책점	경기	승	패	홀드	세이브	승률	이닝	투구수
12.00	3	0	0	0	0	-	3	59
피안타	피홈런	볼넷	삼진	실점	자책점	피안타율	WHIP	QS
3	1	4	2	4	4	0.273	2.33	0

18 박소준
투수(우투우타)
생년월일 1995년 1월 21일
출신학교 청주우암초-청주중-청주고

작년 2023 시즌 기록

부상에 울었던 2023년. 올해는 캠프부터 두각을 나타냄. 선발 불펜 모두 가능한 카드.

평균자책점	경기	승	패	홀드	세이브	승률	이닝	투구수
-	-	-	-	-	-	-	-	-
피안타	피홈런	볼넷	삼진	실점	자책점	피안타율	WHIP	QS
-	-	-	-	-	-	-	-	-

49 박신지
투수 (우투우타)
생년월일 1999년 7월 16일
출신학교 목암초(의정부리틀)-영동중-경기고

작년 2023 시즌 기록

언젠가는 꼭 49번을 다시 달겠다는 바람을 이뤘으니 야구도 잘 풀릴까.

평균자책점	경기	승	패	홀드	세이브	승률	이닝	투구수
5.54	15	0	0	0	0	-	26	459
피안타	피홈런	볼넷	삼진	실점	자책점	피안타율	WHIP	QS
39	1	11	15	16	16	0.342	1.92	0

12 박정수
투수 (우언좌타)
생년월일 1996년 1월 29일
출신학교 서울청구초-서울이수중-야탑고

작년 2023 시즌 기록

롱릴리프로 이만한 투수가 없다. 빠르게 아웃카운트를 잡아 경기 속도를 올려 주는 투수.

평균자책점	경기	승	패	홀드	세이브	승률	이닝	투구수
4.17	25	1	0	0	1	1.000	36 2/3	596
피안타	피홈런	볼넷	삼진	실점	자책점	피안타율	WHIP	QS
37	1	18	28	22	17	0.268	1.50	0

69 백승우
투수 (좌투좌타)
생년월일 2000년 1월 4일
출신학교 장산초(부산동래마린스리틀)-대신중-부산고-동아대

작년 2023 시즌 기록

이승엽 감독이 주목한 왼손 투수. 이제 프로 2년 차. 올해 더 기회 얻을 것.

평균자책점	경기	승	패	홀드	세이브	승률	이닝	투구수
0.00	6	0	0	0	0	-	4	78
피안타	피홈런	볼넷	삼진	실점	자책점	피안타율	WHIP	QS
3	0	3	1	0	0	0.214	1.50	0

99 이교훈
투수 (좌투좌타)
생년월일 2000년 5월 29일
출신학교 구리초(남양주리틀)-청원중-서울고

작년 2023 시즌 기록

군 복무를 마치고 돌아온 왼손 기대주. 이병헌을 위협할지도.

평균자책점	경기	승	패	홀드	세이브	승률	이닝	투구수
-	-	-	-	-	-	-	-	-
피안타	피홈런	볼넷	삼진	실점	자책점	피안타율	WHIP	QS
-	-	-	-	-	-	-	-	-

55 이승진
투수 (우투우타)
생년월일 1995년 1월 7일
출신학교 수원신곡초-매송중-야탑고

작년 2023 시즌 기록

구속 저하로 최근 2년 동안 헤매는 중. 올해는 자신감 회복과 필승조 복귀를 꿈꾼다.

평균자책점	경기	승	패	홀드	세이브	승률	이닝	투구수
0.00	1	0	0	0	0	-	2/3	24
피안타	피홈런	볼넷	삼진	실점	자책점	피안타율	WHIP	QS
1	0	1	1	4	0	0.250	3.00	0

64 이원재
투수 (좌투좌타)
생년월일 2003년 5월 7일
출신학교 부산수영초-경남중-경남고

작년 2023 시즌 기록

현재 좌완 최고 기대주로 성장한 최승용이 쓰던 등번호 64번의 기운을 이어 간다.

평균자책점	경기	승	패	홀드	세이브	승률	이닝	투구수
27.00	1	0	0	0	0	-	1	34
피안타	피홈런	볼넷	삼진	실점	자책점	피안타율	WHIP	QS
3	0	3	0	3	3	0.500	6.00	0

104 최종인
투수 (우투우타)
생년월일 2001년 5월 1일
출신학교 해강초-센텀중-부산고

작년 2023 시즌 기록

호주 시드니 1군 스프링캠프에 당당히 승선. 조금씩 존재감을 드러낼 원석.

평균자책점	경기	승	패	홀드	세이브	승률	이닝	투구수
-	-	-	-	-	-	-	-	-
피안타	피홈런	볼넷	삼진	실점	자책점	피안타율	WHIP	QS
-	-	-	-	-	-	-	-	-

59 최준호

투수(우투우타)

생년월일 2004년 6월 3일

출신학교 온양온천초-온양중-북일고

스프링캠프에서 열이면 열 공이 최고 좋은 투수로 최준호를 꼽았다.

평균자책점	경기	승	패	홀드	세이브	승률	이닝	투구수
-	-	-	-	-	-	-	-	-
피안타	피홈런	볼넷	삼진	실점	자책점	피안타율	WHIP	QS
-	-	-	-	-	-	-	-	-

42 최지강

투수(우투좌타)

생년월일 2001년 7월 23일

출신학교 광주서석초-광주동성중-광주동
성고-강릉영동대

시속 150km를 웃도는 강속구가 강점. 공격적인 투구로 1군 기회 늘려 나가는 중.

평균자책점	경기	승	패	홀드	세이브	승률	이닝	투구수
5.32	25	2	1	2	0	0.667	22	399
피안타	피홈런	볼넷	삼진	실점	자책점	피안타율	WHIP	QS
16	0	20	14	13	13	0.205	1.64	-

20 안승한

포수(우투우타)

생년월일 1992년 1월 25일

출신학교 남정초-선린중-충암고-동아대

선수단 공인 더그아웃 치어리더. 사기를 끌어올리는 파이팅이 대단하다.

타율	경기	타석	타수	득점	안타	2루타	3루타	홈런
0.208	22	27	24	1	5	0	0	0
루타	타점	도루	볼넷	삼진	병살타	장타율	출루율	OPS
5	1	1	2	10	0	0.208	0.296	0.504

67 윤준호

포수(우투우타)

생년월일 2000년 11월 14일

출신학교 부산안락초(해운대리틀)-센텀중-
경남고-동의대

최강야구 출신으로 기대감 높았으나 아직 1군 출전 제로. 올해 6월 상무 입대 예정.

타율	경기	타석	타수	득점	안타	2루타	3루타	홈런
-	-	-	-	-	-	-	-	-
루타	타점	도루	볼넷	삼진	병살타	장타율	출루율	OPS
-	-	-	-	-	-	-	-	-

34 권민석

내야수(우투우타)

생년월일 1999년 2월 20일

출신학교 영랑초(수원영통구리틀)-설악중-
강릉고

지난해 퓨처스리그 타율 0.280로 커리어하이. 올해는 1군 입성을 노린다.

타율	경기	타석	타수	득점	안타	2루타	3루타	홈런
0.000	1	2	2	0	0	0	0	0
루타	타점	도루	볼넷	삼진	병살타	장타율	출루율	OPS
0	0	0	0	1	0	0.000	0.000	0.000

10 김민혁

내야수(우투우타)

생년월일 1996년 5월 3일

출신학교 광주대성초-광주동성중-광주동
성고

두산이 안고 죽을 거포 유망주. 터질 듯 안 터지네. 올해는 홍성호와 백업 1루수 경쟁 예고.

타율	경기	타석	타수	득점	안타	2루타	3루타	홈런
0.138	21	36	29	2	4	1	0	0
루타	타점	도루	볼넷	삼진	병살타	장타율	출루율	OPS
5	3	0	4	9	3	0.172	0.250	0.422

14 박계범

내야수(우투우타)

생년월일 1996년 1월 11일

출신학교 순천북초-순천이수중-효천고

2022년 1억 4천5백만 원으로 억대 연봉자 대열에 합류했다가 2년 연속 삭감.

타율	경기	타석	타수	득점	안타	2루타	3루타	홈런
0.219	78	194	169	18	37	6	0	2
루타	타점	도루	볼넷	삼진	병살타	장타율	출루율	OPS
49	15	2	15	44	4	0.290	0.286	0.576

2 박지훈

내야수(우투우타)

생년월일 2000년 9월 7일
출신학교 김해삼성초-경남중-마산고

작년 2023 시즌 기록

내야 세대교체 핵심. 박준영, 오명진과 함께 공수 겸비한 내야수로 호평.

타율	경기	타석	타수	득점	안타	2루타	3루타	홈런
0.211	22	21	19	2	4	1	0	0
루타	타점	도루	볼넷	삼진	병살타	장타율	출루율	OPS
5	2	1	2	7	0	0.263	0.286	0.549

16 서예일

내야수(우투우타)

생년월일 1993년 6월 19일
출신학교 동천초-경주중-성남고-동국대

작년 2023 시즌 기록

지난해는 1군 5경기가 전부. 백업의 틀을 깨지 못한 채 아쉬운 세월만 흘렀다.

타율	경기	타석	타수	득점	안타	2루타	3루타	홈런
0.222	5	10	9	2	2	0	0	0
루타	타점	도루	볼넷	삼진	병살타	장타율	출루율	OPS
2	1	0	0	2	0	0.222	0.200	0.422

6 오명진

내야수(우투좌타)

생년월일 2001년 9월 4일
출신학교 대전신흥초-한밭중-세광고

작년 2023 시즌 기록

고교 시절부터 남달랐던 방망이 재능. 올해 내야수 경쟁의 판도를 흔들지도.

타율	경기	타석	타수	득점	안타	2루타	3루타	홈런
-	-	-	-	-	-	-	-	-
루타	타점	도루	볼넷	삼진	병살타	장타율	출루율	OPS
-	-	-	-	-	-	-	-	-

7 이유찬

내야수(우투우타)

생년월일 1998년 8월 5일
출신학교 동막초-천안북중-북일고

작년 2023 시즌 기록

개막 유격수를 차지하면서 봄날이 오나 했는데 준비가 부족했다. 백업으로 다시 시작.

타율	경기	타석	타수	득점	안타	2루타	3루타	홈런
0.243	104	239	210	31	51	7	2	1
루타	타점	도루	볼넷	삼진	병살타	장타율	출루율	OPS
65	16	12	20	51	4	0.310	0.316	0.626

15 전민재

내야수(우투우타)

생년월일 1999년 6월 30일
출신학교 천안남산초-천안북중-대전고

작년 2023 시즌 기록

데뷔 때부터 수비 좋은 내야수로 인정받았으나 벌써 후배들의 기세에 밀리는 중.

타율	경기	타석	타수	득점	안타	2루타	3루타	홈런
0.235	19	18	17	3	4	2	0	0
루타	타점	도루	볼넷	삼진	병살타	장타율	출루율	OPS
6	1	0	0	3	2	0.353	0.235	0.588

102 김문수

외야수(우투좌타)

생년월일 2004년 3월 29일
출신학교 강남초-서울이수중-경기고

작년 2023 시즌 기록

지금은 이천 아이돌. 차기 잠실 아이돌을 노린다.

타율	경기	타석	타수	득점	안타	2루타	3루타	홈런
-	-	-	-	-	-	-	-	-
루타	타점	도루	볼넷	삼진	병살타	장타율	출루율	OPS
-	-	-	-	-	-	-	-	-

33 김인태

외야수(좌투좌타)

생년월일 1994년 7월 3일
출신학교 포항제철서초-천안북중-북일고

작년 2023 시즌 기록

왜 자꾸 부상이 발목을 잡는가. 올해는 반드시 주전 우익수로 도약하겠다는 각오.

타율	경기	타석	타수	득점	안타	2루타	3루타	홈런
0.255	47	115	98	8	25	5	0	1
루타	타점	도루	볼넷	삼진	병살타	장타율	출루율	OPS
33	14	2	15	26	1	0.337	0.360	0.697

8 김태근
외야수(우투우타)

생년월일 1996년 8월 10일

출신학교 광진초(광진구리틀)-건대부중-배명고-건국대

작년 2023 시즌 기록

정수빈, 조수행, 전다민과 함께 두산 육상부를 이끌 핵심 멤버.

타율	경기	타석	타수	득점	안타	2루타	3루타	홈런
0.212	41	55	52	9	11	3	0	0
루타	타점	도루	볼넷	삼진	병살타	장타율	출루율	OPS
14	3	0	0	21	0	0.269	0.226	0.495

57 양찬열
외야수(우투좌타)

생년월일 1997년 5월 25일

출신학교 서울상수초-건대부중-장충고-단국대

작년 2023 시즌 기록

독기와 근성은 합격인데, 무언가 하나가 부족했다.

타율	경기	타석	타수	득점	안타	2루타	3루타	홈런
0.239	44	99	88	15	21	2	2	0
루타	타점	도루	볼넷	삼진	병살타	장타율	출루율	OPS
27	6	3	9	23	1	0.307	0.313	0.620

44 홍성호
외야수(우투좌타)

생년월일 1997년 7월 15일

출신학교 인헌초-선린중-선린인터넷고

작년 2023 시즌 기록

지난해 퓨처스리그 타격 3관왕. 파워 하나는 진짜. 올해는 백업 1루수로 시즌 준비.

타율	경기	타석	타수	득점	안타	2루타	3루타	홈런
0.292	21	51	48	6	14	4	0	0
루타	타점	도루	볼넷	삼진	병살타	장타율	출루율	OPS
18	5	0	2	14	0	0.375	0.333	0.708

63 김택연

생년월일	2005년 6월 3일
신장/체중	181cm / 88kg
출신학교	동막초-상인천중-인천고
지명순위	1라운드 2순위

투수(우투우타)

최고 152km/h의 속구에 완성도 높은 슬라이더가 더해져 올해 1군 전력으로 기대. 두산 차기 마무리투수 예약.

5 여동건

생년월일	2005년 8월 4일
신장/체중	175cm / 75kg
출신학교	가동초-자양중-서울고
지명순위	2라운드 12순위

내야수(우투우타)

공수주 3박자를 갖춘 '툴 가이' 내야수로 평가받는 자원. 타고난 운동능력으로 내야 멀티 포지션 가능.

36 임종성

생년월일	2005년 3월 3일
신장/체중	183cm / 90kg
출신학교	대구본리초-대구중-경북고
지명순위	3라운드 22순위

내야수(우투우타)

강한 손목 힘에서 나오는 장타력이 돋보이는 내야수. 송구와 수비에도 문제가 없어 장타력을 갖춘 3루수 성장 기대.

68 강태완

생년월일	2004년 9월 17일
신장/체중	186cm / 88kg
출신학교	원동초-대구상원고
지명순위	4라운드 32순위

외야수(좌투좌타)

장거리 타자로 가능성이 엿보이는 기대주. 외야수와 1루수 겸업. 수비만 보완하면 1군 전력으로 도약할 것.

113 박지호

생년월일	2003년 7월 2일
신장/체중	181cm / 99kg
출신학교	모가중-장안고-동강대
지명순위	5라운드 42순위

투수(좌투좌타)

팔 동작이 유연하며 투구 메커니즘이 안정적인 투수. 위기관리 능력이나 경기 운영 능력은 이미 갖춤.

114 전다민

생년월일	2001년 8월 21일
신장/체중	177cm / 75kg
출신학교	서울길동초-서울창원중-강원설악고-강릉영동대
지명순위	6라운드 52순위

외야수(우투좌타)

정확한 타격과 빠른 주력을 갖춘 외야수. 공수주 삼박자를 두루 갖춰 테이블세터로 성장 기대 큼. 1군 스프링캠프에도 포함.

115 김무빈

생년월일	2005년 4월 11일
신장/체중	181cm / 85kg
출신학교	역삼초-대치중-신일고
지명순위	7라운드 62순위

투수(좌투좌타)

체구가 크지 않지만 투구 메커니즘이 안정된 좌투수. 구속 향상 위해 몸 더 키워야.

116 손율기

생년월일	2005년 6월 11일
신장/체중	180cm / 100kg
출신학교	양덕초-마산동중-마산용마고
지명순위	8라운드 72순위

외야수(우투좌타)

타고난 장사 체질의 외야수. 타격에서 전체적인 밸런스가 양호하지만 콘택트 능력과 수비 보완이 과제.

117 김태완

생년월일	2005년 3월 29일
신장/체중	184cm / 87kg
출신학교	서울강남중-선린인터넷고
지명순위	9라운드 82순위

투수(우투우타)

큰 신장에서 나오는 타점 높은 직구를 갖춘 우투수. 최고 144km/h 수준의 직구 구속을 끌어올린다면 경쟁력 생길 전망.

119 류현준

생년월일	2005년 3월 25일
신장/체중	182cm / 92kg
출신학교	문정초-배재중-장충고
지명순위	10라운드 92순위

포수(우투우타)

포수 경력이 3년으로 짧지만 타격에 강점이 있어 프로 입단에 성공. 송구와 수비 등 포수로서 디테일을 더 갖출 필요가 있음.

TEAM PROFILE

UNIFORM

구단명 : **KIA 타이거즈**

연고지 : **광주광역시**

창립연도 : **1982년**

구단주 : **송호성**

대표이사 : **최준영**

단장 : **심재학**

감독 : **이범호**

홈구장 : **광주 기아 챔피언스필드**

영구결번 : **18 선동열 7 이종범**

한국시리즈 우승 : **1983 1986 1987 1988 1989 1991**
1993 1996 1997 2009 2017

HOME

AWAY

2024 KIA TIGERS DEPTH CHART

● 지명타자

최형우

고종욱

좌익수
소크라테스
이창진
최형우

중견수
최원준
김호령
소크라테스

우익수
나성범
최원준
박정우

유격수
박찬호
김규성
홍종표

2루수
김선빈
서건창
윤도현

3루수
김도영
박민
홍종표

1루수
이우성
황대인
변우혁

● 감독

이범호

포수
김태군
한승택
한준수

● 2024 예상 베스트 라인업

1번 타자	박찬호	유격수
2번 타자	최원준	중견수
3번 타자	김도영	3루수
4번 타자	나성범	우익수
5번 타자	소크라테스	좌익수
6번 타자	최형우	지명타자
7번 타자	김선빈	2루수
8번 타자	김태군	포수
9번 타자	이우성	1루수

● 예상 선발 로테이션

크로우

이의리

네일

양현종

윤영철

● 필승조

임기영

이준영

전상현

최지민

장현식

● 마무리

윤중현

정해영

TEAM INFO

팀 분석

2023 팀 순위(포스트시즌 최종 순위 기준)

6위

최근 5년간 팀 순위

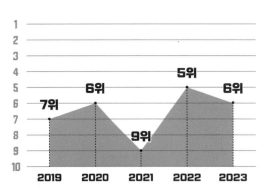

7위 2019
6위 2020
9위 2021
5위 2022
6위 2023

2023시즌 팀 공격력

↑: High / ↓: Low

타율↑	홈런↑	병살타↓	득점권 타율↑	삼진↓	OPS↑
0.276	101개	115개	0.300	957개	0.735
2위	2위	9위	1위	4위	2위

2023시즌 팀 마운드

↑: High / ↓: Low

평균자책점↓	탈삼진↑	QS↑	볼넷↓	피안타율↓	피홈런↓	WHIP↓
4.13	980개	46	564개	0.258	89개	1.42
5위	5위	9위	9위	4위	5위	6위

2023시즌 팀 수비력

↑: High / ↓: Low

실책↓	견제사↑	병살 성공↑	도루저지율↑
102개	10개	137번	26.3%
2위	4위	2위	7위

2023시즌 최다 마킹 유니폼

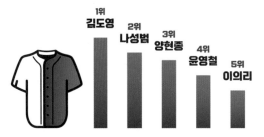

1위 김도영
2위 나성범
3위 양현종
4위 윤영철
5위 이의리

PARK FACTOR

홈구장_광주 기아 챔피언스필드

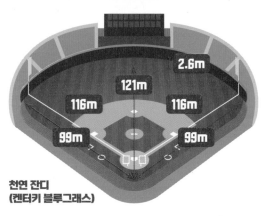

2.6m
121m
116m 116m
99m 99m

천연 잔디
(켄터키 블루그래스)

수용인원

19,500석

구장 특성

일본 히로시마 도요카프의 홈구장을 참고해서 만든 신식 구장. 2014시즌을 앞두고 오픈해 현재 KBO리그 구장들 가운데 비교적 최신 시설을 갖추고 있다. 한국 최초의 개방형 야구장. 1루부터 3루까지 관중석 중앙 공간이 연결된 콘코스 구조. 외야는 잔디석을 마련해 언제나 시민들에게 열려 있는 구장이라는 인상을 준다. 외야가 시원하게 뚫려 있는 느낌을 주지만, 홈런이 많이 나오는 구장은 아니다.

HOME STADIUM
GUiDE

원정 팬을 위한 교통편 추천, 주차 팁

아쉽게도 지하철 연결이 안 되어 있다. 하지만 원정 팬들이 찾기에 나쁜 위치는 아니다. 유스퀘어 고속버스, 시외버스 터미널을 이용할 경우 택시나 도보 이동을 추천한다. 택시를 타기에는 기본 요금 거리라 여의치 않으면, 터미널 앞에서 시내버스를 타거나 날씨가 좋은 날에는 걸어가도 오래 걸리지 않는다. 도보 이용 시 15~20분 이내 야구장에 도착한다.

타 지역에서 비행기나 기차를 타고 오는 팬들은 택시나 시내버스 이용을 추천한다. 광주공항과 광주송정역이 멀지 않은 거리고, 시내에서 거리가 그리 멀지 않다. 택시비는 만 원 정도 나온다.

자동차를 가지고 오는 것은 주말 경기, 관중들이 많이 몰리는 날에는 비추천. 신식 구장이지만 주차 공간이 빠듯해 경기 후 출차에 시간이 오래 걸린다. 경기장 인근 도로에 주차를 해 놓은 차들도 많아 주말에는 상습 혼잡 구간.

이 재미로 직관 가는 거 아닌가요, 이 구장에서 놓치면 안 되는 먹을거리, 놀거리, 이벤트

촌스러운 타이거즈 이제 잊어 주세요

불과 몇 년 전까지만 해도 KIA는 굿즈가 유독 촌스럽다는 평을 많이 받았다. 원정 경기에도 엄청난 팬 동원력을 자랑하는 인기 팀이지만, 팬들이 구매할 만한 상품이 많지 않다는 불만도 있었다. 그런 KIA가 달라졌다. 핫한 브랜드 IAB 스튜디오와 손을 잡고 유니폼과 의류로도 다양한 시도를 많이 하는 데다, 머리띠, 응원 도구를 비롯한 각종 굿즈들을 구단이 직접 하나하나 꼼꼼히 챙겨 만들고 있다. 구장 내부에 있는 굿즈샵인 '타이거즈샵' 내부 분위기도 확 달라졌다.

괜히 맛의 고장이 아니여

사실 챔피언스필드 바로 주변에는 맛집이나 음식, 편의 상품들을 구매할 곳들이 별로 없다. 그래서 챔필을 자주 찾는 팬들은 인근 번화가들을 쏙쏙 잘 이용한다. KTX를 타고 광주를 방문하는 팬이라면 가까운 송정시장을 찾아 유명 맛집들을 찾기도 하고, 먹거리를 사서 야구장으로 이동하기도 한다. 버스터미널과 연결된 유스퀘어는 신세계백화점과도 연결되어 있어 쇼핑도 하고, 시간을 보내기에도 좋다. 먹을거리를 사서 야구장에 가는 팬들도 상당히 많다. 경기 관람이 끝난 후에는 상무지구에서 술을 한잔하거나, 적당한 숙소를 잡아 숙박을 할 수도 있다.

이미 유명해서 더 궁금한 BK표 버거집

광주일고 출신 메이저리거 'BK형님' 김병현이 운영하는 수제버거 브랜드 '광주제일버거'. 챔피언스필드 홈 경기가 열리는 날에는 구장 내에 팝업스토어가 열린다. TV 프로그램 등 BK의 열렬한 홍보로 인해 야구팬들이라면 이제 모르는 사람이 없는 가게가 됐다. 줄이 꽤 길기 때문에 구매하고 싶다면 줄 서는 타이밍을 잘 잡아야 한다.

감독 이범호의 첫 시험대,
윌 크로우만 터져도 대성공

작년에 이것만 잘됐으면 좋았을 텐데

외국인 원투펀치가 밥값만 제대로 했어도 가을야구는 가능했다. 처음 기대를 걸었던 숀 앤더슨과 아도니스 메디나의 부진이 너무도 뼈아팠다. 앤더슨은 14경기에서 4승 7패, 79이닝, 평균자책점 3.76에 그쳤고, 메디나는 12경기에서 2승 6패, 58이닝, 평균자책점 6.05로 너무도 불안했다. KIA는 결국 외국인 원투펀치 영입 실패를 인정하고 둘 다 바꾸는 강수를 뒀다. 그런데 대체 선수로 영입한 토마스 파노니와 마리오 산체스도 기대만큼 위력적인 투구를 펼치지 못했다. 그나마 파노니가 6승을 챙겼고, 산체스는 막판 순위 싸움이 치열한 가장 중요한 기간에 부상과 씨름하다 4승 4패, 평균자책점 5.46에 그쳤다. 외국인 투수 네 명이 선발 등판한 52경기에서 달성한 퀄리티스타트는 19차례뿐. KIA 프런트가 올겨울 메이저리그 40인 로스터에 있던 윌 크로우와 제임스 네일을 데려오면서 공을 들인 이유다. 2022년 안방마님으로 쏠쏠한 활약을 펼쳤던 박동원이 2023년 시즌을 앞두고 LG 트윈스로 FA 이적하면서 빈자리가 커진 안방을 쉽게 채우지 못하기도 했다. 키움 히어로즈와 트레이드로 급히 포수 주효상을 데려오면서 주효상-한승택 체제로 시즌을 치르려 했는데, 둘 다 주전급 기량을 보여 주지 못했다. 결국 KIA는 또 트레이드를 선택할 수밖에 없었다. 지난해 7월 삼성 라이온즈에 전천후 내야수 류지혁을 내주는 출혈을 감수하고 포수 김태군을 데려왔다. 김태군은 든든히 안방을 채워 줬고, KIA는 똑같은 실수를 반복하지 않기 위해 시즌을 마치자마자 김태군과 비FA 다년 계약을 체결했다. 부상 관리도 KIA의 숙제. 나성범, 최형우, 박찬호, 김도영, 김선빈 등 주축 선수들이 줄줄이 큰 부상으로 이탈하면서 100% 전력을 유지할 수 있는 기간이 너무도 짧았다. 이들이 아프지만 않았다면 5강도 가능했을 것이다. 야구 관계자들 사이에서 "지난해 5강은 KIA의 부상 악재가 결정했다"는 말이 나왔을 정도니까.

스토브리그 성적표

외부 영입보다는 지키기에 주력했던 겨울. 김선빈, 고종욱 등 내부 FA를 단속하고, 최형우, 김태군과 비FA 다년 계약까지 성공. 서건창으로 저렴한 보험까지.

지극히 주관적인 올 시즌 예상 순위와 이유

이범호 신임 감독이 '뒷돈 경질 사태'로 뒤숭숭해진 선수단 분위기를 얼마나 잘 수습할지가 관건. 초보 감독의 지도력도 도마 위로. 일단 이범호 감독 외에 코치진은 손대지 않고 가능한 안정적으로 가기로. KIA 타선은 큰 걱정 없다. 나성범, 최형우, 소크라테스까지 중심 타선이 말 그대로 산 넘어 산이니까. 묵직한 중심 타선에 김도영, 박찬호, 김선빈, 이우성 등 안타 생산력이 좋은 타자들이 줄을 잇는다. 안방은 김태군을 주전으로 내세우며 안정화에 성공했고, 외국인 에이스 윌 크로우는 지난해 정규시즌 MVP 에릭 페디를 연상케 한다는 평가다. 크로우가 제2의 페디가 되고, 제임스 네일까지 터지면 KIA 선발 마운드는 매우 막강해진다. 국내 선발투수가 약간 물음표. 이의리, 윤영철이 있긴 하지만, 베테랑 양현종의 체력을 안배해 줄 국내 선발투수가 더 필요하다. 불펜은 마무리투수 정해영만 제 컨디션을 되찾으면 탄탄하다.

MANAGER

생년월일	1981년 11월 25일
출신학교	대구수창초-경운중-대구고-목원대
주요 경력	한화 이글스 선수(2000~2009), 일본 소프트뱅크 호크스 선수(2010), KIA 타이거즈 선수(2011~2019), KIA 타이거즈 퓨처스 감독(2021), KIA 타이거즈 1군 타격코치(2022~2023), KIA 타이거즈 감독(2024~)

71 이범호

"이기는 경기로 보답하겠습니다."

한국프로야구 최초 1980년대생 감독. KIA 타이거즈는 장정석 전 단장과 김종국 전 감독이 뒷돈 혐의로 차례로 옷을 벗는 초유의 사태를 경험한 직후 선수단 분위기를 수습할 새 감독으로 이범호의 젊은 리더십을 선택했다. 어리지만, 다른 구단에서도 감독감으로 탐을 냈을 정도로 지도자 역량을 인정받았다. KIA 타이거즈 구단 내부적으로는 차기 또는 차차기 감독으로 생각했던 인물. 불미스러운 일로 시기는 앞당겨졌으나 구단은 이범호 감독이 이끌 새로운 타이거즈를 향한 큰 기대감을 보이고 있다. 계약 기간은 2년, 계약금 3억 원, 연봉 3억 원까지 총액 9억 원 조건이다. 이범호 감독은 "초보 감독이 아닌 KIA 타이거즈 감독으로서 맡겨진 임기 내 반드시 팀을 정상권으로 올려놓겠다"고 다짐했다.

1군

수석코치	타격코치	투수코치	불펜코치	배터리코치	주루코치	작전코치	수비코치
진갑용	홍세완	정재훈	이동걸	나카무라 다케시	조재영	이현곤	박기남

퓨처스

퓨처스 감독	타격코치	투수코치	투수코치	배터리코치	주루코치	수비코치	잔류군코치
손승락	최희섭	이정호	이상화	이해창	박효일	윤해진	김석연

잔류군코치
서덕원

141

47
나성범
외야수(좌투좌타)

팅 V12 꼰수 잇도록 최선을 다하겠다.

생년월일	1989년 10월 3일
신장/체중	183cm / 100kg
학력	광주대성초-진흥중-진흥고-연세대
연봉(2024)	8억 원
경력	NC 다이노스(2012~2021)-KIA 타이거즈(2022~)

#캡틴

처음에는 몰랐다. 이렇게 복잡한 시기에 주장을 맡을 줄이야. 스프링캠프를 눈앞에 두고 김종국 전 감독이 배임수재 혐의로 검찰 조사를 받을 누가 알았겠나. 김 전 감독이 경질되고 자칫 붕 뜨거나 가라앉을 수 있는 선수단 분위기를 수습하는 건 주장 나성범의 몫이 됐다. 나성범은 가능한 한 동료들이 동요하지 않도록 선수들을 하나로 모으기 위해 노력했고, 이범호 신임 감독과 함께 KIA를 젊고 에너지 넘치는 팀으로 이끌기로 다짐했다. 난세의 캡틴은 시즌 뒤 어떻게 기록될까.

#부상은_제발

지난해 나성범만큼 부상이 아쉬웠던 선수가 있을까. 2023년 WBC 대회에서 왼쪽 종아리 근막을 다쳐 6월 중순에야 시즌을 시작할 수 있었고, 9월 중순 왼쪽 햄스트링을 다쳐 시즌을 마감했다. 1군 등록일은 단 89일. 그런데 이 짧은 기간 58경기에서 타율 0.365, 18홈런, 57타점, OPS 1.098 맹타를 휘둘렀다. 나성범이 건강히 144경기를 뛰었다면, KIA는 가뿐히 2년 연속 가을야구 티켓을 확보했을지도.

#형우형_가자

나성범의 파워가 더 빛을 보려면, 소금과 같은 존재인 최형우가 빠질 수 없다. 1983년생인 최형우는 여전히 후배들을 압도하는 중심타자다. KIA는 올겨울 최형우와 비FA 다년 계약을 마쳤다. 역대 최고령 비FA 다년 계약 신기록. 나성범은 최형우와 함께 최소 40홈런 이상 합작할 수 있는 최강 중심타선을 바라본다.

TMI 인터뷰

1. 일주일 동안 한 가지 음식만 먹어야 한다면?
- 갈비탕

2. 세상에서 가장 싫은 것 한 가지는?
- 부상

3. 스트레스 쌓이거나 생각이 많을 때 하는 건?
- 음악 듣기 및 가능하면 여행

4. 진짜 독하다 싶은 선수는?
- 김호령 선수

5. 야구하길 잘했다는 생각이 들 때는?
- 팬들에게 박수 받을 때, 가족들과 여행 다니면서 맛있는 음식을 먹고 가지고 싶은 것을 살 때

작년 2023 시즌 기록

타율	경기	타석	타수	득점	안타
0.365	58	253	222	51	81

2루타	3루타	홈런	루타	타점	도루
12	1	18	149	57	0

볼넷	삼진	병살타	장타율	출루율	OPS
26	36	1	0.671	0.427	1.098

전력분석	리그 최정상급 중장거리형 타자. 콘택트 능력이 있으면서 파워가 좋아 장타 생산력이 빼어나다. 의외로 삼진을 아주 많이 당하지 않는다. KIA 타자 가운데 가장 빠른 타구 속도를 자랑한다. 해마다 20홈런은 계속 칠 수 있는 능력이 최대 장점. 지난해 왼쪽 종아리와 햄스트링 부상으로 58경기밖에 못 뛰었는데도 18홈런을 칠 정도로 장사다.
강점	압도적 타구 속도. 타석에서 엄청난 위압감을 뿜내는 비결
약점	몸쪽 공 대응력이 컨디션에 따라 차이가 있다
수비력	투수 출신다운 강한 어깨. 한 베이스 덜 주는 KIA 외야 수비의 중심

안다치고 우승하겠습니다 꼭!

5 | 내야수(우투우타)

김도영

생년월일	2003년 10월 2일
신장/체중	183cm / 85kg
학력	광주대성초-광주동성중-광주동성고
연봉(2024)	1억 원
경력	KIA 타이거즈(2022~)

#찬호형_뒤를_조심해

순수하게 발이 빠른 정도만 따지면 김도영이 박찬호에 앞선다. 하지만 도루는 다르다. 도루는 빠른 발도 중요하지만, 순간 상황 판단력이 중요하다. 판단력은 경험이 쌓일수록 성장한다. 2022년 도루왕 박찬호(42도루)와 김도영(13도루)의 도루 수가 29개 차까지 벌어졌던 이유다. 1년 사이 둘의 격차는 단 5개로 줄었다. 2023년 박찬호는 30도루, 김도영은 25도루로 팀 내 1, 2위에 올랐다. 올해는 베이스 크기까지 확대돼 도루를 더 적극적으로 할 수 있는 환경이 마련됐다. 어쩌면 전세가 역전될지도. 김도영은 고교 유격수 최대어 출신으로 박찬호를 가장 위협하는 백업 유격수기도 하다. 박찬호에게는 여러모로 껄끄러운 존재가 바로 김도영이다.

#주전_3루수_안_뺏겨

김도영은 프로에 와서 일단 유격수보다는 수비 부담이 적은 3루수로 자리를 잡기 시작했다. 김종국 KIA 감독은 유격수 박찬호-3루수 김도영을 고정하면서 공수에서 가장 탄탄할 수 있는 조합을 찾았다. 프로 3년째인 김도영은 점점 주전 3루수 굳히기에 들어가고 있는데, 안심할 단계는 아니다. 당장 지난해에도 개막하자마자 발 부상으로 2개월 가까이 이탈했고, 지난해 11월 '2023년 아시아프로야구챔피언십(APBC)'에 참가했다가 왼손 엄지 측부 인대 파열 부상으로 4개월 재활 진단을 받았다. 그사이 김규성, 윤도현, 박민, 홍종표 등 백업 내야수들은 찰나의 기회를 노리고 있다. 또 아프면 정말 밥그릇이 위험하다.

작년 2023 시즌 기록

타율	경기	타석	타수	득점	안타
0.303	84	385	340	72	103
2루타	**3루타**	**홈런**	**루타**	**타점**	**도루**
20	5	7	154	47	25
볼넷	**삼진**	**병살타**	**장타율**	**출루율**	**OPS**
38	62	14	0.453	0.371	0.824

전력분석	체구에 비해 멀리 칠 수 있는 장타력. 콘택트 능력도 평균 이상. 1번 또는 2번 타자로 주로 나갔는데도 장타율이 0.453로 리그 20위 안에 드는 수준이다. 빠른 발 덕분에 3루타 부문에서 해마다 상위권 장식. KIA의 30홈런-30도루 기대주
강점	우타자인데도 1루까지 4초도 안 걸리는 빠른 발. 지난해 25도루로 8위
약점	이제 3년 차라 여전히 경험 부족. 변화구 대처 능력 개선 필요
수비력	어깨도 좋고, 수비 범위도 넓다. 지금은 주전 3루수지만, 주전 유격수 박찬호를 긴장하게 하는 후배

🎤 TMI 인터뷰

1. 일주일 동안 한 가지 음식만 먹어야 한다면?
- 제육볶음

2. 세상에서 가장 싫은 것 한 가지는?
- 뒷담

3. 스트레스 쌓이거나 생각이 많을 때 하는 건?
- 명언 읽기 및 드라이브

4. 진짜 독하다 싶은 선수는?
- 윤도현 선수

5. 야구하길 잘했다는 생각이 들 때는?
- 팬분들 함성 소리 나올 때

1
박찬호

내야수(우투우타)

생년월일	1995년 6월 5일
신장/체중	178cm / 72kg
학력	신답초-건대부중-장충고
연봉(2024)	3억 원
경력	KIA 타이거즈(2014~)

최초_유격수_수비상_접니다

박찬호는 2023년 KBO 수비상 유격수 부문에서 LG 트윈스 오지환과 함께 초대 수상자로 선정됐다. 각 구단 감독과 코치, 단장 등의 투표로 결정됐다. 박찬호는 투표 점수 66.67점, 수비 점수 20.83점으로 수비 점수에서 오지환(12.5점)에 크게 앞섰지만, 합산 결과는 87.5점으로 같았다. 2021년(24개)과 2022년(22개)로 유격수 실책 2위에 올랐던 박찬호가 성장 드라마를 썼다.

생애_첫_3할타자_다음은_골글

박찬호는 2023년 생애 처음으로 3할 타자가 됐다. 수비 비중이 큰 유격수는 포지션 특성상 3할 타율이 매우 귀하다. 게다가 박찬호는 주로 1번 또는 2번 타자를 맡았다. 체력 부담이 엄청났는데도 볼카운트 상황이 불리해지면 공을 맞히는 데 더 집중하면서 3할 타율을 유지했다. 3할 타자의 꿈을 이뤘으니 다음 목표는 골든글러브. 2023년은 한국시리즈 우승을 이끈 LG 트윈스 주장 오지환에게 밀려 2위에 그쳤지만, 올해는 양보할 마음이 없다. 이종범(1993, 1994, 1996, 1997년), 홍세완(2003년), 김선빈(2017년)에 이어 타이거즈 역대 4번째 유격수 골든글러브를 노린다.

TMI 인터뷰

1. 일주일 동안 한 가지 음식만 먹어야 한다면?
- 라면

2. 세상에서 가장 싫은 것 한 가지는?
- 벌레

3. 스트레스 쌓이거나 생각이 많을 때 하는 건?
- 숙면

4. 진짜 독하다 싶은 선수는?
- 윤도현 선수

5. 야구하길 잘했다는 생각이 들 때는?
- 월급날

작년 2023 시즌 기록

타율	경기	타석	타수	득점	안타
0.301	130	507	452	73	136
2루타	3루타	홈런	루타	타점	도루
18	4	3	171	52	30
볼넷	삼진	병살타	장타율	출루율	OPS
40	56	13	0.378	0.356	0.734

전력분석	2023년 생애 첫 3할 타율을 기록할 정도로 콘택트 능력이 좋아졌다. 주자 있을 때나 1스트라이크 또는 2스트라이크 이후 볼카운트에서 좋은 결과를 많이 만들었다. 직구와 변화구 실투를 놓치지 않고 볼카운트가 불리할 때도 콘택트를 잘해서 타율이 많이 올랐다. 2024년에도 지난해만큼의 타격이 기대되는 1번 타자.
강점	2년 연속 30도루 이상을 기록한 빠른 발
약점	월별 타율의 편차가 크다. 편차를 줄이는 게 숙제
수비력	말이 필요한가. 수비 범위 넓고, 어려운 타구도 척척 낚고, 어깨도 강하다

48 투수(좌투좌타)
이의리

생년월일	2002년 6월 16일
신장/체중	185cm / 90kg
학력	광주수창초-충장중-광주제일고
연봉(2024)	1억 7천만 원
경력	KIA 타이거즈(2021~)

#피홈런_그게_뭐예요

이의리는 지난해 피홈런 단 4개를 기록했다. 130이닝 이상 투구한 선발투수 가운데 가장 적은 기록. 삼성 라이온즈 에이스였던 데이비드 뷰캐넌과 어깨를 나란히 했다. 지난해 이의리의 땅볼/뜬공 비율은 0.96으로 확신의 뜬공 유도형 투수다. 그런데 땅볼 유도형 투수인 뷰캐넌만큼 피홈런을 억제했다. 그만큼 구위가 좋고, 묵직한 공을 던진다고 해석할 수 있다. 2022년 피홈런이 18개였던 것을 고려하면 엄청난 성장이다.

#체인지업

이의리는 올겨울 구단의 지원으로 미국 시애틀에 있는 '드라이브라인 베이스볼 센터'에 유학을 다녀왔다. 한 달 동안 선진 야구를 배울 절호의 기회. 이의리는 체인지업 연마에 집중했다. 좌투수가 체인지업을 잘 쓰면 우타자를 상대할 때 효과적이기 때문. 시속 150km대 강속구에 시속 120km대 커브를 섞어 이미 재미를 보는 상황에서 체인지업 구사력까지 더 좋아지면, 이의리는 올해 왜 그가 2선발로 이름을 올리고 있는지 당당히 증명할 수 있을 것이다.

#공짜출루_이제_그만

지난해 가장 나빠진 지표를 꼽으라면 볼넷이다. 93개로 커리어하이를 기록했다. 2022년(29경기 154이닝)보다 지난해 20이닝 정도 덜 던졌는데, 볼넷은 20개를 더 허용했다. 제구 마스터 정재훈 투수코치를 만난 게 행운이라면 행운. 진짜 올해 공짜 출루 더는 안 된다. 보는 팬들 속 터진다.

작년 2023 시즌 기록

평균자책점	경기	승	패	홀드	세이브
3.96	28	11	7	0	0
승률	**이닝**	**투구수**	**피안타**	**피홈런**	**볼넷**
0.611	131 2/3	2546	103	4	93
삼진	**실점**	**자책점**	**피안타율**	**WHIP**	**퀄리티스타트**
156	64	58	0.213	1.49	6

전력분석	변화구 무브먼트, 직구 구위와 구속까지 다 좋다. 좌투수인데 직구 최고 구속 150km/h 초반, 평균 구속 140km/h 중반대까지 나온다. 구위가 좋은 직구 비중을 높이고, 두 번째 구종으로 슬라이더를 쓰는 전략을 지난해에도 유지했다. 체인지업과 커브는 데뷔 시즌보다는 의존도를 줄이되 적재적소에 활용할 수 있다. 경기 중간에 갑자기 흔들리는 상황을 줄이면, 더 큰 투수로 성장할 수 있다.
강점	괜히 왼손 파이어볼러인가. 묵직한 직구
약점	첫째도 둘째도 제구다. 심리와 밸런스 문제가 같이 나타나는데, 대처법을 조금씩 찾아 나가고 있다

TMI 인터뷰

1. 일주일 동안 한 가지 음식만 먹어야 한다면?
- 고기

2. 세상에서 가장 싫은 것 한 가지는?
- 벌레

3. 스트레스 쌓이거나 생각이 많을 때 하는 건?
- 야구 영상 보기

4. 진짜 독하다 싶은 선수는?
- 나

5. 야구하길 잘했다는 생각이 들 때는?
- 마운드 등판할 때

62
정해영

투수(우투우타)

생년월일	2001년 8월 23일
신장/체중	189cm / 98kg
출신학교	광주대성초-광주동성중-광주제일고
연봉(2024)	2억 원
경력	KIA 타이거즈(2020~)

#3천만 원_삭감

정해영은 올해 연봉 협상 테이블에서 삭감 대상자인 현실을 받아들여야 했다. 지난해 연봉 2억 3천만 원에서 3천만 원이 깎였다. 2021년 34세이브, 2022년 32세이브를 기록하며 21세 어린 나이에 타이거즈 역사상 처음으로 2시즌 연속 30세이브를 달성했던 클로저인데 자존심을 제대로 구겼다. 슬로스타터인 게 문제라면 문제. 정해영은 지난 시즌 초반 유독 고전을 면치 못했고, 2군에서 재정비하는 시간까지 보내야 했다. 시즌 중반부터 다시 페이스를 끌어올려 23세이브를 기록하긴 했으나 KIA는 49⅓이닝밖에 책임지지 못한 책임을 연봉 삭감으로 물었다.

#23세_임창용_넘어선다

정해영은 올해도 임창용의 최연소 세이브 기록을 갈아치울 준비를 한다. 이번에는 역대 최연소 100세이브. 정해영은 통산 90세이브로 올해 딱 10번만 더 승리를 지키면 100세이브 고지를 밟는다. 현재 기록 보유자는 임창용으로 만 23세 10개월 10일에 달성했다. 정해영은 올해 8월이 돼야 만 23세가 된다. 시즌 개막은 3월 말. 부상만 없으면 4개월 안에 10세이브는 거뜬히 달성할 수 있는 기록이다. 정해영은 2021년과 2022년 2년 연속 30세이브를 달성할 때도 임창용의 역대 최연소 기록을 갈아치웠다. 임창용은 달성 당시 나이 23세 2개월 7일, 정해영은 21세 1개월 1일이었다. 임창용은 올해도 정해영이 기특하면서도 야속할 듯.

TMI 인터뷰

1. 일주일 동안 한 가지 음식만 먹어야 한다면?

- 고기

2. 세상에서 가장 싫은 것 한 가지는?

- 벌레

3. 스트레스 쌓이거나 생각이 많을 때 하는 건?

- 맛있는 음식 먹거나 주변 지인들과 수다

4. 진짜 독하다 싶은 선수는?

- 잘 모르겠습니다 ㅎ

5. 야구하길 잘했다는 생각이 들 때는?

- 팬분들 덕분에 매순간

야구 잘하겠습니다

작년 2023 시즌 기록

평균자책점	경기	승	패	홀드	세이브
2.92	52	3	4	1	23
승률	이닝	투구수	피안타	피홈런	볼넷
0.429	49 1/3	780	53	3	20
삼진	실점	자책점	피안타율	WHIP	퀄리티스타트
30	18	16	0.277	1.48	0

전력분석	지난해는 구속과 구위 문제로 많이 어려웠던 시즌. 2군에서 재정비가 필요했을 정도. 올해도 직구 구위와 구속에 시즌 성적이 걸려 있다. 지난해 안 좋을 때는 직구 구속이 140km/h 초반대에 머물렀다. 그래도 구속 140km/h 중후반대까지 회복했을 때는 뒷문을 잘 막아 내며 23세이브를 챙겼다. 올해도 140km/h 중반 이상의 구속을 유지해야 직구 수직 무브먼트가 더 살 수 있다.
강점	강한 직구 구위. 직구 구속만 살아나면 KIA 뒷문 걱정은 끝
약점	직구 강점이 죽으면 슬라이더까지 밋밋해진다

TIGERS

54
양현종

투수(좌투좌타)

생년월일	1988년 3월 1일
신장/체중	183cm / 91kg
출신학교	학강초-광주동성중-광주동성고
연봉(2024)	5억 원
경력	KIA 타이거즈(2007~2020)-텍사스 레인저스(2021)-KIA 타이거즈(2022~)

#대투수의_대기록_170이닝

대투수는 올해도 170이닝을 목표로 달린다. 양현종은 2014년 171⅓이닝을 던진 것을 시작으로 지난해까지 무려 9년 연속(미국 메이저리그에서 뛴 2021년 제외) 170이닝 이상을 투구하면서 이닝이터의 진면목을 보여 줬다. 9년 연속 170이닝을 던진 투수는 KBO 역사상 양현종이 유일하다. 2016년에는 200⅓이닝을 던지면서 선발투수들의 로망인 시즌 200이닝 달성의 꿈을 이루기도 했다. 10년 연속 170이닝 대기록을 이어 가기 위해서는 건강한 몸이 필수다. 지난 9년 동안 양현종의 내구성은 충분히 증명됐는데, 어느덧 나이 36세가 됐고 팔도 지칠 때가 됐다는 의견이 조금씩 나온다. 대투수는 그래도 대투수라는 것을 올해 170이닝으로 또 한 번 증명할 수 있을까.

#마음고생

투수조 맏형 양현종은 스프링캠프 직전 주장 나성범 못지않게 마음고생을 했다. 감독 경질 사태로 뒤숭숭할 때 투수조 분위기 수습을 담당했기 때문. 양현종은 "우리 잘못이 아니다. 고개 숙이지 말자"고 후배들을 격려하며 캠프 훈련 분위기를 이끌었다. 올해 새로 1군 투수 파트를 맡은 정재훈, 이동걸 코치와 선수들이 가까워질 수 있도록 적극적으로 소통해야 할 때도 양현종이 앞장섰다. 팀이 위기일 때 베테랑의 진면목을 엿볼 수 있는 장면이었다. 양현종은 힘들었을지 모르겠지만.

작년 2023 시즌 기록

평균자책점	경기	승	패	홀드	세이브
3.58	29	9	11	0	0
승률	**이닝**	**투구수**	**피안타**	**피홈런**	**볼넷**
0.450	171	2751	181	13	48
삼진	**실점**	**자책점**	**피안타율**	**WHIP**	**퀄리티스타트**
133	78	68	0.272	1.34	14

전력분석	변화구 좋고, 제구 좋고, 구위 좋고. 가장 좋은 건 디셉션 능력이다. 타자들이 구종을 파악하지 못하도록 공을 잘 숨기고, 또 타이밍도 잘 뺏으면서 던지는 스타일이라 거의 타자들의 리듬에 끌려가지 않는다. 다만 대투수 양현종도 세월은 무섭다. 미국 메이저리그 도전 기간(2021년)을 제외하고도 KBO리그 통산 2332⅓이닝을 던졌다. 많은 공을 던진 여파가 오지 않도록 준비하고 관리하는 게 올 시즌 관건.
강점	9년 연속 170이닝. 아무나 하는 게 아닙니다
약점	변화구 제구 안 되는 날은 양현종도 어쩔 도리가 없네

TMI 인터뷰

1. 일주일 동안 한 가지 음식만 먹어야 한다면?
- 김치찌개

2. 세상에서 가장 싫은 것 한 가지는?
- 아픈 것

3. 스트레스 쌓이거나 생각이 많을 때 하는 건?
- 무조건 잔다

4. 진짜 독하다 싶은 선수는?
- 전상현 선수

5. 야구하길 잘했다는 생각이 들 때는?
- 팀이 승리할 때

가족 덩 모두가 아프지 않는
능력이 성기길...

투수(우투우타)

12 크로우

생년월일/국적	1994년 9월 9일 / 미국		출신학교	미국 South Carolina(대)	
신장/체중	185cm / 108kg		연봉	100만 달러	
경력	워싱턴 내셔널스(2020)-피츠버그 파이리츠(2021~2023)-KIA 타이거즈(2024~)				

작년 2023 시즌 기록

평균자책점	경기	승	패	홀드	세이브
-	-	-	-	-	-
승률	이닝	투구수	피안타	피홈런	볼넷
-	-	-	-	-	-
삼진	실점	자책점	피안타율	WHIP	퀄리티스타트

전력분석	워싱턴 내셔널스 최고 선발 유망주 출신. 2021년은 피츠버그 파이어리츠에서 풀타임 선발투수로 25경기나 등판했고, 2022년은 불펜으로 60경기에 중용될 정도로 메이저리그 경험 풍부. 메이저리그 통산 평균자책점은 5.30. 구위와 제구 모두 좋은 편. 제2, 3구종으로는 커터와 체인지업을 던진다.
강점	커터와 체인지업의 무브먼트가 뛰어남
약점	부상 전력 있음. 부상 걱정이 가장 치명적 약점

투수(우투우타)

40 네일

생년월일/국적	1993년 2월 8일 / 미국		출신학교	미국 Alabama at Birmingham(대)	
신장/체중	193cm / 83kg		연봉	70만 달러	
경력	세인트루이스 카디널스(2022~2023)-KIA 타이거즈(2024~)				

작년 2023 시즌 기록

평균자책점	경기	승	패	홀드	세이브
-	-	-	-	-	-
승률	이닝	투구수	피안타	피홈런	볼넷
-	-	-	-	-	-
삼진	실점	자책점	피안타율	WHIP	퀄리티스타트

전력분석	미국 메이저리그 세인트루이스 카디널스 40인 로스터에 포함돼 있다가 한국 도전을 선택했다. KIA는 이적료 25만 달러까지 지급하면서 네일을 데려왔다. 투심패스트볼과 체인지업, 커브, 커터 등 다양한 구종을 던지고, 제구력이 매우 좋다. 직구 구속은 140km/h 중후반대, 투심패스트볼은 150km/h대까지 나온다.
강점	공의 무브먼트가 좋고, 빼어난 제구력을 앞세워 안정적으로 경기를 운영한다
약점	2021년부터는 불펜 등판이 대부분. 이닝이터가 될 수 있을까

투수(좌투좌타)

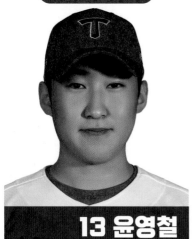

13 윤영철

생년월일	2004년 4월 20일		출신학교	창서초(서대문구리틀)-충암중-충암고	
신장/체중	187cm / 87kg		연봉	9천만 원	
경력	KIA 타이거즈(2023~)				

작년 2023 시즌 기록

평균자책점	경기	승	패	홀드	세이브
4.04	25	8	7	0	0
승률	이닝	투구수	피안타	피홈런	볼넷
0.533	122 2/3	2047	124	10	48
삼진	실점	자책점	피안타율	WHIP	퀄리티스타트
74	59	55	0.263	1.40	7

전력분석	19세 데뷔 시즌에 풀타임 선발투수로 성장하며 '차기 좌완 에이스' 수식어에 걸맞은 활약. 한화 이글스 투수 문동주에 밀려 신인왕은 놓쳤지만, 25경기에 등판해 8승을 책임지며 올해 기대감을 더 높임. 직구와 변화구 모두 제구력이 뛰어나 어려도 노련한 투구 펼침. 풀타임 버틸 체력은 조금 더 키워야.
강점	나이가 믿기지 않는 경기 운영 능력
약점	직구 구속이 안 올라오면 타자를 쉽게 압도하지 못함

투수(우언우타)

17 임기영

생년월일	1993년 4월 16일		출신학교	대구수창초-경운중-경북고	
신장/체중	184cm / 86kg		연봉	2억 5천만 원	
경력	한화 이글스(2012~2014)-KIA 타이거즈(2015~)				

작년 2023 시즌 기록

평균자책점	경기	승	패	홀드	세이브
2.96	64	4	4	16	3
승률	이닝	투구수	피안타	피홈런	볼넷
0.500	82	1248	56	6	19
삼진	실점	자책점	피안타율	WHIP	퀄리티스타트
57	29	27	0.193	0.91	0

전력분석	2023년 공식 KIA 불펜 마당쇠. 순수 불펜으로 64경기에 등판해 82이닝 책임짐. 경기 수와 이닝 모두 KIA 불펜 1위. 선발이 일찍 무너졌을 때 이닝을 끌어주는 롱릴리프 임무를 완벽히 해냄. 평균자책점 2.96은 개인 한 시즌 커리어하이. 결과적으로 선발에서 불펜 전환이 신의 한 수.
강점	확실한 변화구 구사력. 특히 체인지업
약점	강점인 체인지업이 약점이 되기도. 체인지업 무브먼트에 따라 경기력 기복 있음

투수(좌투좌타)

20 이준영

생년월일	1992년 8월 10일		출신학교	군산남초-군산중-군산상고-중앙대	
신장/체중	177cm / 85kg		연봉	1억 4천만 원	
경력	KIA 타이거즈(2015~)				

작년 2023 시즌 기록

평균자책점	경기	승	패	홀드	세이브
3.21	64	1	0	10	0
승률	이닝	투구수	피안타	피홈런	볼넷
1.000	33 2/3	620	26	0	23
삼진	실점	자책점	피안타율	WHIP	퀄리티스타트
30	12	12	0.211	1.46	0

전력분석	이제는 믿고 보는 좌완 필승조. 2년 연속 두 자릿수 홀드를 기록. 좌타자 상대 스페셜리스트로는 KIA에 이만한 투수가 없다. 이준영의 슬라이더는 이제 알고도 못 치는 강력한 결정구로 자리 잡음. 올해도 좌타자를 부탁해.
강점	슬라이더 긁히면 끝난 게임
약점	직구와 변화구 커맨드가 예리하지 않음

투수(우투우타)

51 전상현

생년월일	1996년 4월 18일		출신학교	남도초-경복중-대구상원고	
신장/체중	182cm / 84kg		연봉	1억 7천만 원	
경력	KIA 타이거즈(2016~)				

작년 2023 시즌 기록

평균자책점	경기	승	패	홀드	세이브
2.15	64	8	3	13	1
승률	이닝	투구수	피안타	피홈런	볼넷
0.727	58 2/3	945	50	1	26
삼진	실점	자책점	피안타율	WHIP	퀄리티스타트
50	20	14	0.233	1.30	0

전력분석	지난해 평균자책점 2.15로 커리어하이 기록. 직구 구속이 아주 빠르지 않아도 구위가 뛰어남. 안정적인 제구력을 바탕으로 경기 운영 능력도 돋보임. 탈삼진 능력도 빼어나 위기에도 전상현이 마운드에 오르면 일단 안심.
강점	공의 수직 무브먼트가 뛰어남
약점	직구 구위가 안 좋은 날은 불안해

투수(좌투좌타)

39 최지민

생년월일	2003년 9월 10일		출신학교	강릉율곡초(강릉리틀)-경포중-강릉고	
신장/체중	185cm / 100kg		연봉	1억 원	
경력	KIA 타이거즈(2022~)				

작년 2023 시즌 기록

평균자책점	경기	승	패	홀드	세이브
2.12	58	6	3	12	3
승률	이닝	투구수	피안타	피홈런	볼넷
0.667	59 1/3	985	45	4	26
삼진	실점	자책점	피안타율	WHIP	퀄리티스타트
44	17	14	0.216	1.20	0

전력분석	2023년 KIA 최고 히트 상품. 지난해 1월 호주 야구 유학(질롱코리아) 대성공. 2022년 단 6경기 등판에 그쳤던 유망주가 지난해 58경기에 등판하며 6승, 12홀드, 평균자책점 2.12로 호투하며 좌완 필승조로 급성장. 2022 항저우 아시안게임 야구 금메달의 주역이기도 함. 직구 최고 구속을 150km/h대까지 끌어올리면서 비약적인 발전.
강점	디셉션 동작이 있고 구위와 구속 모두 준수
약점	경험이 많지 않아 접전에는 아직 불안

포수(우투우타)

42 김태군

생년월일	1989년 12월 30일		출신학교	양정초-대동중-부산고	
신장/체중	182cm / 92kg		연봉	7억 원	
경력	LG 트윈스(2008~2012)-NC 다이노스(2013~2021)-삼성 라이온즈(2022~2023)-KIA 타이거즈(2023~)				

작년 2023 시즌 기록

타율	경기	타석	타수	득점	안타
0.257	114	346	311	24	80
2루타	3루타	홈런	루타	타점	도루
10	1	1	95	42	2
볼넷	삼진	병살타	장타율	출루율	OPS
15	30	17	0.305	0.305	0.610

전력분석	지난해 7월 KIA로 트레이드 이적한 새 안방마님. 공수에서 안정감을 더하며 KIA의 주전 포수 고민을 해결하고 3년 총액 25억 원 다년 계약 성공. 지난해 타율은 0.257로 높지 않지만, 노림수를 갖고 치는 능력이 좋음. 콘택트 능력도 준수함. 도루 저지 능력도 좋음.
강점	김태군이 포수 마스크를 쓰면 편안하다. 안정적인 투수 리드 능력과 경기 운영 능력
약점	역시나 타격. 강한 타구 및 장타 생산 능력이 떨어짐

포수(우투우타)

26 한승택

생년월일	1994년 6월 21일		출신학교	잠전초(남양주리틀)-잠신중-덕수고	
신장/체중	174cm / 83kg		연봉	6천 5백만 원	
경력	한화 이글스(2013)-KIA 타이거즈(2014~)				

작년 2023 시즌 기록

타율	경기	타석	타수	득점	안타
0.129	49	104	85	6	11
2루타	3루타	홈런	루타	타점	도루
2	0	0	13	3	0
볼넷	삼진	병살타	장타율	출루율	OPS
11	32	1	0.153	0.245	0.398

전력분석	2013년 11월 한화 이글스로 FA 이적한 이용규의 보상선수로 영입해 주전 포수로 성장하길 기대했으나 좀처럼 기회를 잡지 못함. 김태군이 다년 계약에 성공하면서 한승택의 입지는 더더욱 좁아짐. 만 나이로 서른 살이 되면서 이제 유망주 수식어를 붙이기도 애매해졌다. 이제는 주전 경쟁 아닌 생존 경쟁.
강점	블로킹, 송구, 캐칭 등 전반적인 수비 능력
약점	최근 2년 연속 1할 타자. 타격이 큰 걸림돌

내야수(우투우타)

52 황대인

생년월일	1996년 2월 10일		출신학교	군산신풍초-자양중-경기고	
신장/체중	178cm / 100kg		연봉	8천만 원	
경력	KIA 타이거즈(2015~)				

작년 2023 시즌 기록

타율	경기	타석	타수	득점	안타
0.213	60	199	174	19	37
2루타	3루타	홈런	루타	타점	도루
4	0	5	56	26	0
볼넷	삼진	병살타	장타율	출루율	OPS
18	50	6	0.322	0.296	0.618

전력분석	2022년 커리어하이를 찍고 주전으로 도약하나 했더니 줄부상. 7월에는 햄스트링 부상 이탈, 10월에는 팔꿈치 뼛조각 제거 수술을 받으면서 4개월 재활 소견을 들었다. 2022년 122안타, 14홈런, 91타점을 쳤는데 지난해는 37안타, 5홈런, 26타점에 그침. 건강하게 2022 페이스를 찾고 KIA 주전 1루수 타이틀을 되찾아야.
강점	파워. 몸쪽 코스 대응력도 좋음. 수비 범위는 넓지 않아도 핸들링이 좋음
약점	바깥쪽 코스와 변화구 대응력은 더 키워야

내야수(우투우타)

3 김선빈

생년월일	1989년 12월 18일		출신학교	화순초-화순중-화순고	
신장/체중	165cm / 77kg		연봉	6억 원	
경력	KIA 타이거즈(2008~)				

작년 2023 시즌 기록

타율	경기	타석	타수	득점	안타
0.320	119	473	419	41	134
2루타	3루타	홈런	루타	타점	도루
16	0	0	150	48	3
볼넷	삼진	병살타	장타율	출루율	OPS
38	26	10	0.358	0.381	0.739

전력분석	올겨울 생애 두 번째 FA 자격을 얻어 KIA와 3년 총액 30억 원에 계약하며 '종신 타이거즈맨' 선언. 2020년 첫 FA 계약 조건인 4년 40억 원에는 못 미쳤지만, 여전히 KIA 대표 2루수. 올겨울 KIA에 새로 합류한 서건창과 주전 2루수 경쟁 예상. 지난 2년 동안 주장 맡아 리더십도 발휘. 지난해 타율 0.320으로 리그 6위, 팀 내 1위(규정타석 기준).
강점	직구든 변화구든 가리지 않고 안타 생산. 콘택트 능력 우수
약점	어느덧 나이 30대 중반이 된 작은 거인. 수비 범위가 조금씩 줄어듬

내야수(우투좌타)

14 김규성

생년월일	1997년 3월 8일		출신학교	갈산초-선린중-선린인터넷고	
신장/체중	183cm / 73kg		연봉	5천 5백만 원	
경력	KIA 타이거즈(2016~)				

작년 2023 시즌 기록

타율	경기	타석	타수	득점	안타
0.234	99	177	158	29	37
2루타	3루타	홈런	루타	타점	도루
6	1	2	51	11	6
볼넷	삼진	병살타	장타율	출루율	OPS
13	43	2	0.323	0.297	0.620

전력분석	지난해 유격수와 2루수 백업으로 99경기에 나섰다. 포구, 송구, 수비 범위까지 전체적인 수비 능력이 좋은 편. 2020년 1군 데뷔 시즌 103경기 이후 가장 많은 기회를 얻었다. 타율 0.234(158타수 37안타)는 개인 커리어하이. 그러나 이 성적으로 생존하기는 부족하다. 자신만의 장기를 추가해야 한다.
강점	체격에 비해 펀치력이 있어 강한 타구 생산
약점	정확하게 맞히는 능력은 부족

외야수(좌투좌타)

30 소크라테스

생년월일/국적	1992년 9월 6일 / 도미니카공화국	출신학교	도미니카 Liceo Cacique Enriquillo(고)
신장/체중	188cm / 93kg	연봉	120만 달러
경력	애리조나 다이아몬드백스(2015~2018)-토론토 블루제이스(2019)-KIA 타이거즈(2022~)		

작년 2023 시즌 기록

타율	경기	타석	타수	득점	안타
0.285	142	608	547	91	156
2루타	3루타	홈런	루타	타점	도루
31	3	20	253	96	15
볼넷	삼진	병살타	장타율	출루율	OPS
52	80	13	0.463	0.344	0.807

전력분석	2022년 데뷔 시즌보다는 전반적인 타격 지표가 떨어졌다. 연봉 총액은 2023년 110만 달러에서 올해 120만 달러로 소폭 인상됐는데, 옵션이 40만 달러에 이른다. KIA가 그만큼 위험 부담을 계산하고 있다는 뜻. 부상 없이 142경기에 나서 홈런(20개)과 타점(96개)은 증가했다. 타점 부문은 리그 2위.
강점	콘택트 능력과 장타 생산 능력을 모두 갖춤
약점	2년 연속 좌투수만 만나면 작아졌다. 수비에서 송구력이 약함

외야수(우투우타)

8 이창진

생년월일	1991년 3월 4일	출신학교	신도초-동인천중-인천고-건국대
신장/체중	173cm / 85kg	연봉	1억 2천만 원
경력	롯데 자이언츠(2014~2015)-KT 위즈(2015~2018)-KIA 타이거즈(2018~)		

작년 2023 시즌 기록

타율	경기	타석	타수	득점	안타
0.270	104	284	244	35	66
2루타	3루타	홈런	루타	타점	도루
11	3	4	95	29	9
볼넷	삼진	병살타	장타율	출루율	OPS
34	44	6	0.389	0.362	0.751

전력분석	지난해 출루율 0.362로 100경기 이상 뛴 KIA 타자 가운데 4위. 주자 있을 때 타격 집중력 높아 출루에 장점 있음. 이제는 준주전급 선수라는 타이틀에 만족해서는 안 되는 나이. 우타자인데도 지난해 좌투수 상대 타율 0.242에 그침. 2022년은 좌투수 상대 타율 0.316. 순간 스피드와 콘택트 능력이 좋은 편.
강점	빠른 공에 대응력이 좋음
약점	수비에서 송구 불안

외야수(우투우타)

25 이우성

생년월일	1994년 7월 17일	출신학교	대전유천초-한밭중-대전고
신장/체중	182cm / 95kg	연봉	1억 3천만 원
경력	두산 베어스(2013~2018)-NC 다이노스(2018~2019)-KIA 타이거즈(2019~)		

작년 2023 시즌 기록

타율	경기	타석	타수	득점	안타
0.301	126	400	355	39	107
2루타	3루타	홈런	루타	타점	도루
17	0	8	148	58	8
볼넷	삼진	병살타	장타율	출루율	OPS
31	81	10	0.417	0.363	0.780

전력분석	지난해 생애 첫 3할 타율을 기록하며 최고의 시즌을 보냈다. 올해는 외야수와 1루수 겸업에 도전한다. 큰 체구에 비해 주력이 느리지 않고 수비 능력도 좋다. 출전 기회를 더 늘리는 동시에 자신의 가치를 끌어올리기 위한 선택이다. 2013년 두산 베어스 입단 당시 우타 거포 유망주로 기대를 모았는데, 이제는 장타로 더 강점을 살릴 때가 왔다.
강점	강한 타구를 잘 만들고 장타력을 갖춤
약점	외야수로는 송구하는 어깨가 약한 편

TIGERS

외야수(우투좌타)

34 최형우

| 생년월일 | 1983년 12월 16일 | | 출신학교 | 진북초-전주동중-전주고 | |
| 신장/체중 | 180cm / 106kg | | 연봉 | 10억 원 | |

경력 삼성 라이온즈(2002~2005,2008~2016)-KIA 타이거즈(2017~)

작년 2023 시즌 기록

타율	경기	타석	타수	득점	안타
0.302	121	508	431	64	130
2루타	3루타	홈런	루타	타점	도루
27	1	17	210	81	0
볼넷	삼진	병살타	장타율	출루율	OPS
65	83	5	0.487	0.400	0.887

전력분석	KIA는 올겨울 최형우에게 1+1년 총액 22억 원 비FA 다년 계약을 안기며 대체 불가 선수로 인정함. 역대 최고령(41세) 비FA 다년 계약자 타이틀 획득. 지난해 17홈런, 81타점을 기록하며 중심타자로 여전히 가치를 보여 줌. 좌측과 우측 모두 장타를 생산할 수 있는 믿고 보는 타자.
강점	괜히 KIA의 해결사인가. 정상급 클러치 상황 타점 생산 능력
약점	나이는 못 속여. 체력 문제와 수비 능력 저하가 엿보임

외야수(우투좌타)

16 최원준

| 생년월일 | 1997년 3월 23일 | | 출신학교 | 연현초-서울경원중-서울고 | |
| 신장/체중 | 178cm / 84kg | | 연봉 | 2억 2천만 원 | |

경력 KIA 타이거즈(2016~)

작년 2023 시즌 기록

타율	경기	타석	타수	득점	안타
0.255	67	274	239	37	61
2루타	3루타	홈런	루타	타점	도루
11	2	1	79	23	13
볼넷	삼진	병살타	장타율	출루율	OPS
31	39	5	0.331	0.341	0.672

전력분석	지난해 상무에서 전역하고 의욕이 넘쳤으나 성적이 기대에 못 미쳤다. 지난해 10월 2022 항저우아시안게임에 출전했다가 왼쪽 종아리 근육 손상 부상으로 시즌 아웃. 올해는 외야 수비만 집중하고 싶다고 선언. 부상을 털고 일어나 특유의 콘택트 능력과 빠른 발을 살려야 KIA 타선에 훨씬 더 짜임새가 생긴다.
강점	빠른 스피드. 정확히 맞혀 강한 타구를 생산하는 능력이 좋음
약점	타격 컨디션 기복. 방망이가 안 맞을 때는 너무 안 맞음

내야수(우투좌타)

58 서건창

| 생년월일 | 1989년 8월 22일 | | 출신학교 | 송정동초-충장중-광주제일고 | |
| 신장/체중 | 176cm / 84kg | | 연봉 | 5천만 원 | |

경력 LG 트윈스(2008~2009)-넥센/키움히어로즈(2012~2021)-LG 트윈스(2021~2023)-KIA 타이거즈(2024~)

작년 2023 시즌 기록

타율	경기	타석	타수	득점	안타
0.200	44	126	110	14	22
2루타	3루타	홈런	루타	타점	도루
5	2	0	31	12	3
볼넷	삼진	병살타	장타율	출루율	OPS
10	14	5	0.282	0.260	0.542

전력분석	FA 권리 포기, LG 트윈스에 방출 요청 후 새 둥지를 찾았다. KIA는 베테랑 내야수로 전력 보강 성공. 백업 2루수로 김선빈과 경쟁을 펼칠 예정. 2014년 201안타로 단일 시즌 최다 기록을 달성하며 정규시즌 MVP까지 차지했던 영광을 고향팀에서 되찾을 수 있을까.
강점	201안타 그냥 쳤겠나. 빼어난 콘택트 능력과 풍부한 경험
약점	지명타자는 좀 그렇겠다. 갈수록 좁아지는 수비 범위

10 유승철

투수(우투양타)

생년월일 1998년 3월 2일

출신학교 순천북초-순천이수중-효천고

작년 2023 시즌 기록

2017년 1차 지명 강속구 기대주였는데, 부상과 부진의 반복. 올해는 제발 터져다오.

평균자책점	경기	승	패	홀드	세이브	승률	이닝	투구수
0.00	1	0	0	0	0	-	1	19
피안타	피홈런	볼넷	삼진	실점	자책점	피안타율	WHIP	QS
0	0	1	0	0	0	0.000	1.00	0

QS: 퀄리티스타트

24 김승현

투수(우투우타)

생년월일 1992년 7월 9일

출신학교 노암초-경포중-강릉고-건국대

작년 2023 시즌 기록

2022년 삼성에서 방출되고 2023에 KIA에 어렵게 입단. 공은 빠른데 제구가 늘 불안.

평균자책점	경기	승	패	홀드	세이브	승률	이닝	투구수
4.26	10	0	0	0	0	-	12 2/3	234
피안타	피홈런	볼넷	삼진	실점	자책점	피안타율	WHIP	QS
11	1	10	7	6	6	0.244	1.66	0

32 김현수

투수(우투우타)

생년월일 2000년 7월 10일

출신학교 효제초-홍은중-장충고

작년 2023 시즌 기록

상무에서 전역하고 올해는 일단 6번째 선발투수 경쟁부터 시작.

평균자책점	경기	승	패	홀드	세이브	승률	이닝	투구수
-	-	-	-	-	-	-	-	-
피안타	피홈런	볼넷	삼진	실점	자책점	피안타율	WHIP	QS
-	-	-	-	-	-	-	-	-

33 이형범

투수(우투우타)

생년월일 1994년 2월 27일

출신학교 화순초-화순중-화순고

작년 2023 시즌 기록

2019년 두산 통합우승 이끈 보상선수 성공 신화. KIA에서 2차 드래프트 성공 신화 도전.

평균자책점	경기	승	패	홀드	세이브	승률	이닝	투구수
6.51	23	1	0	1	0	1.000	27 2/3	476
피안타	피홈런	볼넷	삼진	실점	자책점	피안타율	WHIP	QS
40	2	12	13	23	20	0.348	1.88	0

36 강이준

투수(우투우타)

생년월일 1998년 4월 7일

출신학교 발산초-덕수중-구리인창고

작년 2023 시즌 기록

2군 선발 수업만 6년. 이제는 1군이 고프다.

평균자책점	경기	승	패	홀드	세이브	승률	이닝	투구수
-	-	-	-	-	-	-	-	-
피안타	피홈런	볼넷	삼진	실점	자책점	피안타율	WHIP	QS
-	-	-	-	-	-	-	-	-

41 황동하

투수(우투우타)

생년월일 2002년 7월 30일

출신학교 전주진북초-전라중-인상고

작년 2023 시즌 기록

지난해 대체 선발투수로 눈도장. 빠른 투구 템포가 무기.

평균자책점	경기	승	패	홀드	세이브	승률	이닝	투구수
6.61	13	0	3	0	0	0.000	31 1/3	576
피안타	피홈런	볼넷	삼진	실점	자책점	피안타율	WHIP	QS
35	5	21	19	25	23	0.285	1.79	0

43 김건국

투수(우투우타)

생년월일 1988년 2월 2일

출신학교 한서초(서부리틀)-청량중-덕수정보고

작년 2023 시즌 기록

육성선수, 방출은 이제 그만. 올해도 거짓말 같은 기적을 꿈꾼다.

평균자책점	경기	승	패	홀드	세이브	승률	이닝	투구수
6.75	6	0	1	0	0	0.000	16	257
피안타	피홈런	볼넷	삼진	실점	자책점	피안타율	WHIP	QS
18	0	4	9	12	12	0.286	1.38	0

50 장현식

투수(우투우타)

생년월일 1995년 2월 24일

출신학교 신도초-서울이수중-서울고

작년 2023 시즌 기록

2021년 34홀드→2022년 19홀드→2023년 5홀드. 더 이상 하락세는 곤란하다.

평균자책점	경기	승	패	홀드	세이브	승률	이닝	투구수
4.06	56	2	2	5	3	0.500	51	876
피안타	피홈런	볼넷	삼진	실점	자책점	피안타율	WHIP	QS
58	6	26	44	26	23	0.296	1.65	0

0 곽도규

투수(좌투좌타)

생년월일 2004년 4월 12일

출신학교 도척초-공주중-공주고

작년 2023 시즌 기록

희귀한 왼손 사이드암 투수. 140km/h 후반대 빠른 공도 가치 있음. 빛나는 원석.

평균자책점	경기	승	패	홀드	세이브	승률	이닝	투구수
8.49	14	0	0	0	0	-	11 2/3	230
피안타	피홈런	볼넷	삼진	실점	자책점	피안타율	WHIP	QS
14	0	10	14	11	11	0.311	2.06	0

4 유지성

투수(좌투좌타)

생년월일 2000년 11월 15일

출신학교 수유초-자양중-북일고

작년 2023 시즌 기록

차기 양현종을 꿈꿨던 좌완. 올해 벌써 프로 5년 차 1군 등판은 제로.

평균자책점	경기	승	패	홀드	세이브	승률	이닝	투구수
-	-	-	-	-	-	-	-	-
피안타	피홈런	볼넷	삼진	실점	자책점	피안타율	WHIP	QS
-	-	-	-	-	-	-	-	-

21 김사윤

투수(좌투좌타)

생년월일 1994년 6월 8일

출신학교 광주화정초-무등중-화순고

작년 2023 시즌 기록

구 김정빈 현 김사윤. 지난해 은퇴도 고민했지만, 투심패스트볼 장착하고 한 번 더 도전.

평균자책점	경기	승	패	홀드	세이브	승률	이닝	투구수
-	-	-	-	-	-	-	-	-
피안타	피홈런	볼넷	삼진	실점	자책점	피안타율	WHIP	QS
-	-	-	-	-	-	-	-	-

46 장민기

투수(좌투좌타)

생년월일 2001년 12월 30일

출신학교 사파초-내동중-용마고

작년 2023 시즌 기록

상무에서 갓 전역한 KIA의 좌완 히든카드. 6선발 경쟁 후보.

평균자책점	경기	승	패	홀드	세이브	승률	이닝	투구수
-	-	-	-	-	-	-	-	-
피안타	피홈런	볼넷	삼진	실점	자책점	피안타율	WHIP	QS
-	-	-	-	-	-	-	-	-

49 김유신

투수(좌투좌타)

생년월일 1999년 6월 14일

출신학교 화순초-청주중-세광고

작년 2023 시즌 기록

2018년 입단해 만년 유망주로 접어드는 길목. 올해는 6선발 경쟁에서 반드시 생존해야.

평균자책점	경기	승	패	홀드	세이브	승률	이닝	투구수
5.64	27	0	1	2	0	0.000	30 1/3	541
피안타	피홈런	볼넷	삼진	실점	자책점	피안타율	WHIP	QS
34	2	19	12	19	19	0.296	1.75	0

53 김기훈

투수(좌투좌타)

생년월일 2000년 1월 3일

출신학교 광주수창초-무등중-광주동성고

작년 2023 시즌 기록

2019년 1차 지명 좌완 파이어볼러. 제구만 잡히면 되는데 벌써 입단 6년 차.

평균자책점	경기	승	패	홀드	세이브	승률	이닝	투구수
4.60	29	2	0	0	0	1.000	31 1/3	671
피안타	피홈런	볼넷	삼진	실점	자책점	피안타율	WHIP	QS
28	0	37	26	22	16	0.243	2.07	0

PLAYERS

69 김대유

투수(좌투좌타)

생년월일 1991년 5월 8일

출신학교 부산중앙초-부산중-부산고

작년 2023 시즌 기록

2021~2022년 2년 연속 2점대 평균자책점 기록하던 왼손 필승조로 돌아오길.

평균자책점	경기	승	패	홀드	세이브	승률	이닝	투구수
5.11	41	0	2	4	0	0.000	24 2/3	458
피안타	피홈런	볼넷	삼진	실점	자책점	피안타율	WHIP	QS
26	2	8	20	15	14	0.280	1.38	0

19 윤중현

투수(우언우타)

생년월일 1995년 4월 25일

출신학교 광주서석초-무등중-광주제일고-성균관대

작년 2023 시즌 기록

떠오르는 KIA 사이드암 필승조. 위기에 믿고 쓰는 제구력.

평균자책점	경기	승	패	홀드	세이브	승률	이닝	투구수
3.86	31	2	1	0	0	0.667	28	407
피안타	피홈런	볼넷	삼진	실점	자책점	피안타율	WHIP	QS
29	2	10	8	13	12	0.287	1.39	0

31 박준표

투수(우언우타)

생년월일 1992년 6월 26일

출신학교 송정동초-진흥중-중앙고-동강대

작년 2023 시즌 기록

야속한 부상. 평균자책점 1.57로 맹활약했던 2020년을 다시 꿈꾼다.

평균자책점	경기	승	패	홀드	세이브	승률	이닝	투구수
4.50	33	1	0	3	0	1.000	28	413
피안타	피홈런	볼넷	삼진	실점	자책점	피안타율	WHIP	QS
28	3	9	13	16	14	0.259	1.32	0

38 김찬민

투수(우언우타)

생년월일 2003년 9월 13일

출신학교 부안동초-이평중-전주고

작년 2023 시즌 기록

롤모델은 임기영. KIA가 차근차근 키운 사이드암 비밀 병기.

평균자책점	경기	승	패	홀드	세이브	승률	이닝	투구수
-	-	-	-	-	-	-	-	-
피안타	피홈런	볼넷	삼진	실점	자책점	피안타율	WHIP	QS
-	-	-	-	-	-	-	-	-

22 주효상

포수(우투좌타)

생년월일 1997년 11월 11일

출신학교 역북초-강남중-서울고

작년 2023 시즌 기록

대형 포수 유망주에 여전히 머물러 있음. 결국 KIA의 선택은 김태군.

타율	경기	타석	타수	득점	안타	2루타	3루타	홈런
0.063	19	36	32	2	2	0	0	0
루타	타점	도루	볼넷	삼진	병살타	장타율	출루율	OPS
2	1	0	2	10	1	0.063	0.118	0.181

55 한준수

포수(우투좌타)

생년월일 1999년 2월 13일

출신학교 광주서석초-광주동성중-광주동성고

작년 2023 시즌 기록

지난해 한승택을 밀어내고 2번 포수 차지. 올해는 생애 첫 풀타임 도전.

타율	경기	타석	타수	득점	안타	2루타	3루타	홈런
0.256	48	94	86	9	22	4	0	2
루타	타점	도루	볼넷	삼진	병살타	장타율	출루율	OPS
32	12	0	7	26	2	0.372	0.312	0.684

2 고명성

내야수(우투우타)

생년월일 1999년 4월 16일

출신학교 군산남초-군산남중-군산상고

작년 2023 시즌 기록

2023년 2차 드래프트 3라운드로 KIA 합류. 쏠쏠한 대주자 대수비 요원.

타율	경기	타석	타수	득점	안타	2루타	3루타	홈런
-	-	-	-	-	-	-	-	-
루타	타점	도루	볼넷	삼진	병살타	장타율	출루율	OPS
-	-	-	-	-	-	-	-	-

6 홍종표

내야수 (우투좌타)

생년월일 2000년 5월 2일
출신학교 동막초-영남중-강릉고

작년 2023 시즌 기록

주목해야 할 젊은 내야수 중 하나. 유격수 또는 2루수 백업.

타율	경기	타석	타수	득점	안타	2루타	3루타	홈런
0.000	40	12	7	10	0	0	0	0
루타	타점	도루	볼넷	삼진	병살타	장타율	출루율	OPS
0	0	0	3	1	0	0.000	0.364	0.364

11 윤도현

내야수 (우투우타)

생년월일 2003년 5월 7일
출신학교 광주화정초-무등중-광주제일고

작년 2023 시즌 기록

부상에 자꾸 울어 67번에서 11번으로 등번호 교체. 김선빈에 도전할 젊은 내야수.

타율	경기	타석	타수	득점	안타	2루타	3루타	홈런
0.000	1	1	1	0	0	0	0	0
루타	타점	도루	볼넷	삼진	병살타	장타율	출루율	OPS
0	0	0	0	1	0	0.000	0.000	0.000

23 최정용

내야수 (우투좌타)

생년월일 1996년 10월 24일
출신학교 서원초-세광중-세광고

작년 2023 시즌 기록

수비는 괜찮은데 타격이 아쉽다. 2022년 0.091, 2023년 0.167로 타율 계속 하락세.

타율	경기	타석	타수	득점	안타	2루타	3루타	홈런
0.167	56	41	36	17	6	1	0	0
루타	타점	도루	볼넷	삼진	병살타	장타율	출루율	OPS
7	1	4	2	9	0	0.194	0.211	0.405

29 변우혁

내야수 (우투우타)

생년월일 2000년 3월 18일
출신학교 일산초-현도중-북일고

작년 2023 시즌 기록

장타 생산 능력은 좋은데 변화구 대응 미흡. 순간 스피드도 부족.

타율	경기	타석	타수	득점	안타	2루타	3루타	홈런
0.225	83	226	200	23	45	4	0	7
루타	타점	도루	볼넷	삼진	병살타	장타율	출루율	OPS
70	24	0	23	74	4	0.350	0.314	0.664

37 박민

내야수 (우투우타)

생년월일 2001년 6월 5일
출신학교 갈산초-성남중-야탑고

작년 2023 시즌 기록

KIA가 자랑하는 전천후 내야수 유망주.

타율	경기	타석	타수	득점	안타	2루타	3루타	홈런
-	-	-	-	-	-	-	-	-
루타	타점	도루	볼넷	삼진	병살타	장타율	출루율	OPS
-	-	-	-	-	-	-	-	-

56 오선우

내야수 (좌투좌타)

생년월일 1996년 12월 13일
출신학교 성동초-자양중-배명고-인하대

작년 2023 시즌 기록

지난해 퓨처스팀 주장. 올해는 백업 1루수 경쟁 예정.

타율	경기	타석	타수	득점	안타	2루타	3루타	홈런
0.179	33	31	28	2	5	0	0	2
루타	타점	도루	볼넷	삼진	병살타	장타율	출루율	OPS
11	5	0	3	15	0	0.393	0.258	0.651

59 정해원

내야수 (우투우타)

생년월일 2004년 5월 21일
출신학교 제주신광초-덕수중-휘문고

작년 2023 시즌 기록

젊은 내야수 중에서도 기대주. 프로 2년 차로 몸에 힘이 붙었고, 타격에 강점.

타율	경기	타석	타수	득점	안타	2루타	3루타	홈런
-	-	-	-	-	-	-	-	-
루타	타점	도루	볼넷	삼진	병살타	장타율	출루율	OPS
-	-	-	-	-	-	-	-	-

15 박정우

외야수(좌투좌타)

생년월일 1998년 2월 1일

출신학교 역삼초-언북중-덕수고

작년 2023 시즌 기록

이범호 감독이 주목한 외야수. 작전 수행 능력과 콘택트 능력 우수.

타율	경기	타석	타수	득점	안타	2루타	3루타	홈런
0.333	21	12	9	2	3	0	0	0
루타	타점	도루	볼넷	삼진	병살타	장타율	출루율	OPS
3	0	0	0	1	0	0.333	0.333	0.666

27 김호령

외야수(우투우타)

생년월일 1992년 4월 30일

출신학교 관산초-안산중앙중-군산상고-동국대

작년 2023 시즌 기록

빠른 발과 엄청난 수비 범위가 강점. 그런데 타격이 자꾸 생존 가치를 떨어뜨린다.

타율	경기	타석	타수	득점	안타	2루타	3루타	홈런
0.179	76	107	95	16	17	7	0	0
루타	타점	도루	볼넷	삼진	병살타	장타율	출루율	OPS
24	6	1	8	38	1	0.253	0.250	0.503

35 김석환

외야수(좌투좌타)

생년월일 1999년 2월 28일

출신학교 광주서석초-광주동성중-광주동성고

작년 2023 시즌 기록

장타력이 경쟁력. 1군에서도 보여 줄 수 있다면.

타율	경기	타석	타수	득점	안타	2루타	3루타	홈런
0.130	12	26	23	1	3	1	0	0
루타	타점	도루	볼넷	삼진	병살타	장타율	출루율	OPS
4	3	0	2	9	1	0.174	0.200	0.374

57 고종욱

외야수(우투좌타)

생년월일 1989년 1월 11일

출신학교 역삼초-대치중-경기고-한양대

작년 2023 시즌 기록

클러치 상황 대타의 신. 지난해 득점권 타율 0.346.

타율	경기	타석	타수	득점	안타	2루타	3루타	홈런
0.296	114	286	270	35	80	17	0	3
루타	타점	도루	볼넷	삼진	병살타	장타율	출루율	OPS
106	39	2	14	58	3	0.393	0.329	0.722

67 조대현

생년월일	2005년 2월 19일
신장/체중	192cm / 85kg
출신학교	남정초-영남중-강릉고
지명순위	1라운드 6순위

투수(우투우타)

고교 시절부터 150km/h 이상 강속구를 던진 파이어볼러. KIA 차세대 에이스 유력 후보.

44 이상준

생년월일	2005년 12월 13일
신장/체중	182cm / 105kg
출신학교	서울독곡초-대치중-경기고
지명순위	3라운드 26순위

포수(우투좌타)

2라운드 지명 예상했는데, 3라운드까지 남은 KIA의 행운아. 강한 파워 자랑하는 공격형 포수. 어깨는 좋지만 수비는 보완해야.

033 김태윤

생년월일	2004년 10월 7일
신장/체중	180cm / 94kg
출신학교	동궁초(사상구리틀)-대동중-개성고
지명순위	4라운드 36순위

투수(우투우타)

평균 구속 140km/h 후반대인 정통 파이어볼러. 2023년 아마추어 볼 스피드 상위 레벨 평가. 짧은 이닝 임팩트가 강함.

034 강동훈

생년월일	2000년 11월 23일
신장/체중	185cm / 98kg
출신학교	천안남산초-청주중-청주고-중앙대
지명순위	5라운드 46순위

투수(우투우타)

중앙대 에이스 출신. 즉시 전력감. 시속 140km 중반대 빠른 공에 결정구 스플리터가 좋다. 변화구 완급 조절도 수준급.

035 최지웅

생년월일	2004년 5월 14일
신장/체중	184cm / 96kg
출신학교	탄천초-송전중-청담고
지명순위	6라운드 56순위

투수(우투우타)

육성형 선수. 중간 투수로 기대. 기초 체력과 기본기가 좋다. 타점이 높고, 직구 구속은 140km/h 중반대.

45 김민주

생년월일	2002년 9월 8일
신장/체중	182cm / 85kg
출신학교	서울청담초(성동구리틀)-건대부중-배명고-강릉영동대
지명순위	7라운드 66순위

투수(우투우타)

사이드암이지만 시속 140km 중반대 빠른 공을 던진다. 체형이 탄탄하고 파워풀한 메커니즘. 선발과 중간 모두 가능.

037 김민재

생년월일	2003년 7월 8일
신장/체중	188cm / 85kg
출신학교	효제초-청량중-신일고-동원과학기술대
지명순위	8라운드 76순위

투수(우투우타)

지난 2년 동안 동원과학기술대 에이스로 1000이닝 던짐. 제구 기복 있지만, 변화구 구사 능력 좋음. 완성형보다는 진행형. 발전 가능성에 무게.

038 강민제

생년월일	2005년 2월 10일
신장/체중	181cm / 82kg
출신학교	군산중앙초-군산중-군산상일고
지명순위	9라운드 86순위

내야수(우투우타)

투수도 했을 정도로 어깨 강함. 공격력 좋은 중장거리형 타자. KIA의 미래 3루수로 기대가 큼.

039 성영탁

생년월일	2004년 7월 28일
신장/체중	180cm / 89kg
출신학교	동주초(부산서구리틀)-개성중-부산고
지명순위	10라운드 96순위

투수(우투우타)

지난 2년 동안 부산고 에이스로 125이닝 던짐. 부상 우려로 일단 체력 훈련만. 제구와 커맨드 좋고, 경기 운영 능력 빼어남. 구속 향상되면 선발투수가 딱.

040 김두현

생년월일	2003년 4월 25일
신장/체중	177cm / 76kg
출신학교	수원신곡초-매향중-공주고-동원대
지명순위	11라운드 106순위

내야수(우투우타)

공주고 시절부터 KIA가 지켜봤던 내야수. 대학에서 수비는 꾸준히 안정적, 유틸리티 활용성 큼. 체중 불려 배트 스피드 끌어올려야.

TEAM PROFILE

구단명 : **롯데 자이언츠**

연고지 : **부산광역시**

창립연도 : **1982년**

구단주 : **신동빈**

대표이사 : **이강훈**

단장 : **박준혁**

감독 : **김태형**

홈구장 : **부산 사직야구장**

영구결번 : **11 최동원 10 이대호**

한국시리즈 우승 : **1984 1992**

UNIFORM

HOME

AWAY

2024 LOTTE GIANTS DEPTH CHART

• 지명타자

전준우

좌익수
김민석
이정훈
전준우

중견수
레이예스
황성빈
장두성

우익수
윤동희
레이예스
황성빈

유격수
노진혁
이학주
오선진

2루수
김민성
박승욱
고승민

3루수
한동희
나승엽
노진혁

1루수
정훈
나승엽
한동희

• 감독

김태형

포수
유강남
정보근
손성빈

• 2024 예상 베스트 라인업

1번 타자	윤동희	우익수
2번 타자	정훈	1루수
3번 타자	전준우	지명타자
4번 타자	레이예스	중견수
5번 타자	한동희	3루수
6번 타자	유강남	포수
7번 타자	노진혁	유격수
8번 타자	김민성	2루수
9번 타자	김민석	좌익수

• 예상 선발 로테이션

반즈

윌커슨

박세웅

나균안

이인복

• 필승조

김상수

최준용

구승민

• 마무리

김원중

TEAM INFO

PARK FACTOR

팀 분석

2023 팀 순위(포스트시즌 최종 순위 기준)
7위

최근 5년간 팀 순위

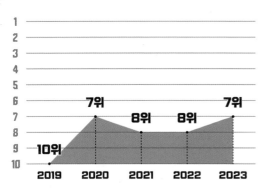

10위 (2019) → 7위 (2020) → 8위 (2021) → 8위 (2022) → 7위 (2023)

2023시즌 팀 공격력

↑: High / ↓: Low

타율↑	홈런↑	병살타↓	득점권 타율↑	삼진↓	OPS↑
0.265	69개	110개	0.288	1,000개	0.700
공동 4위	9위	7위	3위	6위	8위

2023시즌 팀 마운드

↑: High / ↓: Low

평균자책점↓	탈삼진↑	QS↑	볼넷↓	피안타율↓	피홈런↓	WHIP↓
4.15	1,070개	66	532개	0.270	80개	1.46
6위	2위	2위	공동 7위	8위	2위	8위

2023시즌 팀 수비력

↑: High / ↓: Low

실책↓	견제사↑	병살 성공↑	도루저지율↑
103개	3개	111번	33.6%
공동 3위	10위	공동 7위	3위

2023시즌 최다 마킹 유니폼

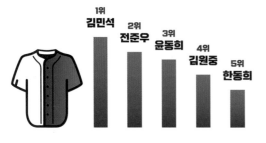

1위 김민석
2위 전준우
3위 윤동희
4위 김원중
5위 한동희

홈구장_부산 사직야구장

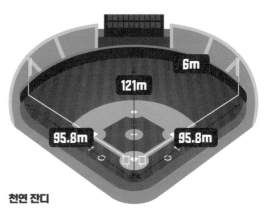

6m
121m
95.8m 95.8m

천연 잔디

수용인원
22,752석

구장 특성

1985년에 개장해 다소 노후화된 구장이지만 한국에서 가장 열정적인 팬들로 유명한 홈구장이기도 하다. 오래됐다고는 하지만, 실제로 사직야구장을 방문하면 둥그런 형태의 구장과 좌석 배치로 인해 아늑하다는 느낌을 받을 수 있다. 2009년 국내 최초로 도입된 익사이팅존 등 작은 구장 안에 알차고 다양한 좌석 구성이 인상적. 홈런이 비교적 많이 나오는 편이라 2022시즌 담장을 6m까지 높여 피홈런 감소를 유도했다. 여러 차례 크고 작은 리모델링을 해 왔으나 전체적인 시설 노후를 막을 수 없어 '낡았다'는 이미지가 있다. 현재 새 구장 건축 논의 중.

HOME STADIUM GUIDE

원정 팬을 위한 교통편 추천, 주차 팁

KTX, SRT 등 고속열차를 이용하는 팬들이 대부분이다. 부산역에 내려서 사직야구장까지 택시를 이용하면 30~40분 정도 소요된다. 부산역에서 버스나 지하철을 타도 사직야구장까지 갈 수 있다. 야구장은 부산 지하철 3호선 사직역 1번 출구에서 가장 가깝다. 지하철역에서 도보로 5분 정도 소요.

비행기를 타고 김해공항에 내려도 지하철을 타면 30분 정도 만에 야구장에 도착한다. 다만 국내선 비행편은 가격 편차가 심한 편이라 미리 예매를 하거나 시간을 잘 맞춰 여유 있게 끊어야 한다. 대도시 부산 시내에 위치한 야구장답게 접근성은 좋지만, 부산 시내 도로 교통 상황이 혼잡한 경우가 많다는 점을 감안하고 일찍 움직이는 것을 추천한다. 원정팬들이 숙박을 할 경우 야구장 인근 비즈니스 호텔들이나 멀지 않은 서면 번화가 인근을 많이 이용한다. 부산역 근처에 숙박을 잡는 경우도 많다.

자가용을 이용할 경우 사직 종합운동장 내 공영주차장을 이용하면 경기 관람 시 20% 요금 할인을 받을 수 있다.

이 재미로 직관 가는 거 아닌가요, 이 구장에서 놓치면 안 되는 먹을거리, 놀거리, 이벤트

올해도 동백 유니폼 나눠 줄까?

지난해 3년 만에 돌아온 부산시리즈 이벤트. 2017시즌 '팬사랑 페스티벌'로 첫 선을 보인 후 매년 개최한 관중 대상 이벤트인데, 코로나19 펜데믹으로 3년 동안 하지 못하다가 지난해 다시 재개했다. 부산시리즈 이벤트가 유독 많은 사랑을 받은 이유는, 시리즈 기간 입장하는 관중들에게 붉은색 동백 유니폼을 선착순 제공하기 때문. 무료로 스페셜 유니폼을 받을 수 있다니, 입장료가 아깝지 않다. 특히 부산시를 상징하는 동백 유니폼은 강렬한 컬러 조합으로 디자인 자체도 호평 일색. 올해 다시 개최된다면 반드시 놓치지 않길!

사직구장 신상 맛집 기강 잡습니다

구장 내 올해 신규 입점한 가게들이 심상치 않다. MZ세대 폭발적 인기 메뉴인 하이볼 전문 매장 '동래하이볼'을 야구장에서 만날 수 있다. 야구를 보면서 홀짝이는 하이볼 맛은 상상 그 이상일 것 같다. 관중석 2층 1루 C3호에 위치해 있다. 또 크리스피크림도넛과 보영만두도 새로 입점한 매장들. 오리지널 글레이즈드가 대표 메뉴인 크리스피크림도넛은 두말하면 입 아프고, 수원의 명물이던 보영만두가 사직구장에서도 선을 보인다. 크리스피크림도넛은 2층 1루 C4-2호, 보영만두는 2층 3루 B8호에 입점했다.

동래시장

사직야구장에서 그리 멀지 않은 위치에 전통 시장이 있다. 즉석에서 썰어 주는 손칼국수집들, 부산식 떡볶이와 호떡으로 유명한 오래된 분식집 등 야구장을 들르기 전 배를 채울 수 있는 재미가 있다. 조금 서둘러 야구장을 찾았거나 1박 이상의 일정을 잡은 원정팬들이 한 번쯤 들러 볼 만한 장소.

가을 구경꾼 신세는 이제 그만, 우승 청부사를 따르라

작년에 이것만 잘됐으면 좋았을 텐데

재미도, 감동도, 멋도, 실리도 없던 7위의 가장 큰 세 가지 요인을 꼽자면 수비, 얇은 선수층, 마운드를 쫓기듯 운영한 여파다. 지난 시즌 롯데 팬을 몹시 열받게 만든 번트와 소심한 야구도 물론 큰 실패 요인이지만, 고질적 클리셰가 답습된 곳까지는 아니었다. 수비가 롯데 발목을 잡는 일은 더는 놀랍지 않다. 예년과 다른 점을 꼽아 보자면, 2023년은 실패를 줄이려 하다 도리어 도전 정신을 잃고 만 해로 표현할 수 있겠다. 실책 개수가 준 반면 인플레이 타구를 아웃으로 연결한 비율은 또 꼴찌다. 야구는 아웃카운트를 더 많이, 더 빨리 잡고 상대 공격 기회를 제한하는 종목이 아니었던가. 롯데는 실수를 두려워하다 그 본질과 가장 멀어져 버린 팀이다. 사실 그렇게 할 선수도 많지 않았다. 그 많던 기대주들은 여전히 미완의 대기에만 머물고 야구는 맨날 하는 사람만 하니 선수층이 두꺼워질 리 없었다. 선수층 문제가 수면 위로 고개를 내밀기 시작한 것은 봄이 갓 지난 뒤의 일이다. 직격탄을 맞은 파트는 불펜이다. 불펜은 돌풍의 '봄데'를 이끈 주역이자, 동시에 하락세를 막지 못해 역적으로 내몰린 불쌍한 집단이다. 접전은 많은데 내세울 만한 투수는 필승조뿐이고, 그렇다고 김상수와 구승민의 헌신에만 기댈 수도 없는 노릇이었다. 과부하가 걱정이었으니 말이다. 공교롭게도 언젠가 낮아져야 할 탈은 하필 5강 문턱이 다시 보일 듯 말 듯했던 8월에 나 버렸다. 변수 대비를 위해 선발이며 필승조 경험까지 풍부한 한현희를 영입했는데, 급한 구멍을 메우기에는 기량이 꽤 모자랐다. 앞서 언급한 세 가지 요인에는 들어가지 않았지만, 어쩌면 이게 가장 큰 요인일 수 있겠다. 또다시 불거진 내홍이다. 코치는 코치대로, 선수는 선수대로 갈라서면 애초에 불가능한 게 팀 스포츠다. 오랜 시간 롯데의 살림꾼으로 일한 박준혁 신임 단장은 가장 먼저 선수단 기강과 팀워크 향상에 신경 쓰겠다고 천명했고, 한국 야구 최고의 리더

김태형 감독이 지휘봉을 잡았으니 개선의 여지는 있어 보인다. '올해는 다르다'는 말, 속는 셈 치고 한 번 더 믿어 볼까?

스토브리그 성적표

프랜차이즈 스타는 남았지만 공수 핵심 전력을 잃었고, 2차 드래프트와 사인 앤드 트레이드를 통해 보강에 나섰지만 공격력은 다 채워지지 못했다. 그래도 롯데에 없는 내야 리더가 합류해 선수단 조직관리 면에서 거는 기대는 크다.

지극히 주관적인 올 시즌 예상 순위와 이유

손실이 너무 크다. 안치홍은 중심타자이자 센터라인을 지키는 공수 핵심이었다. 그 많은 기대주가 모두 알을 깨면 공백 메우기 그 이상이겠지만, 어쨌든 '만약'이다. 그래도 지난겨울 진짜 최대어, 김태형 감독이 롯데를 택했다. 그마저 없으면 롯데에는 5위를 예상하는 일조차 언감생심이다. 경기 운영이 미흡해 잡아야 할 경기를 잡지 못했거나, 등판 관리 미숙으로 과부하 여파가 이어지는 그림은 이전보다 줄어들 수 있다. 마운드에는 승부사가 낼 만한 카드도 여러 장 있다. 이승헌, 김진욱, 정성종, 진승현, 최이준, 홍민기, 이민석 등 미완의 대기까지 활약해 주면 장기 레이스 준비 면에서는 꽤 괜찮은 시나리오가 될 듯하다.

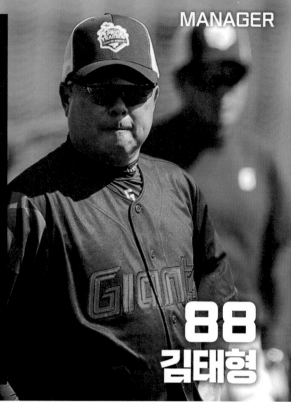

생년월일 1967년 9월 12일

출신학교 화계초-신일중-신일고-단국대

주요 경력 OB-두산 베어스 선수(1990~2001), 두산 베어스 배터리코치(2002~2011), SK 와이번스 배터리코치(2012~2014), 두산 베어스 감독(2015~2022), 롯데 자이언츠 감독(2024~)

"화끈한 공격 야구를 하고 싶습니다."

통산 645승, 세 번의 한국시리즈 우승, 정규리그 역대 최다 93승을 무려 두 차례나 이끈 사령탑, 더 이상 무슨 말이 필요하랴. 7년 연속 한국시리즈 진출로 한국 야구 역사를 다시 쓴 명장 김태형 감독이 1년 만에 그라운드로 돌아왔다. 두 번째 지휘봉을 잡은 팀은 구단 역대 최장기간 포스트시즌 진출 실패를 눈앞에 둔 롯데다. 안타깝게도 취임 선물은 없고, 최고 기대주로 꼽은 한동희는 시즌을 치르다 말고 입대하기로 해 사령탑에게는 출발부터 김 빠지는 시즌이지만, 피할 수 없다면 맞서는 수밖에 없다. 김태형 감독이 또 한 번 맨땅에서 도전을 시작한다.

88 김태형

1군

수석코치 김민재 | 벤치코치 김광수 | 투수코치 주형광 | 불펜코치 권오원 | 배터리코치 정상호 | 타격코치 김주찬 | 타격보조코치 임훈 | QC 코치 조세범 (투수)

퓨쳐스

QC 코치 백어진 (타격) | 수비코치 김민호 (내야) | 수비코치 유재신 (외야) | 작전코치 고영민 | 퓨쳐스 감독 김용희 | 투수코치 임경완 | 불펜코치 이재율 | 배터리코치 백용환

타격코치 이병규 | 타격보조코치 이성곤 | 수비(내야)코치 문규현 | 작전코치 김평호 | 잔류군코치 김현욱 (투수) | 작전코치 나경민 (야수) | 작전코치 박정현 (수비) | 작전코치 조무근 (재활)

165

91
윤동희
외야수(우투우타)

생년월일	2003년 9월 18일
신장/체중	187cm / 85kg
출신학교	현산초-대원중-야탑고
연봉(2024)	9천만 원
경력	롯데 자이언츠(2022~)

#보기_드문_청년

"좋게 이야기해 준 거지!" 어느 포지션에서도 주전을 장담하기 어렵던 스프링캠프, 김태형 감독은 확고한 주전으로 볼 만한 선수가 단 세 명밖에 되지 않는다고 봤다. 놀랍게도 20대 초반의 윤동희가 중심타자 전준우, 포수 유강남과 묶였다. 베테랑 못지않게 자신만의 야구관이 확실해 보였기 때문이다. 사령탑은 행여 윤동희가 느슨해질까 농담하듯 칭찬을 거뒀지만, 윤동희가 '보기 드문 청년'으로 보인 것만은 분명했다.

#다시_쓰는_롯데_역사

프로야구 원년 구단인 롯데에서 42년 동안 한 시즌 세 자릿수 안타를 친 만 20세 이하의 선수는 지난해 윤동희가 최초였다. 그동안 이대호를 비롯해 손아섭, 강민호 등 내로라할 간판타자들도 이루지 못한 기록이었다. 비록 아시안게임 차출로 목표로 한 120안타에는 9개가 모자란 채 시즌을 마치게 됐어도 또 다른 역사를 써 내려갈 윤동희에게는 이미 많은 시선이 쏠리고 있다.

#국대_3번타자

"윤동희 없었으면 어떻게 했을까 싶다." 류중일 항저우아시안게임 대표팀 감독을 안도하게 만든 주인공은 윤동희였다. 대체 선수로 발탁돼 합류 초기 마킹 없는 유니폼을 받은 데다, 부랴부랴 받은 23세 이하 대표팀 시절 상의와 롯데 유니폼 하의로 버틴 선수가 대회 6경기에서 23타수 10안타로 펄펄 난 영웅이 됐으니 류중일 감독의 선택은 그야말로 신의 한 수였다. APBC 대표팀의 3번 타자 자리도 맞지 않을 리 없었다.

🎤 TMI 인터뷰

1. 일주일 동안 한 가지 음식만 먹어야 한다면?
- 라면

2. 세상에서 가장 싫은 것 한 가지는?
- 두통

3. 스트레스 쌓이거나 생각이 많을 때 하는 건?
- 코인노래방 가기

4. 진짜 독하다 싶은 선수는?
- 나 윤동희ㅎㅎ

5. 야구하길 잘했다는 생각이 들 때는?
- 팬분들의 함성 소리를 들을 때

작년 2023 시즌 기록

타율	경기	타석	타수	득점	안타
0.287	107	423	387	45	111
2루타	**3루타**	**홈런**	**루타**	**타점**	**도루**
18	1	2	137	41	3
볼넷	**삼진**	**병살타**	**장타율**	**출루율**	**OPS**
28	69	10	0.354	0.333	0.687

전력분석	정확한 타격에 더해진 펀치력, 퓨처스 시절부터 상위 라운드 지명자보다 나은 평가를 받더니 그야말로 낭중지추였다. 1군에서도 뛰어난 콘택트 능력을 바탕으로 많은 인플레이 타구를 생산하며 3할 전후의 고타율을 유지한 롯데와 대표팀의 차세대 중심타자다.
강점	몸쪽, 바깥쪽 가리지 않고 대처해 내는 정확도 높은 타격
약점	아직 보여 줄 파워가 더 있는데
수비력	내야수 출신의 강한 어깨, 외야수 전향 후 첫 풀타임 시즌인데도 준수한 타구 판단과 범위를 선보였다

21 박세웅

투수(우투우타)

생년월일 1995년 11월 30일
신장/체중 182cm / 85kg
출신학교 대구경운초-경운중-경북고
연봉(2024) 13억 5천만 원
경력 KT 위즈(2014~2015)-롯데 자이언츠(2015~)

#안경_쓴_국대에이스

개인에 비해 팀의 성과가 저조해 부각되지 않은 선수가 바로 박세웅이다. 박세웅은 대표팀 통산 9경기에서 평균자책점 0.93에 19⅓이닝 동안 삼진 26개를 잡는 기염을 토한 난세 영웅이었다. 항저우아시안게임에서는 무실점 역투로 금메달을 따 도쿄올림픽과 WBC의 설움을 씻어냈다. 대표팀 주축이 된 만큼 프리미어12에서도 활약을 이어 가고 싶다는 각오다.

#기부왕

"돌려드리고 싶은 마음이 컸다." 박세웅은 지난해 집중호우로 피해를 입은 경북 예천군 수재민 돕기에 총 1억 원을 기부했다. 1억 원 이상을 기탁한 고액 기부자는 아너소사이어티 회원이 된다. 박세웅은 부산 지역 운동선수 중 최초의 가입자다. 여기에 지난겨울 여러 학교 야구부에 기부를 이어 갔고, 외가가 있는 경남 거제시에도 500만 원을 추가로 기탁했다. 90억 원의 몸값에 어울리는 '노블레스 오블리주' 실천 사례다.

#느린_슬라이더

"타자는 계속 발전하는데, 투수도 끊임없이 공부하고 달라져야 한다." 박세웅은 시속 130km 중후반의 슬라이더를 던진다. 어느 날 그보다 5~10km/h 느린 공이 같은 슬라이더로 분류됐다. 박세웅이 추가한 구종인 일명 '느린 슬라이더'다. 실밥 잡는 법도 달라 기존 슬라이더와는 분명 다른 공이다. 박세웅이 도전에 나선 이유는 단조로운 투구로 일관해서는 발전이 없다고 판단해서다. 리그 정상급 투수로 거듭난 데는 다 이유가 있다.

작년 2023 시즌 기록

평균자책점	경기	승	패	홀드	세이브
3.45	27	9	7	0	0
승률	이닝	투구수	피안타	피홈런	볼넷
0.563	154	2630	145	8	59
삼진	실점	자책점	피안타율	WHIP	퀄리티스타트
129	70	59	0.248	1.32	16

전력분석	시속 150km를 웃도는 빠른 공에 포크볼, 그리고 변화에 적응하는 마인드까지 갖춘 자이언츠 부동의 에이스다. 지난해 WBC와 시즌 도중 아시안게임으로 빠듯해진 일정에 컨디션 관리가 어려웠지만, 올 시즌에는 시즌을 온전히 출발하니 성적 향상도 기대할 만하다.
강점	시그니처 구종 포크볼에 버금가는 또 다른 무기, 종류 다양하고 활용성까지 높은 슬라이더
약점	4.7%에서 지난해 두 배 가까운 9.0%까지 올라간 볼넷 비율

TMI 인터뷰

1. 일주일 동안 한 가지 음식만 먹어야 한다면?
- 하나만 고르라면, 제일 생각나는 음식은 고기다.

2. 세상에서 가장 싫은 것 한 가지는?
- 크게 싫어하는 게 없다.

3. 스트레스 쌓이거나 생각이 많을 때 하는 건?
- 잠자기, 스트레스를 받으면 잠으로 해소한다.

4. 진짜 독하다 싶은 선수는?
- 없다.

5. 야구하길 잘했다는 생각이 들 때는?
- 1년 끝내고 좋은 성적을 냈을 때

8
외야수(우투우타)
전준우

생년월일	1986년 2월 25일
신장/체중	184cm / 98kg
출신학교	홍무초-경주중-경주고-건국대
연봉(2024)	13억 원
경력	롯데 자이언츠(2008~)

#네가_주장_해

"네가 주장 해." 김태형 감독이 쿨하게 정해 줬다. 전준우는 2022년 이후 2년 만에 다시 주장을 맡게 됐다. 지난해 주장 안치홍이 이적해 중책을 맡을 인물이 마땅치 않자 전준우 역시 기꺼이 임무를 받아들였다. 김태형 감독은 두산 시절 주장과 소통을 중요하게 여겼다. 선수단 기강 해이가 있는지 파악하고 바로잡는 데까지 주장이 나서야 한다는 생각이다. 성적과 내실까지, '김태형호'의 첫 주장으로서 맡게 될 임무가 상당하다.

#자이언츠_유산

롯데는 FA 시장이 열리자마자 전준우와 협상에 매진해 38세 시즌부터 4년 최대 47억 원을 안기는 조건에 사인했다. 베테랑에게 결코 흔치 않은 조건이다. 단순히 '혜자' 계약으로만 평가받은 전준우에게 뒤늦게 대우해 주는 차원에서 그치지 않았다. 롯데는 구단 유산을 지키고, 전준우와 지도자, 프런트 일원으로 더 큰 미래를 함께하고 싶어 했다. 전준우 역시 계약금 일부를 구장 재건축에 써 달라고 요청해 그 뜻에 동참했다.

#기둥

전준우는 여전히 롯데 기둥이다. 전준우 없는 타선 구상부터 어렵다. 한동희, 고승민 등 기대주는 알을 깨지 못하고, 전준우가 시간을 벌어 주는데도 그를 능가하는 후배는 나타나지 않는다. 어쨌든 전준우가 롯데가 난세를 견디게 해 주는 전력이라는 사실은 변하지 않는다. 타율 3할에 두 자릿수 홈런까지 너끈하니 각종 타격 지표에서 팀 내 1위는 단연 전준우 차지다.

🎤 TMI 인터뷰

1. 일주일 동안 한 가지 음식만 먹어야 한다면?
- 돈까스

2. 세상에서 가장 싫은 것 한 가지는?
- 오이

3. 스트레스 쌓이거나 생각이 많을 때 하는 건?
- 쇼핑, 좋아하는 음식 많이 먹기

4. 진짜 독하다 싶은 선수는?
- 글쎄, 독하다고 할 만한 선수는 잘 모르겠다.

5. 야구하길 잘했다는 생각이 들 때는?
- 난 야구를 좋아해서 항상 '야구하길 잘했다'고 느끼면서 야구하고 있다.

작년 2023 시즌 기록

타율	경기	타석	타수	득점	안타
0.312	138	559	493	80	154
2루타	3루타	홈런	루타	타점	도루
21	3	17	232	77	9
볼넷	삼진	병살타	장타율	출루율	OPS
52	65	12	0.471	0.381	0.852

전력분석	여전한 자이언츠의 중심타자, 지금도 '타선에 전준우 없으면 큰일 난다' 할 정도다. 콘택트면 콘택트, 장타면 장타, 필요에 따라 콘셉트를 달리해 칠 수 있는 경지에 오른 듯하다. 장타가 부족한 롯데 타선에 무게감을 더할 타자이자, 클러치 능력도 갖춘 해결사다.
강점	팀이 필요로 할 때 한 방 쳐 줄 수 있는 해결사 본능
약점	나이에 반비례하던 공격력, 그래도 기량과 체력 유지는 필수
수비력	3000이닝 겨우 넘긴 좌익수 수비, 팀 운용 폭 위해 비중 늘린다면…

27 포수(우투우타)

유강남

생년월일	1992년 7월 15일
신장/체중	182cm / 88kg
출신학교	청원초-휘문중-서울고
연봉(2024)	10억 원
경력	LG 트윈스(2011~2022)-롯데 자이언츠(2022~)

#절치부심

FA 이적 첫 시즌은 기대를 밑돌았다. 안방에 안정감을 더한 것은 분명하나, 공격력이 제 기대에 미치지 못했다. 유강남은 후반기 뒤늦게 반등해 두 자릿수 홈런은 칠 수 있었지만, 기대만큼 펀치력을 보여 주지는 못했다. 올 시즌 더 많은 홈런, 더 많은 타점을 기대받는 만큼 절치부심이 필요하다. 우선 설정한 1차 목표는 지난해보다 두 배 많은 20홈런이다.

#프레이밍

유강남은 개인 성적보다 낮은 팀 평균자책점과 무실점 리드에 자부심을 갖는다. 그만큼 마운드 안정에 진심이다. 그래서 더 프레이밍을 멈출 생각이 없다. 올해 자동 볼·스트라이크 판정 시스템이 도입돼 특장점 프레이밍이 무용지물이 되는 게 아니냐고 하지만, 유강남 생각은 다르다. "어떻게 잡아 주느냐에 따라 투수가 느끼는 안정감이 다르다"며 그 필요성이 있다고 강조했다. 포수 출신 김태형 감독 또한 같은 생각이다.

#포수왕국

김태형 감독은 롯데 포수진 구성을 좋게 봤다. 주전 유강남에 백업 정보근, 기대주 손성빈, 서동욱 등 나이 터울이며 기량까지 괜찮다는 평가였다. 그래도 '포수왕국' 평가는 이르다는 게 유강남 생각이다. 유강남은 아직 보여 준 게 없다고 말했다. 김태형 감독은 과거 양의지를 앞세워 백업 박세혁 등 미래 자원을 키웠다. 그때와 지금 모두 주전 포수가 중요하다. 그게 유강남이 전력 핵심으로 꼽히는 이유다.

작년 2023 시즌 기록

타율	경기	타석	타수	득점	안타
0.261	121	403	352	45	92
2루타	**3루타**	**홈런**	**루타**	**타점**	**도루**
13	0	10	135	55	1
볼넷	**삼진**	**병살타**	**장타율**	**출루율**	**OPS**
37	64	13	0.384	0.342	0.726

전력분석	지난해 KBO리그에서 강한 타구 비율이 44.2%로 가장 높은 타자가 바로 유강남이었다. 시속 150km 이상의 타구를 뻥뻥 칠 수 있는 대표적 하드 히터다. 정신적으로나 체력적 부담이 큰 포수로 나서며 강한 힘으로 두 자릿수 홈런도 꾸준히 치는 전력의 중심이다.
강점	정교한 프레이밍과 안정적 포수 수비로 마운드 안정에도 큰 몫
약점	19.8도의 낮은 발사각, 땅볼이 많아 잘 맞은 타구여도 잡히는 장면이 다수
수비력	롯데에서 개선된 도루 저지 능력, 800이닝 넘게 포수 마스크 쓰며 올린 높은 수비 기여도까지

TMI 인터뷰

1. 일주일 동안 한 가지 음식만 먹어야 한다면?
- 샤브샤브

2. 세상에서 가장 싫은 것 한 가지는?
- 목이 아프고 간질간질해 기침 나는 것

3. 스트레스 쌓이거나 생각이 많을 때 하는 건?
- 맛있는 음식 먹기

4. 진짜 독하다 싶은 선수는?
- 전준우 선수 (무더운 여름에도 루틴을 늘 똑같이 지킨다)

5. 야구하길 잘했다는 생각이 들 때는?
- 야구장에서 좋은 활약을 펼치거나 팀이 이겼을 때, 팬분들의 응원과 함성 소리를 들을 때!

22
구승민

투수(우투우타)

생년월일	1990년 6월 12일
신장/체중	182cm / 86kg
출신학교	동일초(도봉구리틀)-청원중-청원고-홍익대
연봉(2024)	4억 5천만 원
경력	롯데 자이언츠(2013~)

#헌신

구승민은 징크스가 많은 선수다. 클리닝 타임 때 가장 먼저 불펜 문을 열고 나가야 하는 것은 물론, 양말 신는 순서까지 정해 두는 타입이다. 그동안 셋업맨으로 뛰었으니 등판 상황 역시 비교적 정해져 있었지만, 지난해 상황은 꽤 달랐다. 리드·열세 상황을 불문하고 구승민을 찾는 날이 잦았다. 얇은 선수층과 마운드 운용 탓이다. 그래도 상황 가리지 않고 헌신해 자신이 왜 롯데 필승조 핵심 투수인지 제대로 보여 줬다.

#레코드_브레이커

4년 연속 20홀드, 구단 역대 최초 100홀드, 지난해 구승민이 흘린 땀을 기록이 모두 담아내지 못하지만, 그래도 값진 보상인 것만은 분명했다. 올 시즌 20홀드 이상 기록한다면 KBO가 홀드를 정식 기록으로 인정하기 시작한 2000년 이래 최초의 5년 연속 기록 달성자가 탄생한다. 등판 상황이 비교적 불규칙한데도 팀이 필요로 하면 언제든 등판해 거둔 기록이라서 더욱 값지다.

#생애_첫_FA

대학을 졸업한 지 13년 만에야 생애 첫 FA 자격을 눈앞에 두게 됐다. 상무 입대 전 2군을 전전하던 시기에는 이런 날이 올 줄 상상이나 했을까. 리그 불펜 역사에 한 획을 긋는 투수가 된 뒤 맞는 영광이라서 더욱 값지다. 롯데도 구승민에게 지난해 연봉 2억 4,860만 원에서 81% 오른 4억 5천만 원에 계약해 예비 FA에 대한 대비를 마쳤다. 구승민에게는 기록 달성 면에서나 FA 측면에서 모두 중요한 2024시즌이 될 전망이다.

🎤 TMI 인터뷰

1. 일주일 동안 한 가지 음식만 먹어야 한다면?
- 비빔밥

2. 세상에서 가장 싫은 것 한 가지는?
- 10m 이상의 높은 곳 (고소공포증이 있어서…)

3. 스트레스 쌓이거나 생각이 많을 때 하는 건?
- 드라이브, 카페에서 이야기하기

4. 진짜 독하다 싶은 선수는?
- 김원중 선수

5. 야구하길 잘했다는 생각이 들 때는?
- 팬분들의 관심과 응원을 받을 때

작년 2023 시즌 기록

평균자책점	경기	승	패	홀드	세이브
3.96	67	2	6	22	3
승률	**이닝**	**투구수**	**피안타**	**피홈런**	**볼넷**
0.250	63 2/3	1169	65	4	29
삼진	**실점**	**자책점**	**피안타율**	**WHIP**	**퀄리티스타트**
66	32	28	0.264	1.48	0

전력분석	시속 150km를 웃도는 빠른 공과 뚝 떨어지는 포크볼을 앞세워 승부하는 투 피치 유형의 우완, 필승조인데도 지난해 팀이 필요로 하면 리드·열세 상황을 가리지 않고 등판했다. 등판 상황이 급작스럽게 불규칙해진 탓에 기록도 겪곤 했지만, 여전히 롯데의 '믿을맨'이다.
강점	구사율만 높은 게 아니라 효율까지 뛰어난 높은 구종가치의 포크볼
약점	9이닝당 4.10개로 팀 내 불펜투수 중 볼넷이 가장 많다

34
김원중

투수(우투좌타)

생년월일	1993년 6월 14일
신장/체중	192cm / 96kg
출신학교	학강초-광주동성중-광주동성고
연봉(2024)	5억 원
경력	롯데 자이언츠(2012~)

#지옥의_종소리

웅장한 종소리로 시작하는 록 밴드 AC/DC의 곡 'Hells Bells'는 메이저리그 통산 601세이브의 전설적 마무리투수 트레버 호프먼의 등장곡이다. 그런데 지난해 사직구장에서도 이 '지옥의 종소리'가 들리기 시작했다. 지난해 김원중이 자신의 등장곡으로 쓰기 시작하면서부터다. 김원중은 2년 만에 다시 30세이브 고지에 오르는 기염을 토하며 등장곡에도 어울리는 마무리투수가 돼 갔다.

#장발_클로저

김원중은 과거 손승락이 남긴 구단 역대 최다 세이브 기록을 갈아 치우고 100세이브 고지마저 넘어섰다. 과거 짧은 머리에 단정한 외모로 인기몰이를 한 청년에서, 이제는 장발의 마무리투수 하면 가장 먼저 떠오르는 인물이 됐다. 맨 처음 성민규 전 롯데 단장의 권유로 보직을 옮긴 지 어느덧 5년째다. 전향 후 WBC에 출전했고, 지난해 전향 후 최다 이닝, 최저 평균자책점으로 활약했으니 그야말로 격세지감이다.

#생애_첫_FA

올 시즌이 끝나면 단짝이자 필승조 듀오인 구승민과 나란히 FA 자격을 얻는다. 롯데도 지난해 연봉 2억 5천2백만 원에서 90.8% 오른 5억 원에 사인하며 지난해 활약에 대한 대우와 예비 FA에 대한 대비를 동시에 마쳤다. 롯데는 둘의 FA를 앞두고 지난겨울 샐러리캡에 여유를 두려 시장에서 큰 움직임을 가져가지 않았다. 사전 작업까지 나설 정도의 핵심 자원이니 올 시즌 활약에도 벌써 시선이 쏠리고 있다.

작년 2023 시즌 기록

평균자책점	경기	승	패	홀드	세이브
2.97	63	5	6	0	30
승률	이닝	투구수	피안타	피홈런	볼넷
0.455	63 2/3	1084	51	2	25
삼진	실점	자책점	피안타율	WHIP	퀄리티스타트
82	24	21	0.220	1.19	0

전력분석	평균 시속 146.4km의 팀 내 가장 빠른 공에 포크볼과 커브, 슬라이더를 섞어 타자를 압도하는 파이어볼러. 마무리투수 전향 후 4년 차에 접어든 지난해 통산 가장 많은 경기에 나서면서도 커리어하이를 작성할 만큼 30대 초반의 나이에도 여전히 더 큰 성장이 기대되는 투수다.
강점	KBO리그 최고 수준의 빠른 공 구위로 상대를 압도하며 만드는 탈삼진 능력
약점	이 역시 꾸준히 발전했지만, 제구가 조금 더 정교해진다면 좋겠는데…

🎤 TMI 인터뷰

1. 일주일 동안 한 가지 음식만 먹어야 한다면?
- 갈비 (엄마의 갈비라면 일주일 내내 먹을 수도 있다)

2. 세상에서 가장 싫은 것 한 가지는?
- 거짓말, 약속 지키지 않는 것 (신뢰가 깨지니까 싫다)

3. 스트레스 쌓이거나 생각이 많을 때 하는 건?
- 게임 (무념무상이 되어 생각을 정리하기 좋습니다)

4. 진짜 독하다 싶은 선수는?
- 구승민 선수

5. 야구하길 잘했다는 생각이 들 때는?
- 팬과 가족들이 경기를 보고 뿌듯하며 '고생했다'고 할 때, 가족들이 행복해하는 모습을 볼 때

투수(우투우타)

24 김상수

생년월일	1988년 1월 2일		출신학교	신자초(자이언츠리틀)-자양중-신일고-방송통신대	
신장/체중	180cm / 88kg		연봉	1억 6천만 원	

경력 삼성 라이온즈(2006~2009)-넥센-키움 히어로즈(2010~2020)-SSG 랜더스
　　　(2021~2022)-롯데 자이언츠(2023~)

작년 2023 시즌 기록

평균자책점	경기	승	패	홀드	세이브
3.12	67	4	2	18	1
승률	이닝	투구수	피안타	피홈런	볼넷
0.667	52	905	45	1	21
삼진	실점	자책점	피안타율	WHIP	퀄리티스타트
36	22	18	0.238	1.27	0

전력분석	빠른 공과 체인지업 위주에 포크볼을 섞어 타자를 요리하는 우완 정통파, 관록에 철저한 자기관리까지 더해져 이적 1년 만에 부활을 알렸다. 다년 계약에도 성공한 롯데에 없어선 안 될 존재, 마운드에서도 등판 상황 가리지 않고 헌신한다.
강점	완급조절 효과 극대화하는 특유의 체인지업
약점	등판 상황이 조금만 더 규칙적으로 관리되면 더 좋으려나

투수(우투우타)

43 나균안

생년월일	1998년 3월 16일		출신학교	무학초-창원신월중-용마고	
신장/체중	186cm / 109kg		연봉	1억 7천만 원	

경력 롯데 자이언츠(2017~)

작년 2023 시즌 기록

평균자책점	경기	승	패	홀드	세이브
3.80	23	6	8	0	0
승률	이닝	투구수	피안타	피홈런	볼넷
0.429	130 1/3	2208	140	8	42
삼진	실점	자책점	피안타율	WHIP	퀄리티스타트
114	61	55	0.276	1.40	12

전력분석	빠른 회전력의 묵직한 빠른 공과 싱커처럼 빠르게 휘듯 떨어지는 특유의 포크볼이 강점인 우완 정통파. 포수에서 투수로 전향해 처음 치른 풀타임 시즌은 그야말로 성공적, 올 시즌이 더욱 기대되는 이유다.
강점	원태인 등 대표팀 투수들이 서로 배우고 싶어 한 일명 '우에하라 포크볼'
약점	풀타임 선발 2년 차에 반드시 보여 줘야 할 꾸준한 체력과 기량

투수(좌투좌타)

28 반즈

생년월일/국적	1995년 10월 1일 / 미국		출신학교	미국 Clemson(대)	
신장/체중	189cm / 91kg		연봉	135만 달러	

경력 미네소타 트윈스(2021)-롯데 자이언츠(2022~)

작년 2023 시즌 기록

평균자책점	경기	승	패	홀드	세이브
3.28	30	11	10	0	0
승률	이닝	투구수	피안타	피홈런	볼넷
0.524	170 1/3	2757	171	6	56
삼진	실점	자책점	피안타율	WHIP	퀄리티스타트
147	68	62	0.263	1.33	18

전력분석	제구와 변화구를 앞세워 범타를 유도해 내는 피네스 피처, KBO리그에서 풀타임 선발로 거듭난 뒤 4일 휴식 후 등판하는 일정에도 버틸 수 있는 체력까지 길렀다. 롯데의 또 다른 상수가 돼 줘야 할 외국인 에이스다.
강점	눈에는 눈, 왼손에는 왼손, 왼손에는 빈틈 없는 좌승사자
약점	간혹 크게 말썽 피우는 제구와 상대의 집중 공략 극복이 관건

투수(우투우타)

46 월커슨

생년월일/국적	1989년 5월 24일 / 미국	출신학교	미국 Cumberland(대)
신장/체중	188cm / 104kg	연봉	95만 달러

경력 밀워키 브루어스(2017~2019)-LA 다저스(2021)-한신 타이거즈(2022)-롯데 자이언츠 (2023~)

작년 2023 시즌 기록

평균자책점	경기	승	패	홀드	세이브
2.26	13	7	2	0	0
승률	이닝	투구수	피안타	피홈런	볼넷
0.778	79 2/3	1296	67	3	20
삼진	실점	자책점	피안타율	WHIP	퀄리티스타트
81	28	20	0.223	1.09	11

전력분석	빠른 공 평균 시속 144.1km로 빠른 편은 아니지만, 안정된 제구와 슬라이더, 커브, 체인 지업 등 다양한 변화구로 만들어 내는 레퍼토리가 인상적, 여기에 볼넷 없이 공격적이기 까지 하니 그야말로 선발다운 선발이다.
강점	고른 변화구 구사를 바탕으로 한 안정된 경기 운영 능력
약점	적은 풀타임 경험, 올 시즌에 증명해야 할 제1과제

투수(우투우타)

35 이인복

생년월일	1991년 6월 18일	출신학교	희망대초-성일중-서울고-연세대
신장/체중	187cm / 97kg	연봉	1억 원

경력 롯데 자이언츠(2014~)

작년 2023 시즌 기록

평균자책점	경기	승	패	홀드	세이브
6.48	10	1	4	0	0
승률	이닝	투구수	피안타	피홈런	볼넷
0.200	33 1/3	636	54	3	10
삼진	실점	자책점	피안타율	WHIP	퀄리티스타트
15	32	24	0.380	1.92	

전력분석	주무기 투심 패스트볼을 앞세워 땅볼 유도에 능한 우완, 단순히 피네스 피처 성향만 보이 는 게 아니라 스트라이크존을 시원시원하게 공략하는 적극성도 좋다. 팔꿈치 수술 여파 를 벗어 던지는 게 올 시즌 선결과제다.
강점	도망가거나 피하지 않고, 볼넷은 더욱 주지 않는 공격적 투구
약점	2년 전 풀타임 선발 시절로 돌아가려면 체력 향상이 관건

투수(우투우타)

18 최준용

생년월일	2001년 10월 10일	출신학교	부산수영초-대천중-경남고
신장/체중	185cm / 85kg	연봉	1억 6천 3백만 원

경력 롯데 자이언츠(2020~)

작년 2023 시즌 기록

평균자책점	경기	승	패	홀드	세이브
2.45	47	2	3	14	0
승률	이닝	투구수	피안타	피홈런	볼넷
0.400	47 2/3	841	50	2	18
삼진	실점	자책점	피안타율	WHIP	퀄리티스타트
40	15	13	0.266	1.43	0

전력분석	시원한 고음의 가창력보다 더 호쾌한 시속 150km 이상의 돌직구가 최준용의 진짜 매력 이다. 여기에 지난해 장착한 스위퍼 등 다양한 변화구로 상대를 요리한다. APBC에서도 묵직한 구위에 일본 중심타자 여럿이 방망이를 헛돌렸다.
강점	특장점 빠른 공과 체인지업에 새로 익힌 스위퍼까지 구종별 완성도가 두루 높다
약점	늘 괴롭혀 온 어깨 통증에서만 자유로워진다면…

투수(우언우타)

1 한현희

생년월일	1993년 6월 25일		출신학교	동삼초-경남중-경남고	
신장/체중	182cm / 98kg		연봉	3억 원	
경력	넥센-키움 히어로즈(2012~2022)-롯데 자이언츠(2023~)				

작년 2023 시즌 기록

평균자책점	경기	승	패	홀드	세이브
5.45	38	6	12	3	0
승률	이닝	투구수	피안타	피홈런	볼넷
0.333	104	1927	123	11	44
삼진	실점	자책점	피안타율	WHIP	퀄리티스타트
74	69	63	0.297	1.61	5

전력분석	사이드암 중 높은 편에 속하는 시속 140km 중후반의 빠른 공은 움직임까지 크다. 선발과 불펜을 오가며 필승조 역할까지 맡을 수 있지만, 지난해 FA 이적 첫 시즌에 만족하지 못했던 만큼 기량 회복이 절실하다.
강점	성적을 떠나, 다행히 구속, 회전수 등 여러 지표는 '구위가 여전하다'는 지표
약점	선발이든 불펜이든 맞는 옷을 다시 찾아야

포수(우투우타)

00 손성빈

생년월일	2002년 1월 14일		출신학교	희망대초-신흥중-장안고	
신장/체중	186cm / 92kg		연봉	5천만 원	
경력	롯데 자이언츠(2021~)				

작년 2023 시즌 기록

타율	경기	타석	타수	득점	안타
0.263	45	80	76	13	20
2루타	3루타	홈런	루타	타점	도루
3	0	1	26	15	0
볼넷	삼진	병살타	장타율	출루율	OPS
2	10	3	0.342	0.282	0.624

전력분석	표본은 적지만, 외야 좌·우를 가리지 않고 고르게 칠 줄 아는 스프레이 히터 기대주, 당장은 공격보다 수비에서 더 많은 스포트라이트가 쏟아지는 롯데 안방의 미래다. 강한 어깨와 빠른 수비 동작, 여기에 야구 센스까지 더해졌다.
강점	1.8초대의 메이저리그 급 초고속 팝타임과 시속 130km를 가볍게 넘는 송구
약점	수비에 비해 더 많은 표본 쌓아야 하는 타격

포수(우투우타)

42 정보근

생년월일	1999년 8월 31일		출신학교	부산수영초-경남중-경남고	
신장/체중	175cm / 94kg		연봉	7천 5백만 원	
경력	롯데 자이언츠(2018~)				

작년 2023 시즌 기록

타율	경기	타석	타수	득점	안타
0.333	55	101	81	11	27
2루타	3루타	홈런	루타	타점	도루
6	1	1	38	13	1
볼넷	삼진	병살타	장타율	출루율	OPS
14	13	1	0.469	0.433	0.902

전력분석	안정된 프레이밍, 안정된 블로킹과 송구, 그동안 수비형 포수로 이름을 알렸다면 지난해 타격에서도 또 다른 가능성을 보여 줬다. 크지 않은 표본이지만, 그래도 타율 3할에 장타까지 뻥뻥 쳐 더 큰 성장을 기대하게 만들었다.
강점	단순히 잘 치기만 한 게 아니다. 높은 볼넷 비율에 나쁜 공에는 방망이도 잘 내지 않음
약점	아직 '평균'으로 보기에는 어려운 표본 크기, 더 꾸준해야…

외야수(우투좌타)

65 고승민

생년월일	2000년 8월 11일		출신학교	군산신풍초-배명중-북일고	
신장/체중	189cm / 92kg		연봉	8천만 원	
경력	롯데 자이언츠(2019~)				

작년 2023 시즌 기록

타율	경기	타석	타수	득점	안타
0.224	94	308	255	35	57
2루타	3루타	홈런	루타	타점	도루
14	2	2	81	24	8
볼넷	삼진	병살타	장타율	출루율	OPS
42	64	2	0.318	0.331	0.649

전력분석	롯데에서 타구 하면 고승민도 빼놓을 수 없는 존재다. 다만 땅볼이 많아 아쉬움을 삼킨 날이 많았다. 2022년 후반기 타율 1위에 오르며 가능성은 충분히 보인 만큼 올 시즌 좌완 상대 타석수를 늘리고 약점도 보완한다면 더 큰 성장을 기대할 만하다.
강점	콘택트 능력 개선으로 이룬 발사각 향상
약점	다시 끼운 내야수 글러브, 수비 부담이 타격에도 영향 미칠까

내야수(우투우타)

16 김민성

생년월일	1988년 12월 17일		출신학교	고명초-잠신중-덕수정보고-영남사이버대	
신장/체중	181cm / 94kg		연봉	2억 원	
경력	롯데 자이언츠(2007~2010)-넥센 히어로즈(2010~2018)-LG 트윈스(2019~2023)-롯데 자이언츠(2024~)				

작년 2023 시즌 기록

타율	경기	타석	타수	득점	안타
0.249	112	316	273	34	68
2루타	3루타	홈런	루타	타점	도루
11	0	8	103	41	2
볼넷	삼진	병살타	장타율	출루율	OPS
25	58	7	0.377	0.326	0.703

전력분석	펀치력을 갖춘 내야수였지만, 일발장타를 기대할 만한 선수로 바뀌었다. 롯데에서는 내야 유틸리티로서 장점을 살려 주전을 노려 보겠다는 각오다. 롯데에 없던 내야 리더이기에 구단에서는 선수단 조직관리 측면에서 거는 기대도 크다.
강점	뎁스 얇은 내야에서 어느 포지션이든 주전처럼 뛸 수 있는 수비 경험
약점	주루 센스를 못 따라가는 스피드

내야수(우투좌타)

52 노진혁

생년월일	1989년 7월 15일		출신학교	광주대성초-광주동성중-광주동성고-성균관대	
신장/체중	184cm / 80kg		연봉	6억 원	
경력	NC 다이노스(2012~2022)-롯데 자이언츠(2023~)				

작년 2023 시즌 기록

타율	경기	타석	타수	득점	안타
0.257	113	390	334	43	86
2루타	3루타	홈런	루타	타점	도루
26	1	4	126	51	7
볼넷	삼진	병살타	장타율	출루율	OPS
45	84	3	0.377	0.347	0.724

전력분석	유격수로 자주 나섰지만 3루 수비도 가능하다. 타격에서는 두 자릿수 홈런도 기대할 만한 타자다. 다만 FA 이적 첫 시즌이던 지난해는 예외, 인플레이 타구부터 생산하기 어려워했다. 고질적 허리 통증 극복 여부에도 적잖은 시선이 향하고 있다.
강점	타율은 낮지만 결정적 상황에는 꼭 쳐 주는 해결사
약점	수비도 수비지만, 롯데가 바란 모습은 한 방 있는 유격수였는데…

내야수(우투좌타)

53 박승욱

생년월일	1992년 12월 4일		출신학교	칠성초-경복중-대구상원고	
신장/체중	184cm / 83kg		연봉	1억 3천 5백만 원	
경력	SK 와이번스(2012~2019)-KT 위즈(2019~2021)-롯데 자이언츠(2022~)				

작년 2023 시즌 기록

타율	경기	타석	타수	득점	안타
0.286	123	338	290	37	83
2루타	3루타	홈런	루타	타점	도루
18	3	0	107	30	15
볼넷	삼진	병살타	장타율	출루율	OPS
35	87	5	0.369	0.364	0.733

전력분석	지난해 안치홍과 출전 비중을 나눠 차기 2루수로 평가된 재목, 2루뿐 아니라 유격수로도 뛸 수 있다. 공·수·주 모든 툴이 적절히 빼어난 편이지만, 오각형이 크지 않아 발전이 필요하다. 김태형 감독은 올 시즌 롯데 내야의 키플레이어 중 하나로 꼽았다.
강점	백업으로 뛰던 시절에도 숨길 수 없던 클러치 본능
약점	준수한 타율에 비해 25.7%로 상당히 높은 삼진율

내야수(우투우타)

9 정훈

생년월일	1987년 7월 18일		출신학교	양덕초-마산동중-용마고	
신장/체중	180cm / 85kg		연봉	3억 원	
경력	현대 유니콘스(2006)-롯데 자이언츠(2010~)				

작년 2023 시즌 기록

타율	경기	타석	타수	득점	안타
0.279	80	233	201	40	56
2루타	3루타	홈런	루타	타점	도루
14	0	6	88	31	2
볼넷	삼진	병살타	장타율	출루율	OPS
26	39	4	0.438	0.358	0.796

전력분석	탁월한 선구안을 자랑하는 유형의 타자, 불의의 부상과 부진이 맞물려 최근 몇 년 동안 활약을 이어 가기 힘들어했지만 그래도 주요 타순을 책임질 공격력은 갖춘 타자다. FA 계약 마지막 시즌을 앞두고 지난겨울 미국에서 이대호, 한동희와 개인 훈련하며 절치부심했다.
강점	뛰어난 선구안과 팀 내 최고로 안정된 1루 수비
약점	정훈을 돕지 않는 BABIP神과 부상 악령

내야수(우투우타)

25 한동희

생년월일	1999년 6월 1일		출신학교	부산대연초-경남중-경남고	
신장/체중	182cm / 108kg		연봉	1억 6천 2백만 원	
경력	롯데 자이언츠(2018~)				

작년 2023 시즌 기록

타율	경기	타석	타수	득점	안타
0.223	108	353	319	30	71
2루타	3루타	홈런	루타	타점	도루
11	0	5	97	32	1
볼넷	삼진	병살타	장타율	출루율	OPS
26	58	16	0.304	0.279	0.583

전력분석	KBO리그 최고의 하드 히터, 한국 야구를 대표하는 강타자가 될 잠재력은 충분하나 한 계단 더 올라서 날을 기다리고 있다. 올 시즌 도중 상무 입대를 결심해 중심타선에서 활약할 날이 그리 많지 않다. 절치부심의 해였던 만큼 아쉬움도 크다.
강점	평균 구속이 시속 150km에 육박하는 KBO리그 최정상급 타구 생산 능력
약점	심리 싸움에서 더 강해져야 할 때

외야수(우투좌타)

2 김민석

생년월일	2004년 5월 9일		출신학교	신도초-휘문중-휘문고	
신장/체중	185cm / 83kg		연봉	8천 5백만 원	
경력	롯데 자이언츠(2023~)				

작년 2023 시즌 기록

타율	경기	타석	타수	득점	안타
0.255	129	454	400	53	102
2루타	3루타	홈런	루타	타점	도루
24	0	3	135	39	16
볼넷	삼진	병살타	장타율	출루율	OPS
31	112	6	0.338	0.314	0.652

전력분석	"우완이 던진 몸쪽 공을 좌중간으로 날려 버리는 왼손 타자다." 제2의 이정후로 불리는 교타자 김민석의 재능을 가장 잘 표현한 말이다. 외야수로 전향한 뒤 데뷔 첫 시즌부터 풀타임 경험을 쌓은 만큼 더 큰 성장이 기대되는 재목이다.
강점	만 19세 어린 나이에 쌓기 힘든 풀타임 경험치라는 자산
약점	시즌 후반으로 갈수록 상대 공략을 이겨 내지 못하고 헛스윙하거나 삼진 당한 장면이 많았음

외야수(우투양타)

29 레이예스

생년월일/국적	1994년 10월 5일 / 베네수엘라		출신학교	베네수엘라 Felipe Guevara(고)	
신장/체중	196cm / 87kg		연봉	95만 달러	
경력	디트로이트 타이거즈(2018~2022)-롯데 자이언츠(2024~)				

작년 2023 시즌 기록

타율	경기	타석	타수	득점	안타
-	-	-	-	-	-
2루타	3루타	홈런	루타	타점	도루
-	-	-	-	-	-
볼넷	삼진	병살타	장타율	출루율	OPS
-	-	-	-	-	-

전력분석	지난해 장타를 기대한 니코 구드럼이 홈런 0개에 그치고 돌아간 뒤, 롯데가 구드럼 사례를 교훈 삼아 영입한 선수가 레이예스다. 홈런이 부족한 롯데 타선에 장타력을 더할 적임자라는 평가다. 외야 포지션을 두루 소화하는 만큼 활용도도 높다.
강점	전문 외야수가 없던 롯데 외야에 나타난 강한 어깨와 넓은 수비 범위의 만능 외야수
약점	잦은 부상 이력에 대한 우려를 지워라

외야수(우투좌타)

0 황성빈

생년월일	1997년 12월 19일		출신학교	관산초-안산중앙중-소래고-경남대	
신장/체중	172cm / 76kg		연봉	7천 6백만 원	
경력	롯데 자이언츠(2020~)				

작년 2023 시즌 기록

타율	경기	타석	타수	득점	안타
0.212	74	191	170	22	36
2루타	3루타	홈런	루타	타점	도루
5	2	0	45	8	9
볼넷	삼진	병살타	장타율	출루율	OPS
12	27	1	0.265	0.268	0.533

전력분석	2022년 롯데에 없던 기동력을 선보인 센세이션의 주인공, 지난해 수비에서도 한층 발전해 코너 외야 한 자리를 맡았다가 불의의 부상에 활약을 이어 가지 못했다. 콘택트 기반의 끈질긴 승부와 한 베이스 더 뛰는 근성이 트레이드 마크다.
강점	전준우도 웃도는 83.9%의 콘택트 성공률, 맞히는 능력 한번 탁월
약점	저조한 강한 타구 생산을 상쇄할 비책이 필요

19 김강현

투수(우투좌타)

생년월일 1995년 2월 27일

출신학교 고명초-청원중-청원고

작년 2023 시즌 기록

포수에서 전향 후 처음 오른 1군 마운드, 강점 슬라이더 앞세워 불펜 한자리 노린다.

평균자책점	경기	승	패	홀드	세이브	승률	이닝	투구수
3.00	2	0	0	0	0	-	3	61

피안타	피홈런	볼넷	삼진	실점	자책점	피안타율	WHIP	QS
1	0	2	0	1	1	0.111	1.00	0

QS: 퀄리티스타트

23 김도규

투수(우투우타)

생년월일 1998년 7월 11일

출신학교 고봉초-충암중-안산공고

작년 2023 시즌 기록

필승조로 돌아가야 할 2024년, 팔꿈치 뼛조각 제거 여파를 벗어던져라.

평균자책점	경기	승	패	홀드	세이브	승률	이닝	투구수
4.55	36	0	3	1	1	0.000	29 2/3	534

피안타	피홈런	볼넷	삼진	실점	자책점	피안타율	WHIP	QS
29	1	13	26	16	15	0.257	1.42	0

15 김진욱

투수(좌투좌타)

생년월일 2002년 7월 5일

출신학교 수원신곡초-춘천중-강릉고

작년 2023 시즌 기록

더는 코치들 입에서 '김진욱 키우면 할 일 다 했다' 말은 그만….

평균자책점	경기	승	패	홀드	세이브	승률	이닝	투구수
6.44	50	2	1	8	0	0.667	36 1/3	746

피안타	피홈런	볼넷	삼진	실점	자책점	피안타율	WHIP	QS
37	4	29	35	27	26	0.262	1.82	0

44 박진

투수(우투우타)

생년월일 1999년 4월 2일

출신학교 부산대연초-부산중-부산고

작년 2023 시즌 기록

입단 초부터 기대 모은 우완 유망주, 부산고 시절 묵직한 구위를 다시 한번.

평균자책점	경기	승	패	홀드	세이브	승률	이닝	투구수
9.00	4	0	0	0	0	-	5	113

피안타	피홈런	볼넷	삼진	실점	자책점	피안타율	WHIP	QS
7	1	7	2	5	5	0.333	2.80	0

40 박진형

투수(우투우타)

생년월일 1994년 6월 10일

출신학교 영랑초-경포중-강릉고

작년 2023 시즌 기록

2017년 가을야구 이끈 필승조, 병역의무 마쳤으니 홀가분하게 20홀드 향해.

평균자책점	경기	승	패	홀드	세이브	승률	이닝	투구수
-	-	-	-	-	-	-	-	-

피안타	피홈런	볼넷	삼진	실점	자책점	피안타율	WHIP	QS
-	-	-	-	-	-	-	-	-

59 송재영

투수(좌투좌타)

생년월일 2002년 6월 20일

출신학교 수원잠원초(수원영통구리틀)-매향중-라온고

작년 2023 시즌 기록

전역과 동시에 만난 기회, 마침 롯데에는 마땅한 좌완이 없다.

평균자책점	경기	승	패	홀드	세이브	승률	이닝	투구수
-	-	-	-	-	-	-	-	-

피안타	피홈런	볼넷	삼진	실점	자책점	피안타율	WHIP	QS
-	-	-	-	-	-	-	-	-

36 신정락

투수(우언좌타)

생년월일 1987년 5월 13일

출신학교 천안남산초-천안북중-북일고-고려대

작년 2023 시즌 기록

불펜에 관록 더할 베테랑, 예년의 꿈틀대는 구위 다시 보여 준다면….

평균자책점	경기	승	패	홀드	세이브	승률	이닝	투구수
4.66	34	4	0	1	0	1.000	29	476

피안타	피홈런	볼넷	삼진	실점	자책점	피안타율	WHIP	QS
32	4	11	28	15	15	0.288	1.48	0

39 심재민

투수(좌투우타)

생년월일 1994년 2월 18일

출신학교 장유초(김해엔젤스리틀)-개성중-개성고-전남과학대

작년 2023 시즌 기록

어깨 부상 탓에 지각 합류하지만, 올해야말로 선발 잠재력 꽃피울 때.

평균자책점	경기	승	패	홀드	세이브	승률	이닝	투구수
3.78	33	3	1	6	0	0.750	47 2/3	801
피안타	피홈런	볼넷	삼진	실점	자책점	피안타율	WHIP	QS
57	2	18	29	23	20	0.297	1.57	0

64 우강훈

투수(우투우타)

생년월일 2002년 10월 3일

출신학교 희망대초-매송중-야탑고

작년 2023 시즌 기록

최고 시속 151km의 빠른 공 앞세워 기대주로 급부상한 강속구 사이드암.

평균자책점	경기	승	패	홀드	세이브	승률	이닝	투구수
6.00	3	0	0	0	0	-	6	117
피안타	피홈런	볼넷	삼진	실점	자책점	피안타율	WHIP	QS
6	0	4	5	5	4	0.261	1.67	0

62 이진하

투수(우투우타)

생년월일 2004년 6월 2일

출신학교 백송초(일산리틀)-영남중-장충고

작년 2023 시즌 기록

길쭉한 팔다리에서 나오는 묵직한 구위, 입대 전 강렬한 인상 심기 특명.

평균자책점	경기	승	패	홀드	세이브	승률	이닝	투구수
3.38	9	0	0	0	0	-	8	126
피안타	피홈런	볼넷	삼진	실점	자책점	피안타율	WHIP	QS
4	0	3	2	3	3	0.154	0.88	0

54 이태연

투수(좌투좌타)

생년월일 2004년 2월 21일

출신학교 화곡초-영남중-충암고

작년 2023 시즌 기록

지난해 혜성처럼 등장한 좌완 불펜 유망주, 반짝 활약은 이제 그만.

평균자책점	경기	승	패	홀드	세이브	승률	이닝	투구수
15.88	15	0	0	1	0	-	5 2/3	162
피안타	피홈런	볼넷	삼진	실점	자책점	피안타율	WHIP	QS
12	1	9	4	10	10	0.444	3.71	0

57 임준섭

투수(좌투좌타)

생년월일 1989년 7월 16일

출신학교 부산대연초-부산중-개성고-경성대

작년 2023 시즌 기록

경성대 졸업 후 10여 년 만에 다시 찾은 고향, 또 다른 방출 선수 신화를 꿈꾼다.

평균자책점	경기	승	패	홀드	세이브	승률	이닝	투구수
5.79	41	0	2	4	0	0.000	32 2/3	666
피안타	피홈런	볼넷	삼진	실점	자책점	피안타율	WHIP	QS
44	1	19	26	25	21	0.336	1.93	0

56 정성종

투수(우투좌타)

생년월일 1995년 11월 16일

출신학교 광주서석초-무등중-광주제일고-인하대

작년 2023 시즌 기록

평균 시속 145.8km의 빠른 공 지닌 선발 기대주, 이제는 터질 때.

평균자책점	경기	승	패	홀드	세이브	승률	이닝	투구수
5.32	12	0	1	1	0	0.000	22	343
피안타	피홈런	볼넷	삼진	실점	자책점	피안타율	WHIP	QS
21	1	15	10	14	13	0.266	1.64	0

55 정우준

투수(우투우타)

생년월일 2000년 3월 17일

출신학교 태랑초(남양주리틀)-청원중-서울고-강릉영동대

작년 2023 시즌 기록

상무에서 갈고닦은 구위 뽐낼 시간, 불펜층이 얇은 만큼 기회는 늘 열려 있다.

평균자책점	경기	승	패	홀드	세이브	승률	이닝	투구수
-	-	-	-	-	-	-	-	-
피안타	피홈런	볼넷	삼진	실점	자책점	피안타율	WHIP	QS
-	-	-	-	-	-	-	-	-

26 진승현

투수(우투좌타)

생년월일 2003년 9월 5일

출신학교 본리초-협성경복중-경북고

작년 2023 시즌 기록

고교 시절 시속 150km 웃돌던 파이어볼러 면모 되찾아야 하는 미완의 대기.

평균자책점	경기	승	패	홀드	세이브	승률	이닝	투구수
5.86	24	2	2	1	0	0.500	27 2/3	533
피안타	피홈런	볼넷	삼진	실점	자책점	피안타율	WHIP	QS
34	2	16	25	20	18	0.309	1.81	0

31 진해수

투수(좌투좌타)

생년월일 1986년 6월 26일

출신학교 동삼초-경남중-부경고

작년 2023 시즌 기록

돌고 돌아 고향 팀 유니폼 입은 베테랑, 좌완 기근 해소에 앞장서야.

평균자책점	경기	승	패	홀드	세이브	승률	이닝	투구수
3.68	19	0	0	2	0	-	14 2/3	297
피안타	피홈런	볼넷	삼진	실점	자책점	피안타율	WHIP	QS
18	2	10	12	8	6	0.295	1.91	0

45 최설우

투수(우투우타)

생년월일 1992년 2월 20일

출신학교 감천초-대동중-개성고-동아대-
영남사이버대

작년 2023 시즌 기록

달라진 이름, 달라진 마음가짐, 더는 대체 선발 1순위에만 머물 수 없다.

평균자책점	경기	승	패	홀드	세이브	승률	이닝	투구수
9.90	8	0	1	0	0	0.000	10	226
피안타	피홈런	볼넷	삼진	실점	자책점	피안타율	WHIP	QS
15	0	7	7	14	11	0.341	2.20	0

49 최이준

투수(우투우타)

생년월일 1999년 4월 10일

출신학교 서울이수초-대치중-장충고

작년 2023 시즌 기록

"광안리 바다처럼 시원한 직구 던지겠다"던 이적 후 첫 다짐 되새길 때.

평균자책점	경기	승	패	홀드	세이브	승률	이닝	투구수
6.83	28	1	0	0	0	1.000	29	546
피안타	피홈런	볼넷	삼진	실점	자책점	피안타율	WHIP	QS
37	1	21	20	22	22	0.306	2.00	0

38 홍민기

투수(좌투좌타)

생년월일 2001년 7월 20일

출신학교 법동초-한밭중-대전고

작년 2023 시즌 기록

출격 준비 완료, 지난해 마무리캠프에서 다시 구위 뽐낸 좌완 파이어볼러.

평균자책점	경기	승	패	홀드	세이브	승률	이닝	투구수
-	-	-	-	-	-	-	-	-
피안타	피홈런	볼넷	삼진	실점	자책점	피안타율	WHIP	QS
-	-	-	-	-	-	-	-	-

32 강태율

포수(우투우타)

생년월일 1996년 11월 1일

출신학교 부산수영초-대천중-부경고

작년 2023 시즌 기록

추신수도 혀 내두른 프레이밍, 이 잠재력 더는 묵혀 둘 수 없다.

타율	경기	타석	타수	득점	안타	2루타	3루타	홈런
-	-	-	-	-	-	-	-	-
루타	타점	도루	볼넷	삼진	병살타	장타율	출루율	OPS
-	-	-	-	-	-	-	-	-

69 서동욱

포수(우투우타)

생년월일 2000년 3월 24일

출신학교 순천남산초-순천이수중-순천효
천고-홍익대

작년 2023 시즌 기록

외야에서 다시 포수로, 타격 재능 앞세워 공격형 포수로 성장한다면….

타율	경기	타석	타수	득점	안타	2루타	3루타	홈런
0.118	13	20	17	2	2	1	0	0
루타	타점	도루	볼넷	삼진	병살타	장타율	출루율	OPS
3	0	0	3	5	1	0.176	0.250	0.426

66 지시완

포수(우투우타)

생년월일 1994년 4월 10일

출신학교 청주우암초-청주중-청주고

작년 2023 시즌 기록

화제의 이적 후 어느덧 5년, 원조 공격형 포수 기대주의 면모.

타율	경기	타석	타수	득점	안타	2루타	3루타	홈런
0.125	6	10	8	0	1	0	0	0
루타	타점	도루	볼넷	삼진	병살타	장타율	출루율	OPS
1	0	0	0	5	0	0.125	0.125	0.250

51 나승엽

내야수(우투좌타)

생년월일 2002년 2월 15일

출신학교 남정초-선린중-덕수고

작년 2023 시즌 기록

이제 1군에서 비상할 시간, 김태형 감독도 궁금해하는 최고의 타격 재능.

타율	경기	타석	타수	득점	안타	2루타	3루타	홈런
-	-	-	-	-	-	-	-	-
루타	타점	도루	볼넷	삼진	병살타	장타율	출루율	OPS
-	-	-	-	-	-	-	-	-

3 신윤후

내야수(우투우타)

생년월일 1996년 1월 5일

출신학교 무학초-마산중-마산고-동의대

작년 2023 시즌 기록

외야에서 내야로, 외야에서도 그랬듯 이번에도 무한 경쟁은 피할 수 없네.

타율	경기	타석	타수	득점	안타	2루타	3루타	홈런
0.040	28	27	25	2	1	0	0	0
루타	타점	도루	볼넷	삼진	병살타	장타율	출루율	OPS
1	1	1	0	8	0	0.040	0.111	0.151

6 오선진

내야수(우투우타)

생년월일 1989년 7월 7일

출신학교 화곡초-성남중-성남고

작년 2023 시즌 기록

2차 드래프트로 롯데 유니폼 입은 베테랑, 내야 뎁스 강화를 위해.

타율	경기	타석	타수	득점	안타	2루타	3루타	홈런
0.230	90	199	165	17	38	6	0	0
루타	타점	도루	볼넷	삼진	병살타	장타율	출루율	OPS
44	14	2	24	34	7	0.267	0.342	0.609

63 이주찬

내야수(우투우타)

생년월일 1998년 9월 21일

출신학교 송수초(해운대리틀)-센텀중-경남고-동의대

작년 2023 시즌 기록

알 깬 동생, 이제 형 차례, 안정적 유격수 수비와 송구가 강점.

타율	경기	타석	타수	득점	안타	2루타	3루타	홈런
-	-	-	-	-	-	-	-	-
루타	타점	도루	볼넷	삼진	병살타	장타율	출루율	OPS
-	-	-	-	-	-	-	-	-

7 이학주

내야수(우투좌타)

생년월일 1990년 11월 4일

출신학교 하안북초-양천중-충암고

작년 2023 시즌 기록

쳐야 산다. 그 어느 때보다 절실한 공격력 반등, 더는 물러설 곳이 없다.

타율	경기	타석	타수	득점	안타	2루타	3루타	홈런
0.209	104	122	110	22	23	2	0	3
루타	타점	도루	볼넷	삼진	병살타	장타율	출루율	OPS
34	13	4	11	31	2	0.309	0.287	0.596

68 정대선

내야수(우투우타)

생년월일 2004년 11월 16일

출신학교 서흥초-동산중-세광고

작년 2023 시즌 기록

지난해 1군의 맛 깨우친 내야 유망주, 코치들도 어서 보고 싶어 하는 공·수 재능.

타율	경기	타석	타수	득점	안타	2루타	3루타	홈런
0.150	19	47	40	5	6	1	0	0
루타	타점	도루	볼넷	삼진	병살타	장타율	출루율	OPS
7	6	0	2	8	0	0.175	0.217	0.392

14 최항

내야수(우투좌타)

생년월일 1994년 1월 3일

출신학교 대일초-매송중-유신고

형 최정의 14번 달고 새롭게 굳힌 각오, 다시 만난 박승욱과 짝 이룰 날 올까.

타율	경기	타석	타수	득점	안타	2루타	3루타	홈런
0.286	21	35	28	3	8	1	0	1
루타	타점	도루	볼넷	삼진	병살타	장타율	출루율	OPS
12	6	0	5	12	1	0.429	0.382	0.811

50 김동혁

외야수(좌투좌타)

생년월일 2000년 9월 15일

출신학교 인천서화초-상인천중-제물포고-
강릉영동대

지난해 1군 등장한 발 빠른 외야 유망주, 못다 이룬 데뷔 첫 안타 향해.

타율	경기	타석	타수	득점	안타	2루타	3루타	홈런
0.000	15	9	7	3	0	0	0	0
루타	타점	도루	볼넷	삼진	병살타	장타율	출루율	OPS
0	0	1	2	3	0	0.000	0.222	0.222

48 이정훈

외야수(우투좌타)

생년월일 1994년 12월 7일

출신학교 교문초-배재중-휘문고-경희대

포수 마스크 벗은 뒤 한층 살아난 타격 재능, 기회만 더 주어진다면….

타율	경기	타석	타수	득점	안타	2루타	3루타	홈런
0.296	59	171	152	17	45	7	0	1
루타	타점	도루	볼넷	삼진	병살타	장타율	출루율	OPS
55	17	1	13	28	1	0.362	0.357	0.719

13 장두성

외야수(우투좌타)

생년월일 1999년 9월 16일

출신학교 축현초-재능중-동산고

대주자, 대수비는 이제 그만, 전문 외야수 가치 뽐내기 전 타격부터.

타율	경기	타석	타수	득점	안타	2루타	3루타	홈런
0.154	25	15	13	7	2	0	0	0
루타	타점	도루	볼넷	삼진	병살타	장타율	출루율	OPS
2	1	2	1	3	1	0.154	0.214	0.368

61 전미르

생년월일	2005년 8월 15일
신장/체중	187cm / 100kg
출신학교	본리초-협성경복중-경북고
지명순위	1라운드 전체 3순위

투수(우투우타)

출발은 투수로, 그래도 언젠가 투·타 겸업 선수로 거듭나겠다는 꿈을 품은 재능꾼.

37 정현수

생년월일	2001년 5월 10일
신장/체중	180cm / 84kg
출신학교	대연초-부산중-부산고-송원대
지명순위	2라운드 전체 13순위

투수(좌투좌타)

좌완 보충을 위해 지명된 즉시전력감, 낙차 큰 커브로 삼진 유도에 능한 투수.

98 이호준

생년월일	2004년 3월 20일
신장/체중	172cm / 72kg
출신학교	대구옥산초-경운중-대구상원고
지명순위	3라운드 전체 23순위

내야수(우투좌타)

차기 유격수 육성에 초점을 맞춘 드래프트, 롯데의 원 픽이 바로 이호준이었다.

105 박준우

생년월일	2005년 5월 27일
신장/체중	190cm / 94kg
출신학교	부천상동초(부천시리틀)-부천중-유신고
지명순위	4라운드 전체 33순위

투수(우투우타)

훤칠한 키에서 나오는 시원시원한 구위가 매력, 구속과 변화구 보완한다면 금상첨화.

67 강성우

생년월일	2005년 4월 12일
신장/체중	182cm / 77kg
출신학교	대전유천초-한밭중-청주고
지명순위	5라운드 전체 43순위

내야수(우투우타)

안정적 수비와 발전 가능성 큰 타격, 내야수로서 이상적 신체조건의 유격수 유망주.

107 박성준

생년월일	2005년 11월 28일
신장/체중	180cm / 81kg
출신학교	강남초-휘문중-휘문고
지명순위	6라운드 전체 53순위

투수(좌투좌타)

뛰어난 신체 조건의 좌완, 긴 호흡으로 완성도 있게 육성한다면 큰 기대 걸 만한 재목.

95 이선우

생년월일	2005년 2월 22일
신장/체중	180cm / 74kg
출신학교	충암초(서대문리틀)-신월중-덕수고
지명순위	7라운드 전체 63순위

외야수(우투우타)

누상을 휘젓는 빠른 발과 타격이 장점인 미래의 도루왕, 롯데의 슈퍼 소닉을 꿈꾼다.

109 안우진

생년월일	2005년 7월 22일
신장/체중	181cm / 83kg
출신학교	학동초-덕수중-휘문고
지명순위	8라운드 전체 73순위

내야수(우투우타)

강한 어깨와 안정된 수비력을 갖춘 휘문고 센터라인의 중심, 거포 유격수를 꿈꾼다.

112 소한빈

생년월일	2005년 8월 23일
신장/체중	179cm / 91kg
출신학교	중대초-배명중-서울고
지명순위	9라운드 전체 83순위

외야수(우투우타)

고교 3학년 시절 주말리그 후반기 홈런상 수상으로 두각을 나타낸 거포 유망주.

100 전하원

생년월일	2005년 10월 30일
신장/체중	184cm / 86kg
출신학교	수유초-충암중-서울자동차고
지명순위	10라운드 전체 93순위

투수(우투우타)

서울자동차고 최초의 프로 지명자, 미완의 기량 보완할 탈삼진 능력과 신체조건.

104 유제모

생년월일	2003년 2월 26일
신장/체중	178cm / 78kg
출신학교	부흥초(안양동안구리틀)-평촌중-야탑고-동의과학대
지명순위	11라운드 전체 103순위

외야수(우투좌타)

염종석 감독의 동의과학대가 배출한 첫 프로 선수, 뛰어난 콘택트 능력의 외야 유망주.

TEAM PROFILE

UNIFORM

구단명 : **삼성 라이온즈**

연고지 : **대구광역시**

창립연도 : **1982년**

구단주 : **유정근**

대표이사 : **유정근**

단장 : **이종열**

감독 : **박진만**

홈구장 : **대구 삼성 라이온즈파크**

영구결번 : **10 양준혁 22 이만수 36 이승엽**

한국시리즈 우승 : **1985 2002 2005 2006 2011**
2012 2013 2014

HOME

AWAY

2024 SAMSUNG LIONS DEPTH CHART

- 지명타자

 오재일
 류지혁
 김동엽

 중견수
김성윤
김지찬
이성규

좌익수
구자욱
김태훈
김재혁

우익수
김현준
윤정빈
류승민

유격수
이재현
김영웅
안주형

2루수
김지찬
류지혁
김동진

3루수
류지혁
전병우
강한울

1루수
맥키넌
오재일
류지혁

- 감독

 박진만

포수
강민호
김재성
이병헌

- 2024 예상 베스트 라인업

1번 타자	김지찬	2루수
2번 타자	김성윤	중견수
3번 타자	구자욱	좌익수
4번 타자	맥키넌	1루수
5번 타자	강민호	포수
6번 타자	오재일	지명타자
7번 타자	류지혁	3루수
8번 타자	이재현	유격수
9번 타자	김현준	우익수

- 예상 선발 로테이션

 코너
 레예스
 원태인
 백정현
 이승현 57

- 필승조

 이재익
 이승현 20
 임창민
 김재윤

- 마무리

 오승환

TEAM INFO

팀 분석

2023 팀 순위(포스트시즌 최종 순위 기준)

8위

최근 5년간 팀 순위

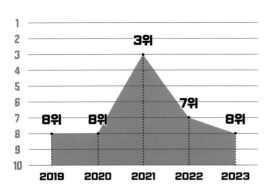

	2019	2020	2021	2022	2023
순위	8위	8위	3위	7위	8위

2023시즌 팀 공격력

↑: High / ↓: Low

타율↑	홈런↑	병살타↓	득점권 타율↑	삼진↓	OPS↑
0.263	88개	114개	0.267	954개	0.702
6위	8위	8위	6위	3위	7위

2023시즌 팀 마운드

↑: High / ↓: Low

평균자책점↓	탈삼진↑	QS↑	볼넷↓	피안타율↓	피홈런↓	WHIP↓
4.60	899개	63	464개	0.280	120개	1.47
10위	10위	5위	2위	10위	10위	9위

2023시즌 팀 수비력

↑: High / ↓: Low

실책↓	견제사↑	병살 성공↑	도루저지율↑
103개	9개	111번	27.1%
공동 3위	5위	공동 7위	6위

2023시즌 최다 마킹 유니폼

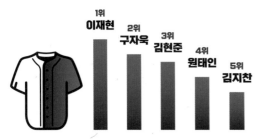

1위 이재현
2위 구자욱
3위 김현준
4위 원태인
5위 김지찬

PARK FACTOR

홈구장_대구 삼성 라이온즈파크

3.6m
122.5m
107m 107m
99.5m 99.5m

천연 잔디
(켄터키 블루그래스)

수용인원

24,000석

구장 특성

구장 안에 들어서면 삼성을 상징하는 진한 파란색이 구장 전체를 휘감은 듯한 느낌을 준다. 타자친화형 구장. 비거리로만 보면 절대 작은 구장은 아닌데, 팔각형의 특이한 형태 때문에 좌우중간 펜스 거리가 비율적으로 짧아 장타가 잘 터진다. 이적 전 오재일처럼, 타 팀에서 유독 대구 구장에만 오면 장타를 터뜨리는 타자들이 꽤 많다. 우측 외야에는 '라이온킹' 이승엽의 벽화가 눈에 띈다.

HOME STADIUM GUiDE

원정 팬을 위한 교통편 추천, 주차 팁

택시나 시내버스를 타고 오는 것이 가장 안전(?)하다. 경기장 바로 옆 전설로 주차장에 유료 주차를 할 수 있는데, 주말 경기나 관중들이 많이 몰리는 경기에는 주차장에 들어가기 위해 늘어선 차들이 수십 대다. 주차장 진입하는 데만 시간이 많이 소요되기 때문에 경기 시작 2~3시간 전에 일찍 오거나, 대중교통편을 타는 것을 추천한다. 대구 시내에서는 떨어져 외진 곳에 위치하지만, 콜택시 어플로 금방금방 택시가 잡히는 편이다. 버스 연결도 잘돼 있다.

원정팬들의 경우 KTX, SRT를 타고 동대구역에서 내리는데 택시가 아니라면 지하철보다는 버스를 이용하는 것을 추천한다. 지하철은 한 번 갈아타야 하고 경로상 돌아가기 때문이다. 동대구 버스터미널도 동대구역과 붙어 있기 때문에 야구장을 찾아가는 경로는 비슷하다.

이 재미로 직관 가는 거 아닌가요, 이 구장에서 놓치면 안 되는 먹을거리, 놀거리, 이벤트

유니폼 입고 찍으면 인생 사진 가능

요즘 곳곳에서 셀프 사진 부스를 쉽게 만날 수 있다. 야구장도 예외가 아닌데, 여러 구장 중에서도 유독 인생 셀프 사진을 찍으려는 줄이 가장 긴 곳이 바로 대구다. 라이온즈파크 3층 중앙 복도는 사진 부스 앞에 줄을 선 팬들로 늘 북적인다. 다양한 배경과 프레임. 무엇보다 좋아하는 팀과 선수의 유니폼을 입고, 직관용 패션으로 한껏 꾸민 10~20대 팬들에게 인기가 아주 많은 핫스팟이다. 파란색 삼성 유니폼을 입고 찍는 사진은 야구장 직관의 쏠쏠한 재미 중 하나.

떡볶이 투어 어떠세요

대구 하면 떡볶이다. 연관성이 얼마나 있는지는 모르겠지만, 여름이 유독 뜨거운 도시답게 맵고도 감칠맛 넘치는 유명 떡볶이 맛집들이 한두 군데가 아니다. 신천시장 할매

떡볶이 원조집을 비롯해 1년 내내 관광객들로 붐비는 동성로 중앙떡볶이, 동성로떡볶이 외에도 두류동 달고떡볶이, 신천시장 양지떡볶이, 신천궁전떡볶이, 동구 반야월할매떡볶이 등 유독 떡볶이 맛집들이 많다. 떡볶이를 좋아하는 타 지역 야구팬이라면, 원하는 직관 날짜에 맞춰서 떡볶이 투어를 해 보는 것도 재미있을 것 같다.

원정 팬들을 위한 숙박, 스팟 팁

대구를 찾는 원정 팬들이라면 숙박 장소를 잘 찾는 게 핵심이다. 경기를 보고 다음 날 아침 일찍 귀가해야 한다면, 야구장 인근 알파시티 옆 깔끔한 비즈니스 호텔들이나 아니면 아예 동대구역 인근으로 이동해 가까운 숙소를 잡는 것을 추천한다. 알파시티는 야구장에서 도보로 10~15분 이내에 갈 수 있어서 택시를 잡으려고 애태우지 않아도 된다는 장점이 있는데, 근처에 식당이나 편의 시설이 많지는 않아서 배달 어플을 이용하는 것이 나을 수 있다.

만약 맛있는 야식도 먹고, 술도 한잔 기울이고 싶다면 동성로나 수성못 주변에 숙소를 잡는 것을 추천한다. 동성로는 불야성이고 노포 맛집들이 많다. 수성못 주변엔 핫한 술집, 카페, 레스토랑들이 많아서 다음 날까지 여유롭게 즐길 수 있다. 경치는 덤.

187

변화의 바람,
왕조 재건 프로젝트

작년에 이것만 잘됐으면 좋았을 텐데

매 시즌 괴롭히는 부상 악령을 차치하더라도 지난해 삼성의 불펜은 최악이었다. 불펜 평균자책점(ERA)은 5.16으로 리그 10개 팀 중 가장 좋지 않았고, 역전패(38회)도 리그 최다였다. 피홈런도 60개로 2위(SSG 랜더스·롯데 자이언츠·한화 이글스)의 39개에 비해 압도적으로 많았다. 시즌 초반 마무리 투수 오승환이 주춤하는 사이, 이승현(57), 김태훈, 우규민, 이승현(20) 등에게 번갈아 뒷문을 맡겼으나 모두 제 몫을 하지 못했다. 불펜 불안은 삼성이 오래전부터 떠안고 있던 고민거리였지만 올해도 해소하지 못했다. 투수 육성, 스카우트 실패의 전형적인 모습을 보여 줬다. 강민호·김태군·김재성 등 즉시전력감 포수들을 보유한 삼성은 '포수 공개 트레이드'까지 천명했지만, 삼성의 눈이 너무 높았다. 그사이 베테랑 내야수 이원석 카드로 김태훈을 트레이드로 영입해 불펜을 강화했지만 실패로 돌아갔다. 여름이 돼서야 포수 김태군 카드로 내야 유틸리티 플레이어 류지혁을 트레이드로 영입했다. 트레이드는 성공적이었지만, 정작 가장 중요한 불펜을 강화하지는 못했다. 이외에도 확실한 5선발 부재, 외국인 에이스 투수 알버트 수아레즈의 갑작스런 부상 교체에 이어 오재일, 구자욱 등 주축 선수들에게 찾아온 부상 악령도 삼성의 발목을 번번이 잡았다. 구자욱의 타율 2위와 김성윤의 발견, 신인 이호성의 가능성 증명 등의 호재로 위안을 삼아야 했다. 후반기 오승환의 반등도 새 시즌을 기대하게 했다. 시즌 후 삼성은 분위기 쇄신을 위해 이종열 단장을 새로 선임해 선수단 개편에 나섰다. 지난해 약점으로 지목됐던 불펜진 강화를 위해 김재윤, 임창민(이상 FA), 최성훈, 양현(이상 2차 드래프트) 등을 차례로 영입하는 광폭 행보를 보였고, 트레이닝 파트 인력을 대대적으로 보강해 부상 방지에 힘썼다. 코치진도 정민태 투수 코치, 이진영 타격 코치, 정대현 퓨처스(2군) 감독 등 외부 수혈로 변화를 꾀했다. 삼성에 찾아온 변화의 바람이 무너진 삼성 왕조를 재건할 수 있을지 주목된다.

스토브리그 성적표

지난해 불펜 평균자책점 최하위라는 약점을 집중적으로 보완했다. 마무리 투수 트리오(임창민-김재윤-오승환)가 3이닝을 책임진다고 생각해 보라. 왕조 시절 필승조 향기가 난다.

지극히 주관적인 올 시즌 예상 순위와 이유

가을야구 경쟁은 할 것 같지만 변수가 많다. 데이비드 뷰캐넌, 호세 피렐라 등 검증된 외국인 선수들이 모두 떠났고, 오재일, 오승환 등 주력 선수의 에이징 커브도 고려해야 한다. 원태인과 외국인 선수 두 명 외에 확실한 선발진이 없다는 것도 불안 요소다. 투수들의 구속 저하와 고질적인 줄부상 문제를 해결하기 위해 트레이닝 파트를 강화한 것은 고무적. 최근 수년간 1군 경험을 쌓은 이재현, 김영웅, 이승현(57) 등의 각성과 이호성, 육선엽 등 기대주들의 성장이 뒷받침된다면 원하는 가을야구 티켓을 얻을 수 있을 것이다.

생년월일	1976년 11월 30일
출신학교	서화초-상인천중-인천고-경기대
주요 경력	현대 선수(1996~2004), 삼성 선수(2005~2010), SK 선수(2011~2015), SK 수비코치(2016), 삼성 2군 수비코치(2017), 삼성 1군 수비코치(2017~2021), 삼성 2군 감독(2022), 삼성 감독대행(2022), 삼성 감독(2023~)

"전체적으로 더 좋은 기량의 시즌."

2022년 감독대행으로 희망을 보여 줬던 박진만 감독은 2023년 정식 감독이 된 후 다소 주춤했다. 강력한 카리스마는 여전했고 마무리캠프부터 이어진 지옥 훈련은 수비 강화로 확실한 효과를 봤지만, 강점이었던 '무한 경쟁' 유도는 지난해 다소 희미해졌다. 변화무쌍한 라인업(138개·리그 2위)에 비해 다양한 선수들을 활용하지는 못했다. 선발진 과부하도 개선해야 할 문제. 선수층이 약한 탓도 있다. 새 시즌, 취약 포지션에 다양한 선수들을 영입하면서 선수층이 두꺼워졌다. 박진만 감독의 무한 경쟁과 용병술이 시험대에 오른다.

70 박진만

1군

수석코치 이병규	타격코치 이진영	타격코치 배영섭	투수코치 정민태	불펜코치 권오준	배터리코치 이정식	주루·외야코치 박찬도	작전코치 강명구

퓨쳐스

수비코치 손주인	퓨처스 감독 정대현	타격코치 강봉규	투수코치 강영식	투수코치 박희수	배터리코치 채상병	주루·내야코치 정병곤	작전·외야코치 조동찬

잔류·재활군코치 다바타	잔류·재활군코치 다치바나	잔류·재활군코치 박한이	잔류·재활군코치 김정혁	잔류·재활군코치 정현욱

18
원태인

투수(우투우타)

생년월일	2000년 4월 6일
신장/체중	183cm / 92kg
출신학교	율하초(중구리틀)-경복중-경북고
연봉(2024)	4억 3천만 원
경력	삼성 라이온즈(2019~)

#성덕_삼린이

"우리의 1차 지명은 10년 전에 결정됐습니다." 2018년 입단 때부터 원태인은 예정된 '푸른 피 에이스'였다. 대구에서 태어나 대구에서 자란 원태인은 대구가 연고지인 삼성의 1차 지명을 받고 이젠 팀에 없어서는 안 될 선발 에이스로 자리 잡았다. "왕조 재건의 주역이 되겠다"고 당찬 포부를 밝혔던 신인은 어느덧 '푸른 피 에이스'로 성장했다. 지난해 LG의 우승을 보며 '엘린이' 임찬규가 부러웠다는 그는 "이젠 '삼린이 스토리'를 만들겠다"라는 당찬 포부를 밝혔다.

#원퀼스라_불러다오

원태인은 지난해 7승을 거두며 3년 연속 두 자릿수 승수 달성엔 실패했다. 하지만 오히려 퀄리티스타트(선발 6이닝 이상 3자책 이하) 횟수는 17개로 이전보다 더 늘었다. 선발로서 제 역할을 잘 해냈다는 이야기. 토종 우완 정통파 투수 중 체인지업 구종 가치가 1위일 정도로 결정구의 완성도도 높아졌다. 새 시즌 두 자릿수 승수와 퀄리티스타트+(7이닝 이상 3자책 이하) 횟수를 더 늘리는 것이 목표.

#KKK_국가대표_세 차례

지난해 원태인은 국가대표 유니폼만 세 번이나 입었다. 3월 WBC에 이어 9월 아시안게임, 11월 아시아프로야구챔피언십(APBC)에서 태극마크를 달았다. WBC에선 일본팀을 상대하면서 국제무대 및 일본 진출의 자신감도 장착했다. 이제는 어엿하게 대한민국을 대표하는 투수 중 한 명으로서 진정한 푸른 피 에이스로 거듭나는 중이다.

🎤 TMI 인터뷰

1. 일주일 동안 한 가지 음식만 먹어야 한다면?
- 떡볶이

2. 세상에서 가장 싫은 것 한 가지는?
- 오이

3. 스트레스 쌓이거나 생각이 많을 때 하는 건?
- 명상

4. 진짜 독하다 싶은 선수는?
- 이병헌 선수

5. 야구하길 잘했다는 생각이 들 때는?
- 만원 관중이 들어선 경기장 마운드에 올라갈 때

작년 2023 시즌 기록

평균자책점	경기	승	패	홀드	세이브
3.24	26	7	7	0	0
승률	이닝	투구수	피안타	피홈런	볼넷
0.500	150	2521	157	15	34
삼진	실점	자책점	피안타율	WHIP	퀄리티스타트
102	61	54	0.268	1.27	17

전력분석	평균 140km/h대 중후반의 직구, 주무기는 체인지업. 체인지업은 매 시즌 구종 가치 상위권에 이름을 올릴 정도로 무브먼트가 좋다. 매 시즌 구속을 높이고 슬라이더의 완성도를 높이는 등 발전을 거듭하는 성장형 투수.
강점	빠른 직구에 춤추는 체인지업, 진화하는 슬라이더까지 무기가 많다
약점	2023년 국가대표 차출 3차례, 3년 연속 150이닝+, 체력 문제 괜찮을까

5

외야수(우투좌타)

구자욱

생년월일	1993년 2월 12일
신장/체중	189cm / 75kg
출신학교	본리초-경복중-대구고
연봉(2024)	20억 원
경력	삼성 라이온즈(2012~)

#준비된_캡틴_쿠

삼성 라이온즈의 새 시즌 주장은 구자욱이다. 지난해 중반 오재일의 주장직을 물려받은 후 연임에 성공했다. 하지만 시즌 처음부터 주장을 맡는 건 이번이 처음이다. 2012년 데뷔 후 12년 만. 삼성의 주장은 예정된 수순이었지만 오래 걸렸다. '포스트 이승엽'이자 삼성의 미래였던 그는 어느덧 '삼성의 심장'으로 성장해 팀을 지탱하고 있다.

#3리차_타율_2위

구자욱은 지난해 부활의 시즌을 보냈다. 타율 0.336을 기록하며 타격왕 손아섭보다 '3리(0.003)'가 모자라 2위에 올랐다. 2022년 지옥의 마무리캠프를 자청해서 참가하고, 이병규 수석코치와 적극적인 소통으로 타격폼을 바꾼 끝에 거둔 성과. 시즌 후 타격왕 욕심에 대한 이야기를 묻자, "리그 2위면 잘한 것 아닌가. 앞으로 2위만 오래 지키다가 막판에 타격왕 해 보고 싶다. 그러면 더 기쁨이 배가 되지 않을까"라는 엉뚱하지만 설득력 있는 답변으로 욕심을 드러냈다.

#구자욱이_건강해야_삼성이_산다

지난해 구자욱은 햄스트링 부상으로 한 달 동안 전열에서 이탈했다. 공교롭게도 삼성도 이 기간 크게 흔들리며 최하위권까지 떨어졌다. 그만큼 구자욱의 팀 내 존재감은 컸고, 삼성도 구자욱 본인도 건강의 중요성을 깨달았다. 이종열 삼성 단장은 "구자욱이 건강해야 삼성도 좋은 성적을 거둘 수 있다"며 비시즌 트레이닝 파트 강화에 열을 올린 바 있다.

작년 2023 시즌 기록

타율	경기	타석	타수	득점	안타
0.336	119	515	453	65	152
2루타	**3루타**	**홈런**	**루타**	**타점**	**도루**
37	1	11	224	71	12
볼넷	**삼진**	**병살타**	**장타율**	**출루율**	**OPS**
53	81	5	0.494	0.407	0.901

전력분석	호타준족. 하체를 이용한 정확한 스윙으로 콘택트와 파워 두 마리 토끼를 모두 잡는 중장거리형 타자. 정확한 콘택트에 더 중점을 두고 2023시즌 타율 2위(0.336)에 등극. 당겨치기 비율이 높아 그동안 수비 시프트 피해를 많이 받았지만, 새 시즌 수비 시프트 제한으로 공격력 강화 호재.
강점	경기의 흐름을 바꿀 수 있는 클러치 능력
약점	자나깨나 부상 조심
수비력	홈 보살 가능한 강견과 정확한 송구, 좌익수·우익수 코너 수비 문제없다

🎤 TMI 인터뷰

1. 일주일 동안 한 가지 음식만 먹어야 한다면?

- 타코라이스

2. 세상에서 가장 싫은 것 한 가지는?

- 경기에서 지는 것

3. 스트레스 쌓이거나 생각이 많을 때 하는 건?

- 쉬거나 그림 그리기

4. 진짜 독하다 싶은 선수는?

- 김헌곤 선수

5. 야구하길 잘했다는 생각이 들 때는?

- 그라운드에서 잘했을 때 팬들이 열광해 주는 것

62 김재윤

투수(우투우타)

생년월일	1990년 9월 16일
신장/체중	185cm / 91kg
출신학교	서울도곡초-휘문중-휘문고
연봉(2024)	4억 원
경력	MLB 애리조나 다이아몬드백스 마이너리그 (2009~2012)-KT 위즈(2015~2023)-삼성 라이온즈(2024~)

#포수에서_최고의_마무리로

김재윤은 원래 투수가 아니었다. 2009년 미국 무대에 도전했을 때도, 군 복무 후 KT 위즈에 입단했을 때까지만 해도 그는 포수였다. 하지만 그의 강한 송구 능력을 눈여겨 본 KT가 그에게 투수 전향을 제안, 신생팀 KT의 필승조를 거쳐 리그 최고의 마무리 투수로 거듭났다. 그가 KBO리그에서 기록한 세이브는 통산 169개. 이는 현역 3위에 해당하는 기록이다.

#오승환_바라기_성덕

오승환의 광팬으로 잘 알려져 있다. 마무리 투수 전향 후 오승환의 투구 영상을 수백 번 돌려 봤을 정도로 애틋한 짝사랑을 이어왔다. 막강한 구위로 타자들을 제압하는 모습도 오승환과 닮았다는 평가. 이후 김재윤이 FA로 삼성에 둥지를 트면서 우상과 한솥밥을 먹게 됐다. 이젠 우상이 아니라 포지션 경쟁자로 새 시즌에 나설 예정이다.

#마무리가_누구야

삼성은 비시즌 김재윤과 임창민을 영입한 데 이어 내부 FA였던 오승환까지 잡으면서 마무리 투수만 세 명을 보유하게 됐다. 새 시즌 삼성의 뒷문을 책임질 투수는 누가 될지 관심이 모아지는 상황. 삼성의 끝판왕 오승환과 30대 초반의 팔팔한 김재윤이 경쟁한다. 김재윤은 "어느 보직이든 최선을 다하겠지만, 마무리 보직에 욕심이 있다"라며 자신감을 드러냈다.

🎤 TMI 인터뷰

1. 일주일 동안 한 가지 음식만 먹어야 한다면?
- 순대국

2. 세상에서 가장 싫은 것 한 가지는?
- 비행기

3. 스트레스 쌓이거나 생각이 많을 때 하는 건?
- 예능 보기

4. 진짜 독하다 싶은 선수는?
- 이재익

5. 야구길 잘했다는 생각이 들 때는?
- 마운드에 올라갈 때, 팬들이 이름을 외쳐줄 때

작년 2023 시즌 기록

평균자책점	경기	승	패	홀드	세이브
2.60	59	5	5	0	32
승률	이닝	투구수	피안타	피홈런	볼넷
0.500	65 2/3	1005	54	2	13
삼진	실점	자책점	피안타율	WHIP	퀄리티스타트
60	21	19	0.227	1.02	0

전력분석	140km/h 후반의 묵직한 직구가 자랑인 구위형 투수로, 직구 수직 무브먼트가 리그 탑급. 2021년부터 3년 연속 30세이브를 올리며 KBO리그 최고 마무리 투수 반열에 등극.
강점	묵직한 구위에 정확한 제구, 슬라이더·포크볼 변화구 능력까지 모두 갖춘 마무리 투수
약점	뜬공형 투수, 홈런 많이 나오는 라이온즈파크에선 어떨지

상성은 강하다! 옥표는 우승!!

58 김지찬 — 내야수(우투좌타)

생년월일	2001년 3월 8일
신장/체중	163cm / 64kg
출신학교	백사초(이천시리틀)-모가중-라온고
연봉(2024)	1억 6천만 원
경력	삼성 라이온즈(2020~)

#작은_거인

키 163cm. 팀 동료 김성윤과 함께 리그에서 가장 작은 선수다. 2루에서 키 큰 야수들이 김지찬을 둘러싸는 모습은 익숙한 풍경이다. 하지만 작다고 무시하면 안된다. 파워는 약해도 뛰어난 콘택트와 빠른 발로 그라운드를 휘저으며 삼성의 타선을 이끌고 있다. 4할이 넘는 출루율이 김지찬의 능력을 증명한다.

#로봇심판_가까워진_2루

새 시즌 KBO는 로봇심판(ABS)을 도입하고 베이스의 크기를 키웠다. 키에 따라 스트라이크존 높낮이가 형성되는 만큼, 김지찬의 선구안과 출루율에 더 도움을 줄 것으로 보인다. 베이스 크기도 커져 베이스 간의 거리가 짧아졌다. 빠른 발로 적극적인 주루를 하는 김지찬에게 유리하게 작용할 전망이다. 김지찬이 더 무서워진다.

#굴비즈_수장

삼성 저연차 선수들의 숙소 경산 볼파크 302호는 한때 젊은 선수들 사이에서 '명소'였다. 방 주인은 김지찬. 김현준과 이재현 등 어린 선수들이 찾아와 웃음꽃을 피우곤 했던 곳이다. 지금은 김지찬이 숙소 생활을 하지는 않지만 김현준, 이재현 '굴비즈'와의 친분과 우정은 계속되는 중. 김지찬도 젊은 축에 속하지만, 나름의 리더십과 친근함으로 어린 선수들을 이끌며 함께 성장 중이다.

작년 2023 시즌 기록

타율	경기	타석	타수	득점	안타
0.292	99	355	291	59	85
2루타	**3루타**	**홈런**	**루타**	**타점**	**도루**
4	2	1	96	18	13
볼넷	**삼진**	**병살타**	**장타율**	**출루율**	**OPS**
48	36	1	0.330	0.408	0.738

전력분석	뛰어난 콘택트 능력과 빠른 발이 장점. 변화구 콘택트가 좋아 안타 생산력이 높다. 지난해 4할 출루율(0.408)에 빛나는 선구안도 뛰어난 편. 매 시즌 타격 성적이 좋아지고 있는 성장형 내야수. 새 시즌 삼성의 주전 리드오프로서 큰 기대가 되는 선수.
강점	뛰어난 안타 생산력과 수비 흔드는 빠른 발, 리드오프가 딱이야
약점	다소 느린 송구 동작, 더블플레이에 약점
수비력	유격수에서 2루수, 주 포지션 변경 후에도 계속되는 송구 불안

TMI 인터뷰

1. 일주일 동안 한 가지 음식만 먹어야 한다면?

- 국밥

2. 세상에서 가장 싫은 것 한 가지는?

- 잠 못 자는 것

3. 스트레스 쌓이거나 생각이 많을 때 하는 건?

- 스트레스를 잘 안 받는 편인데, 어쩌다 받으면 나도 모르게 군것질을 하게 된다

4. 진짜 독하다 싶은 선수는?

- 원태인 선수

5. 야구하길 잘했다는 생각이 들 때는?

- 팬들의 함성 소리를 들을 때

라이온즈 팬 여러분 가을 라껙에서 빛날게습니다.!

7
이재현

내야수(우투우타)

생년월일	2003년 2월 4일
신장/체중	180cm / 82kg
출신학교	서울이수초-선린중-서울고
연봉(2024)	1억 4천만 원
경력	삼성 라이온즈(2022~)

#국민유격수가_콕!

선수 시절 '국민유격수'라 불리며 최고의 유격수로 이름을 날렸던 박진만 감독은 이재현을 두고 "2년 차 때 나보다 더 잘하는 것 같다"고 말했다. 고교 시절부터 수비력은 이미 인정을 받았고, 2년 차인 지난해엔 더 노련해졌다는 평가. 국민유격수 박진만, 삼성 왕조의 천재유격수 김상수의 등번호인 '7번'을 물려받을 정도로 그에게 거는 기대는 크다. 새 시즌 억대 연봉에도 진입했다.

#1경기가_모자라

지난해 이재현은 시즌 전 경기 출전에 도전했다. 하지만 결과적으로 143경기 출전에 그쳤다. 수비 도중 습관성 어깨 탈구가 그의 발목을 잡았다. 한 경기 차이로 진기록을 작성하지 못한 진한 아쉬움이 남아 있다. 이재현은 비시즌 수술대에 올라 어깨 부상을 치료했다. 시즌 초반 결장은 불가피. 이르면 4월에 복귀할 예정이지만 무리할 필요는 없다.

#흥선재현군

유독 외국인 투수에게 강한 모습을 보여 팬들 사이에서 '흥선재현군'이라는 별명이 붙여졌다. 데뷔해 NC 루친스키, KT 벤자민 등 상대팀 에이스 투수를 상대로 좋은 모습을 보였고, 2년 차인 지난해에도 키움 후라도(0.429), SSG 맥카티(0.500), LG 켈리(0.333) 등을 상대로 맹타를 휘둘렀다. 외국인 선수 구성에 큰 변화가 없는 새 시즌에도 이재현의 활약이 기대된다.

🎤 TMI 인터뷰

1. 일주일 동안 한 가지 음식만 먹어야 한다면?

- 국밥

2. 세상에서 가장 싫은 것 한 가지는?

- 귀신의 집

3. 스트레스 쌓이거나 생각이 많을 때 하는 건?

- 멍때리기

4. 진짜 독하다 싶은 선수는?

- 김지찬 선수

5. 야구하길 잘했다는 생각이 들 때는?

- 홈런 치고 그라운드를 돌면서 팬분들의 함성을 들을 때

작년 2023 시즌 기록

타율	경기	타석	타수	득점	안타
0.249	143	538	458	61	114
2루타	3루타	홈런	루타	타점	도루
19	2	12	173	60	5
볼넷	삼진	병살타	장타율	출루율	OPS
52	89	9	0.378	0.330	0.708

전력분석	정확한 콘택트와 빠른 배트 스피드, 일발장타 능력도 갖춘 선수. 2년 차 유격수로 두 자릿수 홈런을 때려 낼 수 있는 파워를 갖췄다. 선구 능력도 데뷔 해보다 좋아진 모습. 적극적이고 공격적이었던 1년 차와는 달리 좋은 공을 골라내는 능력까지 갖춘 성장형 내야수. 습관성 어깨 탈구 문제도 수술 완료.
강점	뛰어난 손목 힘과 빠른 배트 스피드, 빠른 볼 대처 능력
약점	변화구 대처 능력, 지난해 143경기 체력 부담 여파
수비력	좋은 수비 센스와 반응 속도, 송구 능력도 좋다는 평가

PLAYERS

41 외야수(좌투좌타)

김현준

생년월일	2002년 10월 11일
신장/체중	178cm / 78kg
출신학교	가산초(부산진구리틀)-센텀중-개성고
연봉(2024)	1억 4천만 원
경력	삼성 라이온즈(2021~)

#펑펑_울던_아기사자

2021시즌 신인 드래프트 당시 지명을 받고 펑펑 울었다는 일화는 이미 유명하다. 지명받을 거란 기대는 하지 않은 채 트레이닝 센터에서 운동에 전념하고 있던 그는 라이브로 보던 스마트폰에서 자신의 이름이 호명되자 눈물을 쏟아냈다. 9라운드 전체 83순위. 낮은 순번에 지명이 됐지만, 노력과 독기로 편견을 지워 내고 지금은 삼성의 주전 외야수로서 당당히 그라운드를 누비고 있다.

#독기_품은_어린사자

펑펑 울던 아기사자는 이제 독기 품은 어엿한 청년사자가 됐다. 아쉬운 장면이 나오면 허벅지에 헬멧을 치고 펜스 보호대를 주먹으로 치는 등 남다른 승부욕을 표출하기도 했다. 지금은 그라운드 위에서 감정 표출도 잘 다스리는 성숙한 사자가 됐다. 다만 승부욕과 독기는 여전하다. 토끼를 닮은 그는 그라운드 위에서만큼은 독기 품은 사자로 변모해 라팍의 외야를 지배한다.

#중견수에서_우익수로

주전 중견수였던 그는 새 시즌 우익수로 포지션을 변경했다. 김성윤과 자리를 맞바꿔 외야 코너로 자리를 이동했다. 우려가 많았다. 우익수는 보통 어깨가 좋고 송구 능력이 뛰어난 외야수가 맡는데, 김현준의 어깨는 비교적 약하다는 시선이었다. 하지만 박진만 감독은 "김현준의 어깨는 결코 나쁘지 않다. 송구 폼이 그래 보일 뿐, 김현준의 어깨와 수비 능력은 뛰어나다"라며 그를 믿었다.

작년 2023 시즌 기록

타율	경기	타석	타수	득점	안타
0.275	109	479	433	62	119
2루타	3루타	홈런	루타	타점	도루
10	6	3	150	46	5
볼넷	삼진	병살타	장타율	출루율	OPS
30	84	5	0.346	0.327	0.673

전력분석	콘택트에 능한 교타자, 적극적인 승부로 빠른 공 대처가 강점인 타자. 승부욕이 좋고 악착같은 근성도 장점이지만, 상황에 맞게 스타일을 바꿔 가며 작전 수행 능력도 좋다는 평가를 받고 있다. 클러치 능력도 뛰어나 다양한 활용이 가능한 선수.
강점	좋은 콘택트와 선구안, 빠른 볼 대처 능력, 클러치 능력
약점	타격 컨디션 기복, 종무브번트 변화구 대처 능력
수비력	빠른 발은 아니지만 좋은 타구판단, 우익수로 이동한 올해는?

 TMI 인터뷰

1. 일주일 동안 한 가지 음식만 먹어야 한다면?
   - 타코

2. 세상에서 가장 싫은 것 한 가지는?
   - 벌레

3. 스트레스 쌓이거나 생각이 많을 때 하는 건?
   - 잠자기

4. 진짜 독하다 싶은 선수는?
   - 김성윤 선수

5. 야구하길 잘했다는 생각이 들 때는?
   - 팬들이 응원가를 떼창해 주실 때

투수(우투우타)

52 코너

생년월일/국적	1996년 1월 24일 / 미국		출신학교	미국 California state(대)	
신장/체중	188cm / 95kg		연봉	100만 달러	

경력 보스턴 레드삭스(2021~2022)-콜로라도 로키스(2023)-삼성 라이온즈(2024~)

작년 2023 시즌 기록

평균자책점	경기	승	패	홀드	세이브
-	-	-	-	-	-
승률	이닝	투구수	피안타	피홈런	볼넷
-	-	-	-	-	-
삼진	실점	자책점	피안타율	WHIP	퀄리티스타트
-	-	-	-	-	-

전력분석	새 시즌 1선발 역할을 해야 할 새 외국인 투수. 평균 149km/h, 최고 152km/h의 포심 패스트볼을 던지는 우완 투수로 제구력이 강점이다. 컷 패스트볼과 커브, 체인지업, 슬라이더 등 완성도 높은 변화구를 구사하며 스트라이크 존 좌우 활용도가 우수하다는 평가.
강점	강력한 구위와 안정된 제구력
약점	뜬공형 투수, 홈런 친화적인 라팍에서는 변수

투수(우투우타)

43 레예스

생년월일/국적	1996년 11월 2일 / 도미니카공화국		출신학교	도미니카 Melida Altagracia Baez(고)	
신장/체중	198cm / 113kg		연봉	80만 달러	

경력 볼티모어 오리올스(2022)-뉴욕 메츠(2023)-삼성 라이온즈(2024~)

작년 2023 시즌 기록

평균자책점	경기	승	패	홀드	세이브
-	-	-	-	-	-
승률	이닝	투구수	피안타	피홈런	볼넷
-	-	-	-	-	-
삼진	실점	자책점	피안타율	WHIP	퀄리티스타트
-	-	-	-	-	-

전력분석	평균 140km/h 중후반대, 최고 154km/h 직구와 투심 패스트볼, 스위퍼, 커브, 체인지업 등의 변화구를 구사하는 투수. 보더라인에서 휘는 투심 패스트볼로 올 시즌 새롭게 도입되는 로봇심판(ABS)에 특화된 투수라는 평가를 받고 있다. 땅볼 유도형 투수로 구위보다는 제구력이 강점인 투수.
강점	로봇심판 특화 변화구와 좋은 제구력, 좌타자 상대 강한 모습
약점	미국 MLB, 트리플A에서 높았던 피홈런 갯수

내야수(우투우타)

24 맥키넌

생년월일	1994년 12월 15일		출신학교	미국 Hartford(대)	
신장/체중	188cm / 101kg		연봉	100만 달러	

경력 로스앤젤레스 에인절스(2022)-오클랜드 애슬레틱스(2022)-사이타마 세이부 라이온즈(2023)-삼성 라이온즈(2024~)

작년 2023 시즌 기록

타율	경기	타석	타수	득점	안타
-	-	-	-	-	-
2루타	3루타	홈런	루타	타점	도루
-	-	-	-	-	-
볼넷	삼진	병살타	장타율	출루율	OPS
-	-	-	-	-	-

전력분석	선구안이 좋고 콘택트 능력이 좋은 5툴 외국인 타자. 투고타저가 심했던 일본 프로야구 퍼시픽리그 세이부 라이온즈에서 WAR(대체선수 대비 승리기여도) 2.1 기록하며 준수한 활약을 펼쳤다. 1루 수비도 리그 탑급이라고 평가될 정도로 좋은 능력을 보유.
강점	골키퍼 출신으로 수비도 탄탄. 중장거리 타자, 타자 친화형구장 라팍에서 꽃피울수도
약점	3루 수비 위해 데려온 맥키넌, 3루수 포기. 오재일과 1루수 중복 득일까 실일까?

포수(우투우타)

47 강민호

생년월일	1985년 8월 18일		출신학교	제주신광초-포철중-포철공고-국제디지털대	
신장/체중	185cm / 100kg		연봉	4억 원	
경력	롯데 자이언츠(2004~2017)-삼성 라이온즈(2018~)				

작년 2023 시즌 기록

타율	경기	타석	타수	득점	안타
0.290	125	495	434	60	126
2루타	3루타	홈런	루타	타점	도루
19	0	16	193	77	6
볼넷	삼진	병살타	장타율	출루율	OPS
49	65	17	0.445	0.366	0.811

전력분석	KBO리그를 대표하는 공격형 포수. 2022년 2할5푼대 타율 부진에도 2023시즌 2할대 후반으로 반등. 두 자릿수 홈런으로 여전한 공격력 과시 중. 베테랑 포수답게 포수 리드는 두말할 것 없이 매우 안정적. 김재성, 이병헌, 김도환과 안방도 나눠 앉으면서 체력 안배도 꾀하고 있다.
강점	중심타선의 무게감, 안정적인 리드, 철저한 부상 관리
약점	후반기 체력 저하, 젊은 포수들이 빨리 성장해야 하는데…

포수(우투좌타)

2 김재성

생년월일	1996년 10월 30일		출신학교	신광초-성남중-덕수고	
신장/체중	185cm / 85kg		연봉	7천만 원	
경력	LG 트윈스(2015~2021)-삼성 라이온즈(2022~)				

작년 2023 시즌 기록

타율	경기	타석	타수	득점	안타
0.192	57	125	99	7	19
2루타	3루타	홈런	루타	타점	도루
3	0	1	25	7	0
볼넷	삼진	병살타	장타율	출루율	OPS
19	31	4	0.253	0.350	0.603

전력분석	2022년 타격폼 수정 등으로 공수에서 포텐이 터졌지만, 2023년 다소 부진. 시범경기 부상으로 시즌에 늦게 합류해 지난해 좋았던 타격감을 이어 가지 못했다. 2022년 보여 줬던 장타 잠재력과 적극적인 타격, 콘택트 능력을 보여 준다면 강민호 이후의 삼성 안방 고민 해결 가능. 학구열도 높아 성장이 더 기대되는 선수.
강점	좌타 거포 포수가 될 충분한 잠재력, 무서운 성장세
약점	적은 경험, 잔부상

내야수(좌투좌타)

44 오재일

생년월일	1986년 10월 29일		출신학교	인창초(구리리틀)-구리인창중-야탑고	
신장/체중	187cm / 95kg		연봉	5억 원	
경력	현대 유니콘스(2005~2007)-우리/서울/넥센히어로즈(2008~2012)-두산 베어스(2012~2020)-삼성 라이온즈(2021~)				

작년 2023 시즌 기록

타율	경기	타석	타수	득점	안타
0.203	106	364	315	31	64
2루타	3루타	홈런	루타	타점	도루
15	0	11	112	54	1
볼넷	삼진	병살타	장타율	출루율	OPS
43	110	1	0.356	0.302	0.658

전력분석	당겨치기에 능한 좌타 거포. 특유의 유연성과 파워로 쳤다 하면 홈런으로 연결시킬 수 있는 타자. 새 시즌 수비 시프트 제한도 오재일에겐 호재. 삼성은 부상 방지를 위해 트레이닝 파트 강화, 잔부상으로 고생했던 오재일에 날개 달아 줄지도 관심.
강점	화끈한 장타력에 클러치 능력, 타자친화구장 라팍과의 상성
약점	슬로스타터, 타격 기복, 떨공삼

내야수(우투좌타)

16 류지혁

생년월일	1994년 1월 13일		출신학교	청원초-선린중-충암고	
신장/체중	181cm / 75kg		연봉	2억 원	
경력	두산 베어스(2012~2020)-KIA 타이거즈(2020~2023)-삼성 라이온즈(2023~)				

작년 2023 시즌 기록

타율	경기	타석	타수	득점	안타
0.268	132	522	455	63	122
2루타	3루타	홈런	루타	타점	도루
11	1	2	141	45	26
볼넷	삼진	병살타	장타율	출루율	OPS
46	73	12	0.310	0.340	0.650

전력분석	내야 전 포지션 소화가 가능한 유틸리티 플레이어. 뛰어난 콘택트는 물론, 주루 센스도 좋아 도루도 많이 기대할 수 있는 선수.
강점	상황에 맞는 타격에 능한 선수, 어떤 타순, 어떤 내야 포지션에도 제 역할을 하는 선수.
약점	타격 기복, 잔부상

내야수(우투좌타)

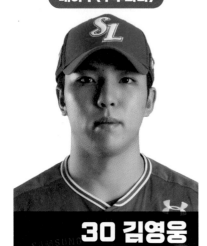

30 김영웅

생년월일	2003년 8월 24일		출신학교	공주중동초-야로중-물금고	
신장/체중	183cm / 81kg		연봉	3천 8백만 원	
경력	삼성 라이온즈(2022~)				

작년 2023 시즌 기록

타율	경기	타석	타수	득점	안타
0.187	55	103	91	11	17
2루타	3루타	홈런	루타	타점	도루
6	0	2	29	12	1
볼넷	삼진	병살타	장타율	출루율	OPS
8	28	2	0.319	0.250	0.569

전력분석	2022년 1군 데뷔 첫 타석에서 홈런을 때려 낼 정도로 탁월한 장타력이 강점. 적극적인 스윙, 공격적인 성향. 비시즌 벌크업으로 파워를 더 키웠다. 기회만 주어진다면 공격력 면에서 크게 성장할 선수. 유격수와 3루수 중 자기 자리를 잡는 것이 관건이다.
강점	안정적인 타격 밸런스와 일발장타력
약점	아쉬운 콘택트, 적은 기회

외야수(좌투좌타)

39 김성윤

생년월일	1999년 2월 2일		출신학교	창신초(부산진구리틀)-원동중-포항제철고	
신장/체중	163cm / 62kg		연봉	1억 원	
경력	삼성 라이온즈(2017~)				

작년 2023 시즌 기록

타율	경기	타석	타수	득점	안타
0.314	101	272	245	40	77
2루타	3루타	홈런	루타	타점	도루
4	6	2	99	28	20
볼넷	삼진	병살타	장타율	출루율	OPS
14	35	2	0.404	0.354	0.758

전력분석	2023시즌 삼성의 히트 상품. 대수비-대주자로 미완의 대기였던 김성윤은 지난해 후반기 혜성같이 등장해 주전 자리를 꿰찼다. 웨이트로 다져진 근력을 바탕으로 정확한 콘택트와 빠른 발을 자랑하며 일취월장. 넓은 수비 범위와 강견을 바탕으로 새 시즌 주전 중견수로 낙점됐다.
강점	콘택트, 파워, 주루 만능 5툴 플레이어, 작전 수행 능력도 좋음
약점	풀타임 2년 차의 불확실성, 많은 번트 빈도

투수(우투우타)

21 오승환

생년월일	1982년 7월 15일		출신학교	도신초-우신중-경기고-단국대	
신장/체중	178cm / 93kg		연봉	4억 원	

경력 삼성 라이온즈(2005~2013)-한신 타이거즈(2014~2015)-세인트루이스 카디널스(2016~2017)-토론토 블루제이스(2018)-콜로라도 로키스(2018~2019)-삼성 라이온즈(2019~)

작년 2023 시즌 기록

평균자책점	경기	승	패	홀드	세이브
3.45	58	4	5	2	30
승률	이닝	투구수	피안타	피홈런	볼넷
0.444	62 2/3	1027	57	9	15
삼진	실점	자책점	피안타율	WHIP	퀄리티스타트
44	26	24	0.238	1.15	0

전력분석	묵직한 돌직구의 구위는 예전만 못하지만, 변화구 구사와 노련한 경기 운영으로 단점을 커버했다. 지난해 전반기 부진으로 고전했지만, 후반기 부활해 새 시즌 반등을 기대할 만하다. 김재윤, 임창민 영입으로 뒷문 부담이 줄어든 것도 오승환에겐 호재다.
강점	여전히 묵직한 구위에 변화구 노련미까지
약점	떨어진 구속, 전반기 조정기

투수(우투우타)

45 임창민

생년월일	1985년 8월 25일		출신학교	광주대성초-광주동성중-광주동성고-연세대	
신장/체중	183cm / 94kg		연봉	2억 원	

경력 우리/서울/넥센히어로즈(2008~2012)-NC 다이노스(2013~2021)-두산 베어스(2022)-키움 히어로즈(2023)-삼성 라이온즈(2024~)

작년 2023 시즌 기록

평균자책점	경기	승	패	홀드	세이브
2.51	51	2	2	1	26
승률	이닝	투구수	피안타	피홈런	볼넷
0.500	46 2/3	826	51	3	17
삼진	실점	자책점	피안타율	WHIP	퀄리티스타트
40	16	13	0.276	1.46	0

전력분석	지난해 히어로즈에서 부활에 성공해 마흔살 FA(자유계약선수) 계약까지 성공했다. 최고 구속은 떨어졌지만, 평균 구속은 더 빨라졌다. 직구 평균 상하 무브먼트도 리그 최상위권. 강력한 구위와 노련한 피칭으로 새 시즌 삼성의 뒷문을 책임질 예정이다.
강점	여전히 묵직한 구위, 노련한 피칭
약점	후반기 체력

투수(좌투좌타)

29 백정현

생년월일	1987년 7월 13일		출신학교	대구옥산초-대구중-대구상원고	
신장/체중	184cm / 80kg		연봉	4억 원	

경력 삼성 라이온즈(2007~)

작년 2023 시즌 기록

평균자책점	경기	승	패	홀드	세이브
3.67	18	7	5	0	0
승률	이닝	투구수	피안타	피홈런	볼넷
0.583	100 2/3	1589	100	6	30
삼진	실점	자책점	피안타율	WHIP	퀄리티스타트
61	44	41	0.264	1.29	8

전력분석	직구 구속이 평균 130대 중반으로 느리지만, 공을 숨기는 디셉션을 잘 활용하며 타자들을 현혹시키는 투수. 지난해 3점대 평균자책점으로 2022년 부진도 씻어 냈다. 새 시즌에도 삼성의 4선발 유력하다.
강점	다양한 구종을 다양한 코스로 정교하게 찔러 넣는 제구력
약점	피장타율, 부상 회복이 관건

투수(좌투좌타)

56 최채흥

생년월일	1995년 1월 22일		출신학교	동천초-포항중-대구상원고-한양대	
신장/체중	186cm / 97kg		연봉	1억 5천만 원	
경력	삼성 라이온즈(2018~)				

작년 2023 시즌 기록

평균자책점	경기	승	패	홀드	세이브
6.68	15	1	7	0	0
승률	이닝	투구수	피안타	피홈런	볼넷
0.125	63 1/3	1167	90	9	16
삼진	실점	자책점	피안타율	WHIP	퀄리티스타트
33	52	47	0.330	1.67	2

전력분석	새 시즌 5선발 후보. 입대 전 뛰어난 제구력을 바탕으로 선발 로테이션을 돌면서 쏠쏠한 활약을 펼친 바 있다. 제대 후에도 최채흥이 5선발 자리를 잘 메워 줄 것으로 보였으나 제구력 난조로 부진. 이종열 단장 부임 이후 비시즌 드라이브라인 훈련 체험 및 여러 훈련으로 새 시즌 반등을 다짐하고 있다.
강점	입대 전 우수했던 공 무브먼트와 제구력
약점	떨어진 직구 구속, 지난해 제구력 난조는 일시적일까

투수(우투우타)

51 최충연

생년월일	1997년 3월 5일		출신학교	대구수창초-대구중-경북고	
신장/체중	190cm / 85kg		연봉	4천 7백만 원	
경력	삼성 라이온즈(2016~)				

작년 2023 시즌 기록

평균자책점	경기	승	패	홀드	세이브
4.82	7	0	0	0	0
승률	이닝	투구수	피안타	피홈런	볼넷
-	9 1/3	174	10	3	7
삼진	실점	자책점	피안타율	WHIP	퀄리티스타트
8	8	5	0.278	1.82	0

전력분석	190cm의 큰 키를 활용한 높은 릴리스포인트, 최고 구속이 153km/h까지 찍히는 파이어볼러였지만, 부상 이후로 구속은 다소 떨어졌다. 커브와 슬라이더, 스플리터 등 다양한 변화구 구사가 가능. 2023시즌 부진 반등이 관건이다.
강점	큰 키에서 뿜어져 나오는 묵직한 구위
약점	파이어볼러의 숙명, 제구력

투수(우투우타)

20 이승현

생년월일/국적	1991년 11월 20일		출신학교	화순초-진흥중-화순고	
신장/체중	181cm / 92kg		연봉	1억 7천만 원	
경력	LG 트윈스(2010~2016)-삼성 라이온즈(2017~)				

작년 2023 시즌 기록

평균자책점	경기	승	패	홀드	세이브
3.60	60	4	4	14	0
승률	이닝	투구수	피안타	피홈런	볼넷
0.500	60	1077	68	5	15
삼진	실점	자책점	피안타율	WHIP	퀄리티스타트
42	29	24	0.278	1.38	0

전력분석	지난해 안정적인 투구로 필승조로 자리매김했다. 베테랑다운 경기 운영이 인상적. 평균 구속은 140km/h대 초중반으로 빠르지 않지만, 슬라이더와 스플리터, 체인지업 커브 등 다양한 변화구 레퍼토리로 타자들을 현혹시킨다.
강점	다양한 변화구
약점	아쉬운 제구력

투수(좌투좌타)

57 이승현

생년월일	2002년 5월 19일	출신학교	남도초-경복중-대구상원고
신장/체중	183cm / 102kg	연봉	7천만 원
경력	삼성 라이온즈(2021~)		

작년 2023 시즌 기록

평균자책점	경기	승	패	홀드	세이브
4.98	48	1	5	7	5
승률	이닝	투구수	피안타	피홈런	볼넷
0.167	43 1/3	789	41	6	29
삼진	실점	자책점	피안타율	WHIP	퀄리티스타트
37	26	24	0.252	1.62	0

전력분석	'제2의 오승환'이라는 평가를 받을 정도로 구위와 배짱이 좋다고 평가받는 투수. 비시즌 호주에서 선발 수업을 받고 돌아와 새 시즌 선발에 도전. 최고 구속 150km/h의 묵직한 구위를 앞세운 피칭이 인상적인 투수. 엄청난 회전수를 동반한 슬라이더와 커브의 각도가 크다는 점도 눈여겨 볼 만하다.
강점	좌완 파이어볼러의 묵직한 구위
약점	들쑥날쑥한 구속, 첫 선발 도전은?

투수(좌투좌타)

1 이재익

생년월일	1994년 3월 18일	출신학교	삼일초-중앙중-유신고
신장/체중	180cm / 76kg	연봉	8천 2백만 원
경력	삼성 라이온즈(2013~)		

작년 2023 시즌 기록

평균자책점	경기	승	패	홀드	세이브
3.95	51	1	3	11	0
승률	이닝	투구수	피안타	피홈런	볼넷
0.250	41	696	46	3	17
삼진	실점	자책점	피안타율	WHIP	퀄리티스타트
26	19	18	0.288	1.54	0

전력분석	포심 패스트볼의 구속은 140km/h대 초반으로 빠르지 않지만, 무브먼트가 뛰어난 투심 패스트볼로 구속 약점을 상쇄했다. 뛰어난 구위로 지난해 필승조로 등극했다. 새 시즌에도 좌완 필승조로 활약할 것으로 기대된다.
강점	구속은 낮지만 날카로운 투심
약점	아쉬운 제구력

투수(우투우타)

55 이호성

생년월일	2004년 8월 14일	출신학교	도원초(부천소사리틀)-동인천중-인천고
신장/체중	184cm / 87kg	연봉	3천 2백만 원
경력	삼성 라이온즈(2023~)		

작년 2023 시즌 기록

평균자책점	경기	승	패	홀드	세이브
2.65	5	1	0	0	0
승률	이닝	투구수	피안타	피홈런	볼넷
1.000	17	272	11	1	10
삼진	실점	자책점	피안타율	WHIP	퀄리티스타트
11	5	5	0.190	1.24	0

전력분석	2023시즌 삼성의 1라운더 신인. 지난해 시범경기에서 기대만큼의 좋은 활약을 펼친 뒤 시즌 막판 1군에서도 선발로서의 가능성을 보였다. 정민태 투수코치가 지난해 해설위원 시절 이호성의 커맨드와 배짱을 높이 평가한 바 있다. 새 시즌 5선발 후보로 낙점되며 주가가 상승했다.
강점	완성형 투수
약점	140km/h 초반대로 떨어진 구속, 얼마나 회복했을까

17 김대우

투수(우언우타)

생년월일 1988년 11월 21일

출신학교 역삼초-대치중-서울고-홍익대

전천후 마당쇠, 팀이 필요할 때 언제든지 나타나는 듬직한 믿을맨.

평균자책점	경기	승	패	홀드	세이브	승률	이닝	투구수
4.50	44	0	2	4	0	0.000	64	1083

피안타	피홈런	볼넷	삼진	실점	자책점	피안타율	WHIP	QS
66	7	22	49	37	32	0.273	1.38	0

QS: 퀄리티스타트

53 김서준

투수(우투우타)

생년월일 2003년 9월 1일

출신학교 희망대초-대원중-경기항공고

150km/h 육박하는 빠른 공에 보기 드문 팜볼까지, 다재다능 파이어볼러.

평균자책점	경기	승	패	홀드	세이브	승률	이닝	투구수
7.04	8	0	1	1	0	0.000	7 2/3	142

피안타	피홈런	볼넷	삼진	실점	자책점	피안타율	WHIP	QS
9	0	6	2	6	6	0.290	1.96	0

48 김시현

투수(우투우타)

생년월일 1998년 9월 26일

출신학교 백운초-건대부중-강릉고

유격수 출신 투수 맞아? 안정된 제구력과 노련한 경기 운영 능력이 장점.

평균자책점	경기	승	패	홀드	세이브	승률	이닝	투구수
12.00	2	0	0	0	0	-	3	79

피안타	피홈런	볼넷	삼진	실점	자책점	피안타율	WHIP	QS
6	2	2	2	5	4	0.400	2.67	0

27 김태훈

투수(우투우타)

생년월일 1992년 3월 2일

출신학교 남부민초-대신중-부경고

지난해 부진은 잊어라, 삼성의 '영웅'으로 거듭날 믿을맨.

평균자책점	경기	승	패	홀드	세이브	승률	이닝	투구수
7.11	71	6	7	11	3	0.462	63 1/3	1161

피안타	피홈런	볼넷	삼진	실점	자책점	피안타율	WHIP	QS
74	8	43	40	54	50	0.296	1.85	0

49 박권후

투수(우투우타)

생년월일 2004년 5월 28일

출신학교 진북초-전라중-전주고

최고 147km/h 빠른 공 투수. 잊지 못할 호주 유학, 씩씩하게 던질 일만 남았다.

평균자책점	경기	승	패	홀드	세이브	승률	이닝	투구수
3.38	4	0	0	0	0	-	2 2/3	55

피안타	피홈런	볼넷	삼진	실점	자책점	피안타율	WHIP	QS
4	1	1	0	2	1	0.333	1.88	0

28 서현원

투수(우투우타)

생년월일 2004년 2월 28일

출신학교 석교초-세광중-세광고

최고 148km/h의 빠른 공에 수준 높은 슬라이더까지, 삼진 잡는 구위형 투수.

평균자책점	경기	승	패	홀드	세이브	승률	이닝	투구수
-	-	-	-	-	-	-	-	-

피안타	피홈런	볼넷	삼진	실점	자책점	피안타율	WHIP	QS
-	-	-	-	-	-	-	-	-

19 양현

투수(우언우타)

생년월일 1992년 8월 23일

출신학교 영랑초-한밭중-대전고

삼성에 얼마 없는 옆구리 투수, 필승조 역할 기대.

평균자책점	경기	승	패	홀드	세이브	승률	이닝	투구수
5.05	54	0	5	8	0	0.000	57	943

피안타	피홈런	볼넷	삼진	실점	자책점	피안타율	WHIP	QS
83	5	21	16	38	32	0.356	1.82	0

15 이상민

투수(좌투좌타)

생년월일 1990년 11월 4일

출신학교 남도초(수성리틀)-대구중-경북고-동의대

작년 2023 시즌 기록

평균 직구 구속 135km/h. 느리지만 강력하다. 슬라이더 구위가 일품.

평균자책점	경기	승	패	홀드	세이브	승률	이닝	투구수
8.50	23	2	1	1	0	0.667	18	327
피안타	피홈런	볼넷	삼진	실점	자책점	피안타율	WHIP	QS
32	2	3	17	17	17	0.405	1.94	

35 이승민

투수(좌투좌타)

생년월일 2000년 8월 26일

출신학교 본리초-경상중-대구고

작년 2023 시즌 기록

유희관 닮은 꼴 느림의 미학, 전역 버프 노린다.

평균자책점	경기	승	패	홀드	세이브	승률	이닝	투구수
-	-	-	-	-	-	-	-	-
피안타	피홈런	볼넷	삼진	실점	자책점	피안타율	WHIP	QS
-	-	-	-	-	-	-	-	-

26 장필준

투수(우투우타)

생년월일 1988년 4월 8일

출신학교 온양온천초-온양중-북일고

작년 2023 시즌 기록

적지 않은 나이에도 150km/h '쾅', 전천후 파이어볼러.

평균자책점	경기	승	패	홀드	세이브	승률	이닝	투구수
7.91	17	1	1	1	0	0.500	19 1/3	388
피안타	피홈런	볼넷	삼진	실점	자책점	피안타율	WHIP	QS
28	2	12	11	17	17	0.350	2.07	0

54 최성훈

투수(좌투좌타)

생년월일 1989년 10월 11일

출신학교 가동초-잠신중-경기고-경희대

작년 2023 시즌 기록

삼성의 왼손 불펜을 부탁해.

평균자책점	경기	승	패	홀드	세이브	승률	이닝	투구수
15.00	5	0	0	0	1	-	3	66
피안타	피홈런	볼넷	삼진	실점	자책점	피안타율	WHIP	QS
7	0	1	2	5	5	0.438	2.67	0

40 최지광

투수(우투우타)

생년월일 1998년 3월 13일

출신학교 감천초-대신중-부산고

작년 2023 시즌 기록

작은 키에서 뿜어져 나오는 묵직한 구위와 고속 슬라이더, 기복만 줄인다면….

평균자책점	경기	승	패	홀드	세이브	승률	이닝	투구수
5.19	22	2	0	1	0	1.000	17 1/3	332
피안타	피홈런	볼넷	삼진	실점	자책점	피안타율	WHIP	QS
17	4	9	18	10	10	0.239	1.50	0

37 최하늘

투수(우언우타)

생년월일 1999년 3월 26일

출신학교 서울학동초-자양중-경기고

작년 2023 시즌 기록

소리 없이 강한 5선발 후보, 춤추는 변화구가 장점.

평균자책점	경기	승	패	홀드	세이브	승률	이닝	투구수
19.89	3	0	2	0	0	0.000	6 1/3	150
피안타	피홈런	볼넷	삼진	실점	자책점	피안타율	WHIP	QS
14	2	5	3	14	14	0.438	3.00	0

108 홍무원

투수(우투우타)

생년월일 2001년 12월 6일

출신학교 신남초(인천시리틀)-서울신월중-경기고

작년 2023 시즌 기록

정민태 투수코치가 극찬한 우완 유망주, 2이닝 정도 완벽하게 막아 줄 거란 호평까지.

평균자책점	경기	승	패	홀드	세이브	승률	이닝	투구수
-	-	-	-	-	-	-	-	-
피안타	피홈런	볼넷	삼진	실점	자책점	피안타율	WHIP	QS
-	-	-	-	-	-	-	-	-

65 홍원표

투수(우투우타)

생년월일 2001년 3월 27일

출신학교 신도초-부천중-부천고

작년 2023 시즌 기록

슬라이더와 좌타자 상대 스플리터가 장점, 지난해 1군에서 보여 준 가능성 기대.

평균자책점	경기	승	패	홀드	세이브	승률	이닝	투구수
2.45	3	0	0	0	0	-	3 2/3	56
피안타	피홈런	볼넷	삼진	실점	자책점	피안타율	WHIP	QS
2	0	2	1	1	1	0.154	1.09	0

11 홍정우

투수(우투우타)

생년월일 1996년 3월 16일

출신학교 도신초-강남중-충암고

작년 2023 시즌 기록

완벽했던 5월, 마음을 비워라. 주무기 포크볼이 장점.

평균자책점	경기	승	패	홀드	세이브	승률	이닝	투구수
7.50	36	2	3	3	0	0.400	36	620
피안타	피홈런	볼넷	삼진	실점	자책점	피안타율	WHIP	QS
36	5	21	22	31	30	0.259	1.58	0

61 황동재

투수(우투우타)

생년월일 2001년 11월 3일

출신학교 율하초-경운중-경북고

작년 2023 시즌 기록

언제나 5선발 후보, 가능성은 확실. 떨어진 구속만 되살린다면 완벽.

평균자책점	경기	승	패	홀드	세이브	승률	이닝	투구수
7.11	7	0	5	0	0	0.000	31 2/3	639
피안타	피홈런	볼넷	삼진	실점	자책점	피안타율	WHIP	QS
40	6	21	27	27	25	0.305	1.93	0

42 김도환

포수(우투우타)

생년월일 2000년 4월 14일

출신학교 언북초(의정부리틀)-영동중-신일고

작년 2023 시즌 기록

고교 시절 이만수 포수상 수상자, 탄탄한 기본기와 장타가 장점인 포수 유망주.

타율	경기	타석	타수	득점	안타	2루타	3루타	홈런
0.143	9	8	7	0	1	0	0	0
루타	타점	도루	볼넷	삼진	병살타	장타율	출루율	OPS
1	0	0	1	0	0	0.143	0.250	0.393

12 김민수

포수(우투우타)

생년월일 1991년 3월 2일

출신학교 대구옥산초-경복중-대구상원고-영남대

작년 2023 시즌 기록

포수왕국을 탄탄히 받치고 있는 삼성의 '구원포수'.

타율	경기	타석	타수	득점	안타	2루타	3루타	홈런
0.000	2	1	1	0	0	0	0	0
루타	타점	도루	볼넷	삼진	병살타	장타율	출루율	OPS
0	0	0	0	1	0	0.000	0.000	0.000

23 이병헌

포수(우투우타)

생년월일 1999년 10월 26일

출신학교 인천숭의초-신흥중-제물포고

작년 2023 시즌 기록

공부하는 포수, 제3의 포수로 급성장 중.

타율	경기	타석	타수	득점	안타	2루타	3루타	홈런
0.143	23	33	28	3	4	0	0	0
루타	타점	도루	볼넷	삼진	병살타	장타율	출루율	OPS
4	2	0	3	11	0	0.143	0.219	0.362

6 강한울

내야수(우투좌타)

생년월일 1991년 9월 12일

출신학교 사당초-중앙중-안산공고-원광대

작년 2023 시즌 기록

FA 계약 진통은 끝, '박진만의 남자' 부활만 남았다.

타율	경기	타석	타수	득점	안타	2루타	3루타	홈런
0.217	72	240	212	30	46	7	2	0
루타	타점	도루	볼넷	삼진	병살타	장타율	출루율	OPS
57	10	1	20	54	4	0.269	0.282	0.551

9 공민규

내야수(우투좌타)

생년월일 1999년 9월 27일

출신학교 서화초-동산중-인천고

작년 2023 시즌 기록

공격 툴이 좋은 코너 내야수 유망주.

타율	경기	타석	타수	득점	안타	2루타	3루타	홈런
0.194	22	33	31	0	6	1	1	0
루타	타점	도루	볼넷	삼진	병살타	장타율	출루율	OPS
9	2	0	2	13	1	0.290	0.242	0.532

3 김동진

내야수(우투좌타)

생년월일 1996년 12월 18일

출신학교 영랑초-설악중-설악고

작년 2023 시즌 기록

특이한 이력 가진 내야 유틸리티 플레이어. 지난 시즌 공수에서 실력도 증명.

타율	경기	타석	타수	득점	안타	2루타	3루타	홈런
0.262	44	137	122	14	32	7	0	0
루타	타점	도루	볼넷	삼진	병살타	장타율	출루율	OPS
39	8	3	9	26	4	0.320	0.313	0.633

38 김동엽

외야수(우투우타)

생년월일 1990년 7월 24일

출신학교 천안남산초-천안북중-북일고

작년 2023 시즌 기록

엄청난 괴력의 소유자. 이제는 터져야 할 때.

타율	경기	타석	타수	득점	안타	2루타	3루타	홈런
0.255	69	182	165	20	42	7	0	5
루타	타점	도루	볼넷	삼진	병살타	장타율	출루율	OPS
64	18	1	13	29	8	0.388	0.313	0.701

0 김재상

내야수(우투좌타)

생년월일 2004년 7월 26일

출신학교 고명초-덕수중-경기상고

작년 2023 시즌 기록

전 레슬링 국가대표 김인섭 선수의 아들, 중장거리 타자 내야 유망주.

타율	경기	타석	타수	득점	안타	2루타	3루타	홈런
0.150	17	22	20	1	3	0	0	1
루타	타점	도루	볼넷	삼진	병살타	장타율	출루율	OPS
6	2	0	2	4	1	0.300	0.227	0.527

8 김재혁

외야수(우투우타)

생년월일 1999년 12월 26일

출신학교 제주남초-제주제일중-제주고-동아대

작년 2023 시즌 기록

벌크업 돼서 돌아온 외야 유망주, 제4의 외야수로 기대 UP.

타율	경기	타석	타수	득점	안타	2루타	3루타	홈런
-	-	-	-	-	-	-	-	-
루타	타점	도루	볼넷	삼진	병살타	장타율	출루율	OPS
-	-	-	-	-	-	-	-	-

25 김태훈

외야수(우투좌타)

생년월일 1996년 3월 31일

출신학교 진흥초(안산리틀)-평촌중-유신고

작년 2023 시즌 기록

불의의 부상이 아쉬웠던 지난해. 2군 검증은 끝났다, 1군에서 증명할 때.

타율	경기	타석	타수	득점	안타	2루타	3루타	홈런
0.095	11	22	21	0	2	1	0	0
루타	타점	도루	볼넷	삼진	병살타	장타율	출루율	OPS
3	1	0	0	9	1	0.143	0.095	0.238

32 김헌곤

외야수(우투우타)

생년월일 1988년 11월 9일

출신학교 회원초-경복중-제주관광고-영남대

작년 2023 시즌 기록

마음고생, 부상도 훌훌. 노력파 외야수, 땀은 배신하지 않는다.

타율	경기	타석	타수	득점	안타	2루타	3루타	홈런
0.000	6	4	4	0	0	0	0	0
루타	타점	도루	볼넷	삼진	병살타	장타율	출루율	OPS
0	0	0	0	1	0	0.000	0.000	0.000

PLAYERS

50 류승민

외야수(좌투좌타)

생년월일 2004년 10월 11일
출신학교 광주화정초-무등중-광주제일고

작년 2023 시즌 기록

콘택트와 선구안이 장점, 한 방도 기대할 수 있는 외야 유망주.

타율	경기	타석	타수	득점	안타	2루타	3루타	홈런
0.212	24	57	52	5	11	3	0	0
루타	타점	도루	볼넷	삼진	병살타	장타율	출루율	OPS
14	5	0	2	19	0	0.269	0.255	0.524

14 안주형

내야수(우투좌타)

생년월일 1993년 8월 14일
출신학교 부산중앙초-부산중-부경고-영남대

작년 2023 시즌 기록

육성선수 출신 백업 내야수, 발 빠른 해결사로 지난해 가치 증명.

타율	경기	타석	타수	득점	안타	2루타	3루타	홈런
0.241	53	91	79	12	19	2	0	1
루타	타점	도루	볼넷	삼진	병살타	장타율	출루율	OPS
24	10	0	10	20	3	0.304	0.322	0.626

31 윤정빈

외야수(우투좌타)

생년월일 1999년 6월 24일
출신학교 신도초-부천중-부천고

작년 2023 시즌 기록

오키나와 마무리 캠프서 감독 눈도장 쾅, 삼성의 거포 외야 유망주.

타율	경기	타석	타수	득점	안타	2루타	3루타	홈런
0.147	28	43	34	5	5	0	0	1
루타	타점	도루	볼넷	삼진	병살타	장타율	출루율	OPS
8	3	1	7	12	1	0.235	0.326	0.561

13 이성규

외야수(우투우타)

생년월일 1993년 8월 3일
출신학교 광주대성초-광주동성중-광주동성고-인하대

작년 2023 시즌 기록

타고난 힘, 콘택트까지 갖추면 무서울 것이 없다.

타율	경기	타석	타수	득점	안타	2루타	3루타	홈런
0.207	109	162	145	23	30	10	1	1
루타	타점	도루	볼넷	삼진	병살타	장타율	출루율	OPS
45	18	4	8	42	4	0.310	0.259	0.569

34 전병우

내야수(우투우타)

생년월일 1992년 10월 24일
출신학교 동삼초-경남중-개성고-동아대

작년 2023 시즌 기록

탄탄한 수비가 장점, 내야 모든 포지션을 볼 수 있는 유틸리티 플레이어.

타율	경기	타석	타수	득점	안타	2루타	3루타	홈런
0.145	41	75	62	6	9	3	0	1
루타	타점	도루	볼넷	삼진	병살타	장타율	출루율	OPS
15	6	0	10	28	0	0.242	0.274	0.516

4 육선엽

생년월일	2005년 7월 13일
신장/체중	190cm / 90kg
출신학교	백마초-서울신월중-장충고
지명순위	1라운드 4순위

투수(우투우타)

160km/h 파이어볼러를 꿈꾼다. 수준급 커브와 준비된 스태미나까지, 미래의 선발감.

66 박준용

생년월일	2003년 12월 19일
신장/체중	184cm / 92kg
출신학교	북삼초(구미시리틀)-구미중-경북고-수성대
지명순위	2라운드 14순위

투수(우투우타)

제2의 원태인이 되고 싶은 경북 라이온즈 성골. 커브와 안정된 제구력이 장점.

67 정민성

생년월일	2005년 5월 9일
신장/체중	184cm / 98kg
출신학교	군산중앙초-군산중-군산상일고
지명순위	4라운드 34순위

투수(우투우타)

바우어 판박이. 묵직한 직구 구위와 완성도 높은 슬라이더, 삼진 능력 갖춘 불펜 꿈나무.

122 김성경

생년월일	1999년 10월 1일
신장/체중	181cm / 84kg
출신학교	광주학강초-망운중-광주동성고-송원대 (얼리 드래프트)
지명순위	5라운드 44순위

투수(우투우타)

빠른 공, 압도적 구위로 탈삼진 잡는 불펜형 포수.

60 김호진

생년월일	2005년 7월 16일
신장/체중	183cm / 84kg
출신학교	송정동초-충장중-광주진흥고
지명순위	6라운드 54순위

내야수(우투우타)

건실한 수비, 장타력 보유한 미래 유격수 자원.

110 신경민

생년월일	2004년 3월 16일
신장/체중	186cm / 103kg
출신학교	칠성초-경상중-대구고
지명순위	7라운드 64순위

투수(우투우타)

150km/h 육박하는 파이어볼러, 각 큰 커브 앞세운 구위형 불펜 투수.

118 이현준

생년월일	2001년 4월 20일
신장/체중	183cm / 80kg
출신학교	연현초-금릉중-비봉고-한양대
지명순위	8라운드 74순위

내야수(우투우타)

제2의 류지혁, 공수주 모두 갖춘 내야 유틸리티 플레이어.

119 이재호

생년월일	2001년 5월 20일
신장/체중	180cm / 82kg
출신학교	가동초-청량중-휘문고-동국대
지명순위	9라운드 84순위

내야수(좌투좌타)

코너 수비 가능한 좌타 내야수. 안정된 수비, 중장거리 타격 능력 겸비.

124 김재형

생년월일	2005년 11월 22일
신장/체중	186cm / 102kg
출신학교	봉천초-선린중-덕수고
지명순위	10라운드 94순위

포수(우투우타)

미래의 우타 거포 자원, 제2의 강민호 기대.

102 유병선

생년월일	2005년 9월 12일
신장/체중	181cm / 84kg
출신학교	무학초(성동구리틀)-청량중-경동고
지명순위	11라운드 104순위

투수(우투우타)

유연한 투구폼, 직구 구위와 제구 안정감이 우수한 투수 유망주.

TEAM PROFILE

UNIFORM

구단명 : **한화 이글스**

연고지 : **대전광역시**

창립연도 : **1986년**

구단주 : **김승연**

대표이사 : **박찬혁** ('24년 5월 27일 사퇴 발표)

단장 : **손 혁**

감독 : **최원호** ('24년 5월 27일 사퇴 발표)

홈구장 : **대전 한화생명 이글스파크**

영구결번 : **35 장종훈 23 정민철 21 송진우 52 김태균**

한국시리즈 우승 : **1999**

HOME

AWAY

2024 HANWHA EAGLES DEPTH CHART

• 지명타자

 안치홍　 채은성　 이재원

중견수
이진영
김강민

좌익수
정은원
최인호

우익수
페라자
임종찬

유격수
하주석
이도윤

2루수
문현빈
정은원

3루수
노시환
김태연

1루수
채은성
안치홍

• 감독

최원호

포수
최재훈
박상언
이재원

• 2024 예상 베스트 라인업

1번 타자	정은원	좌익수
2번 타자	페라자	우익수
3번 타자	안치홍	지명타자
4번 타자	노시환	3루수
5번 타자	채은성	1루수
6번 타자	문현빈	2루수
7번 타자	이진영	중견수
8번 타자	하주석	유격수
9번 타자	최재훈	포수

• 예상 선발 로테이션

 류현진　 페냐　 문동주　 산체스　 김민우

• 필승조

 김범수　 이태양　 장시환　주현상

• 마무리

박상원

TEAM INFO

팀 분석

2023 팀 순위(포스트시즌 최종 순위 기준)
9위

최근 5년간 팀 순위

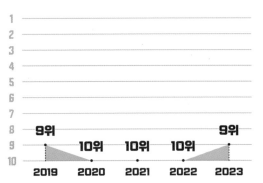

	2019	2020	2021	2022	2023
	9위	10위	10위	10위	9위

2023시즌 팀 공격력
↑: High / ↓: Low

타율↑	홈런↑	병살타↓	득점권타율↑	삼진↓	OPS↑
0.241	100개	103개	0.240	1,162개	0.674
10위	공동 3위	6위	10위	10위	10위

2023시즌 팀 마운드
↑: High / ↓: Low

평균자책점↓	탈삼진↑	QS↑	볼넷↓	피안타율↓	피홈런↓	WHIP↓
4.38	1,037개	40	518개	0.261	101개	1.40
8위	3위	10위	6위	5위	8위	5위

2023시즌 팀 수비력
↑: High / ↓: Low

실책↓	견제사↑	병살 성공↑	도루저지율↑
109개	7개	106번	33.8%
5위	공동 7위	10위	2위

2023시즌 최다 마킹 유니폼

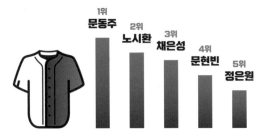

1위 문동주
2위 노시환
3위 채은성
4위 문현빈
5위 정은원

PARK FACTOR

홈구장_대전 한화생명 이글스파크

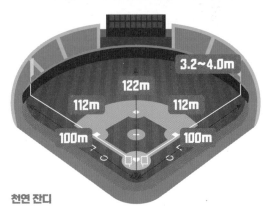

3.2~4.0m
122m
112m 112m
100m 100m

천연 잔디

수용인원
12,000석

구장 특성

1964년 개장해 현존하는 프로야구 홈구장 중 가장 많은 나이를 자랑(?)한다. 수년간 여러 번의 리모델링을 거쳐 구단도 적지 않은 투자를 했는데, 관중석 환경도 조금 더 쾌적하게 바뀌면서 관중석 규모 자체도 점점 더 줄어들었다. 현재 이글스파크의 매진 기준인 1만2천 석은 10개 구단 중 가장 적은 규모. 리모델링을 거쳤지만 여전히 더그아웃이자 원정팀 라커룸 등 공간의 한계로부터 비롯된 불편한 부분들이 존재한다. 예전부터 홈런이 많이 터지는 구장이라는 인상이 짙다. 올해가 이글스파크와의 마지막 시즌.

HOME STADIUM GUiDE

원정 팬을 위한 교통편 추천, 주차 팁

무조건 대중교통을 추천한다. 신축 야구장 공사 현장이 바로 인근이라 가뜩이나 비좁았던 주차 공간이 더욱 협소해졌다. 차를 가지고 오는 순간, 입출차 지옥에 빠질 뿐만 아니라 주차할 곳이 없어서 인근 다른 주차장을 찾아야할 수도 있다. 대중교통 이용이 속 편하다.

고속열차 접근성이 나쁘지 않은 편이다. 대전역이 가깝다. 택시를 타면 5분 정도인데, 오가는 버스 노선도 다양하다. 다만, 문제는 경기가 끝난 후다. 야구가 끝난 후에 쏟아져 나오는 관중이 많아 택시 수요 폭발. 콜을 아무리 불러도 택시 잡기가 어렵다. 경기 후에는 시간을 여유롭게 잡고 기차표를 끊거나 버스 혹은 조금 일찍 나오는 것을 추천한다.

버스 복합 터미널도 10분 정도로 가깝기 때문에 택시, 버스 둘 다 이용이 편리하다. 대전 구장은 경기 끝난 이후에만 교통편이 확보되면 된다.

이 재미로 직관 가는 거 아닌가요, 이 구장에서 놓치면 안 되는 먹을거리, 놀거리, 이벤트

마지막 시즌을 즐겨 보자

미운 정 고운 정 다 들었던 이글스파크와의 마지막 시즌이다. 한화는 내년 신구장 개장을 앞두고 있다. 가장 시설이 열악한 구장이었지만, 그래도 오렌지색으로 꾸며진 작은 구장 특유의 아기자기함이 매력이었다.

'괴물' 류현진의 복귀로 이글스파크는 마지막 시즌을 매 경기 뜨겁게 보낼 것으로 예상된다. 구단 자체 관중 기록에도 도전할 정도다. 특히 한화는 모기업의 상징이기도 한 불꽃놀이가 구단을 대표하는 이벤트다. 매 시즌 마지막 홈 경기에는 서울불꽃축제 못지않은 화려한 초대형 불꽃축제가 이글스파크에서 벌어진다. 아마 올해 마지막 홈 경기는 이글스파크와의 작별식이 거행되는 만큼, 더 성대하고 화려하지 않을까.

야구가 맛있고 성심당이 재밌어요

대전에 야구 보러 간다면 빼놓을 수 없는 핵심 '관광지'가 바로 성심당이다. 성심당 본점에서 이글스파크가 멀지 않다. 날씨가 좋으면 충분히 걸어서 오갈 수 있고, 버스를 타도 금방 내린다. 주차 지원도 가능하다. 최근 성심당의 유명세가 전국적으로 점점 더 높아지면서, 요즘엔 평일에도 줄을 서서 빵을 사야하는 경우가 늘어나고 있다. 대전역 지점도 있지만 빵이 빨리 매진되는 날이 많아서 시간 계산을 잘해야 한다. 여유 있게 도착하면 본점에 들러 경양식 식사도 하고, 케이크부띠끄 구경도 추천한다.

괜히 밀가루의 도시가 아닙니다

사실 대전의 진짜 맛집들은 로컬들이 꽁꽁 숨겨 놨다. 칼국수, 떡볶이 숨은 맛집들이 많다. 오씨칼국수, 광천식당, 수목칼국수, 시민칼국수 등 이미 타지인들에게도 널리 알려진 집들 외에도 동네 곳곳에 맛집들이 많이 있다. 이글스파크 근처에 있다가 석교동으로 이전한 홍두깨칼국수도 한 번쯤 찾아 볼 만한 칼국수+김밥 맛집. 1박 이상을 원하는 팬들은 야구장 근처 혹은 중앙로 숙박업소나 둔산동 인근 비즈니스호텔을 추천한다.

코리안 몬스터 전격 컴백,
가을 하늘의 비상을 꿈꾼다

작년에 이것만 잘됐으면 좋았을 텐데

한화만큼 최악의 출발을 한 팀도 없었다. 정규시즌 개막전에서 믿었던 1선발 버치 스미스가 2⅔이닝만 던지고 어깨 통증을 호소하며 마운드를 내려왔다. 이날 스미스가 던진 60개의 공이 스미스가 던진 투구수의 전부였다. 결국 개막 19일 만에 외국인 선수를 방출하게 된다. 그나마 발 빠르게 리카르도 산체스를 영입하며 공백의 시간을 최대한 줄였지만, 분명 예상했던 시나리오는 아니었다. 외국인 타자도 문제였다. 브라이언 오그레디 역시 준비 기간에는 극찬을 받았지만, 막상 정규시즌이 시작하자 리그에 전혀 적응을 하지 못했다. 이후 대체 선수로 닉 윌리엄스가 왔지만, 아쉬움이 남기는 마찬가지였다.

여러모로 삐걱거렸던 시작, 결국 한화는 리빌딩이라는 미션을 받고 3년 차 시즌을 맞이했던 카를로스 수베로 감독과의 결별을 결정했다. 그 시점이 5월. 퓨처스팀 감독이었던 최원호 감독이 1군의 부름을 받았고, 감독대행이 아닌 정식 감독으로 승격되면서 서산에서 급하게 짐을 꾸려 대전으로 향했다.

최원호 감독이 부임한 이후에도 한화는 격동의 나날을 보냈다. 18년 만의 8연승으로 비상하기도 했지만, 8연패에 빠지며 고개 숙이기도 했다. 그래도 그런 부침을 겪는 동안 젊은 선수들이 무럭무럭 자랐다. 문동주, 노시환이 투타에서 한화를 넘어 리그의 확실한 스타로 발돋움했다. 구단 최초 고졸 신인 데뷔 시즌 100안타 이상을 친 문현빈도 수확이었다.

비시즌 영입한 채은성은 최고의 선택이었다. 채은성은 젊은 선수들이 대부분이었던 한화에서 그라운드 안팎을 가리지 않고 구심점 역할을 했다. 다만 타선에서 노시환과 채은성의 의존도가 높아지며 이들을 뒷받침할 타자들이 필요하다는 점이 문제로 지적되기도 했다.

그래서 안치홍, 김강민, 이재원 등의 경험 있는 베테랑들의 합류는 이번 시즌 한화라는 팀에 기대를 더하는 요소다. 공수에서는 물론 야구를 대하는 자세에서 젊은 선수들에게 귀감이 될 수 있다는 평가. 여기에 '메이저리그를 평정하고 돌아온 최고의 투수' 류현진의 합류부터 황준서 등 기존 선수들과 비교해도 경쟁력 있는 루키의 등장까지, 분명 작년에 비해 많은 부분들이 채워진 한화다.

스토브리그 성적표

거물급 베테랑들의 합류. 안치홍, 김강민, 이재원만으로도 훌륭했는데, '괴물' 류현진까지 가세했다. 한화에 부족했던 경험을 채웠다.

지극히 주관적인 올 시즌 예상 순위와 이유

분명 지난 시즌보다 전력이 탄탄해졌다. 베테랑이 합류한 선수단 구성은 물론 타선, 수비 라인업 등에서 확실히 짜임새가 생겼다는 것이 긍정적이다. 류현진 복귀의 효과는 두말하면 잔소리. 재계약한 외국인 투수들은 리그 적응 리스크가 없고, 더 이상 이닝 제한이 필요 없는 문동주를 포함해 선발 후보 대부분이 경험이 있는 선수들로 로테이션을 꾸리기가 보다 수월해졌다. 노시환, 채은성에 안치홍, 요나단 페라자가 합류한 타선도 기대를 모은다. 기대 요소들은 물론 물음표도 내포하지만, 최하위권을 전전했던 지난 5년과는 달리 이번 시즌은 확실히 포스트시즌 경쟁, 그리고 그 이상도 목표로 둘 만하다.

생년월일 1973년 3월 13일

출신학교 숭의초-상인천중-인천고-단국대

주요 경력 현대 유니콘스(1996~1999), LG 트윈스(2000~2010), LG 트윈스 2군 재활코치(2011), LG 트윈스 2군 투수코치(2012), 대한민국 야구 국가대표팀 불펜코치(2019), 한화 이글스 2군 감독(2020), 한화 이글스 감독대행(2020), 한화 이글스 2군 감독(2021~2023), 한화 이글스 감독(2023~)

92
최원호

(*'24년 5월 27일 사퇴 발표)

"이번 시즌 판도를 뒤흔드는 전력."

항상 어수선한 상황에서 1군 지휘봉을 잡았다. 2020년 감독대행도, 2023년 정식 감독 승격도 그랬다. 2020년부터 한화의 퓨처스팀 감독을 지낸 최원호 감독은 전임 감독의 사퇴와 경질로 늘 갑작스러운 부름을 받고 시즌이 한창일 때 1군 선수단을 맡았다. 하지만 올해는 스프링캠프부터 정상적으로 함께 출발한다. 3년 연속 최하위에 머물렀던 한화는 지난해 최원호 감독의 부임 후 미약하게나마 올라선 순위로 정규시즌을 끝냈다. 젊은 선수들의 성장과 새로 합류한 베테랑들, 그리고 최원호 감독의 경험이 더해진 시너지 효과를 기대하는 한화는 이번 시즌 6년 만의 가을야구에 도전한다.

1군

수석코치	타격코치	타격코치	투수코치	불펜코치	배터리코치	작전·주루코치	외야·1루코치
정경배	정현석	김남형	박승민	윤규진	김정민	김재걸	박재상

퓨처스

수비코치	수석트레이너	퓨처스 감독	타격코치	투수코치	불펜코치	배터리코치	작전·주루코치
김우석	이지풍	이대진	강동우	박정진	마일영	이희근	추승우

잔류군

수비코치	외야·1루코치	총괄코치	타격코치	배터리코치	플레잉코치
최윤석	고동진	김성갑	이상훈	정범모	정우람 (투수)

99

류현진

투수(좌투우타)

생년월일	1987년 3월 25일
신장/체중	190cm / 113kg
출신학교	창영초-동산중-동산고-대전대
연봉(2024)	25억 원
경력	한화 이글스(2006~2012)-로스앤젤레스 다저스 (2013~2019)-토론토 블루제이스(2020~2023)- 한화 이글스(2024~)

#괴물

데뷔 시즌부터 남달랐다. 2006년 KBO리그 데뷔 첫해 류현진은 30경기 201⅔이닝을 소화해 18승6패 1세이브, 평균자책점 2.23을 기록, 다승왕과 평균자책점, 탈삼진왕까지 '트리플 크라운'으로 괴물의 등장을 알렸다. 역대 KBO리그에서 신인왕과 정규리그 MVP를 석권한 유일무이한 주인공. 2021년까지 7시즌을 치른 뒤 포스팅 시스템으로 메이저리그에 진출했다. KBO리그에서 마이너리그를 거치지 않고 빅리그에 직행한 최초의 인물이다.

#코리안빅리거

LA 다저스 유니폼을 입은 류현진은 2013년 14승8패, 평균자책점 3.00을 기록하며 화려하게 빅리그에 연착륙했다. 2019년에는 14승5패 평균자책점 2.32로 아시아 선수로는 최초 평균자책점 1위에 올랐고 그해 류현진은 한국인 최초로 올스타전 선발투수로 등판, 내셔널리그 사이영상 투표에서도 2위에 올랐다.

#한화사랑

미국에서 뛸 때도 늘 선수로서의 마지막은 한화 이글스라고 공언했기에 메이저리그 팀의 다년 계약 제안을 거절하고 한화로 돌아왔다. 2022년 두 번째 팔꿈치 수술을 받은 그는 "메이저리그에서 몇 년 더 뛰려고 수술을 한 게 아니다. 한화 이글스에서 잘하고 싶어서 수술을 했다"고 말했다. 물론 구단은 8년 170억 원이라는 역대 최다 계약기간과 금액으로 류현진을 대우했고, 한화 팬들도 자발적으로 곳곳에 환영 플래카드를 내걸며 류현진의 복귀를 반겼다.

🎤 TMI 인터뷰

1. 일주일 동안 한 가지 음식만 먹어야 한다면?

- 고기

2. 세상에서 가장 싫은 것 한 가지는?

- 장민재... 이태양... 사실 가족이 아픈 것

3. 스트레스 쌓이거나 생각이 많을 때 하는 건?

- 아무것도 안 한다.

4. 진짜 독하다 싶은 선수는?

- 많은데?

5. 야구하길 잘했다는 생각이 들 때는?

- 지금 이 순간

이글스여 내가왔다. 한화우승🔥

작년 2023 시즌 기록

평균자책점	경기	승	패	홀드	세이브
-	-	-	-	-	-
승률	**이닝**	**투구수**	**피안타**	**피홈런**	**볼넷**
-	-	-	-	-	-
삼진	**실점**	**자책점**	**피안타율**	**WHIP**	**퀄리티스타트**
-	-	-	-	-	-

전력분석	투수에게 필요한 모든 것을 가진 투수. 체인지업과 커터는 물론 구사하는 전 구종이 무기인데, 그 구종을 언제, 어디에, 어떻게 넣어야 하는지도 알고 있다. 어떤 공을 던져도 일관된 투구폼과 정교한 제구력으로 타자를 상대하고 경기를 끌고 가는 방법까지 알고 있으니, 괜히 몬스터로 불린 게 아니다.
강점	원하는 공을 원하는 곳에
약점	아프지만 않는다면 '완전체'

가을에 야구 하겠습니다!

화이팅 뮨

1

투수(우투우타)

문동주

생년월일	2003년 12월 23일
신장/체중	188cm / 97kg
출신학교	광주화정초~무등중~진흥고
연봉(2024)	1억 원
경력	한화 이글스(2022~)

#신인왕

28⅔이닝을 던진 데뷔 시즌은 기대 만큼의 모습을 보여 주지 못했다. 하지만 두 번째 시즌, 풀타임 선발을 돌며 23경기 118⅔이닝을 소화, 8승과 평균자책점 3.72를 기록하며 당당히 신인왕을 거머쥐었다. 2022 항저우 아시안게임과 2023 아시아프로야구챔피언십(APBC) 국가대표로도 선발되며 국제무대에서도 좋은 모습을 보였고, 한화는 물론 리그를 대표하는 에이스로 우뚝 섰다.

#160

빠른 공으로 리그의 역사를 다시 썼다. 문동주가 2023년 4월 12일 광주 KIA전에서 기록한 직구 구속 160.1km/h는 국내 선수가 기록한 최초의 160km/h대 구속이자 최고 구속이었다. 한화 구단은 문동주의 최초 기록을 기념하는 이벤트를 열고 티셔츠와 키링, 패브릭 포스터 등 관련 상품을 출시하기도 했다. 문동주는 "구속도 중요하지만, 제구가 더 중요하다"고 말했지만, 더 빠른 공을, 더 자주 던지고 싶다는 욕심을 숨기지는 않았다.

#대전왕자

투구 기록은 물론 구단의 매출에서까지 신기록을 작성했다. 한화는 문동주의 신인왕을 기념하며 유니폼, 기념구 등 기념 상품을 출시했는데, 하루 만에 2억 원 이상이 팔렸고, 총 5억 원 이상의 매출을 올리며 구단 역대 기념 상품 최다 매출을 기록했다. 대전 시내 '대전왕자의 방'이라는 콘셉트의 팝업 전시도 성황을 이뤘다. 문동주는 "사진이 크게 걸려 부담스럽기도 했지만, 구단에 좋은 일을 한 것 같아 기분이 좋다"고 말했다.

작년 2023 시즌 기록

평균자책점	경기	승	패	홀드	세이브
3.72	23	8	8	0	0
승률	이닝	투구수	피안타	피홈런	볼넷
0.500	118 2/3	2067	113	6	42
삼진	실점	자책점	피안타율	WHIP	퀄리티스타트
95	52	49	0.249	1.31	7

전력분석	최고 160km/h 빠른 공을 무기로 하는 정통파 투수. 신체 조건과 투구 능력은 물론 멘털적인 부분에서도 높은 평가를 받는다. 이미 국가대표까지 올라섰지만 아직 완성형이 아닌, 성장 가능성이 무한하다는 점에서 무시 무시한 투수.
강점	리그 최초의, 최고의 스피드를 자랑하는 특급 직구
약점	직구 위력을 극대화할 변화구가 필요해

TMI 인터뷰

1. 일주일 동안 한 가지 음식만 먹어야 한다면?
- 소고기 (육회로도 먹을 수 있고 구워 먹을 수도 있으니까)

2. 세상에서 가장 싫은 것 한 가지는?
- 죽기 싫다!

3. 스트레스 쌓이거나 생각이 많을 때 하는 건?
- 딱히 없다. 금방 괜찮아진다.

4. 진짜 독하다 싶은 선수는?
- 굳이 고르면 박상원 선배. 공 던지는 감각에 대해 예민하시다.

5. 야구하길 잘했다는 생각이 들 때는?
- 아시안게임 금메달 땄을 때

13
최재훈

포수(우투우타)

생년월일	1989년 8월 27일
신장/체중	178cm / 94kg
출신학교	화곡초-덕수중-덕수고-방송통신대
연봉(2024)	6억 원
경력	두산 베어스(2008~2017)-한화 이글스(2017~)

#주전포수

2017년 트레이드로 두산 베어스에서 한화로 이적한 최재훈은 2021시즌 종료 후 FA 계약으로 팀에 잔류했다. 이미 1군에서 들어선 타석은 두산 시절을 넘어선 지 오래. 독수리 군단의 주전 포수로 한화 투수들을 생각하는 마음도 남다르다. 젊은 투수들이 많은 한화 마운드의 성장에 책임감을 갖고 있고, 후배들이 발전하는 모습에 누구보다 흐뭇한 미소를 짓는다. 신인왕을 받은 문동주에게는 "같이 15승을 해 보자"고 먼저 다음 목표를 내놓기도 했다.

#악바리

프로 선수가 되고 나서는 신혼여행을 포함해 단 한 번도 여행을 간 적이 없다고 한다. 최재훈은 "야구를 쭉 잘한 게 아니었다. 지금 여행을 가서 뭐 하나 싶었다. 아내도 같은 생각이었다"고 얘기했다. 언젠가 은퇴를 한 뒤 편하게 여행을 떠나고 싶은 마음이란다. 일곱 살이 된 큰아들에게는 여행을 못 가 미안한 마음에 최대한 많이 놀아 주려고 한다고 전했다.

#마그넷최

최재훈은 최정(SSG)만큼은 아니지만, 경기를 치르며 만만치 않게 많은 공을 맞았다. 현역 선수로는 최정과 양의지(두산), 강민호(삼성) 다음. 2023시즌에는 23번이나 공을 맞으며 리그 1위에 이름을 올리기도 했다. 출루 욕심이 많은 최재훈은 "맞으면 아프지만, 맞아서라도 나가려 하는 마음도 있다"고 밝히기도 했다. 공을 맞더라도 큰 부상으로 이어지지 않는 철인이라는 것도 최재훈의 장점. 공에 맞은 후 좋았던 페이스가 떨어진 적도 있었지만, 그런 생각은 핑계라고 말하는 최재훈이다.

🎤 TMI 인터뷰

1. 일주일 동안 한 가지 음식만 먹어야 한다면?
- 라면

2. 세상에서 가장 싫은 것 한 가지는?
- 야구 인생 끝. 은퇴해도 야구 쪽에 있어야지

3. 스트레스 쌓이거나 생각이 많을 때 하는 건?
- 노래 듣기 (발라드를 많이 듣는다)

4. 진짜 독하다 싶은 선수는?
- 장시환 선수 (아무리 힘들어도 루틴이 확실하다)

5. 야구하길 잘했다는 생각이 들 때는?
- 팬분들 응원을 들을 때

작년 2023 시즌 기록

타율	경기	타석	타수	득점	안타
0.248	125	417	327	23	81
2루타	3루타	홈런	루타	타점	도루
12	0	1	96	33	1
볼넷	삼진	병살타	장타율	출루율	OPS
56	48	9	0.294	0.392	0.686

전력분석	높은 순출루율을 가진 선수로 선구안과 카운트 싸움에 능하다. 삼진이 적은 유형의 타자. 포수로서는 송구 능력이 뛰어나고, 아마추어 시절부터 인정받았을 정도로 프레이밍도 좋다. 다만 ABS 도입으로 공을 받는 방식에 변화를 줄 수 있다.
강점	2번 타자를 맡았을 정도로 높은 출루율
약점	달려야 하는 상황은 만들지 말자
수비력	타고난 어깨, 과감한 볼 배합이 아쉬운 순간은 있다

8 **내야수(우투우타)**

노시환

생년월일	2000년 12월 3일
신장/체중	185cm / 105kg
출신학교	부산수영초-경남중-경남고
연봉(2024)	3억 5천만 원
경력	한화 이글스 (2019~)

#홈런왕

데뷔 2년 차였던 2020년, 12홈런으로 처음 두 자릿수 홈런을 기록했던 노시환은 이듬해인 2021년 18개의 홈런을 터뜨렸고, 2023년 31홈런으로 '홈런공장장' 최정(SSG)을 제치고 홈런왕을 차지했다. 한화에서는 2003년 김태균 이후 15년 만에 나온 홈런왕. 노시환은 101타점으로 첫 세 자릿수 타점을 올렸는데, 리그 전체에서 유일하게 100타점을 넘기면서 타점왕까지 차지, 타격 2관왕에 올랐다.

#MZ타자

2000년생인 노시환은 리그의 여러 가지 기록들을 새로 썼다. 일단 2000년대생이 홈런왕이 된 건 노시환이 최초다. 또한 20대 선수가 홈런왕이 된 건 2016년 최정 이후 7년 만, 만 23세 이하의 선수가 홈런왕을 차지한 건 1999년 이승엽 이후 24년 만이다. 이미 성과를 냈지만, 미래 또한 창창하다는 뜻이다. 'MZ세대'답게 밝고 긍정적인 성격에 춤과 노래를 빼는 법이 없는 분위기 메이커. 마침 노시환은 '용의 해' 갑진년을 맞은 용띠 스타로, 올 시즌의 활약도 기대를 모은다.

#국가대표

노시환은 2023년 열린 항저우 아시안게임과 APBC 두 대회에 국가대표로 뽑혀 국제 무대를 밟았다. 성인 대표팀으로는 생애 첫 태극마크를 달고 4번 타자로 타선의 중심을 책임졌다. 이번 두 대회는 엔트리에 나이 제한을 두고 젊은 선수로 꾸려졌지만, 리그를 평정한 노시환은 나이 제한이 없는 성인 대표팀에도 충분히 승선이 가능하다는 평가다. 차세대 거포로 꼽혔던 노시환은 이제 현세대의 거포라고 해도 과언이 아니다.

작년 2023 시즌 기록

타율	경기	타석	타수	득점	안타
0.298	131	595	514	85	153
2루타	**3루타**	**홈런**	**루타**	**타점**	**도루**
30	1	31	278	101	2
볼넷	**삼진**	**병살타**	**장타율**	**출루율**	**OPS**
74	118	13	0.541	0.388	0.929

전력분석	말이 필요없는 파워 히터. 특정 구종이나 방향을 가리지 않고 담장을 넘기는 능력이 있다. 선구안도 좋아져 다른 거포들에 비해 헛스윙이 그리 많지 않은 타입. 히팅 포인트를 앞에 두며 홈런이 늘었다. 여기에 자신감까지 겸비했다.
강점	운동 능력에 멘탈까지 타고났다
약점	콘택트 능력까지 오른다면 완벽
수비력	여유가 생겼다. 가끔 나오는 치명적인 실책은 옥의 티

🎤 TMI 인터뷰

1. 일주일 동안 한 가지 음식만 먹어야 한다면?
- 소고기

2. 세상에서 가장 싫은 것 한 가지는?
- 야채

3. 스트레스 쌓이거나 생각이 많을 때 하는 건?
- 컴퓨터 게임 (서든어택이나 롤)

4. 진짜 독하다 싶은 선수는?
- 김혜성 선수 (키움)

5. 야구하길 잘했다는 생각이 들 때는?
- 항상 행복하게 야구하고 있다.

3
안치홍

내야수(우투우타)

생년월일	1990년 7월 2일
신장/체중	178cm / 97kg
출신학교	구지초(구리리틀)-대치중-서울고
연봉(2024)	5억 원
경력	KIA 타이거즈(2009~2019)-롯데 자이언츠(2020~2023)-한화 이글스(2024~)

#이적생

KIA 타이거즈에서 데뷔, 2020시즌을 앞두고 첫 번째 FA 자격을 얻어 롯데 자이언츠로 둥지를 옮겼던 안치홍은 2023시즌이 끝난 후 두 번째 FA 자격을 얻었다. 그리고 안치홍은 4+2년 총액 72억 원에 한화로 이적했다. 4시즌을 치른 이후 2년 계약에 대해서는 구단과 선수 모두에게 선택권이 부여되는 뮤추얼 옵션이 발동된다. 고향은 경기도 구리에, 서울고를 졸업했지만 프로에서는 광주와 부산을 거쳐 세 번째 도시 대전에 안착했다.

#목마른가을

KIA 타이거즈에서 고졸 신인이었던 2009년, 9년 차였던 2017년 통합우승을 경험하며 두 개의 우승 반지를 가지고 있다. 하지만 2018년 와일드카드 결정전 한 경기를 소화했을 뿐, 가을야구와 멀어졌다. 안치홍은 "결국 선수들이 가장 빛날 수 있고, 인정을 받을 수 있는 부분은 팀 성적"이라고 말한다. 롯데에서의 4년 동안 개인적으로는 좋은 모습을 보였지만 팀 성적은 아쉽기만 했다. '세 번째 팀' 한화에서는 다시 포스트시즌에 그라운드를 밟기를 기대하고 있다.

#핵심내야수

한화의 안치홍 영입은 기존 2루수 경쟁 구도를 흔들었다. 지난해 한화는 '골든글러브 출신' 주전 2루수 정은원에 신인 문현빈이 가세를 했다. 올 시즌 2루 수비 이닝은 여기에 안치홍까지 세 명이 나눠 가질 전망. 보다 효율적인 라인업을 찾기 위해 정은원과 문현빈은 외야 훈련을 병행하고 있다. 2루와 1루 수비가 모두 가능한 안치홍은 굳이 2루를 고집할 마음은 없다고 얘기하기도 했다.

🎤 TMI 인터뷰

1. 일주일 동안 한 가지 음식만 먹어야 한다면?
- 고기

2. 세상에서 가장 싫은 것 한 가지는?
- 실없는 질문

3. 스트레스 쌓이거나 생각이 많을 때 하는 건?
- 그냥 누워 있기

4. 진짜 독하다 싶은 선수는?
- 홍보팀 정명의 과장님(맨날 인터뷰해야 한다고 해서서)

5. 야구하길 잘했다는 생각이 들 때는?
- 팀 성적 나면 그런 것 같다. 또, 한국시리즈 갔을 때

작년 2023 시즌 기록

타율	경기	타석	타수	득점	안타
0.292	121	494	425	57	124
2루타	**3루타**	**홈런**	**루타**	**타점**	**도루**
20	1	8	170	63	3
볼넷	**삼진**	**병살타**	**장타율**	**출루율**	**OPS**
49	53	14	0.400	0.374	0.774

전력분석	전형적인 거포는 아니지만 파워와 정교함을 겸비한 중장거리형 타자. 소위 '받아 놓고' 치는 스타일. 밀어치기에 능하다. 볼넷/삼진 비율이 좋음. 지난 시즌 롯데의 주장을 맡기도 했는데, 차분한 성격으로 경기장 안팎에서 선수들을 이끄는 타입.
강점	모든 부분에서 안정적이고, 꾸준하다
약점	콘택트 능력에 비해 출루율이 아쉽다
수비력	2루와 1루 수비 가능. 수비 범위가 그리 넓지는 않은 편

22 **채은성** 외야수(우투우타)

생년월일	1990년 2월 6일
신장/체중	186cm / 92kg
출신학교	순천북초-순천이수중-효천고
연봉(2024)	10억 원
경력	LG 트윈스(2009~2022)-한화 이글스(2023~)

#캡틴

최원호 감독은 올해 한화에서 2년 차 시즌을 맞는 채은성에게 주장직을 맡겼다. 채은성 본인도 언젠가는 주장을 해야 한다는 걸 어느 정도 예감하고 있어 처음 얘기를 들었을 때 크게 놀라지는 않았다고. 베네수엘라 출신의 외국인 선수들은 채은성을 '까삐'라고 부른다. 투수조장은 2년 연속 채은성의 효천고 후배이자 절친인 이태양이 맡았다.

#은성스쿨

채은성이 자기만 챙기는 선수였다면 주장을 맡기지도 않았을 터. 이미 채은성은 후배들을 좋은 방향으로 이끌며 리더십을 인정받았다. 홈런왕 타이틀을 거머쥔 노시환이 그 산증인이다. 웨이트 트레이닝 파트너로 채은성과 루틴을 함께한 노시환은 자신의 성장은 채은성의 덕이 크다고 얘기했다. 육성선수로 시작해 FA 대박까지 터뜨린 채은성의 기술적, 정신적 조언은 노시환뿐만 아니라 다른 한화 선수들에게도 피와 살이 되고 있다.

#상금사냥꾼

일부러 그런 것도 아닐 텐데, 상금이 걸린 곳에서는 존재감이 더 컸다. 채은성은 2023 KBO 올스타전에서 홈런레이스 우승을 차지한 데 이어 본경기에서 41년 만의 올스타전 만루홈런을 터뜨리며 미스터 올스타로 뽑혔다. 올스타전에서 홈런레이스 우승과 MVP를 동시 석권한 선수는 채은성이 최초로, 이날 하루 채은성이 쓸어 담은 상금만 1,500만 원에 달한다. 한화는 채은성의 MVP 등극으로 2022년 '2000년대생 최초 미스터 올스타' 정은원에 이어 2년 연속 올스타전 MVP를 배출했다.

작년 2023 시즌 기록

타율	경기	타석	타수	득점	안타
0.263	137	596	521	71	137
2루타	3루타	홈런	루타	타점	도루
17	0	23	223	84	0
볼넷	삼진	병살타	장타율	출루율	OPS
52	102	16	0.428	0.351	0.779

전력분석	부드러운 스윙으로 배럴 타구 생산에 능한 스프레이형 타자. 지난 시즌에는 4번 타자로 가장 많은 타석을 소화했다. 공격적인 성향이 장점이자 단점이다. 모범적인 야구선수로 성실함과 리더십이 높은 평가를 받는다.
강점	타점 생산 능력
약점	나쁜 공에도 배트가 나오는 편
수비력	안정적인 1루수로 자리를 잡았다. 상황에 따라 외야도 가능

🎤 TMI 인터뷰

1. 일주일 동안 한 가지 음식만 먹어야 한다면?
- 와이프가 한 김치찌개

2. 세상에서 가장 싫은 것 한 가지는?
- 가족이 아픈 것

3. 스트레스 쌓이거나 생각이 많을 때 하는 건?
- 혼자서 노래를 많이 듣는다.

4. 진짜 독하다 싶은 선수는?
- 김현수 선수 (LG, 이 사람보다 독한 사람은 못 봤다)

5. 야구하길 잘했다는 생각이 들 때는?
- 가족들이 행복해할 때 (1군에서 첫 안타를 쳤을 때가 아직도 기억난다.)

외야수(우투우타)

9 김강민

생년월일	1982년 9월 13일		출신학교	본리초-대구중-경북고	
신장/체중	182cm / 87kg		연봉	1억 1천만 원	
경력	SK 와이번스/SSG 랜더스(2001~2023)-한화 이글스(2024~)				

작년 2023 시즌 기록

타율	경기	타석	타수	득점	안타
0.226	70	166	137	20	31
2루타	3루타	홈런	루타	타점	도루
3	0	2	40	7	2
볼넷	삼진	병살타	장타율	출루율	OPS
23	38	2	0.292	0.335	0.627

전력분석	불혹이 넘는 나이에도 여전히 최고의 중견수 자리를 지키고 있다. 전성기의 모습은 아니라 할지라도, 필요할 때 한 방을 터뜨리는 클러치 능력을 갖고 있다. 경기에서도, 인생에서도 드라마가 있는 선수.
강점	이 나이에도 수비력을 능가할 선수가 보이지 않음
약점	체력과 잔부상 관리가 필수

투수(우투우타)

53 김민우

생년월일	1995년 7월 25일		출신학교	사파초-마산중-용마고	
신장/체중	186cm / 123kg		연봉	1억 6천 7백만 원	
경력	한화 이글스 (2015~)				

작년 2023 시즌 기록

김서현	경기	승	패	홀드	세이브
6.97	12	1	6	0	0
승률	이닝	투구수	피안타	피홈런	볼넷
0.143	51 2/3	959	65	6	28
삼진	실점	자책점	피안타율	WHIP	퀄리티스타트
43	43	40	0.313	1.80	2

전력분석	개막전 선발까지 했던 토종 에이스였지만 지난해 부상과 부진이 겹치며 주춤했다. 긴 익스텐션에 역동적인 투구폼을 가졌다. 직구의 구위가 살면 주무기 포크볼의 위력까지 탄력받는 타입. 올 시즌을 앞두고 체중 감량을 하면서 구속과 구위 회복에 기대를 걸고 있다.
강점	헛스윙을 유도할 수 있는 강력한 포크볼
약점	직구의 스피드가 관건

투수(좌투좌타)

47 김범수

생년월일	1995년 10월 3일		출신학교	온양온천초-온양중-북일고	
신장/체중	181cm / 92kg		연봉	1억 9천 3백만 원	
경력	한화 이글스 (2015~)				

작년 2023 시즌 기록

평균자책점	경기	승	패	홀드	세이브
4.19	76	5	5	18	1
승률	이닝	투구수	피안타	피홈런	볼넷
0.500	62 1/3	1097	64	3	33
삼진	실점	자책점	피안타율	WHIP	퀄리티스타트
52	33	29	0.263	1.56	0

전력분석	한화 구단 한 시즌 최다 홀드 기록을 가지고 있는 좌완 파이어볼러. 고질적인 제구 문제를 어느 정도 보완하며 타이트한 상황에서 믿고 맡길 수 있는 필승조로 성장했다. 올 시즌을 앞두고 일본 요미우리 자이언츠의 토고 쇼세이에게 포크볼을 전수받았다.
강점	주무기 슬라이더
약점	직구 구위를 앞세운 탈삼진 능력

투수(우투우타)

54 김서현

생년월일	2004년 5월 31일		출신학교	효제초-자양중-서울고	
신장/체중	188cm / 86kg		연봉	3천 3백만 원	
경력	한화 이글스(2023~)				

작년 2023 시즌 기록

평균자책점	경기	승	패	홀드	세이브
7.25	20	0	0	0	1
승률	이닝	투구수	피안타	피홈런	볼넷
-	22 1/3	476	22	1	23
삼진	실점	자책점	피안타율	WHIP	퀄리티스타트
26	20	18	0.265	2.01	

전력분석	와일드한 투구폼으로 평균 150km/h대 빠르고 힘 있는 직구를 던지는 파이어볼러. 데뷔 첫해에는 여러 가지의 투구폼을 시도하는 등 자신의 투구 밸런스를 정립하지 못한 탓에 기대 만큼의 모습을 보여 주지 못했다. 투구폼도, 제구력도 일정한 모습을 보이는 게 첫 번째 과제다.
강점	직구 구위만큼은 리그 탑급
약점	강속구의 장점을 극대화할 제구력

투수(우투우타)

58 박상원

생년월일	1994년 9월 9일		출신학교	백운초-서울이수중-휘문고-연세대	
신장/체중	187cm / 98kg		연봉	1억 9천 5백만 원	
경력	한화 이글스(2017~)				

작년 2023 시즌 기록

평균자책점	경기	승	패	홀드	세이브
3.65	55	5	3	0	16
승률	이닝	투구수	피안타	피홈런	볼넷
0.625	61 2/3	1103	63	2	29
삼진	실점	자책점	피안타율	WHIP	퀄리티스타트
57	35	25	0.267	1.49	0

전력분석	마무리 1순위. 역동적인 폼에 공격적인 성향을 가진 구위형 투수. 최고 150km/h대 직구에 슬라이더와 포크볼로 경기를 운영한다. 포크볼은 상하 활용 능력이 좋은 편. 우투수임에도 좌타자 상대에 부담이 없다. 파이팅이 넘치는 싸움닭 기질의 소유자.
강점	평균 이상의 직구 구위
약점	볼넷이 많은 스타일

투수(좌투좌타)

34 산체스

생년월일/국적	1997년 4월 11일 / 베네수엘라		출신학교	-	
신장/체중	178cm / 99kg		연봉	75만 달러	
경력	세인트루이스 카디널스(2020)-한화 이글스(2023~)				

작년 2023 시즌 기록

평균자책점	경기	승	패	홀드	세이브
3.79	24	7	8	0	0
승률	이닝	투구수	피안타	피홈런	볼넷
0.467	126	2125	136	13	28
삼진	실점	자책점	피안타율	WHIP	퀄리티스타트
99	62	53	0.273	1.30	8

전력분석	좋은 구위를 가진 좌완 파이어볼러. 직구와 비슷한 구속의 투심, 그리고 커브, 슬라이더, 체인지업 구사. 스태미너도 좋은 편. 제구력이 좋아 삼진이 많고 볼넷이 적은 유형의 투수. 리그 2년 차로 한층 적응한 모습 기대.
강점	안정적인 제구력
약점	변화구 무브먼트

투수(우투좌타)

46 이태양

생년월일	1990년 7월 3일		출신학교	여수서초-여수중-효천고	
신장/체중	192cm / 97kg		연봉	5억 원	
경력	한화 이글스(2010~2020)-SK 와이번스/SSG 랜더스(2020~2022)-한화 이글스(2023~)				

작년 2023 시즌 기록

평균자책점	경기	승	패	홀드	세이브
3.23	50	3	3	2	0
승률	이닝	투구수	피안타	피홈런	볼넷
0.500	100 1/3	1560	100	7	21
삼진	실점	자책점	피안타율	WHIP	퀄리티스타트
72	44	36	0.260	1.21	1

전력분석	어느덧 베테랑. 타자와 상대하는 법을 아는 투수. 구위의 한계를 경기 운영 능력으로 이겨낸다. 타자에게 스트레스를 안기는 포크볼이 주무기. 직구와 흡사한 움직임을 보인다. 보직은 물론 어떤 상황에서도 믿고 올릴 수 있는 만능 카드 유형의 투수다.
강점	선발과 불펜이 모두 가능한 전천후 투수
약점	긴 이닝 소화 시 스태미너

투수(우투우타)

36 장민재

생년월일	1990년 3월 19일		출신학교	광주화정초-무등중-광주제일고	
신장/체중	184cm / 106kg		연봉	1억 5천만 원	
경력	한화 이글스(2009~)				

작년 2023 시즌 기록

평균자책점	경기	승	패	홀드	세이브
4.83	25	3	8	1	0
승률	이닝	투구수	피안타	피홈런	볼넷
0.273	69	1177	79	12	22
삼진	실점	자책점	피안타율	WHIP	퀄리티스타트
61	46	37	0.288	1.46	2

전력분석	16년 차 원클럽맨. 이태양과 마찬가지로 선발과 불펜이 모두 가능한 유형의 투수. 그리 빠르지 않은 공으로도 타자들을 제압할 수 있는 제구력을 가졌다. 본인이 원하는 로케이션으로 공을 던질 수 있을 정도로 컨트롤에 장점이 있다. 완급 조절도 능한 편.
강점	정교한 제구력
약점	비교적 약한 구위와 구속

투수(우투우타)

66 주현상

생년월일	1992년 8월 10일		출신학교	청주우암초-청주중-청주고-동아대	
신장/체중	177cm / 92kg		연봉	1억 1천만 원	
경력	한화 이글스(2015~)				

작년 2023 시즌 기록

평균자책점	경기	승	패	홀드	세이브
1.96	55	2	2	12	0
승률	이닝	투구수	피안타	피홈런	볼넷
0.500	59 2/3	897	35	2	15
삼진	실점	자책점	피안타율	WHIP	퀄리티스타트
45	13	13	0.172	0.84	0

전력분석	프로 입단 후 야수에서 투수로 전향한 케이스로, 투수 전향 후 시즌을 거듭하며 구위가 잡히고 3년 차였던 지난해 필승조까지 승격, 한화 불펜 중 가장 좋은 성적을 거뒀다. 슬라이더가 주무기. 제구가 되면서 낮은 피안타율을 보였다. 마무리 후보로도 거론된다.
강점	안정감과 일관성이 있는 피칭
약점	삼진 잡는 능력은 약한 편

투수(우투우타)

20 페냐

생년월일/국적	1990년 1월 25일 / 도미니카 공화국	출신학교	도미니카 Centro de Desarrollo y Crecimiento Credy
신장/체중	188cm / 99kg	연봉	105만 달러

경력 시카고 컵스(2016~2017)-로스앤젤레스 에인절스(2018~2021)-한화 이글스(2022~)

작년 2023 시즌 기록

평균자책점	경기	승	패	홀드	세이브
3.60	32	11	11	0	0
승률	이닝	투구수	피안타	피홈런	볼넷
0.500	177 1/3	2886	149	14	59
삼진	실점	자책점	피안타율	WHIP	퀄리티스타트
147	82	71	0.225	1.17	19

전력분석	에이스 역할을 해야 하는 KBO 3년 차 외인. 슬라이더와 체인지업의 헛스윙 비율이 리그 상위권. 탈삼진율도 높은 편. 안정적이고 꾸준한 모습이 장점이다. 지난해 32번의 등판 중 19번의 퀄리티스타트를 기록했다.
강점	변화구의 완성도
약점	직구 구위의 기복

포수(우투우타)

42 박상언

생년월일	1997년 3월 3일	출신학교	무원초-영남중-유신고
신장/체중	185cm / 90kg	연봉	4천 2백만 원

경력 한화 이글스(2016~)

작년 2023 시즌 기록

타율	경기	타석	타수	득점	안타
0.200	86	161	145	13	29
2루타	3루타	홈런	루타	타점	도루
5	1	1	39	13	1
볼넷	삼진	병살타	장타율	출루율	OPS
10	38	6	0.269	0.253	0.522

전력분석	최재훈의 뒤를 받칠 백업 포수. 장타력을 갖춘 타자로, 선구안은 다소 떨어지지만 콘택트 능력, 배트 스피드가 좋다. 포수 치고 주력도 나쁘지 않은 편. 수비에서는 송구 능력이나 반응 속도가 장점이다. 이적생 이재원과 군 복무를 마치고 온 장규현의 가세로 경쟁을 통한 성장이 기대되고 있다.
강점	백업으로 수비 안정감이 생김
약점	타격은 한 단계 올라서야

내야수(우투좌타)

64 문현빈

생년월일	2004년 4월 20일	출신학교	대전유천초-온양중-북일고
신장/체중	174cm / 82kg	연봉	8천만 원

경력 한화 이글스(2023~)

작년 2023 시즌 기록

타율	경기	타석	타수	득점	안타
0.266	137	481	428	47	114
2루타	3루타	홈런	루타	타점	도루
22	2	5	155	49	5
볼넷	삼진	병살타	장타율	출루율	OPS
33	84	7	0.362	0.324	0.686

전력분석	투지가 넘치는 성격에 공격적인 성향의 타자. 지난해 한화 구단 최초로 고졸 신인 데뷔 시 즌 100안타 이상을 기록했다. 운동 능력이 좋아 사실상 처음 보는 외야 수비도 잘 소 화해 태극마크까지 달았다. 야구를 대하는 진지한 자세도 높은 평가를 받는다.
강점	첫해부터 두각을 드러낸 타격 능력
약점	보완이 필요한 수비력

내야수(우투좌타)

7 이도윤

생년월일	1996년 10월 7일		출신학교	고명초-배재중-북일고	
신장/체중	175cm / 79kg		연봉	7천 5백만 원	
경력	한화 이글스(2015~)				

작년 2023 시즌 기록

타율	경기	타석	타수	득점	안타
0.252	106	346	309	36	78
2루타	3루타	홈런	루타	타점	도루
13	2	1	98	13	11
볼넷	삼진	병살타	장타율	출루율	OPS
18	55	6	0.317	0.302	0.619

전력분석	지난해 공수에서 모두 눈에 띄는 발전을 보이며 주전 유격수 자리를 꿰찼다. 장타력은 다소 부족하지만 콘택트 능력이 많이 좋아졌다. 풀타임 경험으로 또 한 번의 성장이 기대되는 선수. 에너지 넘치는 성격과 플레이 스타일을 가졌다.
강점	안정적인 수비
약점	변화구 대처 등 선구안의 아쉬움

내야수(우투좌타)

43 정은원

생년월일	2000년 1월 17일		출신학교	상인천초-상인천중-인천고	
신장/체중	177cm / 84kg		연봉	1억 7천 8백만 원	
경력	한화 이글스(2018~)				

작년 2023 시즌 기록

타율	경기	타석	타수	득점	안타
0.222	122	459	388	50	86
2루타	3루타	홈런	루타	타점	도루
12	0	2	104	30	6
볼넷	삼진	병살타	장타율	출루율	OPS
62	73	4	0.268	0.333	0.601

전력분석	리그 최고급의 뛰어난 선구안으로 높은 출루율을 자랑하는 리드오프형 타자. 동체시력을 타고났다는 평가. 최연소 100볼넷을 기록하기도 했다. 지난해에는 장점을 잃고 지독한 슬럼프에 빠졌는데, 자신의 장점을 살려야 하는 것이 관건.
강점	골든글러브를 만든 눈야구
약점	좁은 수비 범위

내야수(우투좌타)

16 하주석

생년월일	1994년 2월 25일		출신학교	강남초-덕수중-신일고	
신장/체중	185cm / 92kg		연봉	7천만 원	
경력	한화 이글스(2012~)				

작년 2023 시즌 기록

타율	경기	타석	타수	득점	안타
0.114	25	38	35	4	4
2루타	3루타	홈런	루타	타점	도루
1	0	0	5	2	0
볼넷	삼진	병살타	장타율	출루율	OPS
2	10	0	0.143	0.184	0.327

전력분석	체격과 파워, 스피드 등 가지고 있는 툴이 좋은 선수. 유격수 수비만큼은 리그 탑급으로 성장했다. 공격에서 파워는 좋지만 선구안이라는 약점이 뚜렷한 타입. 한때는 붙박이 주전이었으나, 보다 확실한 모습을 보여 주지 않으면 경쟁에서 밀릴 수밖에 없다.
강점	타고난 하드웨어
약점	선구안이 약해 헛스윙, 삼진이 많은 유형

외야수(좌투좌타)

14 이명기

생년월일	1987년 12월 26일		출신학교	서화초~상인천중~인천고	
신장/체중	183cm / 87kg		연봉	5천만 원	
경력	SK 와이번스(2006~2017)~KIA 타이거즈(2017~2019)~NC 다이노스(2019~2022)~한화 이글스(2023~)				

작년 2023 시즌 기록

타율	경기	타석	타수	득점	안타
0.175	14	42	40	2	7
2루타	3루타	홈런	루타	타점	도루
1	0	0	8	5	1
볼넷	삼진	병살타	장타율	출루율	OPS
2	9	0	0.200	0.214	0.414

전력분석	지난해 부상으로 많은 경기에 나서지 못하고, 1할대 타율을 기록했음에도 14시즌 통산 3할 타율을 지켰다. 뛰어난 콘택트 능력에 빠른 발로 내야안타를 만드는 비율도 높은 편. 발목 부상 여파로 100% 몸 상태를 회복하는 것이 관건.
강점	리그 최고의 콘택트 능력
약점	타격에 비해 아쉬운 수비

외야수(우투우타)

45 이진영

생년월일	1997년 7월 21일		출신학교	둔촌초~선린중~선린인터넷고	
신장/체중	183cm / 89kg		연봉	7천만 원	
경력	KIA 타이거즈(2016~2022)~한화 이글스(2022~)				

작년 2023 시즌 기록

타율	경기	타석	타수	득점	안타
0.249	121	422	358	57	89
2루타	3루타	홈런	루타	타점	도루
22	0	10	141	50	5
볼넷	삼진	병살타	장타율	출루율	OPS
53	127	4	0.394	0.344	0.738

전력분석	탄탄한 체격과 손목 힘을 앞세워 장타를 많이 생산하는 유형. 콘택트 능력은 다소 떨어지는 편이다. 빠른 발과 송구 능력을 갖춰 외야 수비도 안정적이다. 지난해 풀타임을 소화하며 데뷔 첫 두 자릿수 홈런을 기록했다. 특타를 자청하며 연구를 많이 하는 스타일. 주전 외야수로 도약하며 자신감까지 생겼다.
강점	노시환과 견줄 만큼의 파워
약점	변화구 대처 능력

외야수(우투양타)

30 페라자

생년월일/국적	1998년 11월 10일 / 베네수엘라		출신학교	베네수엘라 San Isidro Labrador(고)	
신장/체중	175cm / 88kg		연봉	100만 달러	
경력	한화 이글스(2024~)				

작년 2023 시즌 기록

타율	경기	타석	타수	득점	안타
-	-	-	-	-	-
2루타	3루타	홈런	루타	타점	도루
-	-	-	-	-	-
볼넷	삼진	병살타	장타율	출루율	OPS
-	-	-	-	-	-

전력분석	스위치 히터. 작지만 탄탄한 체형에 빠른 배트 스피드를 바탕으로 강한 타구를 생산하는 중장거리 유형의 타자다. 열정적인 플레이 스타일로 팀의 에너지 상승 기대. 밝고 유쾌한 성격으로 선수단에는 단숨에 녹아들었는데, 한국 야구에도 빠르게 적응할 수 있을지가 관건.
강점	빠르고 힘 있는 스윙
약점	수비력에 붙는 의문부호

PLAYERS

60 김규연
투수(우투우타)
생년월일 2002년 8월 23일
출신학교 동수원초(수원영통구리틀)-매향
중-공주고

작년 2023 시즌 기록

필승조로 기대하는 투수. 타자가 공략하기 까다로운 무브먼트의 공을 던짐.

평균자책점	경기	승	패	홀드	세이브	승률	이닝	투구수
2.75	23	0	1	0	1	0.000	19 2/3	344

피안타	피홈런	볼넷	삼진	실점	자책점	피안타율	WHIP	QS
16	0	10	20	7	6	0.222	1.32	0

QS: 퀄리티스타트

15 김기중
투수(좌투좌타)
생년월일 2002년 11월 16일
출신학교 의왕부곡초-매송중-유신고

작년 2023 시즌 기록

미래가 기대되는 선발형 좌완투수. 투구폼이 부드럽고 구속에 비해 구위가 좋은 편.

평균자책점	경기	승	패	홀드	세이브	승률	이닝	투구수
4.63	37	1	3	1	0	0.250	56 1/3	1022

피안타	피홈런	볼넷	삼진	실점	자책점	피안타율	WHIP	QS
58	4	29	46	33	29	0.278	1.54	0

11 남지민
투수(우투우타)
생년월일 2001년 2월 12일
출신학교 양정초-개성중-부산정보고

작년 2023 시즌 기록

포텐셜은 충분하다. 더 위력적인 투수가 되기 위한 특별함을 찾아야 한다.

평균자책점	경기	승	패	홀드	세이브	승률	이닝	투구수
6.45	16	1	7	0	0	0.125	37 2/3	678

피안타	피홈런	볼넷	삼진	실점	자책점	피안타율	WHIP	QS
54	0	13	23	31	27	0.333	1.78	1

39 배민서
투수(우언우타)
생년월일 1999년 11월 18일
출신학교 대구수창초-경운중-대구상원고

작년 2023 시즌 기록

2차 드래프트를 통해 이적. 사이드암 계열의 투수로 좌타 상대 체인지업에 강점.

평균자책점	경기	승	패	홀드	세이브	승률	이닝	투구수
6.75	6	0	0	0	0	-	6 2/3	127

피안타	피홈런	볼넷	삼진	실점	자책점	피안타율	WHIP	QS
10	0	2	4	8	5	0.333	1.80	0

97 성지훈
투수(좌투좌타)
생년월일 2000년 1월 29일
출신학교 송정동초-무등중-광주제일고-동
아대

작년 2023 시즌 기록

육성선수로 입단한 좌완투수로, 회전이 좋은 공을 가지고 있다.

평균자책점	경기	승	패	홀드	세이브	승률	이닝	투구수
-	-	-	-	-	-	-	-	-

피안타	피홈런	볼넷	삼진	실점	자책점	피안타율	WHIP	QS
-	-	-	-	-	-	-	-	-

5 윤대경
투수(우투우타)
생년월일 1994년 4월 9일
출신학교 인천서림초-동인천중-인천고

작년 2023 시즌 기록

야수에서 투수로 전향해 필승조까지 성장한 케이스. 불펜 핵심 역할이 가능하다.

평균자책점	경기	승	패	홀드	세이브	승률	이닝	투구수
2.45	47	5	1	2	0	0.833	47 2/3	795

피안타	피홈런	볼넷	삼진	실점	자책점	피안타율	WHIP	QS
36	4	19	28	18	13	0.209	1.15	0

27 이민우
투수(우투우타)
생년월일 1993년 2월 9일
출신학교 순천북초-순천이수중-효천고-경
성대

작년 2023 시즌 기록

간결한 투구폼으로 디셉션이 좋은 투수. 확실한 무기는 연마해야.

평균자책점	경기	승	패	홀드	세이브	승률	이닝	투구수
2.63	17	2	1	2	0	0.667	13 2/3	239

피안타	피홈런	볼넷	삼진	실점	자책점	피안타율	WHIP	QS
8	2	6	11	6	4	0.167	1.02	0

18 이상규

투수(우투우타)

생년월일 1996년 10월 20일
출신학교 흥인초-청원중-청원고

2차 드래프트에서 1순위 지명. 지저분한 직구무브먼트가 강점. 불펜 뎁스 강화 기대.

평균자책점	경기	승	패	홀드	세이브	승률	이닝	투구수
2.35	8	0	0	0	0	-	7 2/3	152
피안타	피홈런	볼넷	삼진	실점	자책점	피안타율	WHIP	QS
7	0	5	6	2.	2	0.241	1.57	0

19 이충호

투수(좌투좌타)

생년월일 1994년 9월 20일
출신학교 인헌초-선린중-충암고

좌완 다크호스. 팔 스윙이 빠르고 간결해 타이밍 싸움에 강점이 있다.

평균자책점	경기	승	패	홀드	세이브	승률	이닝	투구수
9.35	11	0	0	0	0	-	8 2/3	145
피안타	피홈런	볼넷	삼진	실점	자책점	피안타율	WHIP	QS
12	2	5	7	9	9	0.353	1.96	0

28 장시환

투수(우투우타)

생년월일 1987년 11월 1일
출신학교 태안초-태안중-북일고

노련함을 갖춘 베테랑. 자기 관리가 뛰어난 투수로 뛰어난 몸 상태와 체력을 갖췄다.

평균자책점	경기	승	패	홀드	세이브	승률	이닝	투구수
3.38	39	2	2	7	1	0.500	34 2/3	598
피안타	피홈런	볼넷	삼진	실점	자책점	피안타율	WHIP	QS
32	1	21	24	13	13	0.260	1.53	0

40 장지수

투수(우투우타)

생년월일 2000년 5월 25일
출신학교 사당초-강남중-성남고

지난 시즌 트레이드로 합류. 커브, 슬라이더 등 브레이킹 볼에 강점.

평균자책점	경기	승	패	홀드	세이브	승률	이닝	투구수
18.00	1	0	0	0	0	-	2	44
피안타	피홈런	볼넷	삼진	실점	자책점	피안타율	WHIP	QS
4	0	2	0	5	4	0.444	3.00	0

57 정우람

투수(좌투좌타)

생년월일 1985년 6월 1일
출신학교 하단초-대동중-경남상고

아시아에서 가장 많은 경기에 나선 고무팔 투수. 올해부터는 코치와 선수를 겸한다.

평균자책점	경기	승	패	홀드	세이브	승률	이닝	투구수
5.36	52	0	1	8	0	0.000	40 1/3	766
피안타	피홈런	볼넷	삼진	실점	자책점	피안타율	WHIP	QS
45	3	17	30	24	24	0.278	1.54	0

31 정이황

투수(우투우타)

생년월일 2000년 3월 7일
출신학교 부산수영초-경남중-부산고

퓨처스리그 노히트노런의 주인공. 최근 몇 년 가파른 성장으로 1군 데뷔도 머지않았다.

평균자책점	경기	승	패	홀드	세이브	승률	이닝	투구수
-	-	-	-	-	-	-	-	-
피안타	피홈런	볼넷	삼진	실점	자책점	피안타율	WHIP	QS
-	-	-	-	-	-	-	-	-

59 한승주

투수(우투우타)

생년월일 2001년 3월 17일
출신학교 부산수영초-대천중-부산고

커맨드가 좋은 투수로, 마른 체형에도 유연한 투구 스타일. '싸움닭' 멘탈도 강점.

평균자책점	경기	승	패	홀드	세이브	승률	이닝	투구수
3.95	47	1	4	2	0	0.200	70 2/3	1267
피안타	피홈런	볼넷	삼진	실점	자책점	피안타율	WHIP	QS
81	6	31	55	34	31	0.287	1.58	0

26 한승혁

투수(우투좌타)

생년월일 1993년 1월 3일

출신학교 도신초-강남중-덕수고-남부대

작년 2023 시즌 기록

가지고 있는 구종과 구위는 리그 평균 이상. 기복을 줄여야 한다.

평균자책점	경기	승	패	홀드	세이브	승률	이닝	투구수
6.44	21	0	3	1	0	0.000	36 1/3	684
피안타	피홈런	볼넷	삼진	실점	자책점	피안타율	WHIP	QS
48	3	21	28	27	26	0.324	1.90	0

32 이재원

포수(우투우타)

생년월일 1988년 2월 24일

출신학교 인천숭의초-상인천중-인천고

작년 2023 시즌 기록

경험 많은 안방마님. 백업 포수로 공수에서의 안정감 기대.

타율	경기	타석	타수	득점	안타	2루타	3루타	홈런
0.091	27	48	44	3	4	1	0	0
루타	타점	도루	볼넷	삼진	병살타	장타율	출루율	OPS
5	2	0	2	8	4	0.114	0.128	0.242

12 이재용

포수(우투우타)

생년월일 1999년 2월 28일

출신학교 장자초(구리리틀)-자양중-배재고

작년 2023 시즌 기록

피지컬과 힘이 좋지만 아직은 다듬어지지 않은 모습. 경험이 더 쌓여야.

타율	경기	타석	타수	득점	안타	2루타	3루타	홈런
0.500	2	2	2	1	1	0	0	0
루타	타점	도루	볼넷	삼진	병살타	장타율	출루율	OPS
1	0	0	0	1	0	0.500	0.500	1.000

96 장규현

포수(우투좌타)

생년월일 2002년 6월 28일

출신학교 인성초(미추홀구리틀)-동인천중-
인천고

작년 2023 시즌 기록

상무에서 군 복무 마치고 복귀. 백업 포수 경쟁. 타격에서 기대가 되는 선수.

타율	경기	타석	타수	득점	안타	2루타	3루타	홈런
-	-	-	-	-	-	-	-	-
루타	타점	도루	볼넷	삼진	병살타	장타율	출루율	OPS
-	-	-	-	-	-	-	-	-

10 허관회

포수(우투우타)

생년월일 1999년 2월 12일

출신학교 경동초(의정부리틀)-건대부중-경
기고

작년 2023 시즌 기록

공수 평균치가 좋은 포수. 그러나 스페셜한 장점이 필요하다.

타율	경기	타석	타수	득점	안타	2루타	3루타	홈런
0.000	10	7	7	1	0	0	0	0
루타	타점	도루	볼넷	삼진	병살타	장타율	출루율	OPS
0	0	0	0	2	0	0.000	0.000	0.000

56 김건

내야수(우투우타)

생년월일 2000년 2월 23일

출신학교 양정초-개성중-경남고

작년 2023 시즌 기록

잠재력은 타고났다. 타격 소질은 분명한데, 아쉬운 수비력.

타율	경기	타석	타수	득점	안타	2루타	3루타	홈런
0.167	7	12	12	1	2	0	0	0
루타	타점	도루	볼넷	삼진	병살타	장타율	출루율	OPS
2	0	0	0	8	0	0.167	0.167	0.334

37 김인환

내야수(우투좌타)

생년월일 1994년 1월 28일

출신학교 화순초-화순중-화순고-성균관대

작년 2023 시즌 기록

두 자릿수 홈런이 가능한 장타력. 선구안은 조금 더 키워야.

타율	경기	타석	타수	득점	안타	2루타	3루타	홈런
0.225	112	365	325	34	73	16	0	7
루타	타점	도루	볼넷	삼진	병살타	장타율	출루율	OPS
110	42	1	35	91	4	0.338	0.301	0.639

PLAYERS

25 김태연

내야수(우투우타)

생년월일 1997년 6월 10일

출신학교 서울청구초-덕수중-야탑고

작년 2023 시즌 기록

파워를 갖춘 준수한 타격 능력. 내외야를 오가는 멀티 포지션 가능.

타율	경기	타석	타수	득점	안타	2루타	3루타	홈런
0.261	91	280	245	25	64	13	0	4
루타	타점	도루	볼넷	삼진	병살타	장타율	출루율	OPS
89	25	5	27	59	3	0.363	0.337	0.700

49 이민준

내야수(우투우타)

생년월일 2004년 2월 2일

출신학교 화곡초-강남중-장충고

작년 2023 시즌 기록

부드러운 움직임을 가진 좋은 수비력. 공격에서는 아직 힘이 부족하나 미래가 기대됨.

타율	경기	타석	타수	득점	안타	2루타	3루타	홈런
0.000	4	2	1	0	0	0	0	0
루타	타점	도루	볼넷	삼진	병살타	장타율	출루율	OPS
0	0	0	1	0	0	0.000	0.500	0.500

48 조한민

내야수(우투우타)

생년월일 2000년 10월 20일

출신학교 군산중앙초-군산중-대전고

작년 2023 시즌 기록

체격에 비해 뛰어난 펀치력을 가졌다. 수비 능력은 조금 더 키워야.

타율	경기	타석	타수	득점	안타	2루타	3루타	홈런
-	-	-	-	-	-	-	-	-
루타	타점	도루	볼넷	삼진	병살타	장타율	출루율	OPS
-	-	-	-	-	-	-	-	-

17 권광민

외야수(좌투좌타)

생년월일 1997년 12월 12일

출신학교 서울청구초-홍은중-장충고

작년 2023 시즌 기록

파워는 좋지만 정확성이 다소 떨어지는 편. 의외의 주력도 겸비했다.

타율	경기	타석	타수	득점	안타	2루타	3루타	홈런
0.151	66	81	73	11	11	1	1	2
루타	타점	도루	볼넷	삼진	병살타	장타율	출루율	OPS
20	9	2	6	24	2	0.274	0.225	0.499

33 유로결

외야수(우투우타)

생년월일 2000년 5월 30일

출신학교 광주서림초-광주동성중-광주제
일고

작년 2023 시즌 기록

타구 스피드와 파워, 빠른 발과 수비 능력까지 다 갖췄는데, 알을 깨고 나와야 한다.

타율	경기	타석	타수	득점	안타	2루타	3루타	홈런
0.146	27	53	48	5	7	1	0	0
루타	타점	도루	볼넷	삼진	병살타	장타율	출루율	OPS
8	5	1	1	10	3	0.167	0.173	0.340

65 이상혁

외야수(우투좌타)

생년월일 2001년 9월 14일

출신학교 수원영화초(군포시리틀)-수원북
중-장안고-강릉영동대

작년 2023 시즌 기록

빠른 발을 가져 대주자 전문 요원으로 기대. 기습번트, 도루 등 작전 수행 능력에 강점.

타율	경기	타석	타수	득점	안타	2루타	3루타	홈런
0.000	7	2	2	0	0	0	0	0
루타	타점	도루	볼넷	삼진	병살타	장타율	출루율	OPS
0	0	1	0	1	0	0.000	0.000	0.000

50 이원석

외야수(우투우타)

생년월일 1999년 3월 31일

출신학교 화곡초-충암중-충암고

작년 2023 시즌 기록

빠른 스피드로 주루 능력이 좋고, 수비 범위가 넓다. 타격에서의 힘은 더 키워야.

타율	경기	타석	타수	득점	안타	2루타	3루타	홈런
0.190	81	138	116	20	22	1	1	0
루타	타점	도루	볼넷	삼진	병살타	장타율	출루율	OPS
25	8	13	21	33	3	0.216	0.319	0.535

24 임종찬

외야수(우투좌타)

생년월일 2001년 9월 28일

출신학교 청주우암초-청주중-북일고

어깨 하나만큼은 리그 최고 수준. 툴이 좋아 미래가 기대되는 선수.

타율	경기	타석	타수	득점	안타	2루타	3루타	홈런
-	-	-	-	-	-	-	-	-
루타	타점	도루	볼넷	삼진	병살타	장타율	출루율	OPS
-	-	-	-	-	-	-	-	-

51 장진혁

외야수(우투좌타)

생년월일 1993년 9월 30일

출신학교 광주화정초-충장중-광주제일고-
단국대

안정적인 공수가 장점이자 단점. 뚜렷한 강점을 찾을 필요가 있다.

타율	경기	타석	타수	득점	안타	2루타	3루타	홈런
0.222	68	178	162	24	36	5	1	0
루타	타점	도루	볼넷	삼진	병살타	장타율	출루율	OPS
43	12	5	15	41	3	0.265	0.287	0.552

41 최인호

외야수(우투좌타)

생년월일 2000년 1월 30일

출신학교 송정동초-광주동성중-포항제철
고

중장거리형 타자로, 타격에 소질이 보인다. 경험을 쌓으면 3할 타율도 기대되는 타자.

타율	경기	타석	타수	득점	안타	2루타	3루타	홈런
0.298	41	148	131	23	39	5	3	2
루타	타점	도루	볼넷	삼진	병살타	장타율	출루율	OPS
56	11	1	10	22	2	0.427	0.363	0.790

29 황준서

생년월일	2005년 8월 22일
신장/체중	185cm / 78kg
출신학교	면일초(중랑구리틀)-상명중-장충고
지명순위	1라운드 전체 1순위

투수(좌투좌타)

안정적인 제구력, 스플리터가 강점. 큰 경기 경험이 많아 즉시 전력으로도 경쟁력 있다.

68 조동욱

생년월일	2004년 11월 2일
신장/체중	190cm / 82kg
출신학교	소래초-영남중-장충고
지명순위	2라운드 전체 11순위

투수(좌투좌타)

다양한 변화구를 구사하는 선발 유형의 투수. 입단 후 피지컬과 기량 향상 기대.

94 정안석

생년월일	2005년 1월 26일
신장/체중	183cm / 78kg
출신학교	염동초(강서구리틀)-신월중-휘문고
지명순위	3라운드 전체 21순위

내야수(우투좌타)

타격과 주루에 장점이 있는 공격력 특화 자원으로, 내외야 수비가 모두 가능.

95 황영묵

생년월일	1999년 10월 16일
신장/체중	177cm / 80kg
출신학교	수진초-성일중-충훈고
지명순위	4라운드 전체 31순위

내야수(우투좌타)

내야 멀티 포지션 소화가 가능한 안정적인 수비력. 콘택트 능력 갖췄다..

107 이기창

생년월일	2005년 4월 21일
신장/체중	184cm / 88kg
출신학교	새빛초(수원영통구리틀)-매향중-유신고
지명순위	5라운드 전체 41순위

투수(우투우타)

150km/h 스피드가 가능한 파이어볼러 유형의 투수.

108 최준서

생년월일	2000년 6월 29일
신장/체중	182cm / 77kg
출신학교	인천숭의초-율곡중-율곡고-동국대
지명순위	6라운드 전체 51순위

외야수(우투좌타)

재능 있는 타격 감각. 선구안과 콘택트에 강점이 있는 타자.

109 이승현

생년월일	2005년 6월 8일
신장/체중	180cm / 92kg
출신학교	도산초-경상중-경북고
지명순위	8라운드 전체 71순위

포수(우투우타)

타격 특화 자원으로, 변화구 적응력에 좋은 모습을 보인 타자

110 원종혁

생년월일	2005년 8월 27일
신장/체중	184cm / 92kg
출신학교	서울도곡초-휘문중-구리인창고
지명순위	9라운드 전체 81순위

투수(우투우타)

150km/h 투구할 수 있는 스피드에 강점이 있는 유형의 투수.

111 권현

생년월일	2005년 2월 23일
신장/체중	182cm / 88kg
출신학교	사당초-언북중-장충고
지명순위	10라운드 전체 91순위

외야수(우투우타)

파워, 송구 강도가 우수한 투수 자원.

112 승지환

생년월일	2005년 7월 25일
신장/체중	187cm / 89kg
출신학교	안흥초(이천시리틀)-모가중-유신고
지명순위	11라운드 전체 101순위

투수(우투우타)

슬라이더, 투심의 움직임에 장점을 가진, 제구력을 갖춘 투수.

TEAM PROFILE

UNIFORM

구단명 : **키움 히어로즈**

연고지 : **서울특별시**

창립연도 : **2008년**

구단주 : **박세영**

대표이사 : **위재민**

단장 : **고형욱**

감독 : **홍원기**

홈구장 : **서울 고척스카이돔**

영구결번 : **없음**

한국시리즈 우승 : **없음**

HOME

AWAY

2024 KIWOOM HEROES DEPTH CHART

• 지명타자

 이원석
 최주환
 임지열

좌익수
임병욱
박찬혁
박수종

중견수
이주형
도슨
임병욱

우익수
도슨
주성원
이형종

유격수
김휘집
김혜성
신준우

2루수
김혜성
최주환
송성문

3루수
송성문
김휘집
김태진

1루수
최주환
이원석
임지열

• 감독

 홍원기

포수
김재현
김동헌
김시앙

• 2024 예상 베스트 라인업

1번 타자	김혜성	2루수
2번 타자	도슨	우익수
3번 타자	이주형	중견수
4번 타자	최주환	1루수
5번 타자	김휘집	유격수
6번 타자	임지열	지명타자
7번 타자	송성문	3루수
8번 타자	김재현	포수
9번 타자	임병욱	좌익수

• 예상 선발 로테이션

 후라도
 헤이수스
 장재영
 김선기
조영건

• 필승조

 김재웅
 김동혁
 문성현

• 마무리

 조상우

TEAM INFO

팀 분석

2023 팀 순위(포스트시즌 최종 순위 기준)

10위

최근 5년간 팀 순위

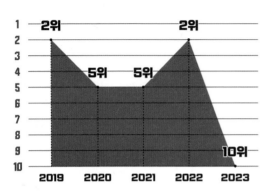

2위 (2019), 5위 (2020), 5위 (2021), 2위 (2022), 10위 (2023)

2023시즌 팀 공격력

↑: High / ↓: Low

타율↑	홈런↑	병살타↓	득점권 타율↑	삼진↓	OPS↑
0.261	61개	87개	0.258	1,096개	0.684
7위	10위	1위	7위	9위	9위

2023시즌 팀 마운드

↑: High / ↓: Low

평균자책점↓	탈삼진↑	QS↑	볼넷↓	피안타율↓	피홈런↓	WHIP↓
4.42	962개	68	532개	0.269	84개	1.45
9위	9위	1위	공동 7위	7위	4위	7위

2023시즌 팀 수비력

↑: High / ↓: Low

실책↓	견제사↑	병살 성공↑	도루저지율↑
114개	5개	125번	25.9%
공동 6위	9위	5위	8위

2023시즌 최다 마킹 유니폼

1위 이정후
2위 김혜성
3위 안우진
4위 김동헌
5위 이주형

PARK FACTOR

홈구장_서울 고척스카이돔

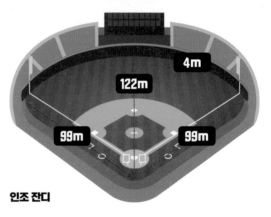

4m
122m
99m
99m

인조 잔디

수용인원

16,000석

구장 특성

한국 최초이자 유일한 돔 구장. 2015년 개장 후 히어로즈가 홈구장으로 임대 사용하고 있다. 콘서트나 대형 공연 대관도 자주 있고, 국가대표 경기 등 주요 이벤트가 자주 열리는 곳. 규모 자체가 크지는 않지만 생각보다 담장을 넘기는 타구가 많이 나오지 않는 편. 인조 잔디라 수비수들도 다른 구장에 비해 타구 처리를 다르게 하고 있다. 관중석 각도도 가파르고 여러 불편함이 많지만, 바깥 날씨나 환경에 상관없이 야구를 볼 수 있다는 장점만큼은 포기하기 어렵다. 올해는 KBO리그 개막을 앞두고 LA 다저스와 샌디에이고 파드리스의 메이저리그 개막전이 열렸다.

HOME STADIUM GUiDE

원정 팬을 위한 교통편 추천, 주차 팁

인근 주민이 아니라면 홈 팬이든 원정 팬이든 접근성이 조금 아쉽다. 고척돔과 연결된 지하 주차장이 있지만, 정작 경기가 있는 날에 일반 관중은 이용할 수 없다. 때문에 인근 유료 주차장을 이용해야 해서 자가용을 가지고 와도 다소 불편하다.

기차를 타고 방문하려고 하는 원정 팬들은 광명역이 가장 가깝고, 지하철역은 1호선 구일역이 인근에 위치해 있다. 구일역 2번 출구에서 내리면 곧장 고척돔을 볼 수 있지만, 1번 출구로 나오면 다리를 건너 한참 돌아와야 하기 때문에 출구 확인이 필수.

이 재미로 직관 가는 거 아닌가요, 이 구장에서 놓치면 안 되는 먹을거리, 놀거리, 이벤트

책 보고 야구도 보고

고척돔 지하상가는 사실상 상점이 거의 없다. 개장 초기에는 음식점들과 카페 등이 입점해 있었지만 현재는 마지막 남아 있던 프랜차이즈 카페까지 철수하면서 지하상가 내에 마땅한 방문지가 없다. 그래도 '서울아트책보고'가 지하에 넓게 자리해 있다. 작은 북 카페도 함께. 아이와 방문할 경우 다양한 어린이용 책을 보면서 시간을 보낼 수 있고, 단순한 서점이 아니고 복합 문화 공간이기 때문에 시간을 보내기에 좋다. 어른을 위한 아트 책들도 다양하게 구비되어 있다.

여기도 크림새우 열풍

랜더스필드가 아닌 고척스카이돔에서도 지난해 크림새우 열풍이 불었다. 늦게 가면 품절돼서 사고 싶어도 사지 못하는 풍경도 빚어졌다. 이 밖에도 떡볶이, 닭강정, 만두 등 고척돔 내에 은근히 쏠쏠한 간식거리들을 판매하는 곳들이 많다. 돔구장이라 비가 내리거나 바람이 불 일이 없어 다소 편안한 환경 속에서 간식을 먹으며 야구를 볼 수 있

다는 것도 장점.

횡단보도 하나만 건너면

구장 바로 근처가 대학가다. 규모가 아주 크지는 않아도, 대학가인 만큼 카페, 중국집, 샌드위치집, 빵집, 분식집 등이 다양하게 분포되어 있다. 경기 시작 전에 이 근처에서 식사를 하거나, 커피와 간식거리들을 사서 들고 구장에 들어가는 팬들도 상당수 볼 수 있다. 타코야끼, 샌드위치 등 인기 아이템들이 다양하고, 야구장에서 멀지 않은 소금빵 전문점도 은근히 입소문을 탔다.

우승을 위한 세금의 시간
이변의 역사를 새로 쓸 때

작년에 이것만 잘됐으면 좋았을 텐데

이렇게 지독한 부상 악령이 있었을까. 2023년 시즌에 들어가기 전 키움은 우승 후보로 꼽혔다.

전력도 나쁜 편이 아니었다. 투·타에 확실한 에이스가 한 명씩 있었다. 타선에는 2022년 타격 5관왕과 정규시즌 MVP를 차지한 이정후가, 투수진에는 한 시즌 국내 투수 최다 탈삼진 신기록을 쓴 15승 투수 안우진이 있었다. 특히 이정후는 2023년 시즌을 마치고 메이저리그 진출 자격을 얻어 확실한 동기부여 수단이 있었다. 4년 연속 두 자릿수 승리를 한 '보장된 카드' 에릭 요키시에, 1년 차 외국인선수 최대액을 주고 데리고 온 아리엘 후라도 등 외인 원투 펀치 구성도 좋았다.

장밋빛 구상으로 시즌을 맞이했지만, 모든 악재가 한 시즌에 덮쳤다. 외국인타자 에디슨 러셀의 부진은 큰 문제가 아니었다. 오히려 새로온 도슨이 효자 외인으로 등극했다.

결정타는 이정후와 안우진의 이탈이었다. 시즌 초반 타격폼 변경으로 다소 어려움을 겪었던 이정후는 컨디션을 되찾았지만, 7월 수비 중 발목을 다쳤다. 상태는 생각보다 좋지 않았다. 수술이 필요하다는 소견을 들었고, 결국 '시즌 아웃 판정'을 받았다. '야수진 구심점' 이정후가 전력에서 이탈한 뒤 '선발진 중심'인 안우진까지 빠졌다. 9월 팔꿈치 부상으로 인대 접합 수술을 받아 시즌 아웃이 됐다.

이 외에도 에릭 요키시가 부상으로 6월에 나갔고, 또 다른 선발 요원 정찬헌이 8월 허리 부상으로 수술대에 올랐다. 키움의 창단 첫 외부 FA 영입 선수인 원종현과 구단 최초 다년 계약 선수인 이원석도 시즌 중반 부상으로 시즌 완주를 하지 못했다.

줄부상에 장사 없었다. 시즌 중반부터 하위권으로 떨어지기 시작했고, '우승 열망'도 사그라들기 시작했다. 결국 빠르게 결정을 내렸다. 트레이드 마감 시한을 앞두고 최원태를 LG 트윈스에 보냈다. 외야수 이주형과 투수 김동규, 2024년 신인드래프트 1라운드 지명권을 받았다. 미래를 위한 확실한 투자였다. 일단 결과는 성공적. 이주형은 메이저리그로 떠난 이정후의 공백을 채워 줄 적임자로 꼽히고 있다. 김동규는 선발 경쟁을 하고 있고, 1라운드 지명권으로는 서울고 강속구 투수 전준표를 뽑았다. 2023년 키움은 성적에서는 실패를 겪었지만, 미래를 위한 기반은 확실하게 닦아 놓는 시간이 됐다.

스토브리그 성적표

확실한 리빌딩 기조. 어설픈 영입은 필요 없었다.

지극히 주관적인 올 시즌 예상 순위와 이유

실하게 육성 기조로 방향을 잡은 시즌. 나간 선수는 많은데 들어온 선수는 많지 않다. 지난해 5강 탈락 팀은 모두 확실한 보강 포인트가 있었다. 그러나 키움은 타선에 최주환, 투수진에 군 복무를 마친 조상우 정도가 유일한 전력 상승 요소다. 선발진부터 타순까지 모든 게 물음표다. '만약'이 터진다면 대박도 가능하지만, 그러기에는 아직 '즉전감'보다는 성장이 필요한 유망주가 많다. 키움의 대권 도전은 안우진이 군복무를 마치고 돌아오는 2026년부터 시작될 전망이다. 성적 역시 놓치지 않으려고 하겠지만, 성장과 경험에 초점을 맞추며 긴 호흡으로 시즌을 보낼 수 있는 기회다.

생년월일	1973년 6월 5일
출신학교	공주중동초-공주중-공주고-고려대
주요 경력	한화 선수(1996~1999), 두산 선수(1999~2005), 현대 선수(2006~2007), 히어로즈 전력분석원(2008), 히어로즈 수비코치(2009~2019), 키움 수석코치(2020), 키움 감독(2021~)

"프로 의식으로 한층 성장한 팀."

'심리 상담사' 역할이 그 어느 때보다 중요해졌다. 홍원기 감독은 은퇴 후 코치를 하면서 심리 상담사 1급 자격을 취득했다. 올 시즌 '육성'과 '성장'으로 방향을 잡은 키움은 무수한 실수와 실패를 맞이할 수 있다. '멘털 관리'가 중요하다.

시즌을 앞두고 홍원기 감독은 선수단과 면담을 했다. 선수들의 목표와 마음 속에 있는 생각을 듣게 된 기회. 동시에 감독의 기대를 전해 줬던 시간이다. 메이저리거로 성장한 김하성과 이정후의 시작점에는 코치였던 홍원기 감독이 있었다. 리빌딩 기조에서 '원기 매직'이 다시 한번 빛을 볼 수 있을까.

78 홍원기

1군

수석코치
김창현

타격코치
오윤

투수코치
이승호

불펜코치
마정길

배터리코치
박도현

작전·주루코치
박정음

1루·외야수비코치
문찬종

수비코치
권도영

퓨쳐스

퓨처스 감독
설종진

타격코치
김태완

투수코치
노병오

배터리코치
김동우

외야·주루코치
박준태

내야수비코치
채종국

재활·잔류군 투수코치
오주원

재활·잔류군 야수코치
이병규

3

내야수 (우투좌타)

김혜성

생년월일 1999년 1월 27일

신장/체중 179cm / 80kg

출신학교 문촌초(고양시리틀)-동산중-동산고

연봉(2024) 6억 5천만 원

경력 넥센/키움 히어로즈(2017~)

2023년보다 잘하기!

8년_차_최고_기록

김혜성의 올 시즌 연봉은 6억 5천만 원. 2023년 연봉 4억 2천만 원에서 54.8% 인상된 금액으로 8년 차 선수 최고 연봉이다. 종전 기록은 나성범(KIA)이 NC 다이노스 시절 기록한 5억 5천만 원. 자격은 충분했다. 3년 연속 골든글러브 수상을 했고, KBO리그 최초 수비상 수상까지 했다. 공·수·주를 모두 갖춘 최고의 2루수라는 평가에는 이견이 없다.

#유격수_반려

김혜성이 입단할 당시 포지션은 유격수였다. 2021년에는 유격수로 골든글러브도 받을 정도로 좋은 기량을 가졌다. '송구 문제'가 발목을 잡았다. 급한 성격이 실책으로 이어지곤 했다. 김혜성은 2024년 시즌을 마치면 메이저리그 도전에 나선다. 2루수보다는 유격수가 좋은 평가를 받기에 유리하다. 김혜성의 유격수 도전 선언은 반려됐다. 송구 때문은 아니다. 짜 놓은 팀 구상을 흔들 수 없었다. 홍원기 감독은 "팀을 생각해야 한다"라고 강조했다.

#예비_ML

키움은 강정호를 시작으로 박병호, 김하성, 이정후가 차례로 메이저리그 진출에 성공했다. 이번에는 김혜성 차례. 김혜성은 2024년 시즌을 마치면 포스팅 자격을 얻어 해외 진출이 가능하다. 김혜성도 일찌감치 메이저리그 도전 의사를 구단에 전달했다. 구단 역시 흔쾌히 이를 수락했다. 평가는 좋다. 탄탄한 수비력에 타격도 준수하다. 발까지 빨라 활용 가치가 높다. 2024년 김혜성에게는 메이저리그 진출을 위한 쇼케이스가 될 시즌이다.

TMI 인터뷰

1. 일주일 동안 한 가지 음식만 먹어야 한다면?
- 닭가슴살 (형태와 상관없이 음식 종류로 고른다면)

2. 세상에서 가장 싫은 것 한 가지는?
- 음식을 남기는 것

3. 스트레스 쌓이거나 생각이 많을 때 하는 건?
- 운동으로 푼다. (웨이트로도 풀고, 다른 운동으로도 푼다)

4. 진짜 독하다 싶은 선수는?
- 모두 다 열정적이기 때문에 한 선수를 꼽긴 어렵다.

5. 야구하길 잘했다는 생각이 들 때는?
- 팬분들의 응원을 받을 때 (이렇게 많은 분들의 응원을 받을 수 있어 야구하길 잘한 것 같다)

작년 2023 시즌 기록

타율	경기	타석	타수	득점	안타
0.335	137	621	556	104	186
2루타	3루타	홈런	루타	타점	도루
29	6	7	248	57	25
볼넷	삼진	병살타	장타율	출루율	OPS
57	77	6	0.446	0.396	0.842

전력분석	뛰어난 콘택트 능력을 보유한 호타준족 타자. 단순히 정확성만 좋은 게 아닌 근육양도 높아서 타고난 파워 또한 좋다. 야구 선수가 가져야 할 신체적 능력이 굉장히 뛰어나다는 평가. 인플레이 타구를 만들어 내는 능력이 탁월하고, 빠른 발까지 갖추고 있어 상대 투수에게는 상당히 부담스러운 타자다.
강점	모든 구종에 대처가 가능. 스트라이크존을 넓게 커버하는 능력
약점	기본적인 파워가 좋지만, 아직 100% 발휘가 아니다
수비력	말할 것 없이 리그 최고. 괜히 골든글러브 수집가가 아니네

2024 Let's go

#75

75
후라도

투수(우투우타)

생년월일/국적	1996년 1월 30일 / 파나마
신장/체중	187cm / 109kg
출신학교	파나마 San Judas Tadeo(고)
연봉(2024)	130만 달러
경력	텍사스 레인저스(2018~2019)-뉴욕 메츠(2020)-키움 히어로즈(2023~)

#이닝이터

선발투수로서 이보다 최고의 덕목이 있을까. 후라도의 최고 장점은 기복이 없다는 것. 자연스럽게 뛰어난 이닝 소화력을 자랑한다. 전반기 111⅓이닝을 소화하며 리그 선발 투수 중 이닝 1위를 달렸다. 시즌 동안 총 180이닝을 소화하며 평균 6이닝을 보장했다. 정규시즌 동안 5이닝 이하로 던진 경기는 단 한 차례도 없었다. 타선만 도와줬다면 모두 승리 요건을 갖추고 마운드를 내려올 수도 있었다는 뜻이기도 하다.

#선발진_유일_상수

올 시즌 키움은 선발진 전면 개편에 들어갔다. 외국인 투수는 엔마누엘 데 헤이수스로 교체했다. 외국인 선수를 잘 뽑기로 유명하지만, 외국인 선수의 경우 변수가 워낙 많은 만큼 적응 여부를 지켜봐야 한다. 안우진, 최원태 등이 빠진 국내 선발진은 경쟁자만 열 명이 넘는다. 스프링캠프와 시범경기의 모습을 보고 자리를 결정할 예정. 선발진에서 확실하게 보증된 카드는 후라도가 유일하다

#이정후_감동한_멘토

지난해 이정후는 타격폼 변경 등으로 시즌 초반 슬럼프에 빠졌다. 4월 한 달 타율이 2할 초반에 머물 정도. 이 무렵 후라도가 따로 이정후를 불렀다. 외국인선수가 '주장'을 호출한 건 이례적인 일. 후라도는 이정후에게 "네가 나이가 어리지만 모두 의지하고 있다"라며 "애드리안 벨트레는 6개월 중 3개월을 잘하면 시즌 평균으로 올라온다고 했다. 한 달 못한 걸 신경쓰지 마라"라는 조언을 해 줬다. 이정후는 "외국인 선수가 이렇게 부른 건 처음"이라며 후라도의 조언에 고마운 마음을 전했다.

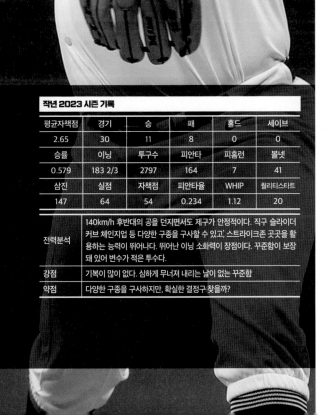

작년 2023 시즌 기록

평균자책점	경기	승	패	홀드	세이브
2.65	30	11	8	0	0
승률	이닝	투구수	피안타	피홈런	볼넷
0.579	183 2/3	2797	164	7	41
삼진	실점	자책점	피안타율	WHIP	퀄리티스타트
147	64	54	0.234	1.12	20

전력분석	140km/h 후반대의 공을 던지면서도 제구가 안정적이다. 직구 슬라이더 커브 체인지업 등 다양한 구종을 구사할 수 있고, 스트라이크존 곳곳을 활용하는 능력이 뛰어나다. 뛰어난 이닝 소화력이 장점이다. 꾸준함이 보장돼 있어 변수가 적은 투수다.
강점	기복이 많이 없다. 심하게 무너져 내리는 날이 없는 꾸준함
약점	다양한 구종을 구사하지만, 확실한 결정구 찾을까?

🎤 TMI 인터뷰

1. 일주일 동안 한 가지 음식만 먹어야 한다면?
- 파나마 전통 수프인 산코초가 좋을 것 같다.

2. 세상에서 가장 싫은 것 한 가지는?
- 생각해 본 적이 없어 고르기 어렵다.

3. 스트레스 쌓이거나 생각이 많을 때 하는 건?
- 음악을 들으며 혼자만의 시간을 보낸다.

4. 진짜 독하다 싶은 선수는?
- 모두 열심히 하는 선수들이라 한 명 고르기 애매하다.

5. 야구하길 잘했다는 생각이 들 때는?
- 마이클 트라웃을 상대했을 때 (내가 던지는 모든 구종을 커트했고, 홈런도 가장 많이 맞았다)

2024시즌 부상없이 요죽☺

내야 NO 11

11
조상우

투수(우투우타)

생년월일	1994년 9월 4일
신장/체중	186cm / 97kg
출신학교	서화초-상인천중-대전고
연봉(2024)	3억 4천만 원
경력	넥센/키움 히어로즈(2013~)

#돌아온_클로저

리그 최고의 마무리 투수가 돌아왔다. 조상우는 2020년 33세이브로 세이브왕에 올랐고, 2019년부터 2021년까지 두 자릿수 세이브를 거두며 KBO리그를 대표하는 마무리투수로 활약했다. 통산 세이브는 82세이브. 2021년 열린 도쿄올림픽에서 조상우는 7경기 중 6경기에 나오는 투혼을 발휘했지만, 한국은 금메달을 따지 못했다. 병역 혜택을 받지 못한 조상우는 결국 2021년 시즌 종료 후 사회복무요원으로 입대했다.

#사라진_15kg

군 복무를 마치고 돌아온 조상우는 날렵한 턱선을 자랑했다. 10kg 정도 감량을 생각했는데 운동을 하다 보니 15kg까지 빠졌다고. 군 복무를 마치고 열심히 운동했고, 제대 이후에도 쉬지 않고 꾸준히 운동을 했다고 자신했다. 가벼운 몸으로 운동을 하는 게 가장 좋은 공을 던질 수 있는 조건이라며 지금의 몸을 앞으로도 유지하겠다는 뜻을 밝혔다.

#투피치_탈출

조상우의 최고 장점은 직구다. 시속 150km대의 공은 단순히 빠른 것에서 끝나는 게 아니라 묵직하기도 해서 타자가 알고도 못 친다는 평가다. 슬라이더 역시 수준급으로 충분히 프로 레벨에서 통하고 있다. 다만, 직구와 슬라이더 투피치로 경기를 풀어 가기에는 한계가 있어 추가적인 변화구를 제대 이후 본격적으로 연습하기 시작했다. 좌우타자 상대 편차가 적지만, 좌타자 상대로 더욱 위력적으로 승부할 수 있는 구종 개발에 돌입했다.

TMI 인터뷰

1. 일주일 동안 한 가지 음식만 먹어야 한다면?
- 삼겹살 (가장 좋아하는 고기 부위다)

2. 세상에서 가장 싫은 것 한 가지는?
- 딱히 생각해 본 적이 없다. 없는 것 같다.

3. 스트레스 쌓이거나 생각이 많을 때 하는 건?
- 노래를 틀고 누워 있는다. (그러다 보면 마음이 진정됨)

4. 진짜 독하다 싶은 선수는?
- 어렸을 때 선배 선수들을 보며 열정이 대단하다고 느꼈던 것 같다.

5. 야구하길 잘했다는 생각이 들 때는?
- 경기를 잘 막고 시합을 끝냈을 때

작년 2023 시즌 기록

평균자책점	경기	승	패	홀드	세이브
-	-	-	-	-	-
승률	이닝	투구수	피안타	피홈런	볼넷
-	-	-	-	-	-
삼진	실점	자책점	피안타율	WHIP	퀄리티스타트
-	-	-	-	-	-

전력분석	뛰어난 직구 구위를 앞세운 리그 대표 파워형 투수. 타자에게 공격적으로 승부를 걸 줄 알고, 위기 상황에서도 남다른 배짱을 앞세워 흔들림 없이 자신의 공을 던질 수 있다. 경기 중후반 팀에서 가장 믿고 맡길 수 있는 투수. 군복무를 마치고 온 만큼, 한층 더 성숙된 피칭이 기대된다.
강점	타자가 알고도 치지 못하는 직구
약점	투피치로 단조로운 투구 패턴

61
장재영
투수(우투우타)

생년월일	2002년 5월 10일
신장/체중	187cm / 83kg
출신학교	갈산초-서울신월중-덕수고
연봉(2024)	4천만 원
경력	키움 히어로즈(2021~)

#9억팔

고교 시절 150km/h 중반의 공을 던지며 특급 유망주로 이름을 날린 장재영의 입단 계약금은 9억 원. 역대 신인 선수 중 두 번째로 많은 금액이다. 그러나 영점이 잡히지 않은 '모 아니면 도'의 피칭이 발목을 잡았다. 구단 차원에서 '제구 잡기 프로젝트'를 따로 마련할 정도로 공을 쏟아부었고, 조금씩 가능성이 보이기 시작했다. 지난해 중반부터 확 무너지는 일이 줄어들었고, 결국 7월 5일 NC 다이노스전에서 5⅓이닝 무실점 피칭을 하며 감격의 데뷔 첫 승을 거뒀다.

#153.8km/h

시즌 막바지 아찔했던 장면이 나왔다. 10월 2일 두산전. 두산 양석환이 친 타구가 장재영 정면으로 향했다. 타구 속도가 무려 153.8km/h. 타구는 장재영의 머리 부분을 맞았고, 곧바로 병원으로 옮겨졌다. 다행히 특별한 이상은 없었다. 시즌 후에도 장재영은 "괜찮다"고 자신했다. 많은 투수들이 타구에 맞은 뒤에 트라우마를 호소한다. 특별한 이상은 없다고 하지만, 내적에 잠재된 두려움을 이겨 내는 게 2024년 또 하나의 과제가 됐다.

#포스트_안우진

어느덧 4년 차. 안우진이 잠재력을 터트린 것도 4년 차다. 안우진의 첫 3년보다는 부족한 점이 많다. 그러나 지난해 장재영은 가능성을 보여 줬다. 2024년 키움의 국내 선발진은 물음표 그 자체다. 그래도 한 발 앞서 있는 건 지난해 선발 투수로서 희망을 보여 준 장재영이다. 4년 차 안우진은 107⅔이닝을 던지며 8승을 거뒀다. 선발진 안착에 도전하는 장재영에게는 또 하나의 이정표가 될 수 있는 숫자다.

작년 2023 시즌 기록

평균자책점	경기	승	패	홀드	세이브
5.53	23	1	5	0	0
승률	**이닝**	**투구수**	**피안타**	**피홈런**	**볼넷**
0.167	71 2/3	1438	63	4	66
삼진	**실점**	**자책점**	**피안타율**	**WHIP**	**퀄리티스타트**
67	46	44	0.243	1.80	2

전력분석	리그를 대표하는 파이어볼러. 뛰어난 직구 구속이 모두의 눈길을 사로잡지만, 변화구 구종 가치도 상당하다. 커브 회전수가 뛰어나고, 슬라이더도 수준급이다. 실제 스트라이크를 잡는 비율 역시 변화구가 더 높다. 피안타율도 낮아서 타자의 스윙만 이끌어 낸다면 좋은 결과를 기대할 수 있다.
강점	직구와 변화구 가릴 것 없이 뛰어난 구종을 보유하고 있다
약점	제구, 제구, 또 제구. 장재영이 풀어야 할 숙제

TMI 인터뷰

1. 일주일 동안 한 가지 음식만 먹어야 한다면?
- 삼겹살 (쉽지는 않은데, 그래도 삼겹살을 제일 좋아한다)

2. 세상에서 가장 싫은 것 한 가지는?
- 아픈 것이 가장 싫다.

3. 스트레스 쌓이거나 생각이 많을 때 하는 건?
- 친구들을 만나서 해소하려 한다.

4. 진짜 독하다 싶은 선수는?
- 모든 선수들이 다 프로답게 최선을 다하고 있다.

5. 야구하길 잘했다는 생각이 들 때는?
- 마운드에 올라설 때와 내려올 때 박수받는 순간. 앞으로도 더 많은 박수를 받고 싶다.

2
이주형

외야수(우투좌타)

생년월일 2001년 4월 2일

신장/체중 181cm / 80kg

출신학교 송수초(해운대리틀)-센텀중-경남고

연봉(2024) 6천 6백만 원

경력 LG 트윈스(2020~2023)-키움 히어로즈(2023~)

#0729

2023년 7월 29일은 이주형 야구 인생에서 큰 변화를 맞이한 날. 우승을 노리고 있던 LG는 선발 보강을 위해 키움과 트레이드를 단행했다. '10승 보장' 최원태를 받았고, 이주형과 투수 김동규, 2024년 신인드래프트 1라운드 지명권을 넘겼다. 키움은 이주형 영입에 미소를 감추지 못했다. 2021년 14경기가 1군 출장 전부였지만, 퓨처스에서 꾸준한 활약을 펼치고 있었다. 군필이라는 점도 매력적이었다. 이주형은 69경기에서 타율 3할2푼6리 6홈런의 만점 활약으로 키움이 지은 웃음의 의미를 증명했다.

#굿바이_내야

LG에서 이주형은 내야와 외야를 오갔다. 트레이드 발표 시점에도 이주형의 포지션은 내야수. 다만, 내야에서는 송구 실책이 나오는 등 아쉬운 모습이 이어졌다. 키움은 이주형을 외야수로 바라봤다. 내·외야를 오가면서 생기는 수비 혼란을 최소화하고, 타격에 조금 더 집중할 수 있는 환경을 마련했다. 이주형은 2024년 키움의 주전 중견수로 꼽히고 있다.

#ㅇㅈㅎ

키움이 이주형을 외야로 기용한 배경 중 하나는 이정후의 공백을 채우기 위함도 있었다. 닮은 꼴이 많다. 내야수에서 외야수로 옮겼다는 것. 타격에 강점이 있다는 점. 또 훈훈한 외모. 이름 초성까지 같은 건 덤. 이주형 역시 이정후와 같은 선수가 되고 싶다고 포부를 밝혔다. 이정후도 짧은 시간이지만 이주형에게 많은 조언을 남기며 "나보다 더 좋은 것을 가지고 있다. 올해 활약을 발판으로 더 좋은 성장 했으면 좋겠다"고 앞으로의 활약을 응원하기도 했다.

🎤 TMI 인터뷰

1. 일주일 동안 한 가지 음식만 먹어야 한다면?
- 돈까스 (굳이 따지면 안심 돈까스를 가장 좋아한다)

2. 세상에서 가장 싫은 것 한 가지는?
- 버블티 (중학교 3학년 때 대만에서 버블티를 먹고 아팠다)

3. 스트레스 쌓이거나 생각이 많을 때 하는 건?
- 무조건 잔다.

4. 진짜 독하다 싶은 선수는?
- 김혜성 형 (모든 면에서 모범적이다)

5. 야구하길 잘했다는 생각이 들 때는?
- 나와 관련된 기사가 나올 때 (내 활약에 대한 기사가 나올 때 뿌듯함을 느낀다)

작년 2023 시즌 기록

타율	경기	타석	타수	득점	안타
0.326	69	243	215	32	70
2루타	3루타	홈런	루타	타점	도루
13	4	6	109	36	3
볼넷	삼진	병살타	장타율	출루율	OPS
19	53	4	0.507	0.390	0.897

전력분석	지난해 LG에서 키움으로 트레이드 이적한 호타준족 외야수. 중장거리 타자로 강한 타구를 생산하는 능력이 탁월하고, 빠른 발로 20개 이상의 도루도 가능하다. 포스트 이정후로 성장할 수 있다는 기대를 받고 있다. 이정후와 비교해 정확성은 떨어지지만, 파워는 앞선다는 평가다.
강점	20개 이상의 홈런을 칠 수 있는 파워
약점	맛보기 끝. 풀타임은 과연
수비력	아주 뛰어나다고 할 수는 없지만, 평범함 이상. 빠른 발로 수비 범위도 넓고, 어깨도 좋다

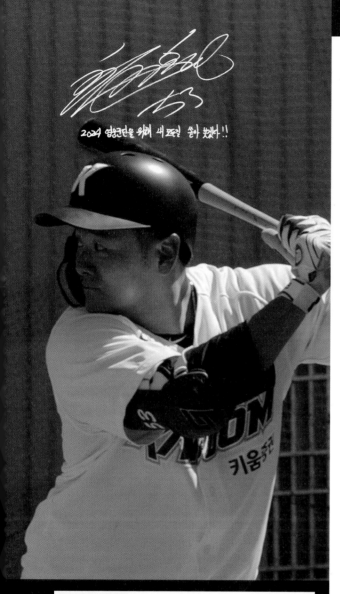

53 최주환

내야수(우투좌타)

생년월일	1988년 2월 28일
신장/체중	177cm / 73kg
출신학교	학강초-광주동성중-광주동성고
연봉(2024)	6억 5천만 원
경력	두산 베어스(2006~2020)-SSG 랜더스(2021~2023)-키움 히어로즈(2024~)

#전체_1순위

지난해 11월 2차 드래프트 시장. 최주환은 가장 먼저 이름이 불렸다. SSG가 보호선수 명단에서 최주환을 제외했고, 1순위 지명권이 있던 키움이 최주환을 지명했다. 1라운드 양도금은 4억 원. 그동안 2차 드래프트 영입이 소극적이었던 키움의 선택이라 의외라는 시선이 이어졌다. 최주환은 "신인 드래프트에서 1라운드에서 뽑히고 싶었는데, 6라운드였다. 이번에는 전체 1순위"라며 특유의 긍정 에너지를 뿜냈다.

#절치부심_예비_FA

지난 2년간 기대에 미치지 못하는 모습을 보여 줬다. 2022년에는 타율 2할1푼1리 9홈런에 그쳤던 가운데 2023년에는 20홈런을 쳤지만, 타율이 2할3푼5리로 다소 아쉬웠다. 결국 2차 드래프트 보호선수 35명에서 제외되기도 했다. 올 시즌을 마치면 두 번째 FA 자격을 얻는다. 바뀐 환경이 오히려 좋은 자극제가 될 예정. 최주환도 "다시 증명해 보이겠다"고 의욕 가득하다. 지난해 이상의 성적만 거둔다면 타격 보강이 필요한 팀에는 매력적인 매물이 될 수 있다.

#닥공

키움이 최주환에게 바라는 건 수비보다는 공격. 홍원기 감독은 "공격력을 보고 영입한 선수"라며 "1루수, 2루수, 지명타자가 모두 가능하다. 가장 많은 타점을 올릴 수 있는 타선에 배치할 생각"이라고 활용 방안을 밝혔다. 김혜성이 2루수로 자리를 잡고 있어 최주환은 1루수 혹은 지명타자 자리를 두고 경쟁에 나설 예정. 최주환이 고척에서도 장타력을 보여 준다면 키움 타선은 한층 더 촘촘해질 수 있다.

작년 2023 시즌 기록

타율	경기	타석	타수	득점	안타
0.235	134	478	426	48	100
2루타	3루타	홈런	루타	타점	도루
24	0	20	184	63	0
볼넷	삼진	병살타	장타율	출루율	OPS
44	94	6	0.432	0.310	0.742

전력분석	일발 장타력을 갖춘 20홈런을 기대할 수 있는 내야수. 히팅 포인트가 앞에 있고, 스윙도 간결한 편이라 타격에서 기대치가 높다. 항상 의욕 넘치는 플레이로 활력소 역할을 기대할 수 있다. 예비 FA 시즌으로 'FA로이드' 역시 올 시즌 기대 요소.
강점	인플레이 타구가 나온다면 장타로 뻗어 나갈 가능성이 높다
약점	좌투수 상대 다소 고전
수비력	1루수로서는 포구 능력도 좋고, 2루수 경험이 있는 만큼 범위도 좋다

TMI 인터뷰

1. 일주일 동안 한 가지 음식만 먹어야 한다면?

- 가장 좋아하는 소고기로 하겠다.

2. 세상에서 가장 싫은 것 한 가지는?

- 나를 싫어하는 사람

3. 스트레스 쌓이거나 생각이 많을 때 하는 건?

- 혼자 노래를 듣거나 소절씩 따라 부른다.

4. 진짜 독하다 싶은 선수는?

- 김혜성 선수 (모범적이고 훈련에도 열심히 임한다)

5. 야구하길 잘했다는 생각이 들 때는?

- 제일 잘하는 게 야구라는 걸 실감할 때 (가장 잘하는 걸 직업으로 삼고 있으니 행운이다)

투수(좌투좌타)

54 헤이수스

생년월일/국적	1996년 12월 10일 / 베네수엘라	**출신학교**	베네수엘라 Juanita Hernandez(고)
신장/체중	192cm / 104kg	**연봉**	80만 달러
경력	마이애미 말린스(2023)-키움 히어로즈(2024~)		

작년 2023 시즌 기록

평균자책점	경기	승	패	홀드	세이브
-	-	-	-	-	-
승률	이닝	투구수	피안타	피홈런	볼넷
-	-	-	-	-	-
삼진	실점	자책점	피안타율	WHIP	퀄리티스타트
-	-	-	-	-	-

전력분석	150km/h의 직구와 더불어 슬라이더, 커브, 체인지업 등 변화구 개별 구질도 좋다. 커맨드가 좋고, 디셉션 능력도 있다. 완급 조절 능력이 뛰어나서 경기 운영 능력이 좋은 편.
강점	S존 구석구석 활용할 수 있는 제구. 로봇심판존 적응이 무난할 전망
약점	처음 밟는 KBO리그 무대. 얼마나 빠르게 적응할지가 관건

투수(우투우타)

49 김선기

생년월일	1991년 9월 1일	**출신학교**	석교초-세광중-세광고
신장/체중	187cm / 98kg	**연봉**	7천만 원
경력	시애틀 매리너스 산하 마이너(2010~2014)-넥센/키움히어로즈(2018~)		

작년 2023 시즌 기록

평균자책점	경기	승	패	홀드	세이브
5.98	17	1	3	0	1
승률	이닝	투구수	피안타	피홈런	볼넷
0.250	43 2/3	753	56	2	15
삼진	실점	자책점	피안타율	WHIP	퀄리티스타트
29	37	29	0.309	1.63	1

전력분석	구속, 구위 모두 평균은 나오는 투수. 공격적으로 S존 공략을 하며 인플레이 타구를 유도하는 스타일. 특히 볼넷 비율이 이전보다 떨어져서 타자와의 승부를 더욱 빠르게 갖기 시작했다.
강점	안정적으로 경기를 풀어 갈 수 있는 능력
약점	한 번씩 와르르 무너짐

투수(좌투좌타)

28 김재웅

생년월일	1998년 10월 22일	**출신학교**	금교초(남양주리틀)-자양중-덕수고
신장/체중	171cm / 86kg	**연봉**	1억 9천만 원
경력	넥센/키움 히어로즈(2017~)		

작년 2023 시즌 기록

평균자책점	경기	승	패	홀드	세이브
4.22	67	2	3	18	6
승률	이닝	투구수	피안타	피홈런	볼넷
0.400	59 2/3	962	56	2	24
삼진	실점	자책점	피안타율	WHIP	퀄리티스타트
46	29	28	0.252	1.34	0

전력분석	직구 구속은 140km/h 언저리지만, 릴리스포인트가 높고, 회전력이 좋다. 자신의 공에 대한 이해도가 높아서 S존 공략을 효과적으로 하고 있다. 지난해에는 운이 없던 시즌을 보내 평균자책점이 다소 높았던 편.
강점	지피지기. 자신의 공 궤적을 누구보다 잘 이해하고 활용하고 있음
약점	직구 위력을 빛낼 변화구가 더 필요

투수 (우언우타)

60 김동혁

생년월일	2001년 12월 27일	출신학교	서울대왕초(강남구리틀)-영동중-덕수고
신장/체중	184cm / 84kg	연봉	6천만 원
경력	키움 히어로즈(2020~)		

작년 2023 시즌 기록

평균자책점	경기	승	패	홀드	세이브
7.32	35	1	7	6	0
승률	이닝	투구수	피안타	피홈런	볼넷
0.125	39 1/3	718	51	1	18
삼진	실점	자책점	피안타율	WHIP	퀄리티스타트
24	34	32	0.313	1.75	0

전력분석	사이드암 투수로 직구 구속이 140km/h에 미치지 못하지만 무브먼트가 좋다. 주무기 체인지업의 위력도 좋아서 타자와 공격적인 승부로 맞춰 가면서 경기를 풀어가는 스타일.
강점	정타를 만들어 내기 어려운 무브먼트
약점	높은 콘택트 비율로 운이 따르지 않으면 무너질 수도…

투수 (우투우타)

21 문성현

생년월일	1991년 11월 9일	출신학교	남정초-선린중-충암고
신장/체중	182cm / 89kg	연봉	7천 5백만 원
경력	넥센/키움 히어로즈(2010~)		

작년 2023 시즌 기록

평균자책점	경기	승	패	홀드	세이브
4.45	32	2	2	2	0
승률	이닝	투구수	피안타	피홈런	볼넷
0.500	28 1/3	487	26	2	20
삼진	실점	자책점	피안타율	WHIP	퀄리티스타트
21	16	14	0.243	1.62	0

전력분석	직구 구위가 팀 내에서 상위급인 투수. 최고 150km/h까지 나오는 구속도 좋지만, 수직 무브먼트가 좋고 팔스윙이 간결하게 나와서 타자에게 더욱 위력적으로 느껴지게 한다.
강점	타자에게 확실하게 붙을 수 있는 직구
약점	직구 외에 결정구로 쓸 수 있는 구종 부재

외야수 (우투좌타)

27 도슨

생년월일/국적	1995년 5월 19일 / 미국	출신학교	미국 Ohio State(대)
신장/체중	183cm / 100kg	연봉	60만 달러
경력	휴스턴 애스트로스(2021)-신시내티 레즈(2022)-렉싱턴 카운터 클락스(2023)-키움 히어로즈(2023~)		

작년 2023 시즌 기록

타율	경기	타석	타수	득점	안타
0.336	57	261	229	37	77
2루타	3루타	홈런	루타	타점	도루
14	2	3	104	29	9
볼넷	삼진	병살타	장타율	출루율	OPS
18	41	3	0.454	0.398	0.852

전력분석	배트에 공을 맞히는 능력이 뛰어나다. 발도 빨라서 인플레이 타구가 나오면 안타로 만들 수 있는 능력이 있다. 밝은 성격에 팀 동료들과도 잘 녹아들어 팀에서의 '케미'도 뛰어나다.
강점	인사도 90도. 뛰어난 적응력
약점	장타력까지 있었으면 더 좋았을 텐데…

내야수(우투우타)

33 김휘집

생년월일	2002년 1월 1일		출신학교	양목초(히어로즈리틀)-대치중-신일고	
신장/체중	180cm / 92kg		연봉	1억 1천만 원	
경력	키움 히어로즈(2021~)				

작년 2023 시즌 기록

타율	경기	타석	타수	득점	안타
0.249	110	435	369	46	92
2루타	3루타	홈런	루타	타점	도루
22	0	8	138	51	0
볼넷	삼진	병살타	장타율	출루율	OPS
48	97	8	0.374	0.338	0.712

전력분석	뛰어난 장타 생산력. 파워의 비결은 성실함. 타고난 힘도 좋지만, 많은 훈련을 바탕으로 꾸준하게 몸을 유지하고 있다. 수비 범위가 넓은 편은 아니지만, 어깨가 좋아 강한 송구가 가능하다.
강점	야구밖에 모르는 바보
약점	파워라는 장점을 살리기에는 떨어지는 정확성

내야수(우투우타)

29 임지열

생년월일	1995년 8월 22일		출신학교	대전신흥초-건대부중-덕수고	
신장/체중	180cm / 94kg		연봉	7천 2백만 원	
경력	넥센/키움 히어로즈(2014~)				

작년 2023 시즌 기록

타율	경기	타석	타수	득점	안타
0.259	72	246	212	22	55
2루타	3루타	홈런	루타	타점	도루
8	0	5	78	35	1
볼넷	삼진	병살타	장타율	출루율	OPS
28	64	3	0.368	0.352	0.720

전력분석	강하고 빠른 스윙을 앞세워 장타 생산력이 좋다. 집중력이 좋아 준수한 선구안을 가지고 있다. 클러치 상황에서 한 방을 기대할 수 있는 타자. 한 단계만 올라서면 리그를 대표하는 중장거리 타자가 될 수 있는 재목이라는 평가.
강점	중요한 순간 홈런을 기대할 수 있는 집중력과 힘
약점	변화구 대처 능력이 아직 부족

내야수(우투좌타)

24 송성문

생년월일	1996년 8월 29일		출신학교	봉천초(용산구리틀)-홍은중-장충고	
신장/체중	183cm / 88kg		연봉	1억 3천만 원	
경력	넥센/키움 히어로즈(2015~)				

작년 2023 시즌 기록

타율	경기	타석	타수	득점	안타
0.263	104	438	388	43	102
2루타	3루타	홈런	루타	타점	도루
16	3	5	139	60	1
볼넷	삼진	병살타	장타율	출루율	OPS
39	38	9	0.358	0.325	0.683

전력분석	정확성과 파워를 두루 갖춘 타자. 수비력도 준수해서 내야 한 자리를 기대할 수 있다. 그 라운드에서 멘탈도 좋아 어떤 상황에서든 흔들림 없이 경기를 풀어 갈 수 있는 능력이 있다.
강점	찬스에서 강한 사나이. 안타 대비 높은 타점
약점	정확성과 파워. 확실하게 내세울 단계는 아님

포수(우투우타)

22 김동헌

생년월일	2004년 7월 15일		출신학교	영문초(영등포구리틀)-충암중-충암고	
신장/체중	182cm / 91kg		연봉	4천만 원	
경력	키움 히어로즈(2023~)				

작년 2023 시즌 기록

타율	경기	타석	타수	득점	안타
0.242	102	242	211	22	51
2루타	3루타	홈런	루타	타점	도루
5	2	2	66	17	0
볼넷	삼진	병살타	장타율	출루율	OPS
17	55	7	0.313	0.318	0.631

전력분석	루키 시즌에 곧바로 1군 적응 완료. 타격과 수비 모두 '실링'이 높아 대형 포수로 성장할 가능성이 높다는 평가다. 원만한 성격에 꾸준히 노력도 해서 매해 성장이 기대되고 있다.
강점	신인 때부터 1군에 녹아드는 적응력
약점	풀시즌 검증은 아직. 경험이 필요

외야수(우투좌타)

35 임병욱

생년월일	1995년 9월 30일		출신학교	수원신곡초-배명중-덕수고	
신장/체중	187cm / 94kg		연봉	7천만 원	
경력	넥센/키움 히어로즈(2014~)				

작년 2023 시즌 기록

타율	경기	타석	타수	득점	안타
0.260	80	223	208	30	54
2루타	3루타	홈런	루타	타점	도루
11	1	6	85	36	4
볼넷	삼진	병살타	장타율	출루율	OPS
10	75	1	0.409	0.293	0.702

전력분석	입단 당시 '5툴 플레이어'로 기대를 받았다. 무엇보다 장타력이 좋아서 언제든 홈런을 기대할 수 있는 타자다. 파워가 있어 타구 스피드도 굉장히 높은 편이다. 주력도 좋고, 어깨도 좋은 편.
강점	직구 반응은 리그 최고
약점	완벽한 스윙 폼에 그렇지 못한 실전

외야수(우투우타)

36 이형종

생년월일	1989년 6월 7일		출신학교	화곡초-양천중-서울고	
신장/체중	183cm / 87kg		연봉	6억 8천만 원	
경력	LG 트윈스(2008~2010,2013~2022)-키움 히어로즈(2023~)				

작년 2023 시즌 기록

타율	경기	타석	타수	득점	안타
0.215	99	374	316	35	68
2루타	3루타	홈런	루타	타점	도루
22	1	3	101	37	0
볼넷	삼진	병살타	장타율	출루율	OPS
39	78	11	0.320	0.326	0.646

전력분석	공격적인 스윙을 바탕으로 공을 때리는 힘이 좋아 장타 생산력이 좋다. 수비도 좋아 외야에서 경쟁력이 있다. 퓨처스FA로 키움에 이적했지만, 정확성과 파워 모두 기대에 못 미쳤던 1년을 보냈다. 절치부심하며 시즌 준비를 하고 있다.
강점	확실한 한 방을 갖춘 파워. 거침없는 스윙
약점	아쉬운 정확성. 항상 품고 있는 삼진 위험

외야수(좌투좌타)

15 이용규

생년월일	1985년 8월 26일		출신학교	성동초-잠신중-덕수정보고	
신장/체중	170cm / 74kg		연봉	2억 원	
경력	LG 트윈스(2004)-KIA 타이거즈(2005~2013)-한화 이글스(2014~2020)-키움 히어로즈(2021~)				

작년 2023 시즌 기록

타율	경기	타석	타수	득점	안타
0.234	50	178	154	19	36
2루타	3루타	홈런	루타	타점	도루
0	3	0	42	11	2
볼넷	삼진	병살타	장타율	출루율	OPS
19	22	3	0.273	0.318	0.591

전력분석	리그 최고의 교타자. 방망이에 공을 맞히는 능력은 나이가 들어서도 여전히 최고다. 예전보다 기량이 떨어졌다고는 하지만 이를 상쇄하는 풍부한 경험이 있다. 고참으로서 리더십도 뛰어나서 여전히 팀에서 상당한 비중을 차지하고 있다.
강점	콘택트 비율이 90%. '용규놀이'는 계속된다
약점	아 세월이여. 느려진 타구 속도

투수(우투우타)

50 하영민

생년월일	1995년 5월 7일		출신학교	광주수창초-진흥중-진흥고	
신장/체중	183cm / 74kg		연봉	8천만 원	
경력	넥센/키움 히어로즈(2014~)				

작년 2023 시즌 기록

평균자책점	경기	승	패	홀드	세이브
4.64	57	3	1	5	0
승률	이닝	투구수	피안타	피홈런	볼넷
0.750	52 1/3	933	67	4	25
삼진	실점	자책점	피안타율	WHIP	퀄리티스타트
51	36	27	0.309	1.76	0

전력분석	빠른 공을 가지고 있고, 세컨 피치인 슬라이더도 수준급이다. S존 가운데 몰리는 공이 많아 공략을 당할 때도 있지만, 전반적으로 운영 능력이 좋은 편이라 경기를 풀어 가는 힘이 있다.
강점	빠른 직구에 확실한 슬라이더
약점	1할 가까이 차이 나는 좌우타자 피안타율

투수(우투우타)

38 이명종

생년월일	2002년 12월 5일		출신학교	석교초-세광중-세광고	
신장/체중	180cm / 84kg		연봉	6천만 원	
경력	키움 히어로즈(2022~)				

작년 2023 시즌 기록

평균자책점	경기	승	패	홀드	세이브
5.21	45	5	5	1	0
승률	이닝	투구수	피안타	피홈런	볼넷
0.500	57	1022	66	5	24
삼진	실점	자책점	피안타율	WHIP	퀄리티스타트
26	34	33	0.300	1.58	0

전력분석	직구, 체인지업, 슬라이더, 커브 등 던질 수 있는 구종이 많다. 직구 구속이 140km/h 초반 정도에 머무르지만, 변화구들이 모두 평균 구종 가치를 뽐내고 있어 긴 이닝을 소화하는 데에도 문제가 없다는 평가.
강점	구종 가치 평균 이상. 다양한 변화구 선택지
약점	확실한 직구 힘이 부족. 정타율이 높은 편

포수(우투우타)

32 김재현

생년월일	1993년 3월 18일		출신학교	진북초-전라중-대전고	
산장/체중	178cm / 90kg		연봉	5천 5백만 원	
경력	넥센/키움 히어로즈(2012~)				

작년 2023 시즌 기록

타율	경기	타석	타수	득점	안타
0.111	8	10	9	0	1
2루타	3루타	홈런	루타	타점	도루
0	0	0	1	0	0
볼넷	삼진	병살타	장타율	출루율	OPS
0	3	1	0.111	0.111	0.222

전력분석	수비와 타격 모두 평균은 해 주는 선수. 투수를 안정적으로 리드해 줘서 '인기 만점'. 타격에는 홈런을 생산할 수 있는 장타도 있다. 올 시즌 주전포수라는 막중한 임무를 맡게 된다.
강점	투수 선호도 최고. 편안하게 이끌어 주는 리드 능력
약점	주전 포수 첫해. 백업 포수와는 또 다른 무게감

내야수(우투우타)

17 이원석

생년월일	1986년 10월 21일		출신학교	학강초-광주동성중-광주동성고-세민디지털대	
산장/체중	181cm / 82kg		연봉	4억 원	
경력	롯데 자이언츠(2005~2008)-두산 베어스(2009~2016)-삼성 라이온즈(2017~2023)-키움 히어로즈(2023~)				

작년 2023 시즌 기록

타율	경기	타석	타수	득점	안타
0.246	89	345	305	22	75
2루타	3루타	홈런	루타	타점	도루
10	0	2	91	30	0
볼넷	삼진	병살타	장타율	출루율	OPS
34	67	9	0.298	0.326	0.624

전력분석	실력과 인성을 모두 갖춘 타자로 구단 최초 다년 계약을 안겼다. 여전히 장타를 생산할 수 있는 파워도 있고, 정확성도 살아 있다. 예전보다 공수 모두 떨어졌다고 하지만, 상대가 부담스러워할 정도로 노련함을 갖추고 있다.
강점	고참으로서의 품격을 느끼고 싶다면 이원석을 봐라
약점	점차 선명해지는 에이징 커브

투수(우투우타)

20 조영건

생년월일	1999년 2월 4일		출신학교	대전신흥초-충남중-백송고	
산장/체중	180cm / 85kg		연봉	4천만 원	
경력	키움 히어로즈(2019~)				

작년 2023 시즌 기록

평균자책점	경기	승	패	홀드	세이브
0.00	6	0	0	1	0
승률	이닝	투구수	피안타	피홈런	볼넷
-	7 2/3	101	5	0	2
삼진	실점	자책점	피안타율	WHIP	퀄리티스타트
7	0	0	0.200	0.91	0

전력분석	군 복무를 마치고 돌아온 기대주. 150km/h의 직구와 더불어 커브 슬라이더 포크볼 등 변화구도 좋다. 제구가 이전보다 많이 안정됐다는 평가. 신체적 기술적으로 한 단계 업그레이드됐다는 평가.
강점	신체 능력 업그레이드. 한층 더 묵직해진 직구 구위
약점	의욕 가득. 결국에는 기복과의 싸움

43 김동규

투수(우투우타)

생년월일 2004년 7월 9일

출신학교 서울청구초-영남중-성남고

작년 2023 시즌 기록

다듬어지지 않은 원석. 또 한 명의 트레이드 복덩이 대기.

평균자책점	경기	승	패	홀드	세이브	승률	이닝	투구수
22.85	4	0	1	0	0	0.000	4 1/3	143
피안타	피홈런	볼넷	삼진	실점	자책점	피안타율	WHIP	QS
6	1	12	1	12	11	0.375	4.15	0

QS: 퀄리티스타트

67 김인범

투수(우투우타)

생년월일 2000년 1월 12일

출신학교 하남동부초(하남시티틀)-전라중-전주고

작년 2023 시즌 기록

수준급 경기 운영력. 차기 선발 한 자리 준비.

평균자책점	경기	승	패	홀드	세이브	승률	이닝	투구수
-	-	-	-	-	-	-	-	-
피안타	피홈런	볼넷	삼진	실점	자책점	피안타율	WHIP	QS
-	-	-	-	-	-	-	-	-

42 박승주

투수(우투우타)

생년월일 1994년 2월 12일

출신학교 화계초-언북중-경기고-동국대

작년 2023 시즌 기록

직구 수직무브먼트는 리그 최상급. 제구 잡고, 변화구만 갈고닦으면 터진다.

평균자책점	경기	승	패	홀드	세이브	승률	이닝	투구수
3.50	18	0	3	0	0	0.000	18	368
피안타	피홈런	볼넷	삼진	실점	자책점	피안타율	WHIP	QS
19	2	13	15	11	7	0.257	1.78	0

00 박윤성

투수(우투우타)

생년월일 2004년 2월 8일

출신학교 부산수영초-개성중-경남고

작년 2023 시즌 기록

뛰어난 두뇌 회전. 마운드 머리 싸움은 맡겨라.

평균자책점	경기	승	패	홀드	세이브	승률	이닝	투구수
-	-	-	-	-	-	-	-	-
피안타	피홈런	볼넷	삼진	실점	자책점	피안타율	WHIP	QS
-	-	-	-	-	-	-	-	-

39 오상원

투수(우투우타)

생년월일 2004년 7월 21일

출신학교 온곡초(광진구리틀)-청원중-선린인터넷고

작년 2023 시즌 기록

수준급의 네 가지 구종. 선발 잡을 날 기다리고 있다.

평균자책점	경기	승	패	홀드	세이브	승률	이닝	투구수
6.60	11	0	0	0	0	-	15	298
피안타	피홈런	볼넷	삼진	실점	자책점	피안타율	WHIP	QS
18	0	9	7	11	11	0.290	1.80	0

31 오석주

투수(우투우타)

생년월일 1998년 4월 14일

출신학교 양정초-대천중-제주고

작년 2023 시즌 기록

확실한 싸움닭. 구위로 눌러 싸울 줄 아는 투수.

평균자책점	경기	승	패	홀드	세이브	승률	이닝	투구수
6.30	9	0	0	0	0	-	10	176
피안타	피홈런	볼넷	삼진	실점	자책점	피안타율	WHIP	QS
12	2	3	11	7	7	0.293	1.50	0

58 정찬헌

투수(우투우타)

생년월일 1990년 1월 26일

출신학교 송정동초-충장중-광주제일고

작년 2023 시즌 기록

관건은 건강함. 부활 노리는 팔색조 피칭.

평균자책점	경기	승	패	홀드	세이브	승률	이닝	투구수
4.75	14	2	8	0	0	0.200	72	1061
피안타	피홈런	볼넷	삼진	실점	자책점	피안타율	WHIP	QS
71	4	13	35	40	38	0.261	1.17	8

30 주승우
투수(우투우타)
생년월일 2000년 1월 30일
출신학교 송추초(의정부리틀)-영동중-서울고-성균관대

구위는 믿고 본다. 결국에는 제구와의 싸움.

평균자책점	경기	승	패	홀드	세이브	승률	이닝	투구수
9.56	11	0	1	0	0	0.000	16	382
피안타	피홈런	볼넷	삼진	실점	자책점	피안타율	WHIP	QS
20	1	21	8	18	17	0.308	2.56	0

8 김성민
투수(좌투좌타)
생년월일 1994년 4월 26일
출신학교 대구옥산초-경복중-대구상원고-일본경제대

좌완 원포인트 릴리프. 예비역 파워를 보여 줘.

평균자책점	경기	승	패	홀드	세이브	승률	이닝	투구수
-	-	-	-	-	-	-	-	-
피안타	피홈런	볼넷	삼진	실점	자책점	피안타율	WHIP	QS
-	-	-	-	-	-	-	-	-

95 윤석원
투수(좌투좌타)
생년월일 2003년 7월 4일
출신학교 부산대연초-개성중-부산고

안정적인 제구가 무기. 구위 향상만 되면 선발 한자리 도전장.

평균자책점	경기	승	패	홀드	세이브	승률	이닝	투구수
4.50	21	2	0	2	0	1.000	24	418
피안타	피홈런	볼넷	삼진	실점	자책점	피안타율	WHIP	QS
29	2	8	8	17	12	0.302	1.54	0

66 이종민
투수(좌투좌타)
생년월일 2001년 6월 4일
출신학교 성동초-덕수중-성남고

정말 괜찮은데… 1군만 가면 왜? 미스터리를 풀어라.

평균자책점	경기	승	패	홀드	세이브	승률	이닝	투구수
7.24	11	0	1	0	0	0.000	13 2/3	306
피안타	피홈런	볼넷	삼진	실점	자책점	피안타율	WHIP	QS
22	0	6	10	13	11	0.349	2.05	0

46 원종현
투수(우언우타)
생년월일 1987년 7월 31일
출신학교 군산중앙초-군산중-군산상고

돌아오면 필승조는 찜. 후반기 개봉박두.

평균자책점	경기	승	패	홀드	세이브	승률	이닝	투구수
5.79	20	1	1	6	0	0.500	18 2/3	322
피안타	피홈런	볼넷	삼진	실점	자책점	피안타율	WHIP	QS
24	3	5	17	16	12	0.304	1.55	0

26 김시앙
포수(우투우타)
생년월일 2001년 10월 31일
출신학교 광주대성초-광주동성중-광주동성고

노력의 결정체. 올 시즌 백업 그 이상을 넘본다.

타율	경기	타석	타수	득점	안타	2루타	3루타	홈런
0.224	33	82	76	6	17	1	0	0
루타	타점	도루	볼넷	삼진	병살타	장타율	출루율	OPS
18	7	0	3	18	4	0.237	0.280	0.517

64 박성빈
포수(우투우타)
생년월일 2004년 4월 21일
출신학교 한밭초(계룡시리틀)-충남중-대전고

강한 어깨, 간결한 송구. 도루는 꿈꾸지 마라.

타율	경기	타석	타수	득점	안타	2루타	3루타	홈런
루타	타점	도루	볼넷	삼진	병살타	장타율	출루율	OPS

PLAYERS

96 박준형

포수(우투우타)

생년월일 1999년 3월 7일
출신학교 화순초-무등중-광주제일고

작년 2023 시즌 기록

병역 필! 이제부터가 시작이다.

타율	경기	타석	타수	득점	안타	2루타	3루타	홈런
-	-	-	-	-	-	-	-	-
루타	타점	도루	볼넷	삼진	병살타	장타율	출루율	OPS
-	-	-	-	-	-	-	-	-

12 김건희

내야수(우투우타)

생년월일 2004년 11월 7일
출신학교 대전신흥초-온양중-원주고

작년 2023 시즌 기록

타고난 힘. KBO에 이도류가 탄생한다면 바로 여기.

타율	경기	타석	타수	득점	안타	2루타	3루타	홈런
0.182	9	13	11	0	2	0	0	0
루타	타점	도루	볼넷	삼진	병살타	장타율	출루율	OPS
2	0	0	2	4	1	0.182	0.308	0.490

0 김병휘

내야수(우투우타)

생년월일 2001년 2월 16일
출신학교 호제초-홍은중-장충고

작년 2023 시즌 기록

안정적인 수비력. 힘만 기른다면 내야 센터라인 찜.

타율	경기	타석	타수	득점	안타	2루타	3루타	홈런
-	-	-	-	-	-	-	-	-
루타	타점	도루	볼넷	삼진	병살타	장타율	출루율	OPS
-	-	-	-	-	-	-	-	-

13 김수환

내야수(우투우타)

생년월일 1998년 3월 20일
출신학교 인천부일초(부평구리틀)-재능중-제물포고

작년 2023 시즌 기록

정교함만 보완되면 거포 탄생 기대.

타율	경기	타석	타수	득점	안타	2루타	3루타	홈런
0.216	50	114	97	8	21	4	0	2
루타	타점	도루	볼넷	삼진	병살타	장타율	출루율	OPS
31	15	0	11	36	1	0.320	0.319	0.639

10 김웅빈

내야수(우투좌타)

생년월일 1996년 2월 9일
출신학교 서라벌초-울산제일중-울산공고

작년 2023 시즌 기록

일발장타 장전 완료. 맞으면 넘어가는 일품 파워.

타율	경기	타석	타수	득점	안타	2루타	3루타	홈런
0.188	29	74	64	2	12	3	0	0
루타	타점	도루	볼넷	삼진	병살타	장타율	출루율	OPS
15	9	0	6	20	1	0.234	0.270	0.504

6 김주형

내야수(우투우타)

생년월일 1996년 3월 5일
출신학교 양정초-경남중-경남고-홍익대

작년 2023 시즌 기록

타격만 한 단계 올라서면 '내야 만능키' 기대.

타율	경기	타석	타수	득점	안타	2루타	3루타	홈런
0.147	46	81	68	5	10	2	0	0
루타	타점	도루	볼넷	삼진	병살타	장타율	출루율	OPS
12	4	0	9	27	2	0.176	0.256	0.432

1 김태진

내야수(우투좌타)

생년월일 1995년 10월 7일
출신학교 수유초-신일중-신일고

작년 2023 시즌 기록

콘택트 좋고, 내야 전 포지션 소화 가능하고. 이러니 1군 선수다.

타율	경기	타석	타수	득점	안타	2루타	3루타	홈런
0.275	74	212	200	17	55	5	0	0
루타	타점	도루	볼넷	삼진	병살타	장타율	출루율	OPS
60	16	0	5	23	1	0.300	0.292	0.592

37 신준우

내야수(우투우타)

생년월일 2001년 6월 21일

출신학교 대구수창초-경운중-대구고

작년 2023 시즌 기록

아쉬운 공격력. 이를 극복하는 안정적인 수비력.

타율	경기	타석	타수	득점	안타	2루타	3루타	홈런
0.111	24	19	18	4	2	0	0	0
루타	타점	도루	볼넷	삼진	병살타	장타율	출루율	OPS
2	0	0	0	5	0	0.111	0.158	0.269

48 박찬혁

외야수(우투우타)

생년월일 2003년 4월 25일

출신학교 대전유천초(대전서구리틀)-한밭중-북일고

작년 2023 시즌 기록

확실한 파워를 보유한 '성장형 거포'.

타율	경기	타석	타수	득점	안타	2루타	3루타	홈런
0.201	48	167	154	13	31	7	0	1
루타	타점	도루	볼넷	삼진	병살타	장타율	출루율	OPS
41	8	0	10	41	1	0.266	0.263	0.529

14 박수종

외야수(우투우타)

생년월일 1999년 2월 25일

출신학교 도신초-강남중-충암고-경성대

작년 2023 시즌 기록

맞히는 능력 인정. 일품 수비력 보여 줄 날 기다린다.

타율	경기	타석	타수	득점	안타	2루타	3루타	홈런
0.422	23	50	45	7	19	1	2	0
루타	타점	도루	볼넷	삼진	병살타	장타율	출루율	OPS
24	3	0	3	6	1	0.533	0.460	0.993

56 변상권

외야수(우투좌타)

생년월일 1997년 4월 4일

출신학교 인천서림초-상인천중-제물포고-인천재능대

작년 2023 시즌 기록

악바리의 대명사. 장타력을 갖춘 타격 잠재력은 최고.

타율	경기	타석	타수	득점	안타	2루타	3루타	홈런
-	-	-	-	-	-	-	-	-
루타	타점	도루	볼넷	삼진	병살타	장타율	출루율	OPS
-	-	-	-	-	-	-	-	-

23 예진원

외야수(좌투좌타)

생년월일 1999년 3월 16일

출신학교 양정초-부산중-경남고

작년 2023 시즌 기록

준수한 콘택트 능력, 안정적인 수비. 백업 외야수 1순위.

타율	경기	타석	타수	득점	안타	2루타	3루타	홈런
0.235	16	36	34	2	8	1	0	1
루타	타점	도루	볼넷	삼진	병살타	장타율	출루율	OPS
12	4	0	0	7	0	0.353	0.235	0.588

25 주성원

외야수(우투우타)

생년월일 2000년 8월 30일

출신학교 부산대연초(남구리틀)-신정중-개성고

작년 2023 시즌 기록

퓨처스 홈런왕 출신다운 확실한 파워. 외야 전향이 신의 한 수.

타율	경기	타석	타수	득점	안타	2루타	3루타	홈런
0.217	25	72	69	7	15	2	1	0
루타	타점	도루	볼넷	삼진	병살타	장타율	출루율	OPS
19	2	0	1	18	1	0.275	0.225	0.500

62 전준표

생년월일	2005년 5월 7일
신장/체중	186cm / 90kg
출신학교	잠일초(강동구리틀)-잠신중-서울고
지명순위	1라운드 8순위

투수(우투우타)

최원태의 유산. 이상적 신체 조건에 당찬 자신감까지 갖춘 '에이스 선발 후보'.

5 이재상

생년월일	2005년 4월 17일
신장/체중	183cm / 85kg
출신학교	갈산초-성남중-성남고
지명순위	2라운드 16순위

내야수(우투우타)

공수 모두 수준급. 키움표 대형 유격수 탄생 기대해도 좋다.

01 이우현

생년월일	2005년 11월 27일
신장/체중	183cm / 80kg
출신학교	배양초(화성동탄리틀)-안산중앙중-비봉고
지명순위	3라운드 24순위

투수(우투우타)

사이드암 파워피처. 강한 직구는 물론 다양한 변화구까지 갖춘 '팔색 싸움닭'.

44 고영우

생년월일	2001년 6월 21일
신장/체중	173cm / 80kg
출신학교	부산대연초(사상구리틀)-대동중-경남고-성균관대
지명순위	4라운드 39순위

내야수(우투우타)

대학 진학 후 터진 장타 잠재력. 거포 3루수 '딱'.

94 송지후

생년월일	2005년 1월 8일
신장/체중	175cm / 74kg
출신학교	광주수창초-진흥중-광주제일고
지명순위	6라운드 59순위

내야수(우투우타)

145km/h 던지는 내야수가 있다. 개명으로 시작한 공수주 모두 갖춘 '멀티 내야수'.

03 박채울

생년월일	2004년 11월 20일
신장/체중	185cm / 86kg
출신학교	부평초(인천서구리틀)-재능중-충암고
지명순위	8라운드 79순위

외야수(우투우타)

부진했던 고3 시절. 파워만큼은 확실하게 어필했다.

19 김윤하

생년월일	2005년 3월 7일
신장/체중	185cm / 90kg
출신학교	와부초(남양주리틀)-덕수중-장충고
지명순위	1라운드 9순위

투수(우투우타)

'코리안특급'의 조카. 안정적 밸런스와 뛰어난 구위. DNA를 믿는다.

63 손현기

생년월일	2005년 10월 22일
신장/체중	188cm / 88kg
출신학교	순천북초-순천이수중-전주고
지명순위	2라운드 19순위

투수(좌투좌타)

구위는 지명 선수 중 최고. 예리하게 꺾이는 슬라이더도 일품.

68 김연주

생년월일	2004년 2월 27일
신장/체중	175cm / 75kg
출신학교	대전신흥초-충남중-세광고
지명순위	3라운드 29순위

투수(우투우타)

작은 키라고? 신체 활용 능력 최고. 임팩트와 제구력이 명품.

02 김주훈

생년월일	2003년 6월 25일
신장/체중	180cm / 80kg
출신학교	울산대현초-신정중-용마고-동원과학기술대
지명순위	5라운드 49순위

투수(좌투좌타)

대학 진학 후 급성장. 안정적인 밸런스와 우수한 경기 운영 능력 갖춘 선발감.

97 김지성

생년월일	2004년 5월 27일
신장/체중	174cm / 91kg
출신학교	창영초-재능중-율곡고
지명순위	7라운드 69순위

포수(우투우타)

고교시절 유독 빛난 리더십과 승부 근성. '거포 포수' 준비 중.

04 박범준

생년월일	2004년 5월 28일
신장/체중	183cm / 75kg
출신학교	대전신흥초-한밭중-대전고
지명순위	9라운드 89순위

투수(우투좌타)

부드러운 투구 동작과 우상향되는 실력. 일관성 있는 투구 밸런스로 선발 정조준.

투수(우투우타)

05 박승호

생년월일 2005년 3월 24일

신장/체중 185cm / 92kg

출신학교 이리영등초(익산시리틀)-전라중-군산상일고

지명순위 10라운드 99순위

큰 키에서 나오는 높은 타점의 직구. 우수한 제구력. 하위라운더 반란 충분하다.

내야수(우투우타)

06 심휘윤

생년월일 2005년 5월 28일

신장/체중 183cm / 84kg

출신학교 사당초-언북중-배재고

지명순위 11라운드 109순위

프로 투수 공만 적응하면 지명 순위는 숫자에 불과해진다.

2024 프로야구 가이드북

초판 1쇄 펴낸 날 ㅣ 2024년 3월 29일
초판 4쇄 펴낸 날 ㅣ 2024년 8월 2일

지은이 ㅣ 나유리, 조은혜, 이종서, 윤승재, 김현세, 김민경
펴낸이 ㅣ 홍정우
펴낸곳 ㅣ 브레인스토어

책임편집 ㅣ 김다니엘
편집진행 ㅣ 홍주미, 이은수, 박혜림
디자인 ㅣ 이예슬
마케팅 ㅣ 방경희
자료제공 ㅣ KBO

주소 ㅣ (04035) 서울특별시 마포구 양화로 7안길 31(서교동, 1층)
전화 ㅣ (02)3275-2915~7
팩스 ㅣ (02)3275-2918
이메일 ㅣ brainstore@chol.com
블로그 ㅣ https://blog.naver.com/brain_store
페이스북 ㅣ http://www.facebook.com/brainstorebooks
인스타그램 ㅣ https://instagram.com/brainstore_publishing

등록 ㅣ 2007년 11월 30일(제313-2007-000238호)